UNE HISTOIRE POLITIQUE
DES INTELLECTUELS

DU MÊME AUTEUR

chez Grasset :

LA MACHINE ÉGALITAIRE, 1987.
LA GRANDE ILLUSION, 1989.
L'ARGENT FOU, 1990.
LA VENGEANCE DES NATIONS, 1991.
FRANÇAIS, SI VOUS OSIEZ, 1991.
LE MÉDIA-CHOC, 1993.
WWW.CAPITALISME.FR, 2000.
ÉPÎTRES À NOS NOUVEAUX MAÎTRES, 2003.
LES PROPHÈTES DU BONHEUR. *Une histoire personnelle de la pensée économique*, 2004.
CE MONDE QUI VIENT, 2004.
LE CRÉPUSCULE DES PETITS DIEUX, 2006.
UNE SORTE DE DIABLE. *Les vies de John M. Keynes*, 2007.
UNE HISTOIRE DE FRANCE, 2008.
DIX JOURS QUI ÉBRANLERONT LE MONDE, 2009.

chez d'autres éditeurs :

L'INFORMATISATION DE LA SOCIÉTÉ, *avec Simon Nora,* Le Seuil, 1978.
L'APRÈS-CRISE EST COMMENCÉ, Gallimard, 1982.
L'AVENIR EN FACE, Le Seuil, 1984.
LE SYNDROME FINLANDAIS, Le Seuil, 1986.
LE NOUVEAU MOYEN ÂGE, Gallimard, 1993.
CONTREPOINTS, *recueil d'articles,* Le Livre de Poche, 1993.
DEUX FRANCE, Plon, 1994.
LA FRANCE DE L'AN 2000, Odile Jacob, 1994.
L'IVRESSE DÉMOCRATIQUE, Gallimard, 1994.
ANTIPORTRAITS, Gallimard, 1995.
LA MONDIALISATION HEUREUSE, Plon, 1997.
LOUIS NAPOLÉON REVISITÉ, Gallimard, 1997.
AU NOM DE LA LOI, Gallimard, 1998.
SPINOZA, un roman juif, Gallimard, 1999.
LE FRACAS DU MONDE : JOURNAL DE L'ANNÉE 2001, Le Seuil, 2002.
JE PERSISTE ET JE SIGNE, CONTREPOINTS II, *recueil d'articles*, Le Livre de Poche, 2002.

ALAIN MINC

UNE HISTOIRE POLITIQUE DES INTELLECTUELS

Essai

BERNARD GRASSET
PARIS

Photo de couverture :
Philippe Roure © Gettyimages.

ISBN 978 2 246 77501 0

Tous droits de traduction, de reproduction et d'adaptation
réservés pour tous pays.

© *Éditions Grasset & Fasquelle*, 2010.

INTRODUCTION

Cette histoire est née d'une frustration. Au fur et à mesure de l'écriture d'*Une Histoire de France*, j'avais le sentiment d'être prisonnier de la politique, grande ou petite, des enjeux de pouvoir et d'une seule espèce de grands hommes, les détenteurs de l'autorité suprême. Les mouvements de la société me filaient entre les doigts ; la vie des idées s'inscrivait en pointillés ; les arts et lettres constituaient une lointaine toile de fond. Et les hommes d'Etat n'étaient contestés que par leurs pairs ou leurs apprentis pairs : Napoléon était aux prises avec Alexandre et Wellington, jamais avec Chateaubriand ; Clemenceau ne trouvait guère Péguy sur son chemin ; de Gaulle échappait au pilonnage de Sartre.

De là l'envie de « roquer » comme aux échecs et de passer du côté des intellectuels. Etrange mot né, chacun le sait, au moment de l'affaire Dreyfus, mais qui correspond à une réalité tellement plus ancienne. Où situer le point de départ de la lignée ? A Socrate ou Platon ? A saint Thomas d'Aquin ? A Erasme ? A chacun son parti pris.

L'intellectuel moderne naît, à mes yeux, au dix-huitième siècle lorsqu'il échappe à la mainmise royale et à l'omniprésence religieuse. C'est la société qui constitue désormais son bain amniotique et non plus la monarchie et l'Eglise. Il prend place pour un face-à-face avec le pouvoir ; cet affrontement définit son identité autant que le travail de création. L'opinion et la postérité ne s'y trompent pas. Bergson est un philosophe, non un intellectuel mais Camus, lui, l'est. Gracq est un romancier mais Aragon est un intellectuel. Proust est... Proust mais Gide est un intellectuel. Cette perception intuitive correspond à une définition quasi naturelle. L'intellectuel pense, fût-ce partiellement voire incidemment, le monde mais il s'y situe de plain-pied : les mots sont des actes, les idées des armes, les théories des canons. C'est, au même titre que la diversité des fromages, la variété des paysages, la passion des révolutions, une spécialité très française.

Il existe partout ailleurs des penseurs, aussi importants voire peut-être plus essentiels, mais Burke ne joue pas sa partition comme Benjamin Constant, Darwin comme Victor Hugo, Keynes comme Malraux. De même, là où l'esprit a sans doute soufflé le plus violemment, c'est-à-dire dans l'Allemagne du dix-neuvième siècle, ni Fichte, ni Hegel, ni Marx, ni Nietzsche ne sont des intellectuels au sens français du terme. Ils dessinent l'univers, les classes, les races mais ne s'érigent pas en contre-pouvoirs d'un système politique dont certains d'entre eux veulent pourtant la destruction. Qui imagine Nietzsche tonner comme Zola, Marx polémiquer comme Hugo ou plus tard Thomas Mann partir, comme Gide, pour un pèlerinage ambigu en Union soviétique ?

C'est donc à la rencontre d'un personnage bien français, l'intellectuel, que je suis parti. En quête aussi d'une réponse à une question lancinante : pourquoi les intellectuels français se sont-ils mis, au fil des décennies, à penser de plus en plus faux ? Pourquoi parviennent-ils à mener souvent des combats empreints d'humanisme et simultanément à divaguer idéologiquement ? Pourquoi la nuance, la mesure, l'équilibre sont-ils devenus aux yeux de la plupart, y compris aujourd'hui, des mots obscènes ? Je n'ai l'outrecuidance de juger ni leur talent d'écriture, ni leur puissance créatrice, ni leur génie artistique, mais je me contente de les observer au trébuchet de l'influence qu'ils ont voulu exercer sur la société de leur temps et des opinions qu'ils n'ont cessé de proclamer.

De même qu'historien du dimanche j'ai osé une *Histoire de France*, intellectuel de pacotille, je prends le risque de m'attaquer à la corporation la plus durablement puissante de notre pays. De multiples pas de côté, des impasses voulues, des choix assumés, des raccourcis osés, des coq-à-l'âne délibérés, d'innombrables jugements à l'emporte-pièce : tous les ingrédients sont là pour un procès en sorcellerie. Mais un peu de mauvaise foi souriante n'est pas interdit vis-à-vis des intellectuels qui cultivent si souvent la mauvaise foi grinçante. Tel est mon pari.

CHAPITRE 1

Au commencement était le Verbe

« Le cours des idées, depuis un siècle, a été tout à fait dirigé par la conversation. » Telle est en effet la conviction de Madame de Staël. Mais la postérité a été longtemps injuste avec celles qui ont su en faire un art : les grandes hôtesses sont au dix-huitième siècle pour les intellectuels ce que les mécènes représentaient, pendant la Renaissance, pour les artistes. Mais Laurent de Médicis est mieux traité par l'Histoire que Madame de Tencin, ses émules et ses concurrentes. Sans doute sont-elles encore victimes de l'ombre portée des *Précieuses Ridicules* et des jeux gratuits de l'Hôtel de Rambouillet.

« La Tencin » incarne à elle seule le siècle : le libertinage à travers ses innombrables aventures marquées au coin d'une même passion pour les hommes de pouvoir ; l'égérie des plus beaux esprits ; la femme de lettres qui fait la transition entre la *Princesse de Clèves* et les *Liaisons dangereuses*. Fallait-il que la morale ait changé pour voir cette femme devenir à partir de 1730 l'arbitre des élégances intellectuelles. Abandonner un enfant sur les marches de la chapelle de Saint-Jean-le-Rond ? Une bagatelle, même si ce garçon se décide plus tard à abandonner son nom de Jean le Rond qui lui avait été attribué pour des raisons évidentes, au profit de d'Alembert ! Être accusée de tentative d'assassinat et être enfermée à la Bastille ? Une preuve d'originalité, une fois obtenu son acquittement. Avoir beaucoup agioté grâce à ses liens avec Law ? La marque d'un activisme tous azimuts, dès lors que s'éloigne le souvenir de la première faillite bancaire en France.

Sans doute fallait-il de tels faits d'armes à inscrire au fronton de son hôtel pour que Madame de Tencin puisse s'installer en majesté au centre de la vie de l'esprit : une atmosphère sulfureuse ne déplaît jamais aux gens de tête. Mais l'hôtesse y ajoutait surtout la force de son intelligence, la puissance de sa dialectique, l'acuité de sa conversation. Le talent mondain devient presque secondaire. C'est entourée d'amis de toujours, Montesquieu et Fontenelle en particulier, qu'elle installe son salon c'est-à-dire son théâtre. Tout émoustillé d'être admis dans ce « saint des saints », le jeune Marmontel a été si profondément ébloui que ses *Mémoires* en porteront la trace : « Dans Marivaux, l'impatience de faire preuve de finesse et de sagacité perçait visiblement. Montesquieu, avec plus de calme, attendait que la balle vînt à lui, mais il l'attendait. Fontenelle seul la laissait venir sans la chercher ; et il usait si sobrement de l'attention qu'on donnait à l'entendre, que ses mots fins, ses jolis comptes n'occupaient jamais qu'un moment. Helvétius, attentif et discret, recueillait pour semer un jour. »

Hormis Voltaire, incapable de fréquenter un cercle dont il n'était pas le centre, tous les esprits supérieurs, toutes les intelligences sophistiquées, tous les écrivains reconnus fréquentèrent le salon de Madame de Tencin. Elle tolérait la présence d'autres femmes à condition qu'elles aient, à l'instar d'Emilie du Châtelet, la compagne de Voltaire, une personnalité exceptionnelle. Elle alla même jusqu'à accueillir celles qui, comme Madame Geoffrin, n'avaient de cesse que d'ouvrir « une boutique à leur compte ». Elle eut surtout l'intelligence d'être la première à rechercher la compagnie des visiteurs étrangers les plus intéressants et à faire du pèlerinage rue Saint-Honoré une étape obligée de tout séjour à Paris.

De là, ensuite, des dialogues épistolaires comme on n'en connaît plus. Ainsi par exemple du remerciement de Lord Chesterfield : « ... Ayant donc franchi le pas, je voulais bien en profiter pour vous expliquer les sentiments de reconnaissance que j'ai et que j'aurai toujours, des bontés que vous m'avez témoignées à Paris ; et je voudrais vous exprimer aussi tout ce que je pense des qualités qui distinguent votre cœur et votre esprit de tous les autres, mais cela me mènerait également au-delà des bornes d'une lettre et au-dessus de mes forces. » Et l'hôtesse de répondre : « ... La lettre fut donc lue et ne le fut pas une fois. Il faut vous avouer que l'effet qu'elle produisit fut bien différent de celui que j'attendais : ce milord se moque de nous, s'écria Monsieur de Fontenelle qui fut suivi des autres, d'écrire en notre langue mieux et plus correctement que nous. Qu'il se contente, s'il lui plaît, d'être le premier homme de sa nation, d'avoir les lumières et la profondeur du génie qui la caractérisent ; et qu'il ne vienne point encore s'emparer de nos grâces et de nos gentillesses. »

Chez Madame de Tencin, les frontières et les classes étaient abolies au profit du seul critère qui s'imposait à ses yeux : l'intelligence. Certes son prédécesseur, Madame de Lambert, avait osé mêler dans son salon aristocrates et hommes de lettres, comme si les différences de caste pouvaient s'évanouir le temps d'une conversation. On va, rue Saint-Honoré, plus loin : c'est une république d'un nouveau genre que la maîtresse de maison installe. Dénonçant, dans ses cinq romans publiés sous un strict anonymat, la société de l'Ancien Régime, elle a le loisir d'en abolir chez elle les fondements. Seul règne l'esprit. Il fixe le rang des uns et des autres : un roturier génial pèse davantage qu'un aristocrate intelligent et un philosophe éblouissant plus qu'un diplomate habile. Tous sont jugés autant sur leurs œuvres que sur leur talent à pratiquer le plus récent des beaux-arts, la conversation. Celle-ci se veut un dialogue socratique à plusieurs voix. Plus l'hôte est philosophe, plus la liberté de ton cède la place aux charmes de la dialectique.

Lorsque le monopole de Madame de Tencin s'étiole, ce sont en effet des salons les uns et les autres d'esprit différent, qui prennent la suite. Salon plus mondain chez Madame du Deffand qui n'en est pas dupe. Ainsi écrit-elle à Horace Walpole : « J'admirais hier au soir la nombreuse compagnie qui était chez moi ; hommes et femmes me paraissaient des machines à ressorts, qui allaient, venaient, parlaient, riaient sans penser, sans réfléchir, sans sentir... » Mais elle use néanmoins de son ascendant pour peser sur les élections académiques et donc sur le pouvoir intellectuel : c'est pour une part à elle que d'Alembert doit son entrée à l'Académie en 1754. Il est vrai qu'elle fait semblant par coquetterie de se sous-estimer : la partie la plus libérale de la grande aristocratie – la duchesse de Choiseul, les Beauvau, les Boufflers – y côtoie les hommes de pouvoir, Turgot ou Loménie de Brienne, et ceux-ci sont confrontés à l'ensemble de l'élite philosophique.

Salon plus international chez Madame Geoffrin, petite-bourgeoise, fille d'un valet de chambre de la Dauphine qui, forte des moyens financiers de son mari, sait attirer chez elle tous les princes et diplomates en séjour à Paris, désireux de côtoyer les philosophes que l'Europe rêve de connaître.

Salon conceptuel chez le baron d'Holbach, philosophe lui-même, qui fait se rencontrer Grimm, David Hume, Beccaria, avec les penseurs français les plus en vogue – Diderot, Rousseau, Helvétius – et leurs collègues moins connus et plus besogneux. Fin observateur, comme le sont toujours les ecclésiastiques mondains, l'abbé Morellet se plaît à restituer l'atmosphère de « la coterie d'Holbach » : « Souvent un seul y prenait la parole et proposait sa théorie paisiblement et sans être interrompu. D'autres fois c'était un combat singulier en formes, dont tout le reste de la société était tranquille spectateur : manière d'écouter que je n'ai trouvée ailleurs que bien rarement. » Les règles du jeu sont simples. Le respect de la politesse : Morellet interpelle son contradicteur dans le style « Monsieur et cher athée ». Le sens de la discrétion : les habitués savent tous que d'Holbach est l'auteur de maints ouvrages condamnés par la censure, tels *Le Christianisme dévoilé* ou *La Politique naturelle*, mais nul n'y ferait allusion. La solidarité : chacun des membres de la coterie se sent un devoir de fidélité vis-à-vis du baron.

Ces règles de la vie en microsociété valent pour la plupart des salons mais aussi pour l'ensemble des lieux de débat et de conversation qui éclatent en France. Les cafés se veulent des antichambres des salons et les loges maçonniques leurs équivalents dans l'univers du secret. On parle partout et de tout. La parole talentueuse suffit à établir l'ascendant intellectuel.

Ainsi, grâce – suivant Marmontel – à « sa douce et persuasive éloquence et son visage étincelant du feu de l'inspiration », Diderot acquiert-il une immense réputation, sans même publier d'œuvres majeures, puisque la plupart de celles-ci ne seront disponibles qu'après sa mort. Les penseurs sont en fait schizophrènes : la censure les oblige à garder le secret sur leurs publications ; il ne leur reste que la parole en société pour tester leurs idées, disserter, prêcher. Lorsque Diderot donne à son *Rêve de d'Alembert* la forme d'une conversation à quatre voix – lui, d'Alembert, Julie de Lespinasse, le docteur Bordeu –, il s'offre le plaisir de surmonter cette contradiction quotidienne entre l'écrit secret et la parole ouverte.

Celle-ci s'effacera aussi dans la société, au fur et à mesure de la décomposition du régime. D'un côté la censure devient plus molle. Ainsi Malesherbes – directeur de la Librairie, donc censeur-chef – écrit-il à la veille da la Révolution dans son *Mémoire sur la liberté de la presse* : « La plupart des imprimeurs et libraires sont fraudeurs parce que sans cela ils ne vaudraient rien. La plupart des particuliers qui aiment les livres favorisent la fraude parce que sans cela ils ne pourraient pas lire les livres qu'ils recherchent ou qu'ils ne liraient que dix ans plus tard. »
De l'autre côté, les salons deviennent un enjeu politique, tant est grand le triomphe de la conversation. Le premier à le comprendre est Necker. Diderot le lui a, il est vrai, expliqué lumineusement, lui écrivant le 22 juin 1775 : « L'opinion, ce mobile dont vous connaissez toute la force pour le bien et pour le mal, n'est, à son origine que l'effet d'un petit nombre d'hommes qui parlent après avoir pensé, et qui forment sans cesse, en différents points de la société, des centres d'instruction d'où les erreurs et les vérités raisonnées gagnent de proche en proche jusqu'aux derniers confins de la cité, où elles s'établissent comme des articles de foi. Nos écrits n'opèrent que sur une certaine classe de citoyens, nos discours sur toutes. » Etonnante posture d'un intellectuel qui croit davantage aux effets en chaîne de la conversation et donc du bouche à oreille qu'à l'influence du livre en majesté.
Résultat : Necker est convaincu que la conquête du pouvoir passe, du moins pour lui, par l'opinion et que sa maîtrise suppose le contrôle du plus puissant des salons. A sa femme de s'en charger. Suzanne Necker est l'anti-Madame de Tencin : aussi vertueuse que l'autre est légère, aussi appliquée que celle-ci est talentueuse, aussi besogneuse que cette dernière est agile. Aucune place n'est laissée à l'improvisation. Marmontel s'en aperçoit :

« On la voyait tout occupée à être agréable à sa société, empressée à bien recevoir ceux qu'elle y avait admis, attentive à dire à chacun ce qui pouvait lui plaire davantage ; mais tout cela était prémédité ; rien ne coulait de source, rien ne faisait illusion. » Le chevalier de Chastellux en a, selon Madame de Genlis, la preuve matérielle puisque, arrivant en avance, il trouve, sous le fauteuil de la maîtresse de maison, un petit livre où étaient consignées ses répliques pour la soirée. Rien n'échappe au sens suisse de l'organisation.

On est bien loin de la conversation telle que la magnifie Diderot : « C'est une chose singulière que la conversation, surtout lorsque la compagnie est peu nombreuse. Voyez les circuits que nous avons faits ; les rêves d'un malade en délire ne sont pas plus hétéroclites. Cependant, comme il n'y a rien de décousu ni dans la tête d'un homme qui rêve, ni dans celle d'un fou, tout se tient aussi dans la conversation ; mais il serait quelquefois bien difficile de retrouver les chaînons imperceptibles qui ont attiré tant d'idées disparates... La folie, le rêve, le décousu de la conversation consistent à passer d'un objet à un autre par l'entremise d'une qualité commune. »

Ce n'est certes pas Necker qu'il décrivait ainsi. Celui-ci, à en croire Marmontel, était « nul », « ne sortant de son silence que pour lâcher quelque trait piquant et quelque persiflage fin sur des philosophes et des gens de lettres, dont sa femme, à son avis, était un peu enjouée ». Mais l'attrait de l'argent, l'odeur du pouvoir suffisent à attirer chez Suzanne Necker le ban et l'arrière-ban de l'intelligentsia.

Son salon aura un double effet. D'une part il servira de caisse de résonance aux ambitions de son mari, relayées vers l'opinion par des philosophes aussi sensibles à la fréquentation du banquier suisse qu'aux missives de Catherine II ou de Frédéric II. Sans ce relais vers le pays profond, jamais Necker n'aurait pu se doter d'une réputation que rien, dans sa personnalité, ne permettait d'anticiper et sur laquelle il bâtira sa carrière politique...

D'autre part il tiendra lieu d'école pour la fille de la maison, Germaine, bientôt Madame de Staël, qui poussera la passion de la conversation plus loin encore, transformant, le moment venu, son château de Coppet en une contre-cour où dominera autant l'esprit que le pouvoir dans les vraies cours souveraines. Elle fera à son tour l'éloge de la conversation, au détour de son *De l'Allemagne* : « Le genre de bien-être que fait éprouver une conversation animée ne consiste pas précisément dans le sujet de cette conversation ; les idées ni les connaissances qu'on peut y développer n'en sont le principal intérêt ; c'est une certaine manière d'agir les uns sur les autres, de se faire plaisir réciproquement et avec rapidité, de parler aussitôt qu'on pense, de jouir à l'instant de soi-même, d'être applaudi sans travail, de manifester son esprit dans toutes les nuances par l'accent, le geste, le regard, enfin de produire à volonté comme une sorte d'électricité qui fait jaillir des étincelles, soulage les uns de l'excès même de leur vivacité et réveille les autres d'une apathie terrible. » Ce n'est pas l'ascèse verbale du salon d'Holbach que cherche Madame de Staël, mais une jouissance intellectuelle.

Une œuvre de l'esprit intellectuelle ne se crée plus, à ce moment-là, par le seul jeu de la conversation. A un moment où la censure s'efface, elle a directement pignon sur rue. Aussi Coppet sera-t-il un simple instrument de plaisir, d'influence et de solidarité, un Saint-Germain- des-Prés avant la lettre, et non plus la matrice intellectuelle qu'aura représentée le salon de Madame de Tencin, quand la société civile commençait à s'ébrouer. Il est vrai qu'entre-temps, les intellectuels auront réussi à devenir le « premier parti de France ».

CHAPITRE 2

Le premier parti de France

Le parti intellectuel ne sera plus jamais dans notre histoire aussi puissant et aussi solidaire qu'au dix-huitième siècle. C'est la seule période où il peut légitimement prétendre être le premier parti de France. Il n'est pas, il est vrai, dans la configuration à laquelle il sera plus tard confronté : c'est-à-dire aux prises avec une classe politique, des syndicats puissants, d'innombrables acteurs de la société civile et ce sans compter ses rivalités personnelles et ses luttes intestines.

Qu'a-t-il en face de lui au milieu du siècle ? Un régime qui ne cesse de s'affaiblir depuis la mort du Roi-Soleil ; une aristocratie dont la légitimité s'étiole chaque jour davantage ; une Eglise prisonnière de l'affrontement entre le roi et le pape et tiraillée par la distance grandissante entre le bas et le haut clergé. Mais les intellectuels sont surtout forts parce qu'ils font bloc, unis par une ambition commune, fût-elle consciente ou inconsciente : s'affirmer collectivement sur la scène européenne et nationale. Ils sont étonnamment peu prisonniers de débats entre chapelles et d'affrontements entre divas. Rien n'est simple certes entre Rousseau et Voltaire ou entre Diderot et d'Alembert mais leurs disputes semblent iréniques par rapport aux combats auxquels on assistera plus tard entre Zola et Barrès, Sartre et Mauriac, Malraux et Aragon.

C'est de 1748 qu'Elisabeth Badinter date la naissance du parti philosophique. Quatre livres font simultanément scandale. L'un tombera dans les oubliettes : *Les Mœurs* de François Vincent Toussaint, préfiguration banale du bonheur laïc dont la seule originalité est d'être condamné par le Parlement à être lacéré et brûlé. Le second est majeur : ce sera *L'Esprit des lois*, somme de vingt ans de travaux que Montesquieu publie fin 1748, anonymement bien sûr, à Genève. Partie du salon de Madame de Tencin, la rumeur admirative parcourt, tel un feu de paille, Paris et d'Alembert pourra s'exclamer : « C'est un monument immortel, décrié par quelques Français, applaudi par la Nation et admiré de toute l'Europe. » Le troisième, la *Lettre sur les Aveugles à l'usage de ceux qui voient* magnifie l'arrivée de Diderot sur la scène philosophique et se présente comme la première affirmation, à visage découvert, de l'athéisme. Quant au dernier, *L'Histoire naturelle générale et particulière* de Buffon, il proclame l'existence d'un ordre du vivant qui n'a plus rien à attendre de la création divine. La voie est libre pour le coup de tonnerre que constitue en 1751 la publication du premier volume de l'*Encyclopédie*, précédée du *Discours préliminaire* de d'Alembert.

Même si la censure règne et si l'anonymat demeure un passage obligé, aucun de ces ouvrages n'est un *samizdat* tel que l'Union soviétique en connaîtra. Ces messieurs ont pignon sur rue. Les salons constituent leur bain amniotique et ils ne répugnent pas à s'emparer subrepticement des lieux officiels du pouvoir intellectuel, c'est-à-dire des Académies. Conçues au siècle précédent afin de garantir la mainmise de l'Etat sur les milieux savants, elles en deviennent les instruments d'émancipation. Ce ne sont pas des enceintes où règne l'amour du prochain : au père Le Seur qui espère que « des hommes occupés des mêmes vérités devraient tous être amis », Condorcet répond : « Il ignore que, pour la plupart, la gloire est le premier objet, la découverte de la vérité n'est que le second. » L'Académie des sciences demeure, jusqu'au milieu du siècle, la plus emblématique : une plus grande rigueur, une meilleure cooptation des membres, une identification avec le culte de la raison. S'y ajoute, à partir de Maupertuis, un goût naissant de l'esbroufe que Condorcet se plaira à clouer au pilori en lui reprochant de vouloir « la gloire, les honneurs et l'argent ».

Mais l'ascendant glisse progressivement de cette Académie à l'Académie française, comme s'il suivait le chemin de d'Alembert, élu comme mathématicien prodige à vingt-trois ans « aux Sciences » avant de rejoindre « la Française » dont il devient en 1772 secrétaire perpétuel. Celui-ci y retrouve, entre autres, Montesquieu et Voltaire. Ne manquent à cet aréopage que Diderot qui aura tout fait pour en être et Rousseau qu'un minimum de cohérence intellectuelle oblige à refuser, suivant le mot de Pascal en son temps, « les grandeurs d'établissement ». Lorsque Marmontel accède fin 1783 au secrétariat perpétuel, « la messe » semble définitivement dite : les philosophes ont pris le contrôle de l'Académie. C'est dans la descente aux enfers de la monarchie, une étape décisive : l'Académie française aux mains du parti philosophique ressemble, dans un ordre différent, à la Bastille contrôlée par le peuple des faubourgs. Seule la Révolution rendra involontairement l'Académie à son destin le plus banal, en mettant à bas le pouvoir intellectuel et donc en lui enlevant cette base arrière.

C'est grâce à sa mainmise sur l'opinion publique que l'intelligentsia a pu s'emparer de tels lieux d'influence. Voltaire avait fixé la doctrine dans une lettre du 26 décembre 1767 à d'Alembert : « C'est l'opinion qui gouverne le monde et c'est à vous de gouverner l'opinion. » L'opinion n'est certes pas née au dix-huitième siècle. Lorsque Sully inventait la communication politique, lorsque Richelieu créait *La Gazette* afin d'avoir un instrument à sa main, lorsque acculé à la fin de son règne, Louis XIV abandonnait sa posture lointaine et en appelait aux profondeurs du pays, que faisaient-ils d'autre, les uns et les autres, que d'essayer de s'emparer de l'opinion ? Mais celle-ci avait jusqu'alors vocation à servir « d'armée de réserve » au pouvoir politique. Le parti philosophique inverse, lui, cette règle du jeu. Issu de la société, il prend appui sur l'opinion, cette fois-ci contre le système en place.

Opinion rime certes, à l'époque, avec *happy few*[1], suivant le mot que Stendhal réservait à ses lecteurs. Sur vingt millions d'habitants, seuls quelques dizaines de milliers au plus lisent des livres. Mille exemplaires représentent un « best-seller » triom-

---

1. En français : les rares heureux.

phal. La multiplication des journaux et des libelles assure, en dehors des grands ouvrages, la mise en condition de l'opinion. Même si Diderot se méfie du *Journal encyclopédique*, trop vulgarisateur à son goût, celui-ci a fait peut-être autant pour les thèses philosophiques que la hiératique *Encyclopédie*. Les journalistes sont au parti intellectuel ce que les militants représenteront dans les futurs partis politiques : l'infanterie. Ils constituent l'avant-garde d'une corporation – causeurs, demi-auteurs, précepteurs, aventuriers de l'écrit – qui sert de caisse de résonance aux « vedettes de l'esprit ». Ce sont tous les membres de cette « basse intelligentsia » qui permettent au parti intellectuel de plonger ses racines jusqu'au tréfonds de la société cultivée, c'est-à-dire la maigre fraction de la France qui échappe à l'analphabétisme.

La majorité des livres qui font date sont évidemment anonymes, compte tenu de l'omniprésence de la censure, mais les noms des auteurs deviennent rapidement, dans un milieu aussi restreint, des secrets de Polichinelle. Seul Rousseau refuse la clandestinité, quitte à s'étonner, dans *Les Confessions*, de son arrestation. Le jeu est en réalité biseauté. Malesherbes protège les philosophes qu'il est supposé censurer. Ceux-ci s'abandonnent à un anonymat fictif. Les uns et les autres se retrouvent dans les salons. Les masques ne tiennent pas plus que dans un bal vénitien. Nul n'est dupe, dans les cercles cultivés qui constituent l'opinion, de l'identité des auteurs. Aussi, même dissimulés, constituent-ils leur capital en termes de notoriété, d'influence et de magnétisme.

Alors qu'au début du siècle, le talent ne mettait pas à l'abri de la morgue des aristocrates – qui a oublié la bastonnade de Voltaire par le chevalier de Rohan? –, le rapport de forces se renverse à partir des années 1750. Voltaire se fait d'ailleurs un plaisir de le proclamer. Ainsi décrit-il, dans l'article « Gens de lettres » de l'*Encyclopédie*, comment « l'honnête homme, écarté de la société », c'est-à-dire le littérateur d'antan, se métamorphose en un éclaireur chargé de détruire « les préjugés dont elle – *i.e.* la société – est infectée ». Il est encore plus explicite dans une lettre adressée, le 13 octobre 1759 à Madame du Deffand : « Ce qui fait le grand mérite de la France, son seul mérite, son unique supériorité, c'est un petit nombre de génies sublimes, ou aimables, qui font qu'on parle aujourd'hui français à Vienne, à Stockholm et à

Moscou. Vos ministres, vos intendants et vos premiers commis n'ont aucune part à cette gloire. » Le credo est limpide : le parti intellectuel doit imposer ses idées à travers le culte de ses grands hommes. Voltaire plaide certes pour lui-même mais aussi pour ses collègues, même si ceux-ci trouvent leur étoile bien pâle à côté de la sienne. Ainsi Diderot lui écrit-il en novembre 1760 : « Vous avez fait la moisson de tous les lauriers et nous allons glanant sur vos pas, et ramassant par-ci, par-là quelques méchantes petites feuilles que vous avez négligées et que nous nous attachons fièrement sur l'oreille, en guise de cocarde, pauvres enrôlés que nous sommes. »

Les sciences n'échappent pas, elles non plus, au « culte de la personnalité » : Buffon est leur Voltaire. Les trente-six volumes publiés entre 1749 et 1788 de son *Histoire naturelle* connaissent un succès jamais démenti. Il profite de son vivant d'un culte assez voisin de celui dont se repaît le faux ermite de Ferney. Les grandes figures de l'intelligentsia pourraient faire de leur gloire une arme contre le pouvoir, ce que leurs héritiers ne manqueront pas, de Chateaubriand à Zola, de pratiquer quotidiennement. Encore peu émancipés, ils n'ont, au contraire, de cesse que de s'introduire auprès des gouvernements en place. Les influencer est certes leur but mais les fréquenter avec une assiduité aussi déférente équivaut à leur accorder un brevet de légitimité. Dans le colloque singulier entre l'intellectuel et le prince, le premier est naïf, le second cynique ; l'un croit au côté éclairé du despote ; l'autre n'envisage pas une seconde de renoncer aux facilités de l'autoritarisme. Pour les souverains, il s'agit de s'offrir une « couverture » vis-à-vis de l'opinion internationale ; pour le philosophe, de peser sur l'histoire en faisant la conquête du cerveau des empereurs et des rois.

Le plus grand, le plus intéressé, le plus méfiant, le plus cupide des philosophes, donc Voltaire, dupé par le jeune Frédéric II : c'est désormais un mélange de fable sur l'âme humaine et de légende sur le pouvoir. La correspondance entre un roi déférent et un penseur paternel, la modestie factice du roi-écrivain, la longue cour faite par le souverain au philosophe, la critique admirative de l'*Anti-Machiavel* par l'auteur du *Siècle de Louis XIV* cette fois-ci inhabituellement indulgent, la difficile négociation préalable au départ, l'arrivée fascinée à Sans-Souci, la fausse fraternité entre le roi et le philosophe, l'émerveillement du premier et l'indélicatesse du second, l'illusoire quête du pouvoir par l'intellectuel, la déception réciproque, la rupture mal gérée et, *in cauda venenum*, l'arrestation à Francfort, l'humiliation – cette seconde bastonnade tellement plus violente –, la rancœur : autant d'étapes sur le chemin de croix du philosophe. Sa vocation est d'être décoratif, alors qu'il se croit prescriptif, son statut d'être un serviteur déguisé en idole alors qu'il s'estime égal, voire supérieur au souverain, son rêve d'être un homme d'Etat par procuration, alors qu'il demeure un scribe roturier.

D'Alembert est plus malin : il se garde, tout au long d'une correspondance de vingt-cinq ans avec Frédéric II, de lui donner des conseils politiques. Il y gagne le droit de placer ses hommes à Berlin et donc de conforter son influence à la tête du parti intellectuel. Mais la prudence est, chez lui, primesautière. Il est aussi maladroit avec Catherine II qu'il a été habile avec Frédéric. Inaugurant ce qui deviendra un grand classique dans la relation des intellectuels vis-à-vis des politiques – réclamer la grâce de condamnés ou la libération de prisonniers –, il lui demande de relâcher des officiers français qui avaient combattu aux côtés des nationalistes polonais et lui promet, en échange, des éloges appuyés de la part des philosophes. La fin de non-recevoir est sévère : « Y aurait-il de la justice à donner de l'avantage à ceux qui ont causé le mal, et à laisser dans une situation moins avantageuse ceux qui leur auront servi de jouet ? » Catherine pousse même la perversité jusqu'à faire de Voltaire le témoin du camouflet.

Mais c'est Diderot qui va le plus loin dans le fantasme d'influencer le pouvoir politique, même s'il essaie de jouer le registre de la modestie, en se prétendant vis-à-vis de Catherine II « un pauvre diable qui s'avise de politiser sous la gouttière » et de n'être « qu'un philosophe comme un autre, c'est-à-dire un enfant bien né qui balbutie sur des matières importantes... Un spéculateur qui s'avise dans sa petite tête de régir un grand Empire ». Il se laisse prendre néanmoins au jeu d'un dialogue « d'homme à homme » comme il l'écrira à sa femme. Catherine aussi, puisqu'elle consacre plus d'une centaine d'heures à discuter avec lui, quitte à encaisser la plaidoirie du philosophe à propos de la suppression de l'esclavage et de la primauté de la loi des hommes sur celle de Dieu. Mais Diderot est trop intelligent pour ne pas finalement mesurer que son influence est nulle sur les grandes décisions et qu'il s'est laissé embrigader pour quelques apparences. Il est toutefois prisonnier du rôle qu'il a accepté et continuera, après son retour à Paris, de chanter les louanges de la tsarine.

En fait, préfigurant une règle qui vaut jusqu'à aujourd'hui, seuls pèsent les intellectuels qui font le saut de la politique, tels Turgot et Malesherbes. Encore sont-ce des frontaliers, inaugurant une catégorie qui s'est, elle aussi, perpétuée. Magistrats, ils ne sont pas écrivains à temps plein. Devenus administrateurs, ils essaient d'agir en conformité avec leurs principes philosophiques. Publicistes occasionnels, ils pratiquent un genre à mi-distance du récit pratique et de l'essai conceptuel. Leur nomination provoque la joie du parti intellectuel. Ainsi Voltaire écrit-il : « La France est assez heureuse pour que Monsieur de Malesherbes soit dans le ministère. Voilà donc de tous côtés le règne de la raison et de la vertu. » Quant à Turgot, il embarque de vrais intellectuels dans son aventure gouvernementale : Condorcet au premier chef mais aussi Dupont de Nemours, Morellet, Devaines et d'autres. C'est la première fois que des membres de l'intelligentsia fréquentent l'administration, non en quémandeurs mais en chefs. Leurs amis exultent. Ainsi Diderot confie-t-il à Catherine II : « Monsieur Turgot est un des plus honnêtes hommes du royaume et certes peut-être le plus habile en tout genre... Il y a de petits phénomènes – *i.e.* sa nomination – qui annoncent de grands événements : c'en est un. »

Le contact de ces intellectuels avec l'économie, la bureaucratie, la cour et la politique va être rude. Lorsque Louis XVI se sépare de Malesherbes et de Turgot, c'est l'aptitude même des philosophes à gouverner qui est mise en cause. Ce ne sont pas les seuls aristocrates réactionnaires qui se livrent à cet égard à un jeu de massacre. Les salons doutent aussi. Ainsi Madame du Deffand n'hésite-t-elle pas à écrire à propos de la chute des deux hommes : « Mieux vaut pour le gouvernement un habile homme avec moins de probité, c'est-à-dire moins de bonnes intentions, qu'un homme qui, ne voyant pas plus loin que le bout de son nez, croit tout voir, tout comprendre, qui entreprend tout sans jamais prévoir comme il réussira. »

Les termes de l'équation sont désormais posés. Ils ne changeront plus : un intellectuel est-il capable de comprendre et d'accepter les règles de la politique ? S'il le fait, perd-il son âme ? Sert-il mieux ses idées en plongeant dans la réalité du pouvoir, en se contentant de le conseiller, en se limitant à un rôle de vigie depuis le cœur de la société civile ou en choisissant la posture éternelle du contre-pouvoir ?

Le parti philosophique est en fait trop puissant ces années-là pour ignorer la politique. Il contrôle des lieux de pouvoir, magnétise l'opinion et dispose d'une doctrine en guise d'étendard qu'il ne retrouvera jamais avec un tel degré de cohérence. Il n'existera en effet dans l'histoire des intellectuels qu'une seule *Encyclopédie*.

Le *Discours préliminaire* constitue de ce point de vue la « synthèse des synthèses ». Synthèse des disciplines : à la fois scientifique et philosophe, d'Alembert est en situation de mettre au service de la raison les « sciences dures » et les « sciences molles » – suivant une classification très vingtième siècle. Synthèse des époques : il embarque sans vergogne au nom du projet Bacon, Descartes, Newton, Leibniz, Locke. Synthèse des esprits du moment : il marque son admiration pour Maupertuis, Fontenelle, Buffon, Condillac et naturellement pour les figures dominantes de Voltaire et Montesquieu ; il essaie même de rallier, sous les compliments, un Rousseau qui a accepté de prendre en charge l'article sur la musique et donc de participer, à travers ce modeste apport, à l'aventure. Il n'est pas anodin que, des deux pères du projet, Diderot et d'Alembert, ce soit ce dernier auquel est échu l'honneur de rédiger le *Discours préliminaire*. Ils ont, d'un commun accord, donné la primauté au plus institutionnel et au plus reconnu d'entre eux. Diderot est, lui, au charbon : il rédige, corrige, dirige les articles et laisse son esprit jubilatoire multiplier les chausse-trappes et les pas de côté, afin de désarçonner les censeurs. D'Alembert établit le manifeste, en majesté, du parti intellectuel avec son *Discours*. Diderot fabrique les grenades intellectuelles, les dégoupille au détour des articles de l'*Encyclopédie* – il signe mille neuf cent quatre-vingt-quatre articles, soit plus de la moitié du premier volume – et les fait éclater aux dépens de la religion et de la réaction.

Le succès est immense : deux mille soixante-quinze exemplaires malgré le coût et le poids de l'ouvrage. Si les censeurs ont détourné les yeux afin de laisser publier l'ouvrage, les défenseurs de la religion ne témoignent pas de la même bienveillance et contre-attaquent avec virulence. Mais en conflit violent depuis Port-Royal, jansénistes et jésuites sont incapables de faire l'union sacrée face aux encyclopédistes. Ils mènent séparément leurs croisades, ce qui permet aux philosophes, au moment de la sortie du second tome, de jouer les uns contre les autres. Comble de l'habileté qui témoigne des complexités de l'époque, Diderot entrepose les prochains volumes de l'*Encyclopédie* chez Malesherbes, le patron de la censure, afin de les mettre à l'abri de l'inquisition des censeurs, ses collaborateurs ! Outre son rôle de receleur, celui-ci sauve l'*Encyclopédie* en limitant la condamnation aux deux premiers tomes et en maintenant le « privilège royal » accordé à la publication de l'ouvrage.

Le temps de l'alliance du sabre et du goupillon est bien passé. L'Etat ne se met pas avec armes et bagages au service de l'Eglise. Les hommes politiques ont des antennes dont sont dépourvus les religieux. Ils ont mesuré l'irrésistible ascension de l'opinion ; ils ont perçu l'ascendant des philosophes ; ils ont deviné la puissance du parti intellectuel. Aussi au lieu de l'affronter de face, jouent-ils « au chat et à la souris » avec lui. C'est un compromis qui se reproduira à maintes occasions dans les siècles à venir. Mais il sera signé par le pouvoir avec les intellectuels pris individuellement et non avec un parti intellectuel. La conjonction astrale dont bénéficie en effet à ce moment-là le parti philosophique ne se reproduira pas. On ne connaîtra plus à ce degré la maîtrise totale de l'opinion, un contrôle des institutions académiques, la fascination de la classe politique, l'existence d'une doctrine unique, la force d'un combat commun et surtout la limitation au minimum des guerres intestines entre écoles de pensée et des affrontements de personnes. Il est vrai que l'ombre portée d'une figure tutélaire profite à l'aréopage entier.

CHAPITRE 3

Le contre-roi

Voltaire n'est ni un tragédien talentueux, ni un historien incontestable, ni un romancier puissant, ni surtout un vrai philosophe. La *Henriade* n'est pas *Phèdre*, le *Siècle de Louis XIV* ne vaut pas *L'Histoire d'Angleterre* de Guizot, *Candide* ne pèse guère à l'aune des *Liaisons dangereuses*, voire d'*Adolphe* et l'ermite de Ferney n'aura pas la postérité philosophique de Kant, le promeneur de Koenigsberg. De bons sentiments, un zeste d'humanisme, un déisme fumeux : ce n'est pas cette pensée-là qui autorise à s'établir héritier de Spinoza, de Descartes, voire même de Pascal. Et pourtant !

Voltaire n'est pas non plus, dans sa vie personnelle, une conscience : prévaricateur, boursicoteur, professionnel du délit d'initié, obsédé par le profit, l'argent, la plus-value. Et pourtant !

Il n'est pas davantage indépendant d'esprit vis-à-vis des monarchies : toujours en quête de réconciliation avec Louis XV, déférent, à cette fin, à l'endroit de Madame de Pompadour, attaché à son maigre titre d'Historiographe du roi et bien sûr embarqué dans une fascination naïve et intéressée à l'égard, chacun le sait, de Frédéric II. Et pourtant !

Et pourtant en effet, cet homme aussi séduisant que contestable, aussi attirant que discutable, aussi brillant que superficiel, va devenir le premier intellectuel de notre histoire, le premier à exercer sur la société un magistère aussi entier que celui du roi sur l'Etat, le premier à faire de la défense des opprimés un fonds de commerce incontesté, le premier à devenir l'ultime recours des malheureux, le premier en un mot à transformer une position de reconnaissance en contre-pouvoir.

L'affaire Calas préfigure l'affaire Dreyfus : Zola ne fera, d'une certaine façon, que mimer Voltaire. Celui-ci est, au départ, plein de morgue et de préjugés, attitude qui lui est si familière : « Vous avez entendu parler peut-être, écrit-il, d'un bon huguenot que le Parlement de Toulouse a fait rouer pour avoir étranglé son fils. Cependant ce saint réformé croyait avoir fait une bonne action, attendu que son fils voulait se faire catholique et que c'était prévenir une apostasie. Il avait immolé son fils à Dieu et pensait être fort supérieur à Abraham, car Abraham n'avait fait qu'obéir, mais notre calviniste avait pendu son fils de son propre mouvement, et pour l'acquit de sa conscience. Nous ne valons pas grand-chose, mais les huguenots sont pires que nous, et de plus ils déclament contre la comédie. » Voltaire est presque aussi anticalviniste qu'antisémite : ce ne sont pas les prédispositions les plus traditionnelles pour un futur intellectuel humaniste...

Déjà requis d'intervenir en faveur de François Rochette, prédicateur protestant menacé de pendaison, il s'était contenté d'adresser une lettre *a minima* au gouverneur du Languedoc, ne résistant même pas aux facilités, croyait-il, d'un bon mot : « Je souhaite que vous ayez des confesseurs et point de martyrs, c'est une façon ridicule d'aller au ciel par une échelle. » Son changement d'attitude vis-à-vis de Calas n'en sera que plus surprenant.

Alors que prévenu en premier de l'affaire, Rousseau préfère vaquer à ses occupations, en l'occurrence l'impression de l'*Emile*, Voltaire, lui, bascule. Trois jours après s'en être encore pris au fanatisme protestant, il commence à s'émouvoir : « On prétend ici qu'il est très innocent, et qu'il en a pris Dieu à témoin, en expirant. On prétend que trois juges ont protesté contre l'arrêt. Cette aventure me tient à cœur ; elle m'attriste dans mes plaisirs ; elle les corrompt. Il faut regarder le Parlement de Toulouse, ou les protestants, avec des yeux d'horreur. » « Ou les protestants » ? Voltaire est touché mais il n'a pas encore tranché entre le bien et le mal.

Inaugurant la démarche classique des intellectuels – faire de l'opinion publique une armée à leur main – il affiche tout de suite la couleur : « Je défie Paris, tout frivole, tout opéra-comique qu'il est, de ne pas être pénétré d'horreur. » Et il ajoute ailleurs : « Si quelque chose peut arrêter chez les hommes la rage du fanatisme, c'est la publicité. » Mais qui a la clef de l'opinion ? Une petite cohorte, un groupe d'élite, quelques individus admirables et bien sûr lui au premier chef : « Pendant que nous sommes la chiasse du genre humain, on parle français à Moscou et à Yassy. Mais à qui le doit-on, ce petit honneur ? A une douzaine de citoyens qu'on persécute dans leur patrie. »

La pièce est désormais écrite qui, à partir de ce moment-là, va régir les relations entre les trois acteurs, le pouvoir, la société, les intellectuels. Ceux-ci deviennent l'instance d'appel de la société, face aux exactions de l'exécutif. Ils ne pèsent qu'à condition d'avoir l'opinion à leurs côtés. Leur intervention oscille entre un témoignage pour l'honneur et une capacité d'obliger l'Etat à capituler. Le châtelain de Ferney ne se lance toutefois pas à la légère dans l'aventure : il veut être convaincu de l'innocence de Calas, comme un siècle plus tard Zola à propos de Dreyfus, avant de jeter son poids dans la balance.

Voilà Voltaire, si souvent accusé de légèreté, qui s'impose l'ascèse d'un juge privé. Il s'oblige à faire, plutôt qu'à refaire – puisqu'il a été vicié dès l'origine – le procès Calas. Témoignages, auditions, recoupements : « son intime conviction » – notre règle pour les jurés d'assises – est faite. Aussi prononce-t-il son jugement : les juges toulousains « ont roué le plus innocent des hommes. Presque tout le Languedoc en gémit avec horreur. Les nations étrangères qui nous haïssent et qui nous battent sont saisies d'indignations… Criez et qu'on crie ». Avec de tels attendus, le « magistrat » de Ferney établit une autre règle du magistère moral des intellectuels : s'ériger en contre-pouvoir fait d'eux, aux yeux du monde, l'honneur de la France. Ils ne sont pas traîtres à leur patrie : c'est le pouvoir en place qui l'est. Il ne s'agit pas seulement d'aller à l'encontre des tenants de l'ordre ; il faut leur faire rendre gorge.

Notre premier intellectuel ne lâche pas prise. Il installe la veuve Calas à Paris et la fait recevoir dans les salons, telle une vestale de l'injustice. Il multiplie libelles, articles, admonestations. Il cherche des alliés mais n'en trouve guère en dehors des protestants convertis. Même ceux qui, à l'instar du duc de Choiseul, partagent le sentiment de Voltaire, ne l'expriment pas : mieux vaut une injustice qu'un désordre. Ce sera, des siècles durant, l'antienne du parti anti-intellectuel. Quant aux autres philosophes, ils s'inscrivent aux abonnés absents. Tel un général en quête de troupes pour convaincre l'opinion, Voltaire constate : « Si ce monstre de Rousseau avait voulu, il aurait servi utilement dans les troupes légères. Il se forme partout d'assez bons officiers mais je trouve les généraux français un peu tièdes. » Diderot et les encyclopédistes ne sont guère plus toniques que Jean-Jacques.

Seul au front, le philosophe n'hésite pas à élargir le champ de bataille : au-delà des magistrats de Toulouse, il vise l'Eglise catholique. Calas devient le symbole du combat pour la liberté religieuse et la laïcité de l'Etat. Mais le seigneur de Ferney est, à cet égard, un fin politique. Conscient des tensions qui opposent la monarchie aux Parlements et à l'Eglise, il se garde bien de mettre en cause le roi. Seule, en effet, l'administration royale peut mettre en branle la procédure de révision du procès Calas. La cour est donc, au même titre que l'opinion, la destinatrice de la campagne de Voltaire ; ce n'est ni une ennemie, ni un bouc émissaire. Quant à Choiseul, il s'avère un allié clandestin : quelle meilleure solidarité inavouée que de partager les mêmes ennemis cléricaux et parlementaires ?

La monarchie sera au rendez-vous. Le chancelier demande la révision du procès. Le Conseil du roi exige en séance plénière que le Parlement de Toulouse en communique les pièces et que le procureur général rende compte des motifs du verdict. La cour fait ainsi corps avec Voltaire et la veuve Calas est reçue par la reine. Etonnant quadrige sociologique qui voit le pape des philosophes dans cette affaire, délaissé par ses collègues et adulé par la monarchie ! La suite de la procédure est quasi mécanique : le Conseil casse l'arrêt du Parlement de Toulouse le 4 juin 1764 et les maîtres des requêtes de l'Hôtel – la cour de cassation de l'époque – réhabilitent Calas le 9 mars 1765.

Pour qui s'extasie du parallèle avec l'affaire Dreyfus, il est juste de noter une immense et paradoxale différence : si Voltaire et Zola jouent la même partition à l'égard l'un d'un protestant, l'autre d'un juif, si l'Eglise et l'Armée sont dans le même registre de l'institution réactionnaire, si l'opinion est, dans les deux cas, la caisse de résonance, l'appareil d'état de la monarchie se conduit mieux que celui de la république : ministère de la Justice plus diligent, pouvoir exécutif plus compréhensif, juges plus dynamiques.

Avec l'affaire Calas, Voltaire a trouvé son terrain de prédilection. Ce seront les droits de l'homme. Il peut désormais faire fi de ses pas de côté, de ses tentations courtisanes, de ses œuvres parcellaires, de sa philosophie inaboutie. Le voilà désormais installé en majesté. Le *Traité sur la tolérance* lui sert de manifeste. Sus à la religion oppressante ! « Je le dis avec horreur mais avec vérité : c'est nous, chrétiens, c'est nous qui avons été persécuteurs, bourreaux, assassins ! Et de qui ? De nos frères. C'est nous qui avons détruit cent villes, le crucifix ou la Bible à la main et qui n'avons cessé de répandre le sang et d'allumer les bûchers, depuis le règne de Constantin jusqu'aux fureurs des cannibales qui habitaient les Cévennes. » La bienveillance voltairienne s'arrête aux limites du monde chrétien : les protestants en sont les heureux bénéficiaires, les juifs jamais.

Voltaire est désormais dans son rôle : le dossier Calas n'est pas encore clos qu'il se lance dans une nouvelle cause, la défense de Sirven. Protestant converti, Pierre-Paul Sirven est accusé d'avoir tué sa fille, afin de l'empêcher d'adhérer pleinement au catholicisme. Ayant réussi à s'enfuir à Genève, il est condamné par contumace à la pendaison et exécuté, suivant les mœurs de l'époque, en effigie. Après avoir reçu les Sirven à Ferney, Voltaire repart en guerre, mobilise l'opinion internationale afin de lever des fonds en faveur des victimes, publie, assène, combat. Mais il lui faudra plusieurs années avant de triompher en deux temps : une sorte de non-lieu en 1769, puis une réhabilitation pleine et entière, une fois le Parlement de Toulouse supprimé par la réforme Maupeou en 1771 et remplacé par des juges nommés. Ferney est désormais une cour de cassation privée, incarnant la société civile face aux Parlements.

Ainsi Voltaire se bat-il dans le cas de Lally Tolendal – gouverneur de Pondichéry accusé de trahison –, moins sur le fond que sur la procédure : « Ma destinée est de n'être pas content des arrêts des Parlements. J'ose ne point l'être de celui qui a condamné Lally ; l'énoncé de l'arrêt est vague et ne signifie rien. Les factums pour et contre ne sont que des injures. Enfin je ne m'accoutume point à voir des arrêts de mort qui ne sont pas motivés. Il y a dans cette jurisprudence welche une barbarie arbitraire qui insulte au genre humain. »

C'est avec l'exécution, le 1er juillet 1766, du chevalier de La Barre, que Voltaire trouve une nouvelle cause, aussi motivante, que l'affaire Calas. Deux actes de profanation le 9 août 1765 – des entailles sur un crucifix et un dépôt d'ordures sur une représentation du Christ – avaient conduit à l'ouverture d'une enquête. Celle-ci se concentre, à partir de ouï-dire, sur la jeunesse dorée d'Amiens et aboutit à l'arrestation de La Barre et d'un autre jeune homme. Circonstance propre à émouvoir Voltaire : son *Dictionnaire philosophique portatif* est retrouvé lors d'une perquisition au domicile du chevalier. Le déni de justice est évident. Il n'existe en fait qu'un grief prouvé à l'égard du Chevalier : ne pas s'être agenouillé et découvert devant une procession ! Le reste est une pure construction juridique. Mais le tribunal d'Abbeville, puis le Parlement de Paris en appel, n'hésitent pas à condamner le jeune homme et Louis XV se révèle leur complice en refusant d'user de son droit de grâce. Jamais Voltaire ne tonne aussi violemment : « L'atrocité de cette aventure me saisit d'horreur et de colère. Je me repens bien de m'être ruiné à bâtir et à faire du bien dans la lisière d'un pays où l'on commet de sang-froid et en allant dîner des barbaries qui feraient frémir des sauvages ivres. Et c'est là ce peuple si doux, si léger, si gai ! Arlequins anthropophages, je ne veux plus entendre parler de vous. »

Que son *Dictionnaire* ait été brûlé en même temps que le corps supplicié de La Barre ajoute une dimension personnelle à l'indignation ! Aussi la machine voltairienne se remet-elle en route. Contre-enquête, mise à jour des mobiles judiciaires et ecclésiastiques, mobilisation de l'opinion, rappel des amis, interpellation des puissants, réanimation de la chaîne de solidarité internationale : les mécanismes sont désormais bien connus, qui font d'une injustice provinciale une affaire nationale et de celle-ci un scandale européen. Mais Voltaire a, cette fois-ci, affaire à plus forte partie. La monarchie, l'Eglise et le Parlement font front commun et le philosophe n'obtient pas la révision du procès. Au moins parvient-il à mettre fin aux poursuites contre les autres prévenus et à obtenir la révocation du juge-enquêteur.

Ce sont ces quatre combats qui font de Voltaire une figure à part dans le monde philosophique. Le voilà ultime recours de toutes les victimes d'injustice légale. Un certain Martin est-il condamné à mort pour meurtre après une instruction bâclée, et exécuté, Voltaire fait une contre-enquête et la seule annonce de son intervention suffit à pousser les magistrats à réhabiliter l'homme. De même obtient-il la révision du dossier Montbailli, autre victime, cette fois-ci des juges de Saint-Omer. Il s'évade même du champ des erreurs judiciaires pour se faire le propagandiste de l'affranchissement des serfs du mont Jura, esclaves d'une communauté religieuse qui, forte du droit espagnol en vigueur avant l'annexion de la Franche-Comté, se refuse à faire un geste d'émancipation. Mais ce combat-là est, pour une fois, perdu.

Si ses collègues l'admirent et le soutiennent en catimini, aucun ne prend le moindre risque à ses côtés. Pour de prétendues bonnes raisons : ne pas être divertis de l'œuvre philosophique et du projet encyclopédique. En fait pour un motif plus trivial : la peur ! Voltaire n'est pas dupe : « Que vous êtes tièdes à Paris ! » Et les dénégations de d'Alembert – il jure de « ne pas se taire et de faire crier tous ceux qui m'écouteront » – n'y changent rien. D'autres essaient de compenser leur passivité par l'hyperbole. Ainsi de Diderot : « C'est de Voltaire qui écrit pour cette malheureuse famille – *i.e.* Calas... Le bel emploi du génie ! Il faut que cet homme ait de l'âme, de la sensibilité, que l'injustice le révolte et qu'il sente l'attrait de la vertu. Car que lui sont les Calas ? Qu'est-ce qui peut l'intéresser pour eux ? Quelle raison a-t-il de suspendre ses travaux qu'il aime pour s'occuper de leur défense ? Quant il y aurait un Christ, je vous assure que de Voltaire serait sauvé ». Charmes de l'époque philosophique : le premier athée affiché – Diderot – en appelle à Dieu pour sauver un déiste – Voltaire – dont le seul ennemi est l'Eglise catholique !

Dans son combat, Voltaire aura eu affaire à trois interlocuteurs. La monarchie : il continuera jusqu'à sa mort à jouer au chat et à la souris avec elle ; celle-ci aura été, il est vrai, une complice discrète, au moins dans l'affaire Calas, par solidarité face au Parlement. L'Eglise : le philosophe la hait mais la ménage pendant ses dernières années, par peur des représailles mais plus encore par crainte de ne pas avoir le droit d'être enterré de manière chrétienne – ce qui témoigne d'une hostilité, moins à l'encontre de la foi qu'à l'endroit de l'institution religieuse. Les Parlements : Voltaire veut leur mort, publie anonymement un brûlot, l'*Histoire du Parlement de Paris* et surtout se porte aux côtés de Maupeou, lorsque celui-ci s'attaque à eux en les remplaçant par des juges nommés : « Quelquefois les institutions les plus salutaires sont mal reçues parce qu'elles ne viennent pas dans un temps favorable. Mais bientôt les bons esprits se rendent. Pour la canaille, il ne faut jamais la compter. » Voltaire est en fait un monarchiste réformiste : il est prêt à soutenir toutes les initiatives parties de Versailles qui rapprocheraient la France du modèle anglais.

Ce Voltaire-là vaut mieux que celui qui, contre monnaie sonnante et trébuchante, met sa plume au service de Catherine II : mille ducats pour le *Tocsin des rois*, manifeste pro-russe et donc antiturc. Premier « droit de l'hommiste », le philosophe n'est pas, en revanche, l'inventeur du droit d'intervention, surtout si celui-ci va à rebours des intérêts de la tsarine. Ainsi à l'inverse, cette fois-ci, d'une opinion publique pro-polonaise, s'insurge-t-il contre « l'alliance monstrueuse » entre les « brigands polonais » et les « bourreaux ottomans ». L'image du Voltaire défenseur de la veuve et de l'orphelin, pourfendeur du totalitarisme religieux et de l'aveuglement parlementaire prend heureusement le pas sur le courtisan des despotes éclairés, prêt à sacrifier son honneur et ses principes pour quelques ducats et des miettes de considération.

De même l'opinion lui fait-elle grâce des palinodies qui entourent, quelques jours avant sa mort, sa profession de foi et la rétractation de ses écrits antichrétiens : « Je soussigné déclare qu'étant attaqué depuis quatre jours d'un vomissement de sang à l'âge de quatre-vingt-quatre ans et, n'ayant pu me traîner à l'église, Monsieur le Curé de Saint-Sulpice ayant bien voulu ajouter à ses bonnes œuvres celle de m'envoyer Monsieur l'Abbé Gaultier prêtre, je me suis confessé à lui et que, si Dieu dispose de moi, je meurs dans la sainte religion catholique où je suis né, espérant de la miséricorde divine qu'elle daignera pardonner toutes mes fautes et que si j'avais scandalisé l'Eglise, j'en demande pardon à Dieu et à elle. » Quelle contrition de la part de celui qui voulait « écraser l'infâme » !

Mais le crédit de Voltaire est tel que chacun oublie ses pas de clerc et ses hypocrisies. Tel un acteur en tournée d'adieux, il va et vient dans Paris, entouré d'une révérence quasi mystique. Salons, Comédie-Française, Académie : autant d'étapes destinées à recueillir éloges et applaudissements. Ce n'est ni l'écrivain trop doué et trop prolifique, ni le philosophe souvent hâtif, ni le courtisan maladroit et parfois ridicule que la société civile salue, mais l'intellectuel, le combattant contre l'injustice et surtout celui qui, en faisant alliance avec elle, l'a aidé à prendre conscience de sa propre existence. Intellectuel et opinion sont désormais l'avers et le revers d'une même réalité.

CHAPITRE 4

À l'origine des « espèces intellectuelles »

Voltaire ouvre la lignée de l'intellectuel en majesté : Hugo et Sartre seront, de ce point de vue, ses successeurs. D'Alembert est, lui, le premier chef du parti intellectuel : c'est une position que se transmettront Guizot, Barrès, Gide et plus récemment Bourdieu. Ce sont deux des principales « espèces intellectuelles », mais il en existe d'autres et le dix-huitième siècle les a presque toutes inventées.

Ainsi le droit d'ingérence, cette innovation que la France a mise à la mode il y a peu, naît-il aussi du temps de Louis XVI. C'est paradoxalement ce feu follet de Beaumarchais qui est le premier à le promouvoir. Les incursions en politique de l'auteur du *Mariage de Figaro* ont longtemps relevé du fantasme et de l'illusion, telle sa rocambolesque aventure afin de récupérer, au nom, voulait-il faire croire, de Louis XV, les papiers du chevalier d'Eon. Avec la guerre d'indépendance américaine, le cocasse cède le pas au sérieux, un peu à l'instar de Malraux lorsqu'il fera oublier ses aventureuses expéditions cochinchinoises grâce à son combat, à corps perdu, aux côtés de l'Espagne républicaine. La cupidité tient lieu certes chez Beaumarchais du lyrisme chez Malraux, mais l'engagement est néanmoins authentique.

Dès le 21 septembre 1775, donc avant même la déclaration d'indépendance des Etats-Unis, il rédige à l'intention du roi un mémoire où il décrit les insurgés américains résolus « de tout souffrir plutôt que de plier, et pleins de cet enthousiasme de liberté, qui a si longtemps rendu la petite nation des Corses redoutable aux Génois ». Etranges parallèles : les colons américains assimilés aux Corses et la puissante Angleterre à Gênes... Outre l'occasion de s'enrichir – obsession de tous les instants chez le sieur Caron –, le soutien aux rebelles américains se nourrit d'une double conviction : l'accomplissement d'un homme nouveau à travers l'émancipation des Etats-Unis ; l'occasion pour la France de prendre sa revanche sur l'Angleterre et d'effacer les conséquences délétères du Traité de Paris (1763), en particulier l'abandon du Canada.

Mandaté par Louis XVI et Vergennes, il établit un plan d'aide aux insurgés avec une contrainte principale : les fonds destinés à le financer ne doivent pas sortir directement des caisses de l'Etat. Similitude, une fois de plus, avec la démarche de Malraux en 1936 et les circuits clandestins montés par Pierre Cot. Voilà Beaumarchais mandataire pour un million de livres du Trésor royal sous le faux nom d'une société Rodrigue Hortalez et Compagnie. Face à un Louis XVI qui manifeste pour la première fois ses prédispositions pour la pusillanimité et l'indécision, l'auteur-négociant n'hésite pas à manier l'admonestation avec insolence et à le harceler avec énergie. Il voit même plus loin : « D'où il suit quoique la politique soit fondée sur des principes très imparfaits, elle est fondée, et que le Roi qui voudrait seul être exactement juste au milieu des méchants et rester bon au milieu des loups, s'en verrait bientôt dévoré, lui et son troupeau. » Il hausse le ton dans un mémoire au titre évocateur, *La Paix ou la Guerre* : « Aujourd'hui que l'instant d'une crise violente avance à grands pas, je suis obligé de prévenir Votre Majesté que la conservation de nos possessions d'Amérique et la paix qu'elle paraît tant désirer dépendent uniquement de cette seule proposition : il faut secourir les Américains. » Dans un libelle postérieur, dédié à Benjamin Franklin, il tombe le masque par le seul titre : *Le vœu de toutes les nations et l'intérêt de toutes les puissances dans l'abaissement et l'humiliation de la Grande-Bretagne*.

Ce pilonnage inaugure un grand classique de la part des intellectuels obsédés par le droit d'ingérence : un inlassable matraquage d'une part du pouvoir exécutif afin de le convaincre et d'autre part de l'opinion publique de manière à s'en faire une alliée. Lorsque Louis XVI et Vergennes décident de passer de la complicité à l'aide effective, le militant Beaumarchais s'efface derrière l'associé commandité de Rodrigue Hortalez et Compagnie. Ce n'est plus l'ancêtre de Malraux quêtant les avions un à un auprès des démocraties, mais un homme d'affaires, heureux de bâtir un empire sur le commerce des armes, qui mène désormais la danse. C'est vers lui que Versailles oriente les plénipotentiaires américains chargés d'approvisionner les nouveaux Etats-Unis d'Amérique. L'énergie du graphomane se mue en puissance commerciale : Beaumarchais achète des bois de marine, des fusils d'infanterie, des bouches à feu, de la poudre à canon, des tentes, des boulets, du drap d'uniforme qu'il transporte sur les quarante navires désormais à son service. Son interlocuteur américain, Deane, lui en rend grâce dans une missive au Congrès le 29 novembre 1776 : « Je ne saurais dans une lettre rendre pleine justice à M. de Beaumarchais, pour son habileté et son zèle à soutenir notre cause... Son influence et son crédit, qui sont grands, ont été entièrement employés à servir nos intérêts, et j'espère que les résultats égaleront nos vœux. »

Mais les mots les plus doux ne servent pas de paiement. Beaumarchais se meut en créancier désemparé : « On avait probablement pris ma patience pour de la faiblesse et ma générosité pour de la sottise. » Lorsque la France s'engage officiellement aux côtés des colonies révoltées, l'action de Beaumarchais perd son substrat moral : le premier intellectuel à avoir pratiqué le droit d'ingérence devient un commerçant banal, un spéculateur maladif, un agioteur compulsif.

Quant au créancier, il continuera à « réclamer ses gages » au Congrès après la victoire des insurgés : « Le plus zélé, le plus ancien et j'ose dire le plus patient des créanciers de l'Amérique a l'honneur aujourd'hui de réclamer votre justice et la justice trop tardive de l'honorable Congrès général dont vous êtes le président. » Le contentieux ne se règle pas et moribond, ruiné, Beaumarchais jette en 1795 à la face des Américains : « Américains, je vous ai servis avec un zèle infatigable ; je n'en ai reçu dans ma vie qu'amertume pour récompense et je meurs votre créancier. » L'image du créancier a effacé l'énergie du militant, l'excès de commerce le geste de solidarité, l'avidité financière la sincérité du combattant. Les successeurs de Beaumarchais, tenants du droit d'ingérence, auront l'intelligence de se situer, pour leur propre gloire, en dehors des circuits d'argent.

Autre espèce dont la France sera friande : l'intellectuel politique, technocrate, avocat ou scientifique. Turgot inaugure cette lignée : il est, à sa manière, un Raymond Barre avant l'heure. Malesherbes l'accompagne : c'est plutôt l'ancêtre de Robert Badinter. Quant à Condorcet, c'est le Laurent Schwartz de l'époque ou, comme le goût des scientifiques obsédés par l'intérêt général n'est pas exclusivement français, un Bertrand Russell par anticipation.

Lorsqu'il est nommé intendant de la Généralité de Limoges, Turgot a déjà une doctrine, le début d'une œuvre et les premiers germes d'une réputation. Quand, fort de son expérience locale, il devient contrôleur général des Finances, il devine sans doute que sa présence au ministère est contre nature et qu'elle sera courte. Plein, comme on le dira sarcastiquement de lui, de « la rage du bien public », il veut réformer à marches forcées, libéralisant, rationalisant, rabotant rentes et privilèges. Il est le premier à découvrir le piège dans lequel seront pris tous les technocrates propulsés aux affaires. Désireux de mettre en pratique leur vision à long terme de la société, ils se lancent dans des réformes qui créent autant de frustrations dans l'immédiat qu'elles doivent générer, très décalés dans le temps, d'effets positifs. Mais tolérés plus qu'adoubés par la classe politique, ils sont soumis aux aléas de l'action quotidienne. Dès que les dérangements nés de leurs décisions atteignent un niveau incompatible avec la paix sociale, ils sont abandonnés en rase campagne. Lorsque Turgot impose la libéralisation du commerce des grains, au grand dam des intérêts acquis, il bénéficie une première fois du soutien de Louis XVI. Celui-ci vient à nouveau à son secours, forçant le Parlement à enregistrer en 1776 ses six décrets, tous d'esprit plus libéral les uns que les autres.

Mais la contradiction est trop grande entre une action technocratique à laquelle seul l'absolutisme royal peut donner un blanc-seing et la convergence d'oppositions dont la monarchie n'a plus la force de s'abstraire. Ce sont moins les complots de la cour qui ont raison de Turgot qu'une situation politique dont le Roi perd la maîtrise. Démissionnaire en mai 1776, il sera resté moins de deux ans au pouvoir, démonstration s'il en était besoin, du caractère d'intrus en politique des intellectuels. Le système aura toujours raison d'eux, leur impatience étant contradictoire avec les contraintes du gouvernement. Le pouvoir n'a jamais renoncé, en France, au mythe des personnalités de la société civile, mais propulsées au sommet, celles-ci connaîtront, toutes, le destin de Turgot sans en avoir laissé la trace et l'image.

Malesherbes débute comme magistrat, s'épanouit comme intellectuel, se culpabilise comme politique et expie ses ambiguïtés comme avocat. Fils de famille – son père a été chancelier du Roi, c'est-à-dire ministre de la Justice –, élevé dans le milieu hyper-civilisé de l'aristocratie de robe, frotté aux meilleurs esprits du temps, curieux, éclectique, cultivé, il réalise dans sa personne la synthèse de l'époque : rentier de la monarchie absolue et enfant d'une société civile naissante. Devenu à son tour chancelier, et donc à ce titre, directeur de la Librairie c'est-à-dire censeur en chef, il trouvera dans cette mission matière à nourrir sa schizophrénie : il censurera au nom du roi des auteurs qu'il protégera au nom de la société civile. Il considère en effet que sa pratique libérale évite à la monarchie de mauvais conflits et offre aux intellectuels un espace minimum de liberté.

Mais rédigeant, dans l'entre-temps, *Les Remontrances de la Cour des Aides* (1771), Malesherbes réussit le tour de prestidigitation de défendre philosophiquement l'institution parlementaire, quitte à en oublier les injustices, les petitesses, le corporatisme ou les réflexes réactionnaires. Une telle opération de passe-passe exige de trouver un bouc émissaire qui, par ses propres excès, rende ses lettres de noblesse au Parlement. C'est évidemment la monarchie de droit divin, devenue, dès lors qu'elle grignote le libre droit d'enregistrement des Parlements, « le despotisme érigé en loi ». Voilà les mêmes parlementaires qui condamnent scandaleusement Calas, Sirven et La Barre, présentés comme défenseurs des « droits qui appartiennent à tous les Français par les lois du royaume, et à tous les hommes par la loi de l'humanité et de la raison ». C'est donc le même homme qui voit dans Louis XV le despotisme en action et qui accepte d'être chancelier de Louis XVI, son petit-fils, sans que le régime ait dans l'entre-temps changé de nature. Malesherbes met certes au crédit de son nouveau maître d'avoir rétabli les Parlements dans leurs droits – funeste erreur au demeurant ! – mais il ne peut, pour le surplus, prétendre que la monarchie est devenue libérale et férue de contre-pouvoirs. La volonté de perpétuer une tradition familiale, l'envie de pouvoir, l'illusion de se croire moins borné que les autres, la tentation d'ancrer les idées dans la réalité : autant de raisons, plus ou moins avouables, d'une volte-face.

Procureur au nom de la nation contre Versailles, il sera l'avocat du roi face à une Convention à laquelle il reprochera de s'être abusivement approprié les droits mêmes de cette nation. Geste admirable et suicidaire, car il n'ignore pas que le défenseur de Louis Capet risque d'être voué au même sort que lui ! Ainsi écrit-il au président de la Convention : « J'ignore si la Convention donnera un conseil à Louis XVI pour le défendre, et si elle lui en laissera le choix ; dans ce cas je désire que Louis XVI sache que s'il me choisit pour cette fonction, je suis prêt à m'y dévouer... J'ai été appelé deux fois au conseil de celui qui fut mon maître dans le temps où cette fonction était ambitionnée de tout le monde. Je lui dois le même service lorsque c'est une fonction que bien des gens trouvent dangereuse. » L'ancien chancelier paiera comme prévu, le prix de son audace, doublé de la part du Tribunal révolutionnaire de la peine supplémentaire de l'obliger à voir guillotiner sous ses yeux, avant son propre supplice, une partie de sa famille. Malesherbes symbolise, sans l'avoir trop mal vécu, les contradictions de l'intellectuel au pouvoir, tiraillé entre la raison d'Etat et ses principes, entre l'obéissance et la subversion, entre le conformisme et la provocation et n'ayant d'autre échappatoire que de ruser avec les exigences de sa fonction et les fondements de sa morale.

« L'espèce scientifique » a moins de troubles de conscience car elle a rarement l'occasion de confronter ses principes à la pratique du pouvoir. Mathématicien incontesté, secrétaire perpétuel de l'Académie des sciences, membre de l'Académie française, fils spirituel de Voltaire, héritier politique de Turgot, aristocrate d'« ouverture », Condorcet a tous les attributs d'une gloire nationale. Le nœud de ses convictions est simple et naïf : rationaliser la vie sociale et politique grâce à l'application de principes scientifiques, inventer les instruments d'une décision publique

À l'origine des « espèces intellectuelles »   39

incontestable, assurer l'égalité des citoyens et tirer de leur vote une administration éclairée... Ce sera toujours le charme des scientifiques de croire possible l'application des règles de leurs disciplines à la société. Ainsi Condorcet combattra-t-il la convocation des Etats généraux, assemblée archaïque et destructurée, lui préférant un processus utopique de réformes octroyées par le souverain. Comme la plupart des savants, il lui est difficile d'admettre que la politique relève d'une dynamique souvent irrationnelle davantage que d'une démarche mécanique et préétablie. Il est vrai que pour l'auteur de l'*Essai sur l'application de l'analyse à la probabilité des décisions rendues à la pluralité des voix* (1785) – titre évocateur ! –, l'idée est insupportable de voir le progrès naître d'une assemblée disparue depuis plus d'un siècle, composée par ordres et élue suivant des règles flottantes.

Comme son maître Turgot, Condorcet est en effet convaincu que les sciences morales et politiques sont susceptibles d'acquérir l'exactitude des sciences physiques : ce sera l'éternel rêve des « sciences molles » de s'élever au niveau de rigueur des « sciences dures ». C'est le même fantasme rationnel qui est à l'origine de son projet, en 1792, d'éducation publique : un système hiérarchique d'instruction, contrôlé de manière indépendante par les hommes de savoir, de manière à assurer la diffusion de l'esprit des Lumières. Ainsi éduqué, formé par des individus conscients et libres, le peuple serait naturellement conduit à émettre des choix rationnels. C'est toujours le culte de la raison qui guide ses projets constitutionnels – *i.e.* la Constitution des girondins – avec pour obsession de protéger la volonté nationale de la dictature de ceux qui s'octroient le droit de parler en son nom. Son dernier ouvrage, *L'Esquisse d'un tableau historique des progrès de l'esprit humain*, entamé avant sa mort en prison, est un ultime appel à la victoire de la raison. Alors que les intellectuels littéraires sont souvent confrontés à la pratique du pouvoir, et donc à sa tristesse, les scientifiques se satisfont de le rêver à leur image, honnête et sage.

Espèce promise elle aussi à une belle postérité : le ludion, le feu follet. Elle se perpétue jusqu'à aujourd'hui avec Jean d'Ormesson ; elle s'est épanouie avec les mille et une formes du dandysme intellectuel ; elle est donc apparue, elle aussi, au dix-huitième siècle avec pour figure emblématique Fontenelle. Né du temps du Roi-Soleil, en 1657, habile propagandiste du cartésianisme, personnage emblématique du monde académique, mondain au-delà du raisonnable, professionnel du sarcasme, producteur de traits d'esprit, il illustre le mot de Cocteau : « Le talent fait ce qu'il veut ; le génie fait ce qu'il peut. » Or Fontenelle n'a cessé de faire ce qu'il veut – régner sur la scène parisienne – aux dépens de ce qu'il aurait peut-être pu – laisser une œuvre. Piètre poète, médiocre auteur de théâtre, aussi faible mathématicien qu'admirable vulgarisateur, il exerce néanmoins un magistère incontesté sur le monde intellectuel car, comme l'écrit son ami Montesquieu, « presque contemporain de ces gens-là, il mêla la finesse de Voltaire, un peu de son affectation, avec plus de connaissance, de lumière et plus de philosophie ». C'est en fait un passeur. Entre l'univers du savoir et la société mondaine. Entre les scientifiques et les littéraires. Entre les académies et les salons. Entre les hommes et les femmes qu'il associe sans préjugé aux grands débats du moment. Entre le club élitiste des savants et des philosophes et l'opinion avancée. Entre les théoriciens les plus abscons et un public cultivé qu'il éclaire de son habileté de vulgarisateur. D'autres essaieront, après qu'il meurt quasi centenaire, de perpétuer cette fonction : Maupertuis, Marmontel... Mais il ne suffit pas pour l'exercer d'être à cheval entre plusieurs univers. Il faut un tour de main, un mélange d'immense culture et de fausse humilité, d'obsession de séducteur et d'art naturel de la synthèse, de verbe brillant et de plume habile et surtout d'apparente superficialité et d'authentique rigueur.

Mais à ce jeu des espèces en voie de création, il existe naturellement un contre-exemple. C'est néanmoins le plus important de la bande, en l'occurrence Rousseau. Encore s'est-il fabriqué contre ses collègues, donc grâce à eux. Ceux-ci lui avaient mis le pied à l'étrier. Diderot qui, emprisonné à la Bastille, le pousse à participer au concours de l'Académie de Dijon et donc à rédiger son *Discours sur les sciences et les arts* et qui écrira de lui avec considération : « Rousseau n'est non plus un chef-d'œuvre du hasard que le hasard ne fut un chef-d'œuvre de Rousseau. » D'Alembert qui lui arrache l'article sur la musique de l'*Encyclo-*

pédie et lui laisse publier l'article sur l'économie politique où apparaît, pour la première fois, un concept promis à un bel avenir : la volonté générale. Voltaire même dont il quête, à ses débuts, l'approbation. Mais c'est en retournant contre les philosophes les armes de la philosophie que Rousseau va se construire. Etrange conduite qui mêle convictions et paranoïa individuelle, principes et débordements personnels, bataille idéologique et hostilité *ad hominem*. La rupture se joue en trois mouvements.

Premier temps : le *Discours sur l'origine de l'inégalité parmi les hommes* (1755) avec sa quête fondatrice de l'état de « pure nature » : « Dès l'instant qu'un homme eut besoin de secours d'un autre, dès qu'on s'aperçut qu'il était utile à un seul d'avoir des provisions pour deux, l'égalité disparut, la propriété s'introduisit, le travail devint nécessaire et les vastes forêts se changèrent en des campagnes riantes qu'il fallut arroser de la sueur des hommes, et dans lesquelles on vit bientôt l'esclavage et la misère germer et croître avec les moissons. » C'est naturellement Voltaire qui sonne la charge : « On n'a jamais employé tant d'esprit à vouloir nous rendre bêtes. Il prend envie de marcher à quatre pattes quand on lit votre ouvrage. »

Deuxième temps : le tremblement de terre de Lisbonne (1755). Voltaire s'en prend à l'optimisme philosophique : « Philosophes trompés qui criez " tout est bien ", Accourez, contemplez ces ruines affreuses, ces débris... Au spectacle effrayant de leurs cendres fumantes, direz-vous : " C'est l'effet des éternelles lois qui, d'un Dieu libre et bon, nécessitent le choix " ? Lisbonne est abîmée et l'on danse à Paris. » Destinataire du poème, Rousseau lui répond : « Tous mes griefs sont contre votre *Poème sur le désastre de Lisbonne* parce que j'en attendais des effets plus dignes de l'humanité qui paraît vous l'avoir inspiré... Ne vous y trompez pas, Monsieur, il arrive tout le contraire de ce que vous proposez. Cet optimisme que vous trouvez si cruel, me console pourtant dans les mêmes douleurs que vous me peignez comme insupportables. »

Troisième temps en 1758 : la *Lettre sur les spectacles* qu'adresse Rousseau à d'Alembert et, à travers lui, à Voltaire. Bon citoyen, Rousseau défend la décision du « Magnifique Conseil » de Genève de révoquer le privilège d'une troupe de théâtre : « L'effet général du spectacle est de renforcer le caractère national, d'augmenter les inclinations naturelles et de donner une nouvelle énergie à travers les passions. » De là un procès en coupe réglée de Molière et de Racine et le désir de substituer aux pièces des fêtes patriotiques. Voltaire se hâte de marquer sa solidarité à d'Alembert : « Comment va l'*Encyclopédie* ? Est-il vrai que Jean-Jacques écrit contre vous et qu'il renouvelle la querelle de l'article de " Genève " ? On dit bien plus, on dit qu'il pousse le sacrilège jusqu'à s'élever contre la comédie qui devient le troisième sacrement de Genève... Voilà l'autel du dieu inconnu à qui cette nouvelle Athènes sacrifie. Rousseau en est le Diogène et du fond de son tonneau, il s'avise d'aboyer contre nous. Il y a en lui double ingratitude. »

La guerre est désormais déclarée. *Du Contrat social*, l'*Emile*, *La Nouvelle Héloïse* : autant de prétextes à un affrontement où le choc des personnalités prend parfois le pas sur les divergences philosophiques. La paranoïa du complot s'empare de Jean-Jacques : « Depuis que la secte philosophique s'est réunie en un corps sous des chefs, ces chefs par l'art de l'intrigue auquel ils se sont appliqués, devenus les arbitres de l'opinion publique, le sont par elle de la réputation, même de la destinée des particuliers et par eux de celle de l'Etat... Voilà comment le siècle où nous vivons est devenu le siècle de la haine et des secrets complots. » La violence de Rousseau contre ses anciens collègues philosophes préfigure les attaques des futurs révolutionnaires, les Brissot ou Marat, aussi attachés à détruire l'ordre intellectuel en place que l'ordre politique.

Dans la bataille entre Voltaire et Rousseau, c'est la Révolution qui tranchera au profit du second contre le premier, même si elle les associe formellement en les « panthéonisant ». Le paria, le marginal, l'exclu va prendre l'ascendant sur le « contre-roi » de Ferney. Il en sera de même près de deux siècles plus tard dans un affrontement d'une violence analogue : défait de son vivant par la machine au service de Sartre, le solitaire Camus triomphera *post mortem*, lorsque la mort du communisme mettra en difficulté la pensée de tous ceux qui avaient flirté avec lui. Être le mouton noir de la communauté intellectuelle n'est pas à long terme la pire condition.

CHAPITRE 5

Quand la politique est la plus forte...

Le parti intellectuel s'est agréablement accommodé pendant un demi-siècle d'une monarchie brinquebalante, avec laquelle il avait conclu un *gentlemen's agreement*. Les deux pouvoirs restaient à distance l'un de l'autre, passaient des compromis, se querellaient, s'affrontaient sans qu'aucun d'eux s'estimât assez fort pour détruire son rival. Roi et « contre-roi », ministres et philosophes, cour et salons : autant d'oppositions qui ne pouvaient déboucher sur l'élimination de l'un des deux camps. La Révolution brisera brutalement cet équilibre. Quand la politique atteint en effet une telle violence, le monde intellectuel vole en éclats. Ce ne sont ni l'intelligence, ni la réflexion sur la société qui sont rayées de la carte ; ce sont les intellectuels en tant que force structurée, à la fois opposants et partenaires du pouvoir.

Dans un pays qui vénère l'esprit, les révolutionnaires prennent garde, à défaut de respecter leurs contemporains intellectuels, de payer leur tribut en encensant les gloires passées. Le buste de Voltaire est couronné en 1790 lors de la première de *Brutus* ; il trône dans la salle de spectacle des Tuileries, quand elle accueille la Convention en mai 1793. Mais la référence à l'œuvre du seigneur de Ferney, partisan d'une monarchie à l'anglaise, est rare, y compris pendant la Constituante, pourtant plus voltairienne d'esprit que rousseauiste. Quant à Rousseau, même lorsque le culte de la volonté générale deviendra l'alpha et l'oméga du mythe politique révolutionnaire, il ne servira que modérément de caution.

L'un et l'autre seront certes « panthéonisés » comme gloires nationales, mais au même titre que Marat, ce qui témoigne, à cette époque, de la confusion des repères. Fine observatrice, Isabelle de Charrière écrit le 20 avril 1794 à Benjamin Constant : « Dans ce moment, le monde politique est tout, le monde littéraire n'est rien : Voltaire et Rousseau eux-mêmes ne se feraient plus entendre au milieu du bruit qu'ils ont excité. »

Les intellectuels des années révolutionnaires ne ressemblent guère aux philosophes de l'Ancien Régime. Les mœurs du dix-huitième siècle tentent certes de se perpétuer. Ainsi des salons dont l'activité bat son plein, au moins jusqu'en 1792 et après la Terreur. Madame de Staël excelle à jouer les passeurs, les entremetteurs, les femmes d'influence au sein de sa coterie : elle essaie de suivre le rythme politique, élargissant son cercle constitué initialement des partisans de la monarchie constitutionnelle jusqu'aux membres éminents du Club des Feuillants. Mais elle est la seule à imaginer qu'elle joue un rôle plus politique que mondain. Ce n'est qu'au moment de Thermidor que, reprenant sa fonction d'hôtesse, elle pourra peser et exercer une influence plutôt modératrice. Elle sera en effet une Thermidorienne généreuse et non revancharde, décidée à voir dans la Terreur un « concours fortuit de toutes les monstruosités morales, un hasard inouï dont des milliers de siècles ne peuvent ramener la chance ».

Les temps révolutionnaires ne sont guère propices à l'art de la conversation, cet apanage des salons ; ils le sont bien davantage au poids des mots, donc aux journalistes. L'opinion, dès 1789, valorise ces derniers en les baptisant « écrivains politiques ». Le plus emblématique est Marat. Il est le seul à choisir de « ne prendre aucune part à la gestion des affaires publiques pour pouvoir se consacrer à sa mission tout entier et à plein temps ». Après avoir voulu se contenter de servir « la patrie en rédigeant l'historique de la Révolution », il décide rapidement d'« ouvrir les yeux au peuple », de tenir « le rôle de Cassandre » et de « déchirer le voile » qui pouvait recouvrir « les manœuvres ténébreuses de ses ennemis ».

Pour Camille Desmoulins, le journalisme est en revanche indissociable de l'action politique. Ainsi se gausse-t-il du choix de Marat de se consacrer exclusivement à l'écriture, suggérant que celui-ci « n'est guère plus utile que le président du tribunal de l'histoire à Pékin ». Desmoulins lui, croit à la « hardiesse de sa plume babillarde ». Il se prend ensuite au jeu, appelant ses articles « cours » et « leçons ». Quand il se sait en 1793 politiquement sur la défensive, il revient en revanche au journalisme avec grandiloquence : « Il faut écrire, il faut quitter le crayon lent de l'histoire de la Révolution que je traçais au coin du feu pour reprendre la plume rapide et balbutiante du journaliste et suivre à bride abattue le torrent révolutionnaire. » C'est aussi un acte politique de désespoir face à la Terreur : « Comment oserais-tu écrire et être auteur quand les trois quarts n'osent pas être tes lecteurs et que les trois quarts de tes abonnés à la nouvelle, fausse, que tu étais rayé des Jacobins courent effacer leur nom – de la liste des abonnés – de peur d'être suspects d'avoir lu. »

Le pouvoir s'en prend en réalité aux journalistes plus violemment qu'à toute autre espèce intellectuelle. Pour Robespierre, les « journalistes infidèles, faiseurs de journaux, libellistes, folliculaires, écrivains mercenaires… sont les plus dangereux ennemis de la liberté ». Même Marat n'échappe pas à sa critique : « Ses anathèmes, les paroles les plus hyperboliques de l'écrivain le plus atrabilaire n'ont jamais tué un seul traître et un seul conspirateur. » Marat était « sûr de se faire un nom » mais « la Révolution triomphera du nom de Marat ».

Dans l'esprit violent de « l'Incorruptible », le journaliste ne vaut pas mieux que « l'écrivain mercenaire », c'est-à-dire l'intellectuel, dont le rôle est de discréditer les orateurs, c'est-à-dire les politiques : « Le mercenaire écrivain qui analyse leurs discours et qui les peint comme des harpies dégoûttantes de sang, est un assassin qui leur plonge le couteau dans le cœur. » Il va encore plus loin à la veille de sa chute, dans son discours du 18 Floréal an II (7 mai 1794) : « Ni les grands géomètres, ni les grands peintres, ni les grands poètes n'ont jamais fait trembler les rois… Les hommes de lettres en général se sont déshonorés dans cette Révolution et à la honte éternelle de l'esprit, la raison du peuple en fait seule tous les frais. » Comment s'étonner que Lavoisier, Chénier et tant d'autres n'aient pas échappé à cette rage et aient été envoyés à l'échafaud ? Un grand scientifique est suspect, un poète dangereux, un littérateur scandaleux, un philosophe contre-révolutionnaire. Commencée avec la « panthéonisation » de Voltaire et Rousseau, la dynamique révolutionnaire se termine avec l'exécution de tous les grands esprits dont elle peut s'emparer.

Parallèlement aux journalistes, une autre catégorie intellectuelle s'est imposée pendant la Révolution : les constitutionnalistes. Etonnant contraste qui voit cohabiter les passionnés de l'instant et les spécialistes du temps long, les observateurs du grouillement politique quotidien et les fabricants d'institutions, les professionnels du mot qui fait mouche et les spécialistes des concepts les plus sophistiqués. Ainsi de Sieyès. A l'ouverture de la Révolution avec son pamphlet *Qu'est-ce que le tiers état ?* A sa clôture en présidant le 18 Brumaire, après avoir trouvé « l'épée » qu'il cherchait. Il a dans l'entre-temps fondé le droit public moderne et s'en vante : « La politique est une science que je crois avoir achevée ! » Taine lui reconnaît ce rôle cardinal : c'est « le plus absolu des théoriciens ». Inventeur de la théorie de la souveraineté nationale, concepteur de l'idée même de Constitution – « une idée saine et utile fut établie en 1788, c'est la division du pouvoir constituant et des pouvoirs constitués. Elle comptera parmi les découvertes qui font faire un pas à la science ; elle est due aux Français » – défenseur de notions sans précédent, par exemple le « jury constitutionnaire », c'est-à-dire un tribunal des droits de l'homme, parrain de la Constitution consulaire, c'est le plus allemand des intellectuels français. Rien de plus normal : il a en commun avec les esprits d'outre-Rhin la religion du droit et ceux-ci ne s'y trompent pas, le plaçant de son temps au niveau de Descartes et de Kant.

Autre figure tutélaire de la pensée constitutionnelle : Necker. Non le Necker politique, allant au gré des humeurs de Louis XVI et de l'opinion publique de la Roche Tarpéienne au Capitole et vice versa, mais le Necker écrivain, celui du *Pouvoir exécutif dans les grands Etats* (1792), *De la Révolution française* (1796) ou des *Dernières vues de politique et de finance* (1802), inlassables réflexions sur la gouvernabilité de la société et sur le choc des moyens et des principes politiques, marquées au coin de l'autojustification et du culte du modèle britannique : « C'est dans la formation de l'obéissance, c'est dans la combinaison des moyens pour assurer la subordination générale, sans despotisme et sans tyrannie, que reposent toute la science politique et toute la difficulté de l'ordonnance sociale. » Il est le premier à se référer autant aux Etats-Unis qu'à l'Angleterre : « L'Angleterre dans son unité, l'Amérique dans son système de fédération, présentent à nos regards deux beaux modèles de gouvernement. L'Angleterre nous apprend comment une monarchie héréditaire peut être maintenue sans inspirer de défiance aux amis de la liberté ; l'Amérique, comment un vaste continent peut être soumis aux formes républicaines sans donner d'inquiétude aux amis de l'ordre public. » Ainsi est-ce paradoxalement au moment où la Révolution s'écarte le plus de la philosophie libérale, que celle-ci trouve de nouveaux parrains, héritiers lointains de Montesquieu. Ayant ainsi dévoré ses propres intellectuels, la Révolution fabrique ses anticorps : quoi de plus logique ?

Dès la fin de la Terreur, la vie intellectuelle reprend ses droits comme le font le goût des fêtes, le retour de la mode, les règles du jeu social. Les salons ressurgissent immédiatement et Madame de Staël est naturellement la première à retrouver son rôle d'égérie. Le public a, en revanche, changé. On y trouve peu d'aristocrates : la plupart ne sont pas rentrés d'exil. On y rencontre le nouveau personnel politique, c'est-à-dire les survivants de la Terreur, girondins en mal de reconnaissance, jacobins en quête de pardon, opportunistes de tous acabits. On y croise les personnages mythiques qui ont, suivant le mot de Sieyès, « survécu » : lui au premier chef, Necker, Talleyrand. On y découvre les beaux esprits en quête de reconnaissance et à la recherche de leurs marques politiques. On y côtoie les journalistes devenus, avec le retour à la liberté de la presse et forts de leur prestige au début de la Révolution, les prescripteurs de la pensée dominante. On y aperçoit enfin tous les étrangers de qualité désireux de vivre le spectacle révolutionnaire de près.

Analysant les états d'âme de Madame de Staël, Benjamin Constant restitue les ambiguïtés du moment : « Madame de Staël était alors tout entière à la république à la fois et à la réaction. A la république, d'abord parce que cette opinion cadrait avec ses idées et puis parce qu'elle craignait toujours d'être exilée comme royaliste ce qui donnait à son républicanisme un degré de plus de ferveur. Mais elle était en même temps dans le sens réactionnaire, parce que les crimes de la Terreur l'avaient révoltée comme tout le monde et que les terroristes avaient fait périr ou bannir tous ses amis. Il résultait de cela dans sa tête, dans la mienne et dans la société, une confusion qu'il est assez difficile de décrire. »

Dans le tohu-bohu qui accompagne tous les traumatismes historiques – la fin de la Terreur en est naturellement un –, chacun essaie de retrouver sa place dans l'ordre social. Ainsi Marie-Joseph Chénier va-t-il jusqu'à réclamer que l'Etat reconnaisse le mérite des écrivains en leur versant des secours : « productrice d'hommes et de choses, la République française a besoin d'une immense industrie » ; « les arts sont une propriété nationale », ils doivent former « les mœurs nationales ». Cette réhabilitation des créateurs, des philosophes, des savants s'exprime dans le dynamisme du monde académique. Lorsque Bonaparte, de retour d'Italie, se fera élire à l'Institut, il y verra un blanc-seing des élites intellectuelles, essentiel à ses yeux, pour la conquête du pouvoir. De même, lorsqu'il embarque dans l'expédition d'Egypte nombre de ses collègues de l'Institut, est-il moins mû par le culte de la science que par le désir des hommes de pouvoir d'« accrocher à leur char » – suivant un mot du général de Gaulle à propos de Bernanos – les meilleures cautions scientifiques et philosophiques.

Mais cette résurrection des instances où était cristallisée au dix-huitième siècle la vie intellectuelle – salons et académies – est en fait plus symbolique que décisive. Jamais elles ne retrouveront l'influence qu'elles avaient un demi-siècle plus tôt, lorsqu'elles servaient de lieu de rencontre au premier parti de France. Les seuls intellectuels heureux sous la Révolution ont été, au fond, les étrangers : ils vivaient au cœur de l'histoire sans en supporter les risques, sauf aux pires moments de la Terreur. Ce furent les héritiers d'un Benjamin Franklin qui était devenu, à la fin de la monarchie, le symbole de l'intellectuel francophile adulé : révéré par Louis XVI et Marie-Antoinette, traité comme un égal par Voltaire, ovationné par l'opinion et reconnu comme un véritable oracle et comme le maître des élégances intellectuelles par le pays qui l'avait adopté.

Ainsi, au premier chef, de Thomas Paine. C'est lui, adjoint de Jefferson, alors ambassadeur des Etats-Unis à Londres, qui répond en 1790 au brûlot contre-révolutionnaire de Burke,

Réflexions sur la Révolution, avec un pamphlet, *Droits de l'homme*, devenu un best-seller à Londres et à Paris. Alors que Burke voit, dans les événements de 1789, « l'expression d'un plan pervers, immoral, impie, oppressif mais ardent et audacieux, systématique et simple dans son principe », Paine y aperçoit l'occasion d'établir des droits nouveaux, politiques et sociaux. Il se nourrit des idées du moment, à l'occasion d'incessants allers-retours entre Paris et Londres qui lui permettent de rencontrer tous les révolutionnaires anglophones. De là un dialogue incessant avec Lafayette, Brissot, Barère, Danton. Il appartient à la cohorte des personnalités étrangères auxquelles l'Assemblée nationale accorde le 26 août 1792 la citoyenneté française. Outre les pères fondateurs des Etats-Unis, y figurent Paine et un baron allemand, Cloots. Tous deux seront même élus à la Convention. Si Cloots devient français, au point même d'être traité comme tel par le Tribunal révolutionnaire, et donc guillotiné, Paine échappe au même sort. Emprisonné, il évite la mort car, outre une ancienne admiration pour l'homme, Robespierre a sans doute peur des rétorsions américaines. Mais exception faite de cette période douloureuse, Paine règne à Paris. Il écrit, participe au débat public, joue les constitutionnalistes, met son crédit au service de Louis XVI au moment de son procès. Il retrouve après Thermidor sa position et est même réinstallé à l'unanimité par la Convention. Il navigue avec bonheur dans la société française jusqu'au 18 Brumaire qu'il désapprouve, ce qui le pousse à retourner aux Etats-Unis. Son alter ego, Gouverneur Morris, autre envoyé des Etats-Unis tient, lui aussi, un rôle non négligeable dans la vie politique française.

Hormis, pendant les mois de la Terreur qui balaient toutes les positions acquises, les étrangers profitent d'une situation particulière. Politiquement, intellectuellement, socialement frontaliers, ils n'ont aucun mal à se mouvoir entre les différentes coteries, à un moment où toutes les barrières s'abattent. C'est une rente de situation qu'ils ne retrouveront jamais dans les deux siècles à venir.

Désarticulé par la Révolution, le monde intellectuel se recomposera paradoxalement avec l'avènement du Consulat et de l'Empire : certains de ses membres se retrouveront au cœur du système ; d'autres en revanche s'affirmeront contre lui.

CHAPITRE 6

Le premier grand couple

Germaine de Staël et Benjamin Constant ; George Sand et Alfred de Musset ; Sartre et Simone de Beauvoir ; Aragon et Elsa Triolet : le « grand couple » est une figure imposée de l'histoire intellectuelle française. Première condition pour former un grand couple : l'homme et la femme doivent être écrivains et connaître une gloire qui ne doit rien au partenaire. Deuxième condition : les deux veulent jouer un rôle politique et social et leur influence est accrue par leur alliance. Troisième condition : le tandem possède une identité idéologique commune. Quatrième condition : acharnés à accroître leur pouvoir, l'un et l'autre se placent au centre d'une cour intellectuelle dont les règles et le fonctionnement ne diffèrent guère, aux apparences près, d'un classique fonctionnement monarchique. Cinquième condition : ce sont des couples qui posent en postulat la liberté amoureuse, de manière à ne pas voir leur association menacée par d'aléatoires passions.

Staël et Constant remplissent d'autant plus ces critères qu'ils les ont, d'une certaine manière, inventés pour eux et leurs successeurs. Quand Benjamin tombe amoureux de Germaine en 1794, c'est la parabole classique du jeune provincial ambitieux pris de passion pour une reine. Il n'est d'ailleurs pas dupe, décrivant ainsi Madame de Malbée, c'est-à-dire Germaine, dans un roman posthume, *Cécile* : « Une taille plutôt petite que grande et trop forte pour être svelte, des traits irréguliers et trop prononcés, un teint peu agréable, les plus beaux yeux du monde, de très beaux bras, des mains un peu trop grandes mais d'une éclatante blancheur, une gorge superbe, des mouvements trop rapides et des attitudes trop masculines, un son de voix très doux et qui dans l'émotion se brisait d'une manière singulièrement touchante, formaient un ensemble qui frappait défavorablement au premier coup d'œil mais qui, lorsque Madame de Malbée parlait et s'amusait, devenait d'une séduction irrésistible. »

Le charme d'une reine donc, dont le magnétisme fascine courtisans, amis et amoureux. Germaine, il est vrai, est déjà un personnage mythique. Fille adorée de Necker, elle a connu à côté de son père les aléas de la politique : la nomination, le renvoi, le rappel, l'enthousiasme du peuple puis son désamour. Ardente défenderesse de la monarchie constitutionnelle, elle a participé, jusqu'en 1792, à l'agitation et aux palabres de la coterie formée par les aristocrates éclairés. Emigrée après les massacres de septembre 1792, elle s'est installée, après un détour par la Suède, patrie de son supposé époux, au château de Coppet où elle reçoit toute l'intelligentsia européenne et où elle écrit ses premiers essais, *Réflexions sur le procès de la reine*, et *Réflexions sur la paix adressées à M. Pitt et aux Français*. Revenant à Paris, elle ramène dans ses bagages un Benjamin qui va se trouver d'un coup propulsé au cœur de la meilleure société intellectuelle.

L'un et l'autre s'installent sur un parfait créneau idéologique, une fois tournée la page de la Terreur : une République libérale et modérée à défaut d'une monarchie constitutionnelle désormais impossible. De là une grande complicité avec le Directoire pour lequel ils prennent parti, Constant publiant, avec le concours de Madame de Staël, un essai dont le titre est à lui seul un acte militant : *De la force du gouvernement actuel de la France et de la nécessité de s'y rallier*. Le couple travaille, discourt, reçoit, papillonne et évolue idéologiquement : il en arrive à souhaiter un régime plus autoritaire et moins mou, fût-il démocratique. Aussi n'ont-ils aucune hésitation, après le 18 Brumaire, à se rallier au Consulat. Ils croient entrevoir en Bonaparte un Washington français, ce qui permet à Germaine d'user de son influence afin que son compagnon – première reconnaissance officielle – soit nommé membre du Tribunat – c'est-à-dire la Chambre en charge de l'examen des projets de lois.

Mais ni le jeune ambitieux, ni l'éblouissante mondaine ne font, par arrivisme, une croix sur leur convictions. Constant se bat pour la liberté de la presse, l'autonomie de la justice, le droit de pétition. Aussi est-il « viré » par le Premier consul. Quant à Germaine, elle provoque, elle aussi, l'ire consulaire : son *De la littérature* prône, en effet, une conception libre de la création, à rebours de la vision de Bonaparte désireux de jouer, comme Louis XIV, le protecteur des arts et des lettres. Intuitive, elle décide de quitter Paris, avant d'être officiellement exilée. Elle devient même une obsession pour Bonaparte qui déclare : « Jamais la fille de Monsieur Necker ne rentrera à Paris. »

Germaine fera tout pour revenir en grâce, l'idée lui étant insupportable de devoir abandonner son rôle mondain au cœur de l'élite parisienne. Aussi est-elle prête à faire la preuve de « la conversion de son impudence ». Elle supplie Joseph Bonaparte d'intercéder pour elle. Elle embrigade son père dans sa croisade. Elle mobilise le troisième consul Lebrun. Celui-ci lui fait un compte rendu peu encourageant : « Toute tentative est inutile. » Mais l'exilée ne renonce pas, s'humiliant par écrit auprès de Bonaparte : « Si je connaissais le genre de prévention que mes ennemis ont essayé de vous inspirer contre moi, je saurais ce que je dois dire pour me justifier. Je me borne à vous assurer que je ne prononcerai ni n'écrirai un seul mot relatif aux affaires publiques pendant mon séjour en France. » Ou dans une autre lettre : « Il est impossible qu'un héros ne soit point le protecteur de la faiblesse… », allant jusqu'à proposer au troc : « Vous pouvez m'inspirer une reconnaissance plus vraie, plus durable. »

L'ukase demeure : pas à moins de quarante lieues de Paris ! Necker a sur cette affaire la lucidité du père : c'est « un amour malheureux ». En d'autres termes Germaine aurait été prête, à son avis, à abandonner ses idées libérales en échange d'un rôle d'égérie officielle du régime. Occupé, comme dira plus tard Beauvoir de Sartre, à « des amours contingentes », Constant vit mieux son éloignement et ne s'aplatit pas, en pure perte, devant le pouvoir : il est vrai que Madame de Staël plaide en fait sa cause en même temps que la sienne. La soumission ayant été vaine, Germaine décide de jouer le rôle de l'exilée, c'est-à-dire de l'opposante. Elle ne peut néanmoins s'empêcher d'inlassablement supplier, fût-ce avec discrétion, afin d'obtenir la levée de la décision d'éloignement.

Mais il existe une dynamique de l'opposition : c'est l'écriture. Ainsi après avoir publié avec un immense succès *Corinne* en 1807, est-elle conduite à la rupture complète avec Napoléon, lorsqu'elle rend public en 1810 *De l'Allemagne*. Ordonnant la saisie de l'ouvrage, le régime contribue à dresser la statue de Madame de Staël en première opposante : elle devient à Coppet face à l'Empereur, l'héritière féminine de Voltaire, « contre-roi », depuis Ferney, en regard de Louis XV. L'ode à l'Allemagne, à sa société, à son histoire, à son avenir est, en effet, une critique en règle de l'impérialisme napoléonien et de la chimère institutionnelle qu'il a essayé de construire avec la Confédération du Rhin.

« Ane de Buridan sentimental », comme il se décrit lui-même, Benjamin Constant n'a pas, lui, l'énergie de sa compagne. Il n'a certes rien perdu de son talent pour la conversation et son duo à Coppet avec Germaine demeure exceptionnel : « Leurs esprits du moins à tous les deux se convenaient parfaitement, écrira Sainte-Beuve ; ils étaient sûrs de s'entendre par là. Rien, au dire des témoins, n'était éblouissant et supérieur à leur conversation engagée dans ce cercle choisi, eux deux tenant la raquette magique du discours et se renvoyant, durant des heures, sans manquer jamais, le volant de mille pensées entrecroisées. » Mais autant Germaine publie, autant Benjamin se contente de travailler à des ouvrages sur la politique et la religion qu'il ne parviendra pas à publier de son vivant. Autant, forte de la gloire que lui valent ses écrits, elle court de Saint-Pétersbourg à Stockholm, de Stockholm à Londres, clamant son hostilité à l'Empereur, autant il souffre de son mariage raté, de ses emballements de cœur incontrôlés, de son impéritie au fil des pages de son *Journal*. Seules les défaites de Napoléon lui mettent du baume au cœur. Ainsi note-t-il, après le désastre de Russie : « Les flammes de Moscou ont été l'aurore de la liberté du monde. »

Géographiquement éloignés, affectivement distants, Staël et Constant demeurent politiquement complices. Réticents devant l'idée d'un retour des Bourbons, ils feront le moment venu de Bernadotte leur candidat commun. Revigoré par le déclin de l'Empire, Constant ose enfin rompre le silence et publie, début 1814, *De l'esprit de conquête et de l'usurpation dans leurs rapports avec la civilisation européenne*. C'est « tirer sur une ambulance » : « La parole déshonorée vole de bouche en bouche, ne partant d'aucune source réelle, ne portant nulle part la conviction ; bruit importun, oiseux et ridicule qui ne laisse à la vérité et à la justice aucune expression qui ne soit souillée. »

L'invasion du territoire français par les armées de la coalition fait apparaître la première divergence politique entre les deux associés. Alors que Constant est tout à la joie de l'effondrement de l'Empire, Germaine de Staël vit douloureusement la présence d'armées étrangères sur le sol national : « Vous n'êtes pas français, Benjamin. Tous les souvenirs de votre enfance ne sont pas attachés à cette terre, voilà d'où vient la différence entre vous et moi ; mais pouvez-vous vraiment voir les Cosaques dans la rue Racine ? » Mais la réalité est plus forte que les états d'âme. Les voilà, l'un et l'autre ralliés à Louis XVIII avec l'espoir de pousser le nouveau régime dans une voie libérale et désireux, elle, de reprendre son trône intellectuel et lui, de faire enfin carrière. Il le dit sans ambages dans son *Journal* : « Servons la bonne cause et servons-nous. » Mais il n'arrive pas à « se servir » : agité, incontrôlable, virevoltant, il ne rassure pas la coterie conformiste des Tuileries. Aussi joue-t-il son va-tout, une fois Napoléon sur la route de Paris, espérant que le roi lui sera reconnaissant de sa fidélité. Ainsi écrit-il le 19 mars dans les *Débats* : « Je n'irai pas, misérable transfuge, me traîner d'un pouvoir à l'autre, couvrir l'infamie par le sophisme et balbutier des mots profanés pour racheter une vie honteuse. » Et de traiter « Buonaparte » d'« Attila » et de « Gengis Khan », tout en s'écriant « Vive le roi ». Etonnant art du contretemps chez un opportuniste ! Etrange poussée de courage suicidaire chez un faible !

Mais rien n'est jamais irrémédiable aux yeux de Benjamin. Son article est encore dans tous les esprits, quand il écrit une lettre destinée à être montrée à l'Empereur où il explique n'avoir en tête que l'intérêt national et qu'ayant constaté la flamme du pays pour le souverain rétabli sur son trône, il est prêt à lui offrir les ressources de son talent... Au moins n'est-il pas dupe de ses propres reniements, écrivant dans son *Journal* : les déclarations seront « libérales », « la pratique sera despotique » mais « n'importe ! ». Reçu par Napoléon, cajolé, adoubé et nommé enfin Conseiller d'Etat, il oscille entre la courtisanerie aveugle – « l'Empereur, un homme étonnant » – et la lucidité – « Ce n'est pas précisément la liberté qu'on veut ! ». Mais au moins peut-il servir, pour une fois, ses idées. *L'acte additionnel aux Constitutions de l'Empire* (18 avril 1815) lui doit tant que d'aucuns le surnomment la « Benjamine » et, comme si ce texte avait besoin d'une grille de lecture, il publie enfin ses *Principes de politique applicables à tous les gouvernements représentatifs*, véritable manuel de base du libéralisme politique sur lequel il travaille depuis 1806. « Cette liberté, en effet, est le but de toute association humaine : sur elle s'appuie la morale publique et privée ; sur elle reposent les calculs de l'industrie ; sans elle il n'y a pour les hommes, ni paix, ni dignité, ni bonheur. » Elle se décline donc sur tous les plans : liberté de conscience, de la presse, de religion, de réunion, habeas corpus... Rien ne manque.

Germaine de Staël n'est pas, de son côté, moins opportuniste que son vieux compagnon. Louis XVIII l'avait déçue, refusant de prendre en charge le remboursement du prêt fait, vingt ans plus tôt, par Necker au Trésor français. Si elle s'était accommodée du retour des Bourbons, elle n'appréciait néanmoins ni leur manière, ni leur esprit. Marquée par ces années dont elle avait fait un brûlot – *Dix années d'exil* –, elle préfère prendre la route de Coppet lorsque l'Empereur approche de Paris. Mais l'ouverture, ce classique de la politique, a ses exigences : Napoléon a besoin d'élargir son assise. Il suffit d'oublier les injures ! Constant et plus encore Germaine de Staël peuvent constituer de belles prises. Voilà Joseph Bonaparte et Fouché, *missi dominici* auprès de la châtelaine de Coppet ! Celle-ci ne perd pas la tête : elle rêve de revenir en grâce, mais veut faire payer le prix de son retour par la reconnaissance de la créance de son père sur l'Etat français. Constant essaie désespérément de la convaincre de revenir sans condition, espérant que son nouveau maître portera l'opération à son crédit. Vingt ans de vie publique ont enseigné le cynisme à Germaine. Elle sait jouer sur plusieurs tables, alors que Benjamin est un naïf qui mise tout sur une seule case, quitte à en changer plus tard. Aussi écrit-elle d'une part au duc de Blacas afin qu'il transmette ses hommages à Louis XVIII, et de l'autre à Constant de manière à ce qu'il informe les Tuileries de son intention de revenir. Elle pousse même le dévouement à l'égard du régime impérial jusqu'à tenter de convaincre ses amis anglais de faire la paix avec un Napoléon qui, prétend-elle, a changé et est devenu un souverain paisible. Sans doute espère-t-elle recevoir en échange de ce geste de bonne volonté la reconnaissance de sa créance financière. Vaine tentative !

Il ne lui reste qu'à changer de pied : elle fait mine d'en vouloir à Benjamin de son ralliement inconditionnel et prend ostensiblement le parti de la coalition antibonapartiste. Alors qu'au lendemain de Waterloo, Constant est exilé au même titre que maints hiérarques impériaux, Germaine de Staël tire profit de son ultime volte-face et semble dans les meilleurs termes avec les vainqueurs. Elle fait, il est vrai, à cet égard les gestes de la foi, allant jusqu'à écrire à Wellington : « Mylord, il y a eu de la gloire dans le monde, mais sans reproche, mais sans mélange, mais reconnue et sentie universellement, je ne sais s'il en existe un autre exemple. Le cœur ne vous bat-il pas de joie, en vous réveillant chaque matin et en songeant que vous êtes vous ? » Cette égérie est entière : quand elle veut flatter, elle ne lésine pas...

A défaut de trôner à Paris, elle règne à Coppet : « Les auteurs écriraient pour être estimés dans les salons de Coppet. Voltaire n'a jamais eu rien de pareil. Il y avait sur les bords du lac six cents personnes des plus distinguées de l'Europe. L'esprit, les richesses, les plus grands titres, tout cela venait chercher le plaisir dans le salon de la femme illustre que la France pleure. » Tel est l'éloge funèbre que Stendhal consacre à Germaine dans *Rome, Naples et Florence*. Celle-ci est en effet morte le 14 juillet 1817. Constant a veillé sa dépouille. C'est une part de lui-même qui s'en est allée.

Désormais seul, il va être fidèle au combat libéral qui l'a uni à Madame de Staël. Celui-ci est simple : la Charte, toute la Charte, rien que la Charte. C'est sur ce thème-là que Constant fait la guerre aux ultras. L'inconséquent qu'il fut se métamorphose en homme de conviction, le couard en courageux, le dilettante en travailleur. Elu à la Chambre en 1819, il en devient un orateur majeur. Journaliste, il multiplie articles, libelles, brochures. Désireux de devenir une « conscience », il se trouve même une affaire Calas, se portant au secours d'un certain Reynault condamné à mort de manière suspecte, refaisant à la manière de Voltaire l'enquête et obtenant, une fois convaincu de l'innocence de l'homme, un sursis à l'exécution, puis une commutation de peine.

Les causes pour lesquelles il combat sont le vade-mecum du libéralisme. La liberté individuelle : « L'exercice des droits politiques ne nous offre donc plus qu'une partie des jouissances que les auteurs y trouvaient, et en même temps les progrès de la civilisation, la tendance commerciale de l'époque, la communication des peuples entre eux ont multiplié et varié à l'infini les moyens du bonheur particulier. » La liberté politique : si « la suprématie de la volonté générale sur toute volonté particulière s'impose », il n'en demeure pas moins qu'« il y a une partie de l'existence humaine qui, de nécessité, reste individuelle et indépendante, et qui est de droit hors de toute compétence sociale. La souveraineté n'existe que de manière limitée et relative ». La liberté de la presse, mais aussi le refus de la traite des Noirs, le rejet du « milliard des émigrés », la bataille contre le projet de loi sur les sacrilèges : autant d'occasions de marteler ses principes. Ainsi, en matière religieuse, plaide-t-il pour une liberté de culte pleine et entière mais refuse-t-il que la religion soit un carcan pour les pauvres et un instrument au service de l'ordre social, c'est-à-dire un « supplément de la potence et de la roue ». Vrai libéral, il croit à la nécessité des institutions et des règles pour protéger la liberté : « Ce qui préserve de l'arbitraire, c'est l'observance des formes. Les formes sont les divinités tutélaires des associations humaines ; les formes sont les seules protectrices de l'innocence... Toutes les fois que je verrai chez un peuple un citoyen arbitrairement incarcéré et que je ne verrai pas le prompt châtiment de cette violation des formes, je dirai : ce peuple peut désirer d'être libre, il peut mériter de l'être ; mais il ne connaît pas encore les premiers éléments de la liberté. »

L'activisme de Constant est à la mesure de son insouciance passée, son énergie de son ancienne nonchalance, sa fermeté d'âme et ses principes moraux de ses dodelinements opportunistes d'autrefois. Ultime pied de nez au régime de Charles X, Constant est à l'origine, peu de temps avant sa mort, de « l'Adresse des 221 ». Celle-ci lance en effet le 15 mars 1830 un processus dont la révolution de Juillet sera l'aboutissement.

Le couple Constant-Germaine de Staël incarne, à lui seul, la transition entre les dix-huitième et dix-neuvième siècles : de l'opposition des salons à l'opposition parlementaire, de « l'opposition de Sa Majesté » à l'opposition libérale, de la mondanité active au journalisme engagé, d'un cynisme de bon aloi à un militantisme de tous les instants.

CHAPITRE 7

Les fantasmes du vicomte

Chateaubriand a inventé une nouvelle espèce : l'intellectuel fantasmatique. Ses rêves se muent, grâce aux métamorphoses du talent, en actions, ses illusions en pouvoir, ses foucades en influence. C'est le *deus ex machina* d'un monde virtuel. *Les Mémoires d'outre-tombe* le campent en géant politique, alors que ses contemporains voient en lui un écrivain aussi brillant que médiocre politique, un essayiste aussi glorieux que marginal, un penseur aussi éblouissant que déconnecté du réel, un orateur aussi magnétique qu'isolé. Sculpter sa propre statue pour l'éternité est le fantasme inavoué de tout artiste. Le vicomte l'a fait au point que tout lecteur des *Mémoires* revisite la période à travers ses yeux et ne le situe dans l'Histoire qu'en majesté. Vue par Chateaubriand, la Restauration ressemble autant à la vraie Restauration qu'un match de football sur une console de jeu à une rencontre au stade de France ! La réalité est en effet plus prosaïque.

Issu d'une petite noblesse bretonne, dont le mode de vie est plus proche de celui des paysans aisés que des grands seigneurs de la cour, il ne possède de l'aristocratie qu'un trait : la morgue. Petit noble, petite vie. Une présentation à la cour en 1787, dont il ne tire aucun avantage, la banalité du quotidien pendant les débuts de la Révolution, sans trouver le moindre rôle à jouer, un départ misérable pour les Etats-Unis en quête d'une illusoire carrière, un retour sans gloire, un mariage de hasard, un enrôlement à un rang insignifiant dans l'armée des princes, un exil médiocre à Londres avec pour seul avantage d'être à l'abri de la Terreur, des tentatives d'écriture encore incertaines : seule la plume de rêve de l'auteur des *Mémoires* transformera ces débuts ratés en épopée initiatrice.

Le premier livre de Chateaubriand, l'*Essai sur les révolutions*, publié en 1797, ne le transforme pas en vedette de la scène intellectuelle : des considérations générales, le tribut normal payé par un hobereau à la monarchie et au catholicisme avec pour seul point d'orgue, un goût inhabituel de la liberté chez cet émigré de rang subalterne. C'est le coup d'Etat du 18 Brumaire qui le pousse à rentrer en France, début d'une relation d'amour-haine vis-à-vis de Bonaparte. Rayé par celui-ci de la liste des émigrés grâce à un jeu banal d'interventions, il réussit par son charme et sa personnalité hors normes, à se créer une position mondaine que sert avec dévotion son égérie, Pauline de Beaumont.

Désormais plus à l'aise avec lui-même, le vicomte obtient un premier succès avec *Atala*. Mais c'est le coup de tonnerre en 1802 du *Génie du Christianisme* qui en fait un intellectuel reconnu. La chance est du côté de Chateaubriand. Au moment où Bonaparte liquide, avec le Concordat, la querelle entre l'Etat et l'Eglise qui a miné la Révolution et créé un climat de guerre civile, cet éloge du catholicisme tombe à point. Ce n'est pas l'Eglise qu'encense l'auteur mais la religion qu'il pare d'un halo romantique et séduisant. Chateaubriand jouit de sa gloire nouvelle, se gave de conquêtes et d'hommages et se sait estimé d'un Premier consul reconnaissant du service que l'ouvrage lui a involontairement rendu. Le voilà secrétaire à la Légation de Rome auprès du cardinal Fesch, oncle de Bonaparte : une carrière faite d'ouvrages de circonstances et de courtisanerie habile s'ouvre devant lui, s'il en est capable. Important sur le plan sentimental, marqué par la mort de Pauline de Beaumont, le séjour romain est en revanche raté en termes professionnels. Chateaubriand réussit en effet à se mettre à dos son puissant patron.

Aussi est-ce vers un poste plus médiocre que le gouvernement s'apprête à l'orienter : ministre des Français à Sion, capitale du Valais suisse ! C'est le moment de l'exécution du duc d'Enghien dans les fossés de Vincennes. A lire les *Mémoires*, Chateaubriand renonce à un poste mirifique, afin de protester contre ce crime.

D'après la lettre de désistement adressée à Talleyrand, c'est plus prosaïquement l'état de santé de sa femme qui l'empêcherait de rejoindre Sion. A peine entré dans les franges marginales du système bonapartiste, le vicomte en sort, s'installant à Paris et reprenant le cours chaotique de sa vie sentimentale. Mais l'auteur du *Génie du Christianisme* se doit de faire son pèlerinage à Jérusalem. Il part pour l'Orient, muni de sésames que lui donne Talleyrand et rédigera plus tard le compte rendu littéraire de son expédition avec son *Itinéraire de Paris à Jérusalem*.

C'est en fait à son retour, au hasard d'une critique de livre, qu'il devient, volontairement ou non, un opposant officiel au régime. Il écrit ainsi dans *Le Mercure* du 4 juillet 1807 : « Lorsque, dans le silence de l'abjection, l'on n'entend plus retentir que la chaîne de l'esclave et la voix du délateur ; lorsque tout tremble devant le tyran et qu'il est aussi dangereux d'encourir sa faveur que de mériter sa disgrâce, l'historien paraît chargé de la vengeance des peuples. C'est en vain que Néron prospère, Tacite est déjà né dans l'Empire... » On voit qui est Néron ; on devine qui veut être Tacite.

« Néron-Napoléon » a chassé Germaine de Staël pour bien moins. Il n'exile néanmoins pas Chateaubriand et contribue même à son élection en 1811 à l'Académie française : insolite indulgence... Manque de chance : il est élu au fauteuil d'un régicide, Marie-Joseph Chénier, de sorte que son projet de discours, naturellement marqué au coin de son propre royalisme, ne reçoit pas l'aval de Napoléon. Chateaubriand vient de montrer qu'il n'a pas l'échine souple : sa réception est repoussée *sine die*. Son texte circule clandestinement, tels les *samizdat* plus tard en Union soviétique, et fonde son statut d'opposant officiel. Le vicomte attend néanmoins – prudence ou habileté – pour porter l'estocade.

C'est en effet au lendemain de la défaite de Leipzig qu'il rédige *De Bonaparte et des Bourbons* et le publie par un heureux hasard le 5 avril 1814, au lendemain du vote du Sénat prononçant la déchéance de l'Empereur. Il ne concède rien à Napoléon : « Absurde en administration, criminel en politique, qu'avait-il donc pour séduire les Français, cet étranger ? Sa gloire militaire ? Il en est dépouillé... Bonaparte est un faux grand homme. » Il accorde tout aux Bourbons : « Les Bourbons seuls conviennent aujourd'hui à notre situation malheureuse, sont les seuls médecins qui puissent fermer nos blessures... Tout deviendra légitime avec eux, tout est illégitime sans eux. » Chateaubriand réagit à l'inverse de Constant : lui choisit son camp et ne le quitte plus.

Les années passant, il sera dans les *Mémoires* plus équanime à l'égard de Napoléon : « Un poète en action, un génie immense dans la guerre, un esprit infatigable, habile et sensé dans l'administration, un législateur laborieux et raisonnable… » Mais la posture de Chateaubriand vaut beaucoup dans les circonstances du moment pour les Bourbons. Pendant ces Cent Jours où les grands vont de l'un à l'autre, trahissant l'Empereur pour le roi, puis le roi pour l'Empereur, tout en regardant du côté anglais ou prussien, lui est inflexible. Il aura plus tard le sentiment de ne pas être traité par Louis XVIII, puis par Charles X, avec autant de considération que sa fidélité aurait dû lui valoir. Que de contorsions en effet pour être nommé ambassadeur à Stockholm ! C'est mieux que Sion, douze ans plus tôt, mais Louis XVIII lui doit bien davantage que Napoléon.

Avant de rejoindre son poste, il offre à l'opinion ses *Réflexions politiques* : elles sont le fait d'un légitimiste libéral qui se veut un défenseur de la Charte. C'est la position qu'il tiendra pendant les Cent Jours, rejetant la « Benjamine », c'est-à-dire l'Acte additionnel aux Constitutions de l'Empire, dans laquelle il voit un faux-semblant, tant la nature du régime bonapartiste lui semble définitivement despotique. Mais peu habile dans les intrigues, emporté, naïf, il ne sait pas tirer parti du soutien qu'il a apporté aux pires moments au roi, et hérite comme lot de consolation, d'une pairie, au même titre que nombre de royalistes moins méritants et d'un titre de ministre d'Etat plus honorifique qu'effectif. Chateaubriand est l'anti-Talleyrand : ses intentions se lisent à livre ouvert, ses manœuvres sont percées à jour, ses aspirations sont trop visibles, sa crédibilité est plus que modeste. Ecrire est plus aisé qu'intriguer !

La vision du vicomte apparaîtra très vite paradoxale à ses collègues de la Chambre des Pairs et à l'ensemble du camp monarchiste. Hormis des débuts parlementaires fugitivement réactionnaires – il vote les lois d'exception et la mort de Ney –, il devient rapidement le seul spécimen d'une espèce politique bizarre : ultralégitimiste et ultralibéral. Son essai *De la monarchie selon la Charte* se veut le manifeste de cette posture politique que résume une phrase : « La royauté légitime constitutionnelle m'a toujours

paru le chemin le plus doux et le plus sûr vers l'entière liberté. »
Outre les maladresses de Chateaubriand, ses foucades, ses élans
irraisonnés, ses colères déplacées, c'est néanmoins son idéologie
qui constitue le frein principal à sa carrière. Les ultras se méfient
de son libéralisme ; les libéraux de son légitimisme.

Ses attitudes, il est vrai, désorientent : ainsi condamne-t-il, en
septembre 1816, au nom des droits du Parlement, la dissolution
par Louis XVIII d'une « Chambre introuvable » dont les réflexes
réactionnaires sont aux antipodes de ses sentiments libéraux.
Furieux, le Roi lui fera payer fugitivement cette incartade en le
rayant de la liste des ministres d'Etat. Piqué au vif, le vicomte
persévère, crée un journal *Le Conservateur* et martèle son double
credo, ce qui lui vaut des soutiens contradictoires.

Mais l'émotion prend à nouveau le pas chez lui sur la réflexion,
au moment de l'assassinat en 1820 du duc de Berry, comme elle
le fit seize ans plus tôt à l'occasion de l'exécution du duc
d'Enghien. Il rend le duc Decazes, président du Conseil et favori
du roi, responsable du drame : « Nos larmes, nos gémissements,
nos sanglots ont étonné un impudent ministre ; les pieds lui ont
glissé dans le sang ; il est tombé. » S'étant à nouveau aliéné le
roi, Chateaubriand n'a pourtant de cesse de se réconcilier avec
lui et pousse soudainement le dévouement jusqu'à rédiger une
biographie du duc de Berry.

A défaut de revenir dans les bonnes grâces du monarque, il
obtient un lot de consolation : l'ambassade de France à Berlin.
Ferme dans ses convictions, fussent-elles bizarres, l'homme est
incohérent dans ses attitudes, ce qui ne prédispose pas à une
grande carrière politique. Revenu à Paris après un bref séjour à
Berlin, rétabli dans son titre de ministre d'Etat, soutenu par ses
seuls vrais supporters que sont « ses femmes », Madame Récamier la première, il se voit offrir l'ambassade à Londres, c'est-à-dire le poste diplomatique le plus convoité. Comment refuserait-il
de revenir en majesté sur les lieux qui l'ont connu, trente ans plus
tôt, exilé miséreux ?

A peine arrivé, gorgé d'hommages, il s'ennuie déjà et n'a de
cesse de se faire propulser dans la délégation française du
Congrès de Vérone où doit se décider le principe d'une intervention armée en Espagne, après la séquestration sur place de la
famille royale. Jouant des coudes, le vicomte mène sa propre

politique à Vérone, se faisant le chantre d'une intervention française. Son légitimisme l'y pousse, car il s'applique en effet autant aux Bourbons d'Espagne qu'aux Bourbons français, mais aussi son désir de voir la France gagner une guerre de manière à récupérer un minimum de gloire militaire. Inventeur de cette guerre d'Espagne, il est naturellement nommé le 28 décembre 1822 ministre des Affaires étrangères afin de la « tuteller ».

L'opération militaire est une quasi-promenade, mais Chateaubriand oublie qu'« à vaincre sans péril, on triomphe sans gloire ». Au lieu de faire preuve d'humilité, il plastronne et ne respecte pas le principe de base de la courtisanerie : un ministre ne connaît pas de victoire, celle-ci appartient à ses supérieurs, roi et président du Conseil. Résultat : prenant prétexte d'un éventuel manque de solidarité gouvernementale à propos du « milliard des émigrés », Villèle obtient du roi la tête de Chateaubriand. L'aversion du monarque à son endroit se manifeste dans la violence du renvoi, le 6 juin 1824 : il est « chassé » – suivant son propre mot – par un huissier lui notifiant l'ordonnance royale.

Le voilà sonné comme un boxeur, meurtri mais revanchard. Son seul souci est de se venger de Villèle. Refusant d'être rétabli par Charles X dans son traitement de ministre d'Etat, il entre en guerre. Son arme : la plume. Son terrain : la défense de la liberté de la presse. Son objectif : faire tomber Villèle. Mais il demeure irréductiblement légitimiste. C'est au nom de l'esprit de la Charte qu'il condamne un projet de restriction des droits des journaux : « Pourquoi la République française ne s'est-elle pas constituée ? C'est qu'elle a trahi le principe de la révolution générale, la liberté. Pourquoi l'Empire a-t-il été détruit ? C'est qu'il n'a pas voulu lui-même cette liberté. Pourquoi la monarchie légitime s'est-elle rétablie ? C'est qu'elle s'est portée, avec tous les autres droits, héritière de cette liberté… Je vote contre un projet de loi qui, en attaquant l'ouvrage du vénérable auteur de la Charte, ébranle le trône des Bourbons. » Le projet est enterré et après une lente agonie politique, Villèle doit s'effacer.

Chateaubriand espère tenir sa revanche et retrouver, dans le gouvernement Martignac, le ministère des Affaires étrangères. Rien de tel ne se produit. Imprévisible et incontrôlable, le vicomte peut être utile ; il mérite d'être ménagé mais on le tient à distance du cœur du pouvoir. Ce sont les règles de base de la politique que l'auteur des *Mémoires* n'a voulu ni comprendre ni respecter. Le débouché est une fois de plus un lot de consolation : cette fois-ci l'ambassade à Rome. C'est, comme à Londres, un retour triomphalement mondain sur des lieux qu'il a connus jeune et encore méconnu. Le vicomte règne sur le petit monde qui gravite autour de la papauté mais la vanité ne tient pas lieu de gloire, les dîners de têtes de Conseils des ministres, les intrigues de cour d'exercice du pouvoir.

La mort de Léon XII le 10 février 1829 crée heureusement une occasion d'agir. Tout conclave est en effet le lieu d'un affrontement feutré entre la France et l'Autriche, les deux puissances catholiques dominantes. Chateaubriand se lance à corps perdu dans l'affaire. Et miracle ! Le vicomte ne s'est pas empêtré, cette fois-ci, dans les intrigues. C'est un de ses candidats qui est élu. Mais la politique est un art complexe que l'ambassadeur ne maîtrisera jamais parfaitement. Le supposé pape profrançais, Pie VIII, nomme secrétaire d'État – c'est-à-dire Premier ministre – le cardinal Albani, candidat battu des Autrichiens. Chateaubriand n'a pas vu venir le coup.

Piteux après s'être vanté d'une victoire qui est devenue incertaine, il rentre à Paris avec à nouveau l'idée illusoire d'être nommé, pour ses bons et loyaux services, ministre des Affaires étrangères. Ce n'est évidemment pas le cas. Au moins a-t-il, désappointé, l'intelligence de démissionner au moment où se forme l'absurde ministère Polignac, ce qui lui permet de « tomber à gauche » et d'apparaître – pense-t-on – plus libéral que légitimiste. Ainsi, lui, le légitimiste obsessionnel, s'allie-t-il avec Béranger, l'un des adversaires les plus résolus des Bourbons, chansonnier aussi plébéien que l'écrivain est aristocrate.

Lorsque la révolution de Juillet se produit, Chateaubriand aurait pu jouer un rôle à la Talleyrand, l'honnêteté en prime. Mais dès l'affaire engagée, il choisit son camp : « J'eus le pressentiment que mon rôle allait changer ; qu'étant accouru pour défendre les libertés publiques, je serai obligé de défendre la royauté. » L'arriviste se mue brutalement en chantre d'une cause perdue. C'est une figure de l'intellectuel promise à un bel avenir que le vicomte invente.

Plus politique que Charles X, Louis-Philippe est un chaud partisan de « l'ouverture ». Chateaubriand serait une prise de choix, mais afin de ne pas l'obliger à se renier, lui, le légitimiste, en servant de trop près la nouvelle dynastie, le roi est prêt à le renommer à Rome. Mais le vicomte n'est pas dupe, comme il l'écrira dans *Les Mémoires d'outre-tombe* : « Monsieur le duc d'Orléans aurait cru acquérir un appui et il n'aurait eu à son service qu'un misérable faiseur de phrases, qu'un parjure dont la voix ne serait plus écoutée, qu'un renégat à qui chacun aurait le droit de jeter de la boue et de cracher au visage. »

Le voilà fidèle aux Bourbons, comme tant d'intellectuels le seront, un siècle plus tard, au parti communiste. Désillusionné, sceptique mais incapable de briser un lien sacré ! Il assume son choix avec classe dans un discours à la Chambre des Pairs le 7 août, n'hésitant pas à fustiger ses collègues : « Que tous ces preux, dont les exploits projetés ont fait chasser les descendants d'Henri IV à coups de fourche, tremblent maintenant accroupis sous la cocarde tricolore : c'est tout naturel. Les nobles couleurs dont ils se parent protégeront leur personne et ne couvriront pas leur lâcheté. » Ses mots jetés à la tête de ses collègues, il démissionne comme en 1804 et se dépouille de tous ses attributs, y compris de son uniforme de pair vendu chez un fripier.

L'homme de pouvoir maladroit cède la place au pamphlétaire, avant que celui-ci la rende à l'écrivain de génie. *Etudes historiques*, *De la Restauration et de la Monarchie élective* : autant d'ouvrages consacrés à une cause perdue, le légitimisme. Le vicomte n'est pas dupe de cet avenir bouché : « La légitimité est une religion dont la foi est morte. » Un peu d'agitation au profit de la duchesse de Berry, de la politique rocambolesque, une arrestation de deux semaines : Louis-Philippe ne peut que se féliciter d'avoir en face de lui un opposant aussi pataud. Celui-ci ne joue la partie, il est vrai, qu'à moitié. Il vit la même contradiction qu'à la Restauration. Aussi légitimiste que les royalistes ultras, il déteste leur conservatisme : « Entre les royalistes et moi, il y a quelque chose de glacé : nous désirons le même roi ; à cela près, la plupart de nos vœux sont opposés. »

Chateaubriand sort de la grande histoire, qu'il a à peine effleurée, pour entrer dans la petite. Le voilà ambassadeur de la duchesse de Berry auprès de Charles X en exil à Prague, afin de lui faire accepter la grossesse... – ô combien scandaleuse pour l'époque – de sa belle-fille et son remariage médiocre. Cette scène de théâtre de boulevard pour anciens grands sera heureusement sublimée dans *Les Mémoires*.

Las de ces singeries, le vicomte finit par prendre de la hauteur. Ainsi écrit-il à la duchesse d'Angoulême, fille de Charles X : « Depuis quarante ans les gouvernements n'ont péri en France que par leur faute ; Louis XVI a pu vingt fois sauver sa couronne et sa vie ; la République n'a succombé qu'à l'excès de ses fureurs ; Bonaparte pouvait établir sa dynastie et il s'est jeté en bas du haut de sa gloire ; sans les Ordonnances de Juillet, le trône légitime serait encore debout. Le chef du gouvernement actuel ne commettra aucune de ces fautes qui tuent ; son pouvoir ne sera jamais suicidé ; toute son habileté est uniquement employée à sa conservation ; il est trop intelligent pour mourir d'une sottise, et il n'a pas en lui de quoi se rendre coupable des méprises du génie, ou des faiblesses de l'honneur et de la vertu. »

C'est involontairement, par la pure littérature, que Chateaubriand refait une incursion en politique. La publication en 1834 dans la *Revue des deux mondes* d'un texte, « L'Avenir du Monde », qui deviendra la conclusion des *Mémoires*, provoque un gigantesque charivari. Chateaubriand y prophétise l'avènement partout de républiques succédant aux vieilles dynasties, ce qui lui vaut la reconnaissance étonnée des républicains et la colère enfin libérée des royalistes. Mais cette incartade n'a pas de suite.

Obligé de vendre par anticipation *Les Mémoires* afin de vivre, Chateaubriand est désormais prisonnier de la littérature. Dernier avatar de son ambition politique : dresser sa statue en pied. De là la publication du *Congrès de Vérone* destiné à magnifier son rôle et à transformer un conflit subalterne en guerre capitale. L'échec est total. Il ne reste au vicomte qu'une occasion politique de se venger de sa carrière avortée : exécuter, au moment de son décès, son ennemi historique, son image inversée, Talleyrand. Ainsi, puisque celui-ci est mort ambassadeur à Londres, il peut vilipender la « momie qui avant de descendre dans sa crypte, a été exposée un moment à Londres, comme représentant de la Royauté cadavre qui nous régit ».

Chateaubriand abandonne en fait la politique et son appendice la polémique, pour revenir avec *La Vie de Rancé* à son obsession religieuse. Mais c'est un *anti-Génie du Christianisme*, sombre, austère, quasi janséniste, à mille lieues de la religion triomphante des années 1800. Il n'est même plus le militant de cette cause-là. Son ultime joie est, quelques mois avant de mourir le 4 juillet 1848, la chute de Louis-Philippe.

Sans les *Mémoires*, Chateaubriand aurait été un sous-Benjamin Constant. Le service des Bourbons et la liberté de la presse ne suffisent pas à asseoir une philosophie politique. Quant à son poids sur les événements il est, Vérone mis à part, périphérique ou nul. Mais avec les *Mémoires* il a bâti un univers politique dont il est devenu le *deus ex machina* virtuel. Il a inventé le personnage de l'intellectuel engagé, à défaut d'avoir su l'être. Le vrai Chateaubriand est un intellectuel de seconde importance ; le faux Chateaubriand un modèle pour d'innombrables émules.

CHAPITRE 8

Une exception :
un vrai intellectuel au pouvoir

François Guizot est victime d'un mot réducteur : « Enrichissez-vous. » L'ayant ainsi caricaturé, l'historiographie traditionnelle oublie que ce fut le principal intellectuel d'importance à avoir jamais exercé le pouvoir, le vrai pouvoir : ni l'influence des conseillers, ni les apparences des faux postes, ni le magistère virtuel des opposants, mais la responsabilité exécutive avec ses joies, ses limites et ses contraintes. Une œuvre écrite immense, entamée avant son arrivée aux affaires, poursuivie cahin-caha au pouvoir et développée jusqu'à sa mort en 1874 ; une présence gouvernementale de plus de dix ans, au moment où sous Louis-Philippe la France s'essayait à la monarchie parlementaire et découvrait, après l'Angleterre, l'industrialisation à marches forcées et l'essor de la bourgeoisie. Jamais les deux Guizot, l'intellectuel et l'homme politique, ne seront en contradiction, la réflexion et l'action publique ne cessant de se nourrir l'une l'autre.

Né en 1787 dans une famille profondément calviniste des Cévennes, Guizot est confronté jeune à un événement traumatique : il rend visite en 1794 – donc à l'âge de sept ans – à son père incarcéré, quelques jours avant que celui-ci ne soit guillotiné comme girondin. La Révolution entre ainsi dans la vie de Guizot par un drame ; elle n'en sortira pas, devenant la pierre angulaire de ses réflexions et le moteur, *a contrario*, de son libéralisme.

Jeune journaliste sous l'Empire, il gagne en 1812 sa légitimité académique en publiant avec sa femme une nouvelle édition française de l'*Histoire de la décadence et de la chute de l'Empire romain* de Gibbon. Son début de stature intellectuelle lui vaut de devenir, à l'initiative de Royer-Collard, secrétaire général du ministère de l'Intérieur sous la première Restauration. Ses notes commencent à faire autorité : il se bat afin que la monarchie refuse « le moindre retour des prérogatives nobiliaires » et ne cède pas à la tentation revancharde. De même rédige-t-il un projet de loi sur la presse, d'esprit libéral mais qui prévoit néanmoins, compte tenu des circonstances, une censure temporaire. C'est la première expression de la doctrine Guizot : le libéralisme tempéré. Il a le temps, avant la chute du régime, d'élaborer une réforme de l'université, destinée à la débarrasser du carcan centralisateur napoléonien.

Il redevient professeur pendant les Cent Jours, quitte, afin de retrouver sa chaire, à prêter serment à l'Empire. A croire ses *Mémoires pour servir à l'histoire de mon temps* publiées de 1858 à 1867, « ce fut bientôt notre conviction profonde que Napoléon tomberait et que Louis XVIII remonterait sur le trône », mais pour les monarchistes libéraux dont il est avec Royer-Collard le chef de file, le roi devra, à son retour, ne pas céder à des ultras qui, à ses yeux, ne comprennent rien à un pays désormais modelé par la Révolution et l'Empire : « Après ce qui s'est passé en France depuis 1789, le despotisme est impossible aux princes de la maison de Bourbon ; une insurmontable nécessité leur impose les transactions et les ménagements. »

Devenu, après Waterloo, secrétaire général du ministère de la Justice, il laisse apparaître son tempérament d'homme à poigne, face aux désordres qui agitent son Midi natal, et en particulier les violences ultras. Cela lui vaut d'être écarté à la première occasion de son poste par la faction réactionnaire. Conseiller officieux des ministres les plus libéraux, publiciste avec la sortie de *Du gouvernement représentatif et de l'état actuel de la France*, journaliste, enseignant, Guizot fait feu de tous bois. S'élabore progressivement, pendant cette période, sa vision de la Révolution : il loue son libéralisme initial, voue aux gémonies son dérapage jacobin et en fait la source de la France moderne.

Avec l'arrivée aux affaires de Decazes, l'influence de Guizot est à son apogée. Nommé directeur général de l'Administration départementale et communale, il n'hésite pas à épurer le corps préfectoral de ses membres les plus ultras, fût-ce pour les remplacer par d'anciens fonctionnaires impériaux. Guizot ne sera jamais un tendre dans le maniement des hommes : il révoque, nomme, flatte, écarte, promeut sans le moindre remords. Mais l'assassinat du duc de Berry remet en selle les ultras ; Guizot figure parmi les premières victimes de la purge conservatrice.

Le voilà s'opposant, écrivant, publiant au point – honneur suprême – de voir supprimer en 1822 son cours d'histoire moderne, par décision gouvernementale ! Cette mise à l'écart va durer six ans et donner à Guizot une auréole de martyr qui sied admirablement à un passionné du pouvoir. Ses idées sont, il est vrai, de plus en plus iconoclastes. Ainsi, dès octobre 1820, dans *Du gouvernement de la France depuis la Restauration et du ministère actuel*, fait-il allusion, en pointillés, à une forme de lutte des classes : « La Révolution a été une guerre, une vraie guerre telle que le monde la connaît entre deux peuples étrangers. Depuis plus de treize siècles, la France en contenait deux, un peuple vainqueur et un peuple vaincu. Depuis plus de treize siècles, le peuple vaincu luttait pour secouer le joug du peuple vainqueur. Notre histoire est celle de cette lutte. De nos jours, une bataille décisive a été livrée. Elle s'appelle la Révolution. » Les Mathiex, Soboul et autres historiens marxistes n'auraient-ils pas pu s'exprimer de la sorte ?

Guizot est un partisan de l'ordre. Avec une vision aussi intense des conflits de classes, il n'existe qu'une voie : s'appuyer sur les classes moyennes, éviter l'affrontement avec l'ancienne classe dominante, traduire en une doctrine politique ce choix du « juste milieu ». Celle-ci trouve sans difficulté sa place dans une monarchie constitutionnelle régie par la Charte. Tout figure dans le texte. Encore faut-il en respecter la lettre et l'esprit.

La force du militant se nourrit de la légitimité croissante de l'intellectuel. Celui-ci ne cesse d'affirmer son ascendant sur ses pairs. Des pamphlets – *Des conspirations et de la justice politique, De la peine de mort en matière politique* –, d'innombrables articles, des chantiers éditoriaux – *Les mémoires relatifs à l'histoire de France et à l'histoire d'Angleterre* –, la publication des premiers tomes de son ambitieuse *Histoire d'Angleterre* : Guizot est l'intellectuel le plus respecté du moment.

Lorsque le gouvernement le laisse, de guerre lasse, retrouver sa chaire en 1828 en Sorbonne, il bénéficie enfin de la tribune politique qui lui manquait. Toujours fidèle au calvinisme, il s'active aussi dans le milieu associatif, présidant en 1828 « la Société de la morale chrétienne » ou une société au nom en forme de slogan : « Aide-toi, le ciel t'aidera ».

Il ne manque à Guizot qu'un mandat parlementaire pour disposer de la palette complète de l'homme d'influence. Trop jeune jusque-là, il ne devient éligible qu'en 1827. Aussi profite-t-il de la première opportunité pour être élu le 24 janvier 1830, ce qui lui permet d'intervenir pour la première fois à la tribune, afin de défendre « l'Adresse des 221 », c'est-à-dire une motion de défiance à l'égard de l'absurde cabinet Polignac. Un peu d'activisme pendant les journées de juillet et voilà Guizot revenu à l'Intérieur, cette fois-ci comme ministre. Mais il ne reste à son poste que trois mois. Une ligne de fracture s'établit en effet dans le personnel politique issu de la révolution de 1830, entre ceux qui y voient une simple étape – les hommes du mouvement – et ceux pour lesquels la Charte modifiée constitue la concession ultime – les partisans de l'ordre. Guizot est de ceux-là.

Il revient néanmoins au gouvernement le 11 octobre 1832 dans le « ministère de tous les talents », en charge de l'Instruction publique. C'est un poste taillé pour lui, réunissant outre l'Université, l'Institut, la Bibliothèque royale, le Muséum : l'enseignement supérieur, l'éducation, la culture, dirait-on avec les catégories ministérielles actuelles. Mais, bon politique, Guizot prend à revers les attentes : au lieu de s'intéresser, comme l'y pousserait son propre cursus, aux questions les plus élitistes, il s'occupe de démocratisation, avec la loi de 1833 faisant obligation d'une part d'ouvrir dans chaque commune une école de garçons dont l'instituteur sera un fonctionnaire public et d'autre part de mettre en place dans chaque département une école normale chargée de former les enseignants. C'est l'armature du système éducatif français qui apparaît au grand jour : Jules Ferry se placera, un demi-siècle plus tard, dans le sillon de Guizot.

Celui-ci n'oublie pas néanmoins l'historien qu'il est de vocation. Création de la Société de l'histoire de France, instauration d'un comité de recherches historiques, rétablissement de l'Académie des sciences morales et politiques : autant d'instruments, aux yeux du ministre, destinés à conforter le magistère intellectuel français. Guizot est un grand administrateur, ne répugnant pas à se plonger dans les détails, échappant à la fatalité des intellectuels devenus ministres et à ce titre incapables de s'évader des généralités. Mais l'homme d'ordre sommeille sous le réformateur : Guizot endosse et souvent invente l'arsenal juridique antirépublicain, y compris les restrictions à une liberté de la presse dont il a été si longtemps le chantre.

Elu à l'Académie française en 1836, encensé, embourgeoisé avec l'acquisition du Val-Richer, lié à Dorothée de Lieven, grande aristocrate européenne, l'historien vit d'autant plus mal son départ du cabinet en 1837, au profit de Molé. Il parvient à déstabiliser ce dernier, mais le roi ne veut pas le récompenser de son travail de sape en lui offrant la succession de sa victime. C'est le maréchal Soult le bénéficiaire de l'opération : peu désireux de cohabiter avec un personnage aussi encombrant que Guizot, il lui offre le lot de consolation traditionnel, c'est-à-dire l'ambassade à Londres, comme le reçurent en leur temps Chateaubriand et Talleyrand. Le nouvel ambassadeur peut donner libre cours à son anglophilie, ce qui en fait l'adversaire naturel de Thiers, alors ministre des Affaires étrangères, prêt, lui, à la rupture avec Londres à propos de la question égyptienne. Refusant un affrontement avec l'Angleterre contraire à ses convictions les plus profondes, Louis-Philippe se débarrasse de Thiers et le remplace de façon quasi automatique par Guizot.

Ministre des Affaires étrangères le 29 octobre 1840, celui-ci est l'âme du cabinet Soult. Ce n'est qu'en septembre 1847, peu de temps avant la révolution de Février, qu'il deviendra président du Conseil en titre. Sa politique étrangère est marquée autant par le refus de la guerre que sa politique intérieure par le rejet de la Révolution. De là une quête incessante d'un accord avec l'Angleterre, même si les sujets de friction sont innombrables. L'auteur d'une exceptionnelle *Histoire d'Angleterre* ne peut que se sentir en communion avec Londres. Seules, l'agressivité de Palmerston et l'égoïsme britannique au moment de l'affaire des mariages espagnols faillirent mettre à bas l'entente cordiale « avant l'heure ». C'est en effet à son corps défendant que Guizot se tourne vers l'Autriche, face à une Angleterre incapable d'éviter un stérile affrontement à propos des mariages avec des infants espagnols. Troquer l'Angleterre commerçante, ouverte au monde, fût-elle impériale, pour une Autriche dont la politique réactionnaire porte la marque de l'insubmersible Metternich, témoigne d'un goût immodéré de l'ordre.

Libéral en tant qu'intellectuel, Guizot est conservateur en tant qu'homme politique. Sur le plan international, à travers son désir de réintroduire la France dans la Sainte Alliance des puissances établies. Mais aussi sur le plan intérieur avec la conviction que la prospérité est la meilleure garantie de la stabilité. Il ne répugne pas, pour y parvenir, à se montrer colbertiste. Ainsi fait-il de l'Etat le financier des grandes infrastructures, en particulier des chemins de fer, et ne refuse-t-il pas une dose de protectionnisme. Il favorise l'interaction entre l'administration et les intérêts privés, seule à même à ses yeux d'accélérer la croissance. Mais cette politique de facture classique porte, telle une tunique de Nessus, l'image terrible du « Enrichissez-vous ». Rien n'est plus injuste, car le propos de Guizot était bien plus sophistiqué : « Affermissez vos institutions, éclairez-vous, enrichissez-vous, améliorez la condition matérielle et morale de la France. » C'est à la classe moyenne qu'il s'adresse : « Je veux, je cherche, je sers de tout mon pouvoir la prépondérance politique des classes moyennes en France. » L'accès à l'éducation, le désir d'accomplissement matériel : Guizot est, en effet, le chantre de la bourgeoisie. Son moralisme le conduit certes à accompagner le mouvement de quelques mesures sociales – réglementation du travail des enfants, modernisation des hospices. C'est par anticipation le « conservatisme compassionnel », cher aux républicains américains, qui règne.

Ferme sur ses objectifs politiques dès lors qu'ils sont cohérents avec sa vision d'intellectuel, Guizot ne lésine pas sur les moyens pour y parvenir, quitte à piétiner quelques-uns de ses principes. Manipulant les hommes, ne refusant aucune combine politique, n'hésitant pas à « tenir » les députés par leurs mauvais côtés, il se refuse surtout à abaisser le cens et donc à élargir le collège électoral. Ainsi ce défenseur acharné de l'égalité civile s'affranchit-il sans vergogne de l'égalité politique. C'est le règne des « capacités » : la société française est à ses yeux trop fragile pour être soumise aux coups de vent d'un système plus démocratique.

Au pouvoir depuis longtemps un homme, fût-il doté de la plus éminente intelligence, finit par perdre sa lucidité. Ainsi Guizot ne sent-il pas le délitement politique, l'insatisfaction collective, les ravages de l'affairisme. Il s'imagine que sa hauteur de vue et son intégrité personnelle sont des garanties suffisantes aux yeux du pays. Elles finissent au contraire par marquer la contradiction entre un discours moralisateur et une pratique faite de compromis, voire de compromissions. Mais lui ne voit rien venir : cet historien des révolutions n'aperçoit pas celle qui chemine souterrainement. Que le « A bas Guizot ! » soit le cri de ralliement des insurgés de février lui est incompréhensible. Aveuglé, il tombe misérablement, se cachant puis prenant la fuite. Il était devenu, à son corps défendant, un repoussoir politique : aussi est-il le seul homme public de la monarchie de Juillet à ne retrouver de rôle ni gouvernemental, ni parlementaire.

Mais l'avantage de mener une vie plurielle est de pouvoir changer de registre. Guizot redevient un intellectuel à temps plein et rétablit sa position personnelle par l'éclat de ses travaux. La transition entre la politique et l'écriture intellectuelle passe par un pamphlet, *De la démocratie en France*, publié en 1849. Mais pour s'en prendre, comme il le fait, à « l'idolâtrerie démocratique », il faut être politiquement audible. Ce n'est plus son cas. Il s'agite néanmoins pour rapprocher les Bourbons et les Orléans, dans la perspective d'une illusoire Restauration, tant sa conviction est grande que le Second Empire n'est pas un régime stable.

Mais le temps passant, il abandonne cette chimère politique pour jouer, depuis le Val-Richer, le rôle plus gratifiant de patriarche intellectuel européen. Il reçoit, juge, dialogue, correspond et achève son *Histoire de la révolution d'Angleterre*. C'est Voltaire à Ferney, mais sans l'acrimonie et les combats. Désireux de contrôler l'image que la postérité aura de lui, il se consacre à ses *Mémoires pour servir à l'histoire de mon temps* qu'il veut, à tout prix, publier de son vivant : « Voulant parler de mon temps et de ma propre vie, j'aime mieux le faire du bord que du fond de la tombe. » Ce sont à tous égards des *anti-Mémoires d'outre-tombe* : huit tomes publiés entre 1858 et 1867 auxquels s'ajoutent cinq volumes de discours précédés d'une introduction : *Trois générations 1782, 1814, 1848*. Guizot sculpte sa statue : à la différence de Chateaubriand, il le fait sans génie littéraire mais avec un art aigu de la démonstration et de l'analyse qui lui vaut une admiration quasi unanime. Ce travail titanesque est, pour lui, le moyen de donner une cohérence à sa vie, d'emboîter sa philosophie du monde et la pratique du pouvoir, de faire rimer ses principes et ses actes.

Parallèlement à la rédaction de ce monument, il se consacre à la réflexion religieuse, publiant entre 1864 et 1878, trois volumes de *Méditations sur la religion chrétienne* où il prêche l'alliance des catholiques et des protestants, face à la montée de l'athéisme et du matérialisme. Ainsi est-il le premier à prôner une alliance des religions établies. Elargie au judaïsme et à l'islam, elle constitue aujourd'hui un quasi-« syndicat religieux ». Inquiet devant la dégradation de la situation internationale, il essaie en 1868 de jouer, à l'occasion d'un opuscule, le juge de paix entre Napoléon III et Bismarck. Illusion de vieillard ! Sa dernière œuvre est un formidable clin d'œil : rédigée en 1870 et 1871, c'est une *Histoire de France racontée à mes petits-enfants*.

Avec Guizot s'éteint une espèce intellectuelle dont il a été le seul spécimen : aussi intensément engagé dans son œuvre que dans la politique, n'ayant jamais fait de l'une la domestique de l'autre et ayant conservé, sur un demi-siècle, une relative cohérence – chose rarissime – entre sa théorie et sa pratique. Politique, Guizot ne trahit pas ses convictions d'historien ; historien, il peut mettre en perspective son action politique ; historien et politique, il évite pendant plusieurs décennies les contradictions du quotidien.

CHAPITRE 9

La Restauration ou les « cent fleurs » intellectuelles

Quel paradoxe! La vie intellectuelle a été inhibée sous la Révolution, en dehors même de la période de la Terreur, tant l'omniprésence du politique était forte. Elle est demeurée languissante pendant l'Empire compte tenu de la pression policière. Assoupie au moment où l'Histoire s'écrit en lettres de feu, elle renaît sous les auspices d'un régime à l'allure rétrograde, à l'attitude réactionnaire et au discours daté. Réponse face à l'ennui d'une monarchie qui ne diffuse ni gloire, ni frisson? Utilisation intelligente des espaces de liberté qu'annonce l'esprit de la Charte? Ebullition d'une société en voie d'industrialisation qui développe les germes des grands courants du dix-neuvième siècle? Eclosion d'une génération intellectuelle formée par le tohu-bohu de la Révolution? Staël, Constant, Chateaubriand, Guizot et bientôt Tocqueville ne sont pas des « anomalies » : ils vivent, réfléchissent, discutent avec des contemporains, moins éblouissants certes, mais de grand talent. Ce sont, suivant l'expression du président Mao, les cent fleurs... Le spectre idéologique est entièrement couvert, depuis la réaction contre-révolutionnaire jusqu'aux balbutiements du socialisme, en traversant toutes les nuances du libéralisme et du catholicisme.

La droite ultra a d'excellents théoriciens. Aussi aurait-elle dû tenir le haut du pavé. Malgré le brio de Maistre, Bonald et du

Lamennais première époque, elle n'y parvient pas. C'est naturellement Joseph de Maistre le chef d'orchestre, depuis ses *Considérations sur la France* publiées en 1797 auprès desquelles les thèses de Burke ressemblent à une bluette. Tout est épouvantable dans la Révolution. Maistre n'est pas de ces royalistes qui se seraient accommodés de la première Constitution. Il regrette ce « crime national », ce « plus haut degré de corruption connue », cette « pure impureté », mais la rédemption viendra : « Tous les monstres que la Révolution a enfantés n'ont travaillé que pour la Royauté. » Au service du roi de Sardaigne depuis 1802, il revient en France dès la chute de Napoléon et s'impose naturellement comme la référence intellectuelle des ultras. Il n'apprécie ni la Charte, ni l'apparition du parlementarisme, ni le libéralisme ambiant. Aussi admoneste-t-il le roi dans un pamphlet écrit en 1819, *Du pape*, en lui rappelant que, de droit divin, son régime ne peut être qu'absolutiste et que lui-même, le monarque, ne connaît qu'un tempérament à son propre pouvoir, celui du pape. *Les Soirées de Saint-Pétersbourg*, œuvre posthume publiée après sa mort en 1821, deviendront un classique de la pensée réactionnaire.

Son complice idéologique est le vicomte Louis de Bonald dont l'œuvre fondatrice, au titre rugueux, paraît en 1803 : *La législation primitive considérée dans les derniers temps par les seules lumières de la raison*. C'est une charge contre les Lumières au nom de la religion. Traversant les siècles, la trace de ces réflexions s'est perpétuée jusqu'aux propos tenus, ces dernières années, par le cardinal Lustiger. Les Lumières ont engendré la Révolution ; la Révolution a fabriqué l'individualisme ; l'individualisme est la négation de la religion ; il n'a donc pas d'avenir. Doté d'un tel viatique, Bonald rejette lui aussi la Charte, le parlementarisme et la liberté de la presse, ce qui l'éloignera naturellement de Chateaubriand. Bonald a, davantage que Maistre, l'âme militante. Actif à la Chambre des Pairs où, oublieux de ses critiques, Louis XVIII l'a nommé en 1823, présent dans la plupart des journaux ultras, trouvant du plaisir à la cuisine politique, il est « dans le jeu ». S'érigeant en adversaire intellectuel de Guizot, il n'a aucun scrupule moral, allant jusqu'à proclamer dans *Le Défenseur*, feuille de choux ultra, que les théories de ce dernier ont armé le bras de l'assassin du duc de Berry. Son agitation n'est pas que verbale. Il arrive à peser sur le cours des choses. Ainsi parvient-il à pousser le gouvernement à faire voter en 1816 l'abolition du divorce et à ne tolérer que la séparation de corps. Nommé en 1827 par Villèle président du Conseil supérieur de la presse, c'est-à-dire chef-censeur, il n'exerce pas cette fonction avec la retenue subtile d'un Malesherbes, cinquante ans plus tôt. Irréductiblement aveugle à l'évolution de la société, Bonald ne comprend pas l'engrenage dévastateur dans lequel les ultras ont engagé Charles X. De même méconnaît-il la dynamique économique, détestant l'industrialisation autant que la Révolution. Pour lui déjà, la terre est la seule à ne pas mentir...

Le courant réactionnaire bénéficie, à l'époque, du talent d'un troisième larron qui lui réservera plus tard une mauvaise surprise. A peine ordonné prêtre, Lamennais publie en 1817 le premier volume de son *Essai sur l'indifférence en matière de religion*. C'est un *Génie du christianisme* bis. Le jeune abbé connaît le même succès que Chateaubriand quinze ans plus tôt. Celui-ci est d'ailleurs bon joueur, appelant Lamennais « son illustre compatriote ». Politiquement ultraroyaliste et religieusement ultramontain, l'ouvrage est, aux yeux d'Hugo, « effrayant d'avenir ». C'est le livre d'un prédicateur que le pape Léon XII trouvera, après l'avoir rencontré, « exalté ». Joignant l'action à l'emballement littéraire, il fonde en 1825 la Congrégation de Saint-Pierre, afin de contribuer au rétablissement du catholicisme ultramontain. Il n'hésite pas à critiquer le régime pour avoir maintenu les grands collèges hérités de l'Empire, Louis-le-Grand et Henri-IV, dans lesquels il voit des nids d'athéisme et de gallicanisme. Il poursuit son combat avec de tels excès qu'il est condamné par la justice pour « attaque contre les droits du roi et provocation à la désobéissance à une loi d'Etat », ce qui représente le comble pour un ultra ! La force du personnage inquiète les évêques mais fascine les jeunes prêtres. Lamennais est désormais pour eux le grand aîné.

C'est alors que celui-ci vit une conversion idéologique aussi violente que « la nuit de feu » de Pascal ou l'illumination de Claudel contre son pilier à Notre-Dame. Mis au ban de l'Eglise institutionnelle, il bascule et devient le héraut d'une croisade paradoxale avec pour but de marier le catholicisme et le libéralisme. Le voilà ultramontain libéral ! Etrange posture, quasiment sans précédent. Quelques mois avant la révolution de Juillet 1830, il écrit :

La Restauration ou les « cent fleurs » intellectuelles 79

« Notre gouvernement en est là ; il croit que reculer, c'est vivre. La question telle qu'il l'a posée nous place entre la République et l'arbitraire de cour ; à tout prendre, j'aime mieux la première, parce que j'aime mieux la fièvre que la mort ou la paralysie qui y mène. » Face à l'avènement de Louis-Philippe, il ne change pas d'avis : « Le plus grand nombre préférerait une République franchement déclarée et je suis de ceux-là ; mais j'espère que le prétendu roi qu'on a présenté à la nation ne sera qu'un simple mannequin. »

Bien que parti de plus loin que les libéraux, Lamennais se met à les déborder par ses excès. C'est une affaire de tempérament. Aussi se lance-t-il dans le militantisme républicain avec la même énergie qu'il déployait au service de la réaction. Il crée, dès le 9 août 1830, un journal *L'Avenir* sous l'épigraphe « Dieu et la liberté » – tout un programme... D'aucuns sont surpris par cet incroyable revirement qu'Hugo résume d'un mot sarcastique : « Ne tombons pas du tocsin au charivari. » Muni de son nouveau viatique, Lamennais est cohérent dans ses thèmes de combat. La liberté de conscience exige la séparation de l'Eglise et de l'Etat : c'est la première fois que cette idée est lancée et qui plus est, non par un athée, mais par un prêtre ! La liberté de l'enseignement met à armes égales libres-penseurs et catholiques. La liberté de la presse, la liberté d'association : autant d'aspirations libérales traditionnelles. Mais plus audacieux que ses contemporains, Lamennais milite aussi pour le suffrage universel, pour les mouvements d'émancipation nationale et – première prise de conscience sociale par les catholiques – pour un parti « social ». S'ouvre brutalement la tradition qui s'épanouira avec Marc Sangnier et le Sillon un siècle plus tard et, plus récemment, avec le catholicisme de gauche.

Tout est prétexte à action militante. Les révoltes en Pologne, en Irlande, en Belgique : autant d'occasions de pratiquer avant l'heure le droit d'ingérence. La création d'une école libre sans autorisation mais dans l'esprit de la Charte : une provocation calculée. Cependant, ultramontain fidèle, Lamennais va quêter à Rome le soutien du pape. Il obtient l'inverse : l'encyclique *Mirari* voue aux gémonies ses aspirations. Les catholiques de gauche seront éternellement des déviants. Reste à l'abbé sa force de prédicateur. Il en use, en publiant *Paroles d'un croyant*, incroyable succès de librairie en France et à l'étranger : cet ouvrage poétique, libertaire, mystique aurait pu être le point de départ d'une nouvelle dissidence. Mais même si Lamennais, dans les *Affaires de Rome*, rompt avec « le christianisme du pontificat » afin de suivre « le christianisme de la race humaine », il n'a ni l'audace, ni la puissance d'un Luther : sa posture demeure personnelle.

Ainsi, des trois penseurs réactionnaires, Mestre, Bonald, Lamennais, seul le troisième aura une vraie postérité parce qu'il aura viré de bord ; les deux premiers ne seront que les ancêtres lointains d'un des rameaux de la tradition réactionnaire, et encore le plus faible.

Si les ultras ont, pendant plusieurs années, pris le dessus politiquement sur les libéraux, c'est, en matière idéologique, l'inverse. Les théoriciens du « juste milieu » ont en effet l'ascendant. Isolé par son tempérament et son égoïsme, Chateaubriand ne pèse guère. Constant et surtout Guizot commandent eux un vrai commando intellectuel. Minoritaire au début de la Restauration – Rémusat écrit même : « Toute la faction pensante se terrait sur un canapé » –, il se renforce au rythme des faux pas du régime. Installé, dès l'Empire, dans une position universitaire, Royer-Collard est le parrain de la petite bande. C'est lui qui met à Guizot le pied à l'étrier. Il réunit par ailleurs pendant les Cent Jours les Barante, Tournon, Portalis et autres zélateurs de la Charte et devient l'âme de leur journal, *Les Archives*. Il inaugure le rôle du mentor clandestin promis à un bel avenir dans la tradition intellectuelle française et dont Lucien Herr deviendra la figure emblématique, après avoir été un des acteurs majeurs du camp dreyfusard.

Le libéralisme couvre un large éventail idéologique depuis, à droite, Chateaubriand jusqu'à des hommes, tel Paul-Louis Courier, qui préfigurent la gauche. Militaire d'origine, châtelain de statut, érudit de goût, indifférent à la politique, celui-ci devient en 1814 pamphlétaire à la suite d'une réaction d'humeur : il écrit ainsi une *Pétition aux deux Chambres* pour protester contre des arrestations arbitraires. Son talent de polémiste est éclatant, au point de susciter des comparaisons avec Voltaire ! Son itinéraire idéologique est plus étrange : c'est par le populisme qu'il parvient au libéralisme. Rageur contre la magistrature, vindicatif contre les élites, violent à l'égard des prêtres, ironique à l'endroit des courtisans, il joue sur des ressorts qui lui garantissent un large public. La violence de ses propos contre la cour lui vaut en 1822 deux mois de prison. Rien ne peut mieux servir sa gloire. Mais il retrouve néanmoins par prudence les habitudes du dix-huitième siècle et se fait anonymement imprimer à Bruxelles. Il ne recule jamais, attaque de plus en plus vertement le pouvoir et plaide aussi inlassablement pour la liberté de la presse que Chateaubriand, à partir d'une posture et d'une philosophie absolument inverses de celles du vicomte. Son assassinat en 1825 donne lieu à une cabale, tant le soupçon d'un meurtre politique est grand : Armand Carrel s'en fait le chantre. La réalité est plus prosaïque : Courier a été victime d'un complot monté par son garde-chasse et ses valets de ferme.

Autre voix qui inquiète le pouvoir et devient la face populaire du libéralisme : Béranger. Chansonnier de métier, celui-ci est perçu comme un poète par Chateaubriand, Goethe, Stendhal et consorts. Libéral de gauche, il préfigure le cheminement de toute une génération vers la République. La Charte leur paraît insuffisante et ils sont prêts à s'accommoder d'une monarchie dont les pouvoirs seraient réduits comme une peau de chagrin, à condition qu'elle soit « tricolore ». Dans un pays où l'illettrisme est encore majoritaire, les chansons touchent le pays profond autant que les journaux les élites. Béranger joue sur les mêmes thèmes que Courier. Sus aux émigrés, à la cour et surtout à la religion ! Condamné lui aussi à quelques mois de prison, il sculpte à bas prix sa silhouette de martyr. Mais sa gloire est telle que le pouvoir ne sait comment le faire taire. Un homme dont Sainte-Beuve écrit : « C'est une religion que sa poésie : la poésie de Béranger est une pensée, ou mieux, une opinion populaire », ne se cadenasse pas facilement. Une nouvelle condamnation en 1829 en fait un héros naturel des journées de Juillet. « Conducteur des âmes », « dieu des prolétaires », « père du peuple », « athlète du bon sens », « géant de la pensée » : aucun intellectuel ne bénéficie d'hommages de cette ampleur. Pourfendeur du trône, de l'autel, de la noblesse, adorateur de la patrie, il participe, volontairement ou non, à la réhabilitation du bonapartisme et à son assimilation, dans l'inconscient collectif, avec l'aspiration républicaine.

La gauche ne prend pas seulement les accents populistes de Courier et de Béranger. Elle s'incarne dans une démarche plus conceptuelle qui s'épanouira, après 1830, dans le saint-simonisme. C'est en effet après sa mort que l'influence de Saint-Simon devient notable. Lointain cousin du duc, le mémorialiste acide de la cour de Versailles, combattant aux côtés de Lafayette en Amérique, sauvé de la guillotine par la chute de Robespierre, cet aristocrate entre dans le débat public à partir de la publication en 1814 de plusieurs ouvrages – *De la réorganisation de la société européenne, Du système industriel, Le Catéchisme des industriels, Le Nouveau Christianisme* : autant de titres qui signent la doctrine. La nouvelle société aura pour fondement la science et l'industrie ; scientifiques et industriels seront donc le sel de la terre. De là, en 1819, sa *Parabole* qui compare les effets de la disparition de l'élite scientifique et industrielle – une catastrophe pour au moins une génération – aux conséquences pour le pays de la disparition de la famille royale, des hauts fonctionnaires, des généraux, des magistrats et des dignitaires de l'Eglise – un choc émotionnel sans conséquence. Voilà pourquoi « la société actuelle est véritablement le monde renversé ». Mais elle retombera sur ses pieds, lorsque cédant au culte de l'industrie, elle visera à « l'amélioration du sort de la classe la plus nombreuse et la plus pauvre », grâce à l'avènement d'une technocratie qui substituera « l'administration des choses au pouvoir des hommes ». De cette pensée, Engels dira qu'on y trouve « une largeur de vues géniale qui fait que presque toutes les idées non strictement économiques des socialistes sont contenues en germe chez lui ».

Saint-Simon a pendant les dernières années de sa vie des disciples dont surtout Auguste Comte et Prosper Enfantin, mais son influence se limite à un milieu d'ingénieurs. C'est après sa disparition en 1825 que ses élèves se métamorphosent en militants et deviennent les propagandistes d'une bizarre religion sociale, sans au-delà mais dotée d'une Eglise. Jusqu'en 1830 le saint-simonisme est une secte. A partir de la révolution de Juillet, il devient une doctrine de référence : la mode le rattrape. Les élites prennent plaisir à ce mélange de prophétie optimiste, de révolution douce et de religiosité douillette. Le saint-simonisme invente, plus que son fondateur ne l'imaginait, la question sociale. Même

La Restauration ou les « cent fleurs » intellectuelles 83

Chateaubriand cède à l'air du temps : « Il faut reconnaître que leur doctrine de la réalité peut aller loin... Un temps viendra où l'on ne concevra pas qu'il fût un ordre social dans lequel un homme comptait un million de revenu, tandis qu'un autre n'avait pas de quoi payer son dîner. » Secte, le saint-simonisme est dérisoire : il se divise en sous-sectes, se bâtit sur l'hypothèse d'un dieu androgyne, avec un Enfantin jouant les papes de pacotille. Idéologiquement, il est à la fois l'ancêtre du socialisme et le continuateur de la tradition colbertiste. A ce titre, il deviendra l'alpha et l'oméga de la pensée technocratique.

Ainsi, en quinze ans, pendant une période qui fleure la régression, se sont miraculeusement installés les quatre courants qui vont structurer la vie intellectuelle française pendant deux siècles : la pensée réactionnaire, le catholicisme de progrès, l'arc-en- ciel libéral, les prolégomènes du socialisme. Il suffisait d'entrebâiller la porte pour que la société se mette en mouvement et avec elle la vie des idées. Que Louis XVIII et Charles X soient les parrains involontaires de cet essor intellectuel est une des plus charmantes ruses que l'Histoire a inventées.

CHAPITRE 10

Un Américain à Paris

L'Amérique est loin en 1830 et l'Angleterre omniprésente. Pour les libéraux, l'exemple ne peut venir que de Londres. Le pèlerinage américain, Chateaubriand l'a prouvé, ne relève que de l'exotisme. Un jeune homme va, seul, briser cette pensée commune. Autre pont aux ânes de cette époque : la Révolution de 1789 constitue une rupture dans l'Histoire de France. Chacun de convenir, soit pour le regretter, soit pour s'en réjouir, qu'il existe un avant et un après. Le même homme va mettre à bas cette conviction collective et montrer qu'il existe une vraie continuité entre la France des Bourbons et celle que redessinent la Révolution et l'Empire. Faire bouger aussi violemment les lignes de l'horizon intellectuel, quel penseur ne rêverait d'y parvenir ?

Rien ne prédisposait Alexis de Tocqueville à devenir un révolutionnaire de l'esprit. Né dans un milieu ultra, il déroge en 1830 aux réflexes de son monde en faisant allégeance à Louis-Philippe, écrivant même : « Quant aux Bourbons, ils se sont conduits comme des lâches et ne méritent point la millième partie du sang qui vient de couler. » Convaincu comme Constant, Guizot, Chateaubriand et tant d'autres que la stabilité du pays exige non plus comme autrefois l'alliance du trône et de l'autel, mais celle du trône et de la liberté, il ne pardonne pas à la dynastie légitime d'avoir raté le coche.

Etre un légitimiste rallié aux Orléans n'est pas, en 1830, une position facile. De là l'idée de prendre du champ et de partir aux Etats-Unis pour une « période sabbatique », sous couvert d'une enquête sur le système pénitentiaire, à conduire avec son ami Gustave de Beaumont. Dix mois de voyage (avril 1831 – février 1832) et le jeune Alexis va inventer un genre, jusque-là sans précédent : le reportage idéologique. Dans sa correspondance américaine, Tocqueville fait preuve d'un œil de journaliste. Dans son opus, il témoignera d'une vista conceptuelle hors norme. C'est tout le talent du futur auteur de *De la démocratie en Amérique*. Exemple : lorsqu'il écrit « C'est un peuple de marchands qui s'occupe des affaires publiques quand son travail lui en laisse le loisir », il mêle l'observation pointilliste et une compréhension au laser du système américain. Autre exemple, à l'occasion de son incursion au Canada : « Le peuple conquérant tient le commerce, les emplois, la richesse, le pouvoir. Il forme les hautes classes et domine la société entière. Le peuple vaincu, partout où il n'a pas l'immense supériorité numérique, perd peu à peu ses mœurs, sa langue, son caractère national. » Voilà préfiguré, par un mélange indissociable d'observation et de réflexion, un siècle et demi de drame québécois.

C'est en janvier 1835, soit près de trois ans après son retour, que Tocqueville publie le premier volume de *De la démocratie*. Le succès est considérable pour de bonnes et de mauvaises raisons. Bonnes : la qualité, l'intelligence et le style de l'ouvrage. Mauvaises : le bonheur des uns et la colère des autres de voir un ancien légitimiste proclamer inéluctable le mouvement vers la démocratie. Biaisés, ces regards-là occultent le cœur de l'essai : si la marche vers l'égalité est irréversible, est-elle compatible avec la préservation de la liberté ? Aux Etats-Unis, elle l'est. L'équilibre des pouvoirs, le magistère de la Cour suprême – institution sans équivalent à l'époque dans le monde –, la décentralisation, le tissu associatif et surtout le ciment religieux en sont les garants. Autant de conditions absentes en Europe. Manque en particulier le lien inattendu entre la foi et la liberté, puisque l'Eglise est en France le plus farouche ennemi du libéralisme. Il existe chez Tocqueville une puissance prospective qui le rapproche paradoxalement de Marx. Lorsqu'il pointe la tyrannie collective ou la dictature de l'opinion comme aboutissements de la marche vers la démocratie, il est aussi visionnaire, mais dans un style plus souple et délié que le vieux Marx prophétisant, avec les instruments de la dialectique, le destin des classes sociales. Affirmer en 1835 que la question noire est « le plus redoutable de tous les maux qui menacent l'avenir des Etats-Unis » relève du prodige. C'est une illustration parmi tant d'autres, d'une intuition éblouissante que rien, dans aucun domaine, n'a démentie depuis cent soixante-dix ans !

Alexis est aussi inattendu dans sa vie personnelle que dans son œuvre. Ainsi épouse-t-il, au grand dam des siens, une Anglaise issue d'un milieu modeste, démontrant de la sorte aux yeux de tous une totale indifférence aux convenances sociales. Ce n'est qu'en 1840 que paraît le second tome de *De la démocratie*. Tocqueville a en effet hérité dans l'entre-temps du château familial, a publié trois essais dont un *Mémoire sur le paupérisme* symptomatique de ses préoccupations et s'est lancé dans la carrière politique, se faisant élire député en 1839. Moins journalistique, plus idéologique, la deuxième partie du livre ne provoque pas la même unanimité élogieuse. L'étonnement souriant du voyageur cède le pas au pessimisme civilisé de l'aristocrate. Le règne de l'opinion, l'irrésistible ascension du matérialisme, le culte de l'argent, le nivellement culturel, la tyrannie des masses, le risque de totalitarisme démocratique, la menace despotique : ces perspectives auraient pu ramener Alexis dans sa famille d'origine, c'est-à-dire le conservatisme et la réaction. Il échappe à cette fatalité par un parti pris d'optimisme : « L'égalité est moins élevée peut-être : mais elle est plus juste et sa justice fait sa grandeur et sa beauté. » Conviction ou acte de foi ? L'ambiguïté ne sera jamais levée.

Tocqueville est devenu, avec son livre, « un Américain à Paris ». De là des passes d'armes avec les libéraux classiques partisans du modèle anglais, Guizot au premier chef. C'est un affrontement personnel et surtout idéologique. Les anglophiles veulent la liberté sans l'égalité ; les américanophiles, en l'occurrence Tocqueville quasiment seul, la démocratie avec la liberté. Les premiers ne croient qu'au gouvernement des élites ; les seconds font leur la souveraineté du peuple. Les émules de Westminster défendent une hiérarchie sociale fondée sur les capacités et en particulier le savoir ; les zélotes de Washington pressentent la société de masse. En fait, prisonnier de son œuvre ou de l'image que celle-ci projette, Tocqueville est peut-être entraîné plus loin sur la pente démocratique qu'il ne l'avait souhaité. Député, élu à l'Académie française, respecté, enraciné, Alexis garde néanmoins la fraîcheur d'esprit de ses débuts.

Ainsi, interpellé par la question coloniale – témoignage, à nouveau, de son incroyable prescience –, décide-t-il de repartir en voyage d'études avec Beaumont, mais en Algérie cette fois-ci. Arrivé en mai 1841, il retrouve ses réflexes d'enquêteur : il interroge, renifle, conteste, débat, relance. Obligé de rentrer prématurément pour des raisons de santé, il repartira pour Alger en 1846. Convaincu que le projet algérien est vital pour la France, il se lamente sur l'inconséquence des uns et des autres : « Ecoutant tristement ces choses, je me demandais quel pouvait être l'avenir d'un pays livré à de pareils hommes et où aboutirait enfin cette cascade de violences et d'injustices sinon à la révolte des injustices et à la ruine des Européens. » Tout est dit plus d'un siècle avant le 1er novembre 1954, début officiel de la guerre d'Algérie. Echappant sur place à la tutelle du gouverneur, l'indéboulonnable Bugeaud, Tocqueville parvient à parcourir le pays. Il revient d'Alger avec des idées simples : la suppression du gouvernement militaire, l'instauration d'un régime légal et l'assimilation. Ainsi écrit-il : « Il n'y a point de raisons de croire que le temps ne puisse parvenir à amalgamer les deux races. Dieu ne l'empêche point, les fautes seules des hommes pourraient y mettre obstacle. »

En fait, Tocqueville est prisonnier de deux visions contradictoires. D'une part le fantasme de l'assimilation ; de l'autre une conception anglaise du colonialisme, l'Occidental régnant de haut et de loin sur l'indigène. Il réconcilie ces points de vue antinomiques en supposant que le second est un préalable au premier... Il est vrai qu'Alexis est fasciné par le contrôle britannique sur les Indes : « L'Inde. Grande position. De là l'Angleterre domine l'Asie. Eclat qui rejaillit sur toute la nation. Sentiment de grandeur et de puissance que cela donne à tout un peuple. Ce n'est pas toujours par les considérations financières et commerciales qu'un peuple doit juger de la valeur d'une conquête. » Le défenseur du modèle américain ne privilégie, au fond, chez le rival anglais, que le génie impérial.

Pour Tocqueville, la question coloniale est double : elle participe de sa vision du monde ; elle est un utile instrument de combat dans le corps-à-corps parlementaire. Tocqueville a en effet besoin de sujets de fond, telle l'Algérie, pour exister à la Chambre. Ce n'est ni un orateur magnétique, ni un homme de coups, ni un manipulateur cynique, ni un pamphlétaire incontesté – même si son journal, *Le Commerce,* lui assure une position –, ni un politicien retors, ni un vrai chef de clan – malgré quelques fidèles davantage sensibles à son intelligence qu'à sa maestria politique. Le pouvoir le fascine moins que les idées, l'influence moins que la réflexion, la combine politique moins que l'investigation intellectuelle. Il faut attendre le 27 janvier 1848 pour voir Tocqueville dominer la Chambre. Trois semaines avant les journées de Février, il emploie à la tribune le mot révolution : « Il me semble que l'état actuel des choses, l'état actuel de l'opinion, l'état des esprits en France, est de nature à alarmer et à affliger. Pour mon compte, je déclare sincèrement à la Chambre que, pour la première fois depuis quinze ans, j'éprouve une certaine crainte pour l'avenir... que, pour la première fois peut-être depuis seize ans, le sentiment, l'instinct de l'instabilité, ce sentiment précurseur des révolutions qui souvent les annonce, qui quelquefois les fait naître, que ce sentiment existe à un degré très grave dans le pays. »

Cette prophétie se veut aussi un réquisitoire contre Guizot, que Tocqueville trouve de longue date immobile, conservateur, rétrograde : « Je crois, de plus, que le gouvernement a contribué et contribue de la manière la plus grave à accroître ce péril. » C'est l'injustice qu'il pointe du doigt : « Messieurs, si le spectacle que nous donnons produit un tel effet vu de loin, aperçu des confins de l'Europe, que pensez-vous qu'il produise en France même sur ces classes qui n'ont point de droits et qui, au sein de l'oisiveté politique à laquelle nos lois les condamnent, nous regardent seuls agir sur le grand théâtre où nous sommes ? Que pensez-vous que produise sur elles un pareil spectacle ? » Les mots continuent de fuser : « Je crois que nous nous endormons sur un volcan... Est-ce que vous ne sentez pas... que dirai-je ? un vent de révolution qui est dans l'air ? » C'est sans doute un des discours les plus incroyables que le Parlement ait jamais entendu, comme si le sixième sens propre à Tocqueville, qui lui a permis de pressentir les tendances longues de l'Histoire, lui donnait aussi la capacité de deviner les séismes immédiats de la société.

Guère surpris par la Révolution, Tocqueville n'est néanmoins qu'un spectateur engagé. Réservant ses impressions pour le secret de ses *Souvenirs*, il soutient sans ostentation Lamartine et les républicains modérés. Elu, cette fois-ci au suffrage universel, à l'Assemblée constituante, il voit avec effroi l'emballement révolutionnaire qui précède les journées de Juin. Mélange d'inquiétude et de mépris social, son portrait de Blanqui dans les *Souvenirs* est parlant : « C'est alors que je vis paraître, à son tour à la tribune, un homme que je n'ai vu que ce jour-là mais dont le souvenir m'a toujours rempli de dégoût et d'horreur... il semblait avoir vécu dans un égout et en sortir : on me dit que c'était Blanqui. » *De la démocratie* lui vaut d'être désigné comme spécialiste des institutions, à la commission chargée de préparer la Constitution. Fidèle au modèle américain, Tocqueville se bat en vain contre le principe de l'Assemblée unique. Vaincu sur la question du bicaméralisme, il est de ceux qui imposent, comme contrepoids face au risque de dictature parlementaire, l'élection du président de la République au suffrage universel, afin de préserver l'autonomie du pouvoir exécutif.

Louis-Napoléon élu, Tocqueville bien que partisan de Cavaignac, son rival battu, se laisse courtiser par le nouveau président : « Je m'étais naturellement tenu très à l'écart comme devait le faire un homme qui avait voté et agi contre lui et n'en montrait pas de regret... Vous savez que je ne manque pas d'une certaine perspicacité pour pénétrer les hommes. Je ne pourrai encore faire le portrait intellectuel de celui-là. Une éducation retirée et plusieurs années de prison ont donné à sa physionomie et à sa parole une discrétion qui met l'observateur en défaut. J'ai donc ajourné mes conclusions. » Celles-ci ne seront pas trop négatives puisque Tocqueville est nommé en juin 1849 ministre des Affaires étrangères, donc à un poste qui, comme plus tard sous la Ve République, met le titulaire au contact permanent du président de la République.

L'auteur de *De la démocratie* n'est pas un frère siamois de Chateaubriand. Il n'avait pas rêvé de ce poste, ne se prend ni pour Richelieu, ni pour Vergennes, ni pour Talleyrand et ne s'estime pas transfiguré par la fonction. Il fait le métier, s'informe, nomme des ambassadeurs, négocie avec un seul objectif : sauvegarder la paix. De là un viatique simple : de la complicité avec l'Angleterre, de la retenue vis-à-vis des spasmes allemands, de l'empirisme afin de régler l'épineuse question romaine. Le pape réfugié dans le royaume de Naples, Rome aux mains des insurgés et l'armée française essayant de pénétrer dans la ville : tous les ingrédients sont réunis pour un infini désordre. Pour Tocqueville, la crise diplomatique rejoint une interrogation qui le taraude depuis longtemps : l'Eglise catholique saura-t-elle faire bon ménage avec la liberté ? Le pape acceptera-t-il, pour prix de son retour à Rome, un régime libéral dans ses Etats ? Les afféteries et les hypocrisies réactionnaires de Pie IX auront pour effet de développer chez Tocqueville un anticléricalisme auquel ni ses racines, ni son éducation ne le prédisposent. Clin d'œil enfin de l'Histoire : c'est sous son magistère que les relations avec les Etats-Unis ont connu une dégradation inattendue. « Mais quels animaux que ces Américains ! » s'exclamera même l'auteur de *De la démocratie*. Renvoyé comme l'ensemble du ministère par Louis-Napoléon en octobre 1849, Tocqueville se retire sans arrière-pensée et n'entre pas en dissidence. Rien de commun, une fois de plus, avec Chateaubriand au lendemain de son licenciement.

Le coup d'Etat du 2 décembre 1851 ne le surprend pas : « Quant à l'événement lui-même, il était renfermé en germe dans la révolution de Février, comme le poussin dans l'œuf ; pour l'en faire sortir, il ne fallait que le temps nécessaire à l'incubation. Du moment où l'on a vu sortir le socialisme, on a dû prévoir le règne du sabre. L'un engendrait l'autre... Il faut que la nation qui a oublié depuis trente-quatre ans ce que c'est que le despotisme bureaucratique et militaire le goûte de nouveau, sans l'assaisonnement de la grandeur et de la gloire... » Il ne reste à Tocqueville qu'à devenir un exilé de l'intérieur et à reprendre ses travaux intellectuels. Le régime impérial n'est à ses yeux qu'un avatar fugitif. « L'ère révolutionnaire n'est close ni ici ni ailleurs et ceci n'est encore qu'un incident du grand drame qui n'est pas près de finir. Ceux-ci mêmes qui jouent la farce actuelle n'ont aucune foi dans la durée de la pièce. »

Ce pessimisme pèse, à sa manière, sur *L'Ancien Régime et la Révolution* que Tocqueville publie en 1856. A la différence du premier tome de *De la démocratie,* écrit rapidement et gaiement, cet ouvrage-là a mûri pendant plus de quinze ans et reflète une méditation laborieuse. Sans doute a-t-il fallu davantage d'efforts au hobereau provincial que demeure Tocqueville pour s'abstraire des contingences de son milieu, qu'au voyageur sans préjugé, un quart de siècle plus tôt, pour comprendre l'Amérique. C'est la première analyse sociologique des causes de la Révolution. Alors que Lamartine, Thiers ou Guizot écrivent une histoire politique des événements ravalée aux couleurs de leurs propres convictions, Tocqueville est le premier à plonger, comme il l'avait fait pour les Etats-Unis, dans les mouvements profonds de la société. Il est paradoxalement plus proche de ce que deviendra l'historiographie marxiste de la Révolution que des descriptions de ses amis modérés.

Mais son ouvrage établit un postulat qui fera date : la Révolution n'a fait que poursuivre, au-delà de ses péripéties, fussent-elles sanglantes, « l'œuvre multiséculaire de centralisation » – suivant un mot du général de Gaulle – conduite par l'Ancien Régime. C'est donc une France des soubassements qu'il analyse : « Un corps unique et placé au centre du royaume, qui règlemente l'administration publique dans tout le pays ; le même ministre dirigeant presque toutes les affaires intérieures ; dans chaque province, un seul agent qui en conduit tout le détail ; point de corps administratifs secondaires ou de corps qui ne peuvent agir sans qu'on les autorise d'abord à se mouvoir ; des tribunaux exceptionnels qui jugent les affaires où l'administration est intéressée et couvrent tous ses agents. Qu'est ceci sinon la centralisation que nous connaissons ? Les formes sont moins marquées qu'aujourd'hui, ses démarches moins réglées, son existence plus troublée mais c'est le même être. » La France de 1856 sœur de la France de 1700 ! Et celle de 2010 ? Le succès de l'ouvrage ne se dément pas et la mort de Tocqueville en 1858 n'y met pas fin.

C'est plus tard que le legs tocquevillien s'effritera. Seuls les Anglo-Saxons prêteront attention à un auteur qui les avait si bien percés à jour. Il faudra attendre l'effondrement des pensées totalitaires pour que, sous l'influence de Raymond Aron et de François Furet, Tocqueville prenne sa revanche.

CHAPITRE 11

Des poètes dans la mêlée

L'Histoire sait être injuste. Elle a statufié Hugo au point d'oublier ses débuts en politique, opportunistes jusqu'à la caricature. Elle a fait de Lamartine un benêt politique alors qu'il a été, un temps, un personnage décisif.

Celui qui va devenir le mythe républicain de la fin du siècle a commencé sa carrière en se rangeant sous le drapeau blanc de la Restauration, l'a continuée en fidèle courtisan de Louis-Philippe, avant de se laisser séduire un temps par le Prince-Président. Le Jupiter tonnant de Guernesey a réussi à effacer ces années-là. Elles commencent pourtant en 1822 avec la publication d'un premier recueil de poésies, *Odes*, qui se veut ostensiblement politique, c'est-à-dire dévot et royaliste. Le fils du général Hugo quitte sans remords le camp paternel, républicain puis bonapartiste, pour servir l'alliance du trône et de l'autel. « Le rétablissement de la statue d'Henri IV », « Les vierges de Verdun », « Les destins de la Vendée », « Ode sur la mort du duc de Berry », « La naissance du duc de Bordeaux », « Les funérailles de Louis XVIII » et un opuscule entier *Sur le sacre de Charles X* : autant de morceaux de bravoure poétique destinés à scander non la *Légende du siècle* mais celle des Bourbons. Pensionné par le régime, décoré, Hugo jeune est un écrivain de cour. Censurant en 1829 *Marion de Lorme*, le régime lui donne l'occasion de faire preuve d'une audace très modérée en refusant une nomination au

Conseil d'Etat. Il ne fallait pas être grand clerc pour deviner qu'un acte aussi mesuré de rébellion était sans risque à l'égard d'une monarchie épuisée et pouvait servir d'utile assurance-vie pour l'avenir.

L'ode étant un genre tous terrains, Hugo célèbre l'avènement de la monarchie de Juillet avec « A la jeune France ». Au moins a-t-il l'élégance de saluer le départ des Bourbons qui furent les premiers à le distinguer : « Reconduisons au moins ces vieux rois de nos pères/ Rends drapeau de Fleurus les honneurs militaires/ A l'oriflamme qui s'en va ! » Ce sera toujours une élégance chez Hugo de rallier les nouveaux régimes sans renier les anciens et de ménager ceux qui se profilent à l'horizon. Ainsi le même homme écrit-il en 1831 un « Hymne aux morts de Juillet » et adresse-t-il par ailleurs une lettre à Joseph Bonaparte lui indiquant que si son neveu « donnait toutes les garanties nécessaires aux idées d'émancipation, de progrès et de liberté, personne ne se rallierait à cet ordre nouveau de choses plus cordialement et plus ardemment que moi ».

Mais la sécurité étant du côté de la monarchie de Juillet, va pour Louis-Philippe ! Un zeste de républicanisme ne fait néanmoins pas de mal, fût-ce à long terme : « Nous aurons une République, et quand elle viendra, elle sera bonne. La République proclamée par la France en Europe, ce sera la couronne de nos cheveux blancs. » Le Hugo première époque préfigure, à sa manière, Edgar Faure : « Ce n'est pas la girouette qui tourne, c'est le vent. » La prudence gouverne son comportement : il fait grief au gouvernement de le censurer mais se garde bien de mettre en cause le souverain avec lequel il entretient un dialogue à distance. Son crédit auprès du monarque lui permet d'obtenir la grâce de Barbès condamné à mort en 1838 : « Grâce encore une fois ! Grâce au nom de la tombe ! Grâce au nom du berceau ! »

Désireux de jouer sur plusieurs tables à la fois, Hugo se rapproche des bonapartistes, publiant, à l'occasion du retour des cendres, *Le Retour de l'Empereur* : « Il fallait prendre Napoléon franchement, s'en faire honneur, le traiter royalement et populairement en empereur et alors on eût trouvé de la force là où on a failli chanceler... Le gouvernement semblait avoir peur du fantôme qu'il évoquait. On a laissé dans l'ombre tout ce qui eût été trop grand ou trop touchant. » La duplicité d'Hugo ne trompe personne mais chacun s'en accommode.

Enfin élu à l'Académie française, à sa cinquième tentative, il s'autorise à faire l'éloge de la Convention, de Napoléon, des Bourbons, de Louis-Philippe et va chercher un modèle en Malesherbes, ce censeur libéral, ce trait d'union entre Versailles et la société civile. « Malices cousues de fil blanc », proclame Sainte-Beuve et un critique plus insolent d'ajouter : « Le mot est pairie et ministère. » Il est vrai qu'Hugo avait osé affirmer, dans son discours, que Napoléon eût pris Corneille pour ministre ! L'auteur d'*Hernani* prend la pose, à l'avenir si familière, de l'intellectuel prêt à faire à la France le don de sa personne. Encore faut-il à l'apprenti homme d'Etat une cause originale. Hugo choisit l'idée de l'alliance avec la Prusse, assortie d'une redistribution de territoires, la France récupérant la rive gauche du Rhin et la monarchie de Berlin le Hanovre et les villes hanséatiques. Voilà une conception iconoclaste, donc idéale pour créer le débat et mettre son auteur en scène.

Manque de chance, le duc d'Orléans héritier du trône, sur lequel Hugo avait misé, meurt dans un accident de voiture. Désireux de se replacer, dans ce contexte, directement dans la faveur du roi, le poète présente les condoléances de l'Académie avec la déférence d'un écrivain soviétique en 1935 vis-à-vis de Staline : « Sire, votre sang est le sang du pays ; votre famille et la France ont le même cœur... C'est avec une inexprimable sympathie que le peuple français fixe, en ce moment, ses regards sur votre famille, sur vous, Sire, qui vivrez longtemps car Dieu et la France ont besoin de vous... » Dieu a besoin de Louis-Philippe : qui dit mieux ? Il faudra encore quatre ans de courtisanerie et de bassesse – « toute sa grosse artillerie », écrira Sainte-Beuve – pour qu'une ordonnance du 13 avril 1845 élève à la pairie le vicomte Hugo. Les ennemis du nouveau pair ricanent : « Victor Hugo est mort, saluez Monsieur le vicomte Hugo, pair lyrique de France ! » ou « Monsieur Victor Hugo est nommé pair de France : le roi s'amuse ».

Mais, toujours prudent, Hugo préserve sa fidélité bonapartiste. Ainsi se bat-il pour que la famille Bonaparte puisse rentrer en France : « Par quels crimes, Napoléon avait mérité d'être à jamais frappé dans toute sa race ? Ces crimes, les voici : c'est la religion relevée ; c'est le Code civil rédigé, c'est la France augmentée au-delà même de ses frontières naturelles ; c'est Marengo, Iéna,

Wagram, Austerlitz ; c'est la plus magnifique dot de puissance et de gloire qu'un grand homme ait jamais apportée à une grande nation ! » Le ralliement ultérieur à Louis-Napoléon s'inscrit en filigrane dans cet enthousiasme.

Le futur auteur des *Châtiments* prend parallèlement un plaisir infini à devenir le confident du roi et à céder au bonheur du « Le roi m'a dit », remplissant des pages entières de *Choses vues* de truismes et de banalités sanctifiés par la parole du monarque. Le poète n'est pas le Joinville du régime ; il se comporte comme un journaliste de province pétrifié d'être convié à la table royale. Le vicomte Hugo n'est, ces années-là, qu'un notable louis-philippard, dont la seule originalité est de ne jamais voter la peine de mort, lorsque la Chambre des Pairs se transforme en cour de justice, et d'être sensible à la question sociale.

Au moment où s'ouvre la campagne des banquets en 1847 et où Lamartine se prépare à entrer dans l'Histoire, Victor Hugo est aux abonnés absents. Il ne voit pas venir, à la différence d'un Tocqueville, la révolution de Février et vit ces journées-là, tel Fabrice à Waterloo, sans le moindre enthousiasme : « En 1830 il y avait le duc d'Orléans derrière Charles X. En 1848 derrière Louis-Philippe, il y a un trou. C'est triste de tomber de Louis-Philippe en Ledru-Rollin. » Vaguement partisan d'une Régence, Hugo rase les murs. Il cherche ses marques. Tantôt critique : « J'aime mieux 93 que 48. J'aime mieux voir patauger les titans dans le chaos que les jocrisses dans le gâchis. » Tantôt laudateur : « L'œuvre d'organisation est le complément nécessaire de l'œuvre de destruction ; c'est ce qui rattache intimement 1848 à 1789. »

Mais les convictions sont secondaires, l'essentiel est de se réintroduire dans le jeu. Hugo parvient à se faire élire sans gloire à l'Assemblée et se situe immédiatement dans le camp de droite. Hostile aux ateliers nationaux : « La monarchie avait les oisifs ; la République aura les fainéants. » Répressif pendant les journées de Juin : « Sauver la civilisation comme Paris l'a fait en juin, on pourrait presque dire que c'est sauver la vie du genre humain. » Favorable à Louis-Napoléon, au point de se battre contre un amendement destiné à interdire aux descendants des familles ayant régné sur la France d'être candidats à l'élection présidentielle : « Adopter l'amendement, ce serait repousser ce qu'il y a de plus grand dans l'histoire avec ce qu'il y a de plus petit dans la politique. »

Fin psychologue, le candidat Louis-Napoléon devine qu'Hugo est à prendre. Quelques flatteries et voilà le poète embarqué : « Nous sommes de l'avis de la presse lorsqu'elle voit dans Monsieur Louis Bonaparte l'élu des classes qui souffrent, nous voudrions aussi qu'il fût l'élu des classes qui pensent. » Hugo rêve-t-il d'être leur représentant auprès du Prince-Président ? Se voit-il dans la position que de Gaulle inventera pour Malraux ? S'imagine-t-il jouer le père Joseph du nouveau chef de l'Etat ? La déception ne va pas tarder. Si Louis-Napoléon traite avec considération l'écrivain, le conviant avec quelques intimes au premier dîner qu'il donne à l'Elysée, sans doute se méfie-t-il de l'homme politique Hugo, l'estimant peu professionnel et peu fiable. Plusieurs sources prétendent que, prêt à nommer le poète directeur des Beaux-Arts ou ambassadeur à Naples, le Prince-Président aurait ajouté : « Nous ne pouvons aller plus loin. » Il le regrettera plus tard, déclarant après le coup d'Etat : « J'ai à me reprocher et à regretter une grande faute. Victor Hugo se montrait affectueux pour ma personne et rallié à ma cause... Un homme de sa valeur eût été une force pour mon gouvernement. »

Quoique déçu par l'attitude de Louis-Napoléon, Hugo demeure un soutien de la droite, votant à l'Assemblée quatre-vingt-cinq fois avec elle contre quatre fois avec la gauche. Il cherche certes à se couvrir en écrivant : « Dans le fond de ma pensée, je ne marche pas avec ces hommes, je ne suis pas de leur couleur », mais les votes comptent plus que les mots. Manipulé par le chef de l'Etat sur la question romaine, Hugo ressent le besoin de prendre son autonomie au prix d'un communiqué misérable : « Depuis lundi, jour où il a dîné chez le président, Victor Hugo n'a pas mis les pieds à l'Elysée et n'a eu aucun rapport avec Monsieur le Président de la République. » C'est la rupture, fût-elle ridicule dans sa forme.

Hugo ne fait désormais grâce de rien à Louis-Napoléon, passant progressivement de la distance à l'hostilité, de l'hostilité à la haine. Sa mue politique est un chemin de croix. La gauche se méfie de lui et la droite se moque : « Il vous faut toujours quelque puissance à sacrer ou quelque idole à adorer ! Hier le roi Charles X, aujourd'hui le peuple. » Le coup d'Etat sera la rédemption de l'écrivain; il lui permettra d'effacer ses palinodies, ses changements de pied, ses petitesses. Lorsqu'il rédige sa proclamation : « Louis-Napléon Bonaparte est un traître. Il a violé la Constitution. Il s'est parjuré. Il est hors la loi », il franchit le Rubicon. Piètre politique, le poète s'efface devant l'intellectuel de combat.

Des deux poètes romantiques, Lamartine est, du moins jusqu'au 2 décembre 1851, le plus sérieux et le plus cohérent en politique. Lancé en 1820, à l'âge de trente ans, par ses *Méditations poétiques*, il est aussi déférent à l'égard des Bourbons que Victor Hugo. Son « Chant du Sacre » en l'honneur de Charles X vaut bien, par l'excès de flagornerie, celui de son rival. Mais à cet excès de déférence près, il demeure à distance du régime.

L'avènement de Louis-Philippe ne le transporte pas de joie. Il s'y résigne mais les journées de Juillet ont, elles, changé son regard sur 1789. Ecrivant alors à un ami : « Les grands principes de la Révolution de 1789 sont vrais, beaux et bons, l'exécution seule a été atroce, inique, infâme, dégoûtante », il fixe sa doctrine politique et ne s'en éloignera plus. Une brochure *Sur la politique rationnelle* déclinera, thème par thème, sa vision : séparation de l'Eglise et de l'Etat, liberté de la presse, enseignement libre, suffrage universel limité et en politique extérieure le pacifisme à tout prix.

A la différence d'Hugo désireux d'entrer dans l'arène politique par la nomination, Lamartine recherche l'onction de l'élection. Battu en 1831, il ne se décourage pas et est élu en janvier 1833. Il refuse de siéger à gauche ou à droite mais « au plafond » : « En effet il n'y avait point pour moi de place convenable dans une Chambre où je ne voulais être ni du parti du gouvernement que je n'aimais pas, ni du parti de l'opposition légitimiste qui n'avait plus de sens que sa mauvaise humeur, ni du parti de l'opposition ultralibérale que je n'estimais pas, ni du parti du silence et le l'expectation qui était l'opposé de ma nature. J'étais donc condamné à former à peu près seul un genre de parti sans valeur actuelle et par cela même impuissant et presque méprisable. » C'est un « parti social » qu'il veut former, de manière à « empêcher la richesse d'être oppressive et la misère d'être envieuse et révolutionnaire ». Il se montre bon député, travailleur et attentif, mais son talent oratoire n'est pas, à ses débuts, à la hauteur de la gloire poétique.

Triomphalement réélu, il progresse et devient vite un des tribuns de l'Assemblée, dès lors qu'il troque les discours rédigés pour l'improvisation préparée. Longtemps discret, Lamartine se lâche. La suppression de l'esclavage, la peine de mort, la paix : autant de thèmes où la morale prend le pas sur la technique. Il s'y meut avec bonheur. Ses mots font mouche : « La France s'ennuie » – expression ressuscitée en mars 1968 par Pierre Viansson-Ponté. Il rend involontairement service au roi lorsqu'au nom du pacifisme, il s'attaque avec violence à Thiers après le fiasco égyptien provoqué par l'intempérance du président du Conseil et crée ainsi le climat nécessaire au monarque pour se débarrasser du chef du gouvernement.

En fait, Lamartine n'avance pas à l'aveugle. Il a un projet : « Prendre force dans le pays pour lui être utile un jour dans les extrémités. Je veux créer un homme de réserve. » Ainsi le poète n'est-il pas dénué de sens stratégique : il est l'un des premiers à inventer en régime parlementaire un mythe du recours qui va faire florès en France. A l'inverse d'Hugo, Lamartine combat le retour des cendres : mort ou vif, le bonapartisme lui est insupportable.

Cet esprit en apparence léger a, à l'époque, une autre densité que son compère, l'auteur d'*Hernani*. Au lieu d'errer d'un suzerain à un autre, il pose les règles de l'action politique : « On dirait que le génie des hommes politiques ne consiste qu'en une seule chose : à se poser là, sur une situation que le hasard ou une révolution leur a faite et à y rester immobiles, inertes, implacables, oui implacables à toute amélioration. Et si c'était là, en effet, tout le génie d'un homme d'Etat chargé de diriger un gouvernement, mais il n'y aurait pas besoin d'un homme d'Etat : une borne suffirait » (1842). L'homme politique commence à prendre le pas sur le poète : si *Jocelyn* est un succès en 1836, en partie grâce à la condamnation de l'Eglise, la *Chute d'un ange* et *Recueillements* sont des échecs. On peut être homme politique et historien, Guizot et Thiers le sont. On ne peut être à la fois politique et poète ; ce sont deux ordres de l'esprit trop antinomiques.

Sans doute Lamartine a-t-il compris cette vérité puisqu'il s'installe historien. Publiée en 1847, son *Histoire des girondins* connaît un immense succès. De la poésie, l'auteur a gardé le style et l'emphase : « J'entreprends d'écrire l'histoire d'un petit nombre d'hommes qui, jetés par la Providence au centre du plus grand drame des temps modernes, résument en eux les idées, les passions, les fautes, les vertus d'époque et dont la vie et la politique formant, pour ainsi dire, le nœud de la Révolution française, sont tranchées du même coup que les destinées de leur pays. Cette histoire pleine de sang et de larmes est pleine aussi d'enseignements pour les peuples. » Quelle entame !

Regardé au fil des décennies avec condescendance par les historiens de métier – comment un poète peut-il s'improviser historien ? –, Lamartine jouera un rôle non négligeable dans l'historiographie révolutionnaire. Moins fasciné par les girondins qu'on ne l'imagine, il fait preuve d'équanimité vis-à-vis de Robespierre, de sorte que Ledru-Rollin pourra écrire : « Le plus immense service que Lamartine ait rendu à la République, c'est qu'on peut à présent discuter Robespierre sans être pris pour un anthropophage. » Pour l'auteur de l'*Histoire des girondins*, la Révolution s'achève le 9 Thermidor. Après, « la Révolution tombe de la tragédie dans l'intrigue, du spiritualisme dans l'ambition, du fanatisme dans la cupidité ». Dans une année prérévolutionnaire – 1847 – le livre est un signe d'idéalisme : les principes de 1789 représentent l'avenir du monde ; ils ont été salis ; ils ne le seront plus. Tel sera le viatique de Lamartine en 1848.

Ardent militant de la campagne des banquets, il est le plus déterminé à braver le 21 février l'interdiction de manifester. C'est sa fermeté, ce jour-là, qui lui ouvre le chemin du pouvoir : « La place de la Concorde dût-elle être déserte, tous les députés dussent-ils se retirer de leur devoir, j'irai seul au banquet avec mon ombre derrière moi. » Il s'impose naturellement les jours suivants. Victor Hugo est le premier à le reconnaître : « Il y a eu en ce moment un homme dont le nom est dans toutes les bouches et la pensée dans toutes les âmes : c'est Lamartine. » Face à l'hésitation des députés sur la conduite à tenir – Régence ou République –, la réponse du poète est brutale : seule la République est possible. Il réclame le suffrage universel et un gouvernement d'urgence qu'il se hâte de constituer. Etonnant sens du moment, de la part de l'auteur de *Jocelyn*, qu'il ne saura pas transformer, dans les semaines qui suivent en art de gouverner.

La vraie scène n'étant pas la Chambre mais l'Hôtel de Ville, Lamartine s'y rend sous les vivats et y prononce les paroles, devenues mythologiques, sur le drapeau : « Le drapeau rouge que vous nous apportez n'a jamais fait que le tour du Champ-de-Mars, traîné dans le sang du peuple en 91 et 93 et le drapeau tricolore a fait le tour du monde avec le nom, la gloire et la liberté de la patrie. » C'est choisir 1789 contre 1793, la révolution politique contre la révolution sociale. Il l'avouera plus tard dans sa *Critique de l'Histoire des girondins* (1861) : « C'était un sauvetage qu'il fallait organiser sous le nom de République. »

Courageux, Lamartine n'est pas méthodique; audacieux, il n'est pas organisateur; intuitif, il n'est pas stratège. Mais quand ses principes sont en jeu, il est d'une absolue fermeté. Désireux d'ancrer la République grâce à une élection au suffrage universel, il repousse la demande de Blanqui de surseoir au processus électoral : « Notre premier devoir est de restituer, aussitôt que possible à la nation elle-même, les pouvoirs que nous avions saisis pour le salut commun et de ne pas prolonger une minute de plus l'espèce de dictature que nous avons assumée sous l'emprise des circonstances. » Lamartine incarne de manière de plus en plus éclatante l'aspiration à une République synonyme d'ordre démocratique, face aux poussées désordonnées de l'extrême gauche. Il sort renforcé de l'affrontement, le 16 avril, entre manifestants des deux bords et les élections du 23 avril marquent son triomphe.

Elu dans dix départements, il incarne la République à défaut de savoir en maîtriser les pouvoirs. C'est lui qui rend compte de la mission exercée par le gouvernement provisoire à l'Assemblée fraîchement élue : « En proclamant la République, le cri de la France n'avait pas proclamé seulement une forme de gouvernement, il avait proclamé un principe. Ce principe, c'est la démocratie pratique, l'égalité par les droits, la fraternité par les institutions. » Lamartine semble avoir durablement en main l'Assemblée, avec l'appui d'environ 500 députés sur 900. Si la situation politique et sociale avait été stable, son ascendant aurait été incontesté et peut-être durable. Etonnant apogée, néanmoins, qu'aucun autre intellectuel entré en politique ne connaîtra !

Mais devenu un héros national, le poète va se montrer incapable de s'affranchir de la pression de l'extrême gauche. Celle-ci manifeste, tantôt au nom de la question sociale, tantôt par solidarité avec la Pologne, tantôt par pure démagogie. Elle ose s'attaquer au mythe Lamartine, Albert l'interpellant ainsi durement le

15 mai : « Citoyen Lamartine, vous pouvez être un grand poète mais vous n'avez pas notre confiance comme homme d'Etat. Il y a assez longtemps que vous nous faites de la poésie et de belles phrases ; il faut autre chose au peuple maintenant. » Face à l'occupation de l'Assemblée, Lamartine essaie de tenir un rôle qui ne lui sied pas : mobiliser un bataillon, reprendre le contrôle de l'Hôtel de Ville. Il y parvient. Son crédit est cependant pour la première fois entamé ; les journées de Juin finissent de le consommer.

Hypersensible, l'homme n'est pas à l'aise dans la répression. La droite lui reprochera sa pusillanimité avant l'insurrection et ses maladresses pendant l'affrontement. La gauche le tient pour responsable du sang versé. Aussi prétendra-t-il dans ses *Mémoires politiques* avoir voulu mourir, pendant la bataille de rue, « pour se décharger de l'odieuse responsabilité qui allait peser si injustement mais inévitablement sur lui ». Renversé le 24 juin au profit de Cavaignac, il sort de la scène. Son score dérisoire à l'élection présidentielle des 10 et 11 décembre 1848 (18 000 voix) le fait même sombrer dans le ridicule politique.

A travers lui c'est le rêve d'une République modérée qui s'effondre. Il l'écrira vertement dans ses *Mémoires politiques* : « Les hommes de 1830, les ministres de la monarchie tombée, les hommes de 1815, les hommes même du Moyen Age, les partisans surannés, quoique jeunes du gouvernement sacerdotal, les inventeurs de l'intervention antirépublicaine, antifrançaise, antiitalienne à Rome, vont se trouver en face des hommes surannés aussi de la Convention, du Comité de salut public et de la postérité de Babeuf. »

Encore un peu de vaine fébrilité politique, un exil intérieur sans risque sous l'Empire, la rédaction de ses *Mémoires*, le retour à la critique littéraire et à la poésie : le héros n'est plus qu'un retraité jusqu'à sa mort en 1869. C'est un destin à la Kerenski : l'homme d'un moment, le symbole d'une transition, le souvenir d'un échec. Lamartine a plus de dignité politique jusqu'en 1851 qu'Hugo, plus de courage, plus de cohérence, mais il n'a pas la violence intérieure dont ont besoin les hommes publics pour tenir au milieu de tels séismes. Il a été défait par des professionnels.

CHAPITRE 12

La naissance du « socialisme à la française »

Défaite politiquement lors des derniers soubresauts de la Révolution, persécutée policièrement sous l'Empire, l'extrême gauche renaît intellectuellement pendant la Restauration, s'épanouit idéologiquement du temps de la monarchie de Juillet et revient naturellement sur la scène politique après les journées de Février 1848. Ce sont les bases du « socialisme à la française » qui se mettent en place pendant ces décennies : elles constituent aujourd'hui encore les clefs pour comprendre, au moins en partie, les péripéties les plus contemporaines de la vie du parti socialiste.

L'illusion libérale ne dure guère aux yeux de la « vraie gauche ». Dès 1822, dans son *Traité de l'Association domestique agricole*, Charles Fourier affirme que la liberté politique ne change rien aux divergences insurmontables entre exploiteurs et exploités. Il donne naissance, dès ce texte, au mythe du phalanstère, village coopératif issu de l'attraction que les individus exercent les uns sur les autres et non du fantasme d'égalité. Ce sont les grèves postérieures à la Révolution de 1830 qui serviront de preuves expérimentales à sa théorie. « Vivre en travaillant ou mourir en combattant » : le mot d'ordre de la grève des canuts lyonnais à l'automne 1831 est, à lui seul, une idéologie. On est très loin du saint-simonisme qui, divisant la société entre oisifs et travailleurs – ceux-ci allant du patron aux ouvriers –, occulte les affrontements de classes. Fourier, lui, ne cesse de les mettre en exergue mais au lieu de partir dans la direction que prendra, le moment venu, Marx, il invente avec le phalanstère un cheminement utopique.

Incroyablement aigu dans l'analyse du fonctionnement de la société, du règne de la bourgeoisie et de l'aliénation des dominés – les femmes au premier chef –, il a une vision eschatologique de l'Histoire. La libération du travail et du sexe est, depuis sa jeunesse, son obsession. Déjà en 1808, dans sa *Théorie des Quatre Mouvements*, il prophétisait l'avènement d'une nouvelle société née d'une révolution dans les modes de travail et dans les relations d'amour. Les « soixante-huitards » étaient, sans le savoir, bien davantage des disciples de Fourier que de Marcuse : nul n'osera avant 1968, mettre sur le même plan l'exploitation sociale et l'aliénation sexuelle. Faut-il une incroyable audace pour publier successivement en 1829 *Le Nouveau Monde industriel* puis *Le Nouveau Monde amoureux*, et imaginer un univers où l'association économique et la liberté amoureuse deviendront les deux facettes de l'émancipation individuelle. Le phalanstère ne vise ni l'efficacité, ni la productivité mais l'harmonie. Fourier s'intéresse peu à la propriété, quitte à ce qu'elle demeure privée. C'est en fait l'autogestion qu'il invente et l'idée d'une société de jouissance, donc sans interdit. Les slogans de 1968 ne sont que la résurrection du « fouriérisme » traduit dans le langage de la publicité contemporaine ! Comme Saint-Simon, Fourier se perpétue, malgré sa mort précoce en 1837, grâce à une vraie filiation intellectuelle.

Son héritier préféré, Victor Considerant, transforme subrepticement l'esprit du fouriérisme, le rendant plus social et moins sexuel : le socialisme prend le pas sur l'érotisme. Il est encore plus sensible que son père spirituel aux conflits de classes : « La société tend à se diviser de plus en plus distinctement en deux grandes classes : un petit nombre possédant tout ou presque tant dans le domaine de la propriété, du commerce et de l'industrie et le grand nombre ne possédant rien, vivant dans une dépendance collective absolue des détenteurs du capital et des instruments du travail, obligé de louer pour un salaire précaire et toujours décroissant ses bras, ses talents et ses forces aux seigneurs féodaux de la société moderne. » C'est une pensée prémarxiste.

Prémarxiste aussi la distinction à laquelle s'attache Considerant entre l'école de pensée et le parti, engagé dans l'action, qui doit en être le bras séculier.

Mais il s'éloigne de ce que sera en revanche le marxisme, en niant toute efficacité à l'action de classe du prolétariat. Lui et ses propres disciples croient à l'exemplarité. Un premier phalanstère serait-il créé, la contagion gagnerait la planète et l'ordre social changerait de lui-même. Ainsi Considerant voudra-t-il mettre ses actes en accord avec sa théorie en partant en 1852 pour le Texas afin de bâtir un phalanstère : « Amis, je vous le dis, la terre promise est une réalité... L'idée rédemptrice sommeille dans la captivité d'Egypte. Qu'elle se révolte! Croyez, et la terre des réalisations, la terre sacrée est à vous. Une résolution forte, un acte de foi collectif : cette terre est conquise. Je vous le dis d'une voix simple, qui ne diminue pas la solennité de la parole : je vous apporte la vie et le salut... » Etonnant court-circuit qui, partant d'une analyse au laser des conflits de classe, débouche sur une logomachie mystique, voire religieuse. L'expédition texane sera naturellement un lamentable fiasco; le paradis sur terre n'est pas à portée de main.

Le fouriérisme n'est pas seulement un sympathique angélisme, il a ses mauvais côtés. Ainsi préfigure-t-il l'antisémitisme contemporain d'extrême gauche, au moins autant que les pulsions libertaires de 68. Fourier adhère déjà au fantasme : bourgeoisie égale juifs : « La nation juive n'est pas civilisée, elle est patriarcale, n'ayant point de souverain, n'en reconnaissant aucun en secret et croyant toute fourberie louable, quand il s'agit de tromper ceux qui n'ont pas sa religion. » Un de ses disciples, Alphonse Toussenel, va, lui, jusqu'à écrire un essai, *Les juifs rois de l'époque* (1844) dont Drumont fera son miel. Ainsi dans le chaudron du fouriérisme ne cessent de bouillir des idées qui franchiront le siècle : l'utopie libertaire, l'autogestion, la libération sexuelle, un socialisme a-matérialiste et quasi religieux, les juifs symbole des classes exploiteuses... Ou Fourier était d'une incroyable modernité. Ou ses héritiers actuels sont durablement rétrogrades.

En fait, le saint-simonisme et le fouriérisme sont deux rameaux d'une même religion séculaire : Dieu faisant irruption sur terre, quelle société fabrique-t-il? Aussi était-il évident qu'ils finiraient par avoir des rejetons communs. Ainsi de Pierre Leroux, aujourd'hui oublié, mais dont Lamartine prophétisait « qu'on le lirait comme on lit le *Contrat social* », et qui écrivant *De la ploutocratie*, démontre, chiffres à l'appui, la mainmise sur le pays d'une oligarchie. C'est Bourdieu un siècle et demi plus tôt. Ainsi de Constantin Pecqueur qui manifeste la tentation, si spécifique de cette époque, de marier l'analyse sociologique et un mysticisme mi-religieux mi-social. Ainsi d'un préfet reconverti, Alban de Villeneuve-Bargemont, qui essaie d'inventer une économie politique chrétienne, tentant la difficile synthèse du fouriérisme et du réalisme. Ainsi des multiples élèves de Lamennais qui recherchent une impossible convergence entre le socialisme chrétien de leur maître et l'anarchisme mystique de Fourier.

Mais si sophistiqués soient-ils, tous ces utopistes sont des théoriciens en chambre. Ils n'ont pas la puissance d'un Louis Blanc, moins inventif mais tellement plus efficace. Journaliste, celui-ci se démultiplie dans tous les quotidiens prêts à l'accueillir. Historien, il se livre à l'exercice quasi obligé, une *Histoire de la Révolution* dans laquelle apparaît en pointillés sa vision du monde. Politique, il n'a pas pour les institutions l'indifférence d'un Fourier et sait au contraire en faire un levier à son profit. Socialiste enfin, il glisse du phalanstère, cette idée creuse, aux ateliers nationaux, manifestation visible d'un Etat productif et social. C'est 1848 qui apparaît en germe dans son œuvre : « Le socialisme ne saurait être fécondé que par le souffle de la politique. » De là l'apostrophe de Proudhon dans les *Confessions d'un révolutionnaire* : « Monsieur Louis Blanc représente le socialisme gouvernemental, la révolution par le pouvoir, comme je représente le socialisme démocratique, la révolution par le peuple. » L'affrontement entre Blanc et Proudhon préfigure le duel Jaurès-Guesde, voire la bataille Blum-Cachin.

Proudhon lui ne doit rien ni à Fourier, ni à Saint-Simon. « Proudhon. Proudhon l'autonome, l'isolé, l'unique », dira plus tard Ernest Labrousse. Ce franc-tireur est l'antithèse de Marx. Venu idéologiquement de nulle part, étant son seul maître, ne reconnaissant aucune filiation, il influencera plus qu'il ne dominera, il impressionnera plus qu'il ne dirigera, il écrira plus qu'il ne fera. « Né et élevé au sein de la classe ouvrière », précisera-t-il en 1838. La quête de la noblesse révolutionnaire conduit à biaiser !

Né en 1808 d'un père tonnelier et d'une mère cuisinière, scolarisé comme boursier, obligé de travailler précocement, Proudhon est issu d'une France mi-paysanne, mi-artisanale. Il ne côtoie le monde ouvrier que brièvement comme typographe, avant d'obtenir une bourse qui lui permet de passer tardivement son baccalauréat, puis d'accumuler les connaissances avec la boulimie d'un autodidacte. L'hébreu, la théologie, la linguistique, l'économie politique : son appétit est sans limite. Participant assidu aux concours de l'Académie de Besançon, il passe rapidement du mémoire conventionnel à l'essai iconoclaste.

Publié en 1840, le *Premier Mémoire sur la propriété* devait au départ porter un titre plus évocateur : *Qu'est-ce que la propriété ? C'est le vol* ou *Théorie de l'égalité politique civile et industrielle*. Ce sont ces mots – « La propriété, c'est le vol » – qui serviront de devise à Proudhon au point, bien entendu, de réduire une grande œuvre à un slogan. A cette époque, Proudhon est plus moraliste qu'économiste, plus critique que théoricien. Rien ne justifie la propriété : « La possession en droit ne pouvant demeurer fixe, il est impossible en fait qu'elle devienne propriété. Celui qu'on appelle propriétaire n'est en fait qu'un usufruitier, sous la surveillance de la société. » Quant au travail, il ne peut non plus fonder le principe de la propriété dès lors qu'existe le salariat. Proudhon surestime la force de sa démonstration : « J'ai accompli l'œuvre que je m'étais proposée : la propriété est vaincue ; elle ne se relèvera jamais. Partout où sera lu et communiqué ce discours, là sera déposé un germe de mort pour la propriété. »

Il croit plus en fait à la force des idées qu'à la pression des masses. De là son refus en 1846 de rejoindre Marx et Engels au sein du « bureau de correspondance communiste » : il préfère « faire brûler la propriété à petit feu plutôt que de lui donner une nouvelle force en faisant une Saint-Barthélemy des propriétaires ». Sans participer à la démarche militante, Proudhon occupe néanmoins une place en surplomb du socialisme européen : l'Allemand Karl Grün le baptisera le « Feuerbach français » et Marx voit en lui l'auteur du « manifeste scientifique du prolétariat français ». Il continue son combat contre la propriété avec un *Deuxième* et un *Troisième Mémoire* et s'en prend aux « enfantillages » de Fourier dont les disciples avaient critiqué préalablement son propre conservatisme en matière d'égalité sexuelle : « La différence des sexes élève entre l'homme et la femme une séparation de même nature que celle que la différence des races met entre les animaux. » Il bataille contre tous ses prédécesseurs. Ainsi sa *Création de l'ordre dans l'humanité* les cloue-t-elle au pilori. Maistre, Bonald, Saint-Simon, Fourier, Cabet, Leroux et même Auguste Comte sont exécutés. L'avenir est à « l'économie politique » : aussi les idées marquées au coin de la religion et des « extravagantes spéculations » de la philosophie sont-elles à proscrire.

N'échappent à sa vindicte que les héritiers de Hegel, en particulier Marx avec lequel il discute des « nuits entières » en 1844 et 1845. Mais ils tirent l'un et l'autre des conséquences différentes de la dialectique hégélienne. L'Allemand vogue vers le matérialisme et le militantisme ; le Français demeure idéaliste et individualiste. Ecrivant à Marx, Proudhon affirme sans ambages : « Peut-être conservez-vous encore l'opinion qu'aucune réforme n'est actuellement possible sans un coup de main, sans ce qu'on appelait jadis une révolution et qui n'est tout bonnement qu'une secousse. Cette opinion que je conçois, que j'excuse, que je discuterai volontiers, l'ayant moi-même longtemps partagée, je vous assure que mes dernières études m'en ont fait complètement revenir. Je crois que nous n'avons pas besoin de cela pour réussir et qu'en conséquence nous ne devons pas poser l'action révolutionnaire comme moyen de réforme sociale, parce que ce prétexte moyen serait tout simplement un appel à la force, à l'arbitraire, bref une contradiction. » Les bases du divorce sont posées entre les deux hommes. A la *Philosophie de la misère* de Proudhon, Marx répondra par *Misère de la philosophie* dans lequel il peint son contradicteur comme « un petit-bourgeois ». Le Français avait affirmé que l'histoire progresse grâce à la succession des idées ; l'Allemand lui rétorque par la dynamique des rapports sociaux. Les visions sont désormais irréconciliables.

Mais la posture de retrait ne tient pas face aux sollicitations des révolutionnaires de 1848. C'est la réalité qui désormais commande et non plus le jeu de l'esprit. Proudhon rejetait abstraitement la Révolution ; il la refuse en « chair et en os » : « C'est une cohue d'avocats et d'écrivains tous plus ignorants les uns que les autres et qui veut se disputer le pouvoir. Je n'ai rien à faire là-dedans... On a fait une révolution idée... La Blagologie commence. » L'instauration du suffrage universel ? Un dérivatif voire, l'instrument de la contre-révolution. Seule l'économie compte et à ce titre il prône de façon obsessionnelle la gratuité du crédit. Il lance un nouveau journal, *Le représentant du peuple* dont la devise tient lieu de programme en faisant un pied de nez à Sieyès : « Qu'est-ce que le producteur ? Rien. Que doit-il être ? Tout. Qu'est-ce que le capitaliste ? Tout. Que doit-il être ? Rien. » Candidat contre son gré, il est élu à l'Assemblée aux élections complémentaires de juin et rejoint l'hémicycle avec scepticisme : « Qu'est-ce que je vais devenir au milieu de tous ces crétins ? » Associé par la droite à l'insurrection de juin qu'il n'a pourtant pas cautionnée, il est soumis à l'inlassable critique de ses collègues. Aussi monte-t-il le 31 juillet à la tribune pour se défendre. Il reprend son antienne sur « la propriété, c'est le vol », s'identifie au prolétariat, vilipende la bourgeoisie. Résultat : l'Assemblée lui adresse un blâme par 691 voix contre 2.

L'hallali suit : il est condamné à trois ans de prison. Mais peut-être n'a-t-il jamais régné autant que de l'intérieur de Sainte-Pélagie. Il dirige depuis sa cellule un journal, *La voix du peuple*, fait paraître ses *Confessions d'un révolutionnaire*, reçoit, écrit, travaille, polémique à gauche avec Pierre Leroux, à droite avec Frédéric Bastiat. Le coup d'Etat ne le bouleverse guère. Il connaît le Prince-Président et se dit qu'il y a peut-être un bon usage à tirer du nouveau régime pour son idée de banque. Aussi ose-t-il intituler un essai *La révolution sociale démontrée par le coup d'Etat du 2 décembre*.

L'ancien prisonnier qu'est Louis-Napoléon ne peut avoir d'antipathie pour son collègue de Sainte-Pélagie. Aussi celui-ci n'hésite-t-il pas à offrir sans vergogne ses services à Morny. Au nom de ses idées, naturellement... La connivence n'ira néanmoins pas loin et après la publication en 1858 de *De la justice*, Proudhon devra s'exiler cinq ans en Belgique. La condamnation du livre par la justice impériale est paradoxale. Derrière une sanctification formelle de la Révolution se glissaient des morceaux d'anthologie réactionnaire. Ainsi d'une misogynie revendiquée qui le place aux antipodes de Fourier. Ainsi d'un moralisme digne de l'Eglise la plus traditionnelle et d'un éloge du mariage et de la chasteté que pourrait prononcer un brave curé de campagne. Dans la même veine conservatrice se situe son hostilité au principe des nationalités, au point de le rendre indésirable en Belgique où on le soupçonne de souhaiter l'annexion du pays par la France.

Devenu un personnage ambigu, Proudhon va retrouver ses racines idéologiques avec la publication en 1863 de *Du principe fédératif*. Un slogan : le socialisme par le bas. Un outil : le mutuellisme. Une méthode : le fédéralisme. Il n'y a pas plus antimarxiste. Proudhon partage avec son ancien interlocuteur de 1844 et 1845 la théorie de la plus-value, le dépérissement de l'Etat, la fin programmée du rôle historique de la bourgeoisie. Mais rien ne lui est plus étranger que la dictature du prolétariat, la gestion centralisée de l'économie et le rôle du parti avant-garde de la classe ouvrière. La révolution ne se réalise ni par le bulletin de vote, ni par la grève mais grâce à la subversion de la société par elle-même.

Proudhon meurt en 1865, au moment où l'Internationale voulue par Marx se met en place. Il a donc perdu une bataille, qu'il n'a d'ailleurs jamais menée, pour la direction du mouvement ouvrier. Mais ses idées, elles, ne disparaîtront pas, du moins en France. Elles vont irriguer, plus encore que celles de Fourier, le rameau libertaire, décentralisateur, non enrégimenté du socialisme français. La « deuxième gauche » sera, un siècle plus tard, l'ultime héritière de Proudhon.

Hormis quelques admirateurs, tel Courbet, nul n'imagine quand l'auteur de la *Philosophie de la misère* disparaît, qu'il puisse avoir une postérité. Hugo n'est pas le moins aveugle : « Proudhon est mort. Vrai talent, esprit faux. Il n'avait jamais fait que du tort à la République et du mal à la Révolution. Sa mort est une perte : ce n'est pas un malheur. » Un bourgeois, comme Sainte-Beuve, est moins borné ; consacrant un essai biographique à Proudhon, il affirme d'emblée : « Je désirerais faire acte de littérature jusqu'au sein de ce grand révolutionnaire aujourd'hui couché dans la tombe et j'appelle faire acte de littérature montrer l'homme au vrai, dégager ses qualités morales, son fond sincère, sa forme de talent, sa personnalité enfin comme elle a su se faire respecter et même aimer par ceux qui ont approché de lui. » Etait-ce une anticipation de la sympathie qu'aura plus récemment la bourgeoisie pour la deuxième gauche ?

CHAPITRE 13

Des romanciers dans la bagarre

« Je veux le pouvoir en France et je l'aurai. » Qui a l'outrecuidance de prononcer, au mitant du siècle, une phrase aussi crue ? Ni un prétendant au trône, ni un candidat à la présidence du Conseil, ni même un apprenti politicien, mais Balzac ! Balzac, en effet, dans une lettre à Madame Hanska.

A peine le succès de *La peau de chagrin* lui donne-t-il l'aisance matérielle, qu'il se présente aux élections de 1832. Trop emporté pour rallier « le juste milieu », il démarre sa trajectoire idéologique au service du légitimisme. Mais il ne se voit pas en supplétif d'une vieille cause. Le voilà décidé à créer « le parti des intelligentiels » : il enrôle sous sa bannière Théophile Gautier, Charles Nodier et d'autres et lance, suivant les mœurs de l'époque, un journal avant que, mort-née, l'aventure ne sombre dans le ridicule.

Rien ne vaut une cause, pour un écrivain désireux de faire de la politique. Balzac croit l'avoir trouvée avec l'affaire Peytel. Accusé d'avoir assassiné sa femme et son domestique, pamphlétaire, ami personnel de l'auteur de la *Comédie humaine*, celui-ci crie son innocence. Peytel sera-t-il à Balzac ce que Calas fut à Voltaire ? A l'instar du vieux maître de Ferney, le jeune Balzac publie une *Lettre sur le procès de Peytel, notaire à Belley*. Ses efforts sont vains : le notaire est guillotiné mais le romancier s'est donné une figure de juste.

Son ambition demeure néanmoins politique, ce qui l'amène à créer en 1840 un nouveau mensuel, *La Revue parisienne*, mi-littéraire, mi-politique. Le premier numéro est une charge au vitriol contre la monarchie de Juillet. Tout y passe : la faiblesse du gouvernement, le règne de la bourgeoisie – « Aujourd'hui il y a une féodalité d'argent, les banquiers sont de hauts barons, la bourgeoisie menace » –, la mollesse du roi face à l'Angleterre dans la crise d'Orient. Balzac n'est ni libéral, ni républicain, ni socialiste. Il a les idées de son tempérament : populistes, violentes, absolutistes. Ainsi se lance-t-il dans un éloge de la monarchie absolue et condamne-t-il l'Edit de Nantes, le parlementarisme et les libertés individuelles. Il pense comme il écrit : en sanguin. Ce qui dans ses romans est atténué par la puissance de l'écriture vire, dans la *Revue parisienne*, à la réaction la plus bornée : « Je le dis hautement : je préfère Dieu au Peuple : mais si je ne puis vivre sous une monarchie absolue, je préfère la République aux ignobles gouvernements bâtards, sans action, immoraux, sans foi, sans principes, qui déchaînent toutes les passions sans tirer parti d'aucune et rendent, faute de pouvoir, une nation stationnaire. J'adore le roi par la grâce de Dieu, j'admire le représentant du peuple. Catherine et Robespierre ont fait la même œuvre. »

Ce n'est pas un régime que rêvère Balzac, c'est l'ordre. De là son hostilité au protestantisme, religion du libre examen. De là sa haine de l'argent, car une société bourgeoise est molle. De là sa mélancolie d'un Etat fort. « Ainsi donc dans la famille, au collège, dans le prolétariat, dans la politique, en toute chose, au lieu de contenir les intérêts privés, vous les avez déchaînés en faisant arriver la doctrine du Libre Arbitre à ses conséquences extrêmes. Vous avez laissé l'industrie, le commerce et le travail qui ne sont que des choses secondaires en saine politique, devenir tout dans l'Etat, au lieu d'y être asservies. » Maurras pointe sous Balzac et Vichy ressemblera au régime de ses rêves.

La Comédie humaine fera oublier la *Revue parisienne*. C'est avec l'œuvre à l'esprit et non les idées politiques de l'auteur, qu'Hugo pourra dire sur la tombe de Balzac : « Qu'il l'ait voulu ou non, l'auteur de cette œuvre énorme et extraordinaire appartient à la forte race des écrivains révolutionnaires. » Ce sont des mots que, grand admirateur, Marx aurait pu prononcer. Balzac est, au fond, le premier des romanciers dont l'œuvre réussit à oblitérer les dérapages : Céline et Aragon bénéficieront, un siècle plus tard, de la même bienveillance. C'est la différence entre le romancier et le philosophe. Le premier est un intellectuel par accident, le second par métier. Les erreurs du premier sont donc secondaires par rapport à son travail ; celles du second en sont indissociables.

George Sand est l'anti-Balzac. Moins mégalomane, plus militante. A gauche lorsqu'il est à droite. Continue dans son engagement, tandis que lui est primesautier. Sérieuse en un mot, comme le sont les femmes en politique, alors qu'il est éruptif, infantile, immature. Son engagement n'est pas spontané. Arrivée pour conquérir avec sa plume Paris et les hommes, elle est longtemps indifférente au monde environnant. De premiers succès, l'épisode Musset, l'escapade vénitienne, les déchirements amoureux : Sand est son propre univers. Elle l'avouera ingénument : « J'étais hideuse dans mon égoïsme et dans mon isolement. »

Façonnée par ses passions, elle n'entre en politique que sous l'influence d'un homme, Michel de Bourges, avocat, chef du parti républicain dans le Berry, infatigable prosélyte qui, devenu son amant, lui écrit : « L'amour est une passion égoïste. Etends cet amour brûlant et dévoué, qui ne recevra jamais sa récompense en ce monde à toute cette humanité qui déroge et qui souffre. » Voilà la dame de Nohant convertie, comme elle le dit elle-même, « au sentiment républicain et aux idées nouvelles ».

Besogneuse dans sa foi nouvelle, elle décide de se former. Du côté religieux d'abord en dialoguant avec Lamennais : elle le trouve fascinant et enfantin, donc insatisfaisant. Aussi poursuit-elle du côté socialiste, rencontrant sur les instances de Sainte-Beuve, Pierre Leroux. Intellectuellement plus puissant, celui-ci la fascine. Elle se range derrière lui et le proclame, s'écriant : « Il faut bien que je vous le dise, George Sand n'est qu'un pâle reflet de Pierre Leroux, un disciple fanatique du même idéal mais un disciple muet et ravi devant sa parole, toujours prêt à jeter au feu toutes ses œuvres pour écrire, parler et agir sous son inspiration. » Connaissant sa propre réputation et donc le risque de voir sa conversion idéologique mise sur le compte d'une foucade amoureuse, elle éprouve le besoin de s'en défendre : « De la crinière du philosophe, je n'ai jamais songé à toucher un cheveu et n'ai jamais eu plus de rapport avec elle qu'avec la barbe du Grand Turc. »

Jusqu'alors classiquement féministe, Sand se convainc que la libération de la femme viendra de l'émancipation de la société. Faite d'une seule pièce, elle ne peut séparer son œuvre romanesque de son aspiration militante. Aussi ses romans sont-ils désormais marqués au coin des bons sentiments, de l'égalité et du socialisme, avec pour illustration la publication en 1840 du *Compagnon du Tour de France* dont le titre constitue, à lui seul, une démonstration... Mais « la preuve par neuf » de l'action militante étant, à cette époque, la création d'un journal ou d'une revue, Sand s'allie à Leroux pour porter sur les fonts baptismaux une *Revue indépendante* à laquelle elle donne désormais ses romans pour attirer le chaland : « Mes romans n'y seront que l'enseigne pour attirer les badauds... Ces badauds feront aller la machine et le fond de l'œuvre qui est de parler sans entrave et sans voile aux âmes sympathiques, s'accomplira si Dieu le permet. » L'accomplissement n'aura pas lieu : la revue est au bord de la faillite, de sorte que Sand et Leroux doivent passer la main. Jamais à court de projets, George se rabat sur l'idée d'un journal, *L'Eclaireur de l'Indre*, destiné à défendre les justes causes. Moins intellectuel, plus proche de l'observation du terrain, l'objet est davantage dans ses cordes. C'est une démarche politique, comme elle l'écrit à son fils, « jusqu'aux oreilles ». Elle y met toute son énergie, lève l'argent, quête les concours, remue ciel et terre et publie le premier numéro le 14 septembre 1844. Celui-ci lancé, elle s'en dégage et se remet à son œuvre, multipliant les romans à finalité sociale.

Les journées de Février la surprennent à Nohant. Elle accourt à Paris : « J'ai vu le peuple français réuni au cœur de la France, au cœur du monde, le plus admirable peuple de l'univers. On est fou, on est ivre, on est heureux de s'être endormi dans la fange et de se réveiller dans les cieux. » Se voulant actrice et non spectatrice de l'Histoire, elle fonde un hebdomadaire dont le titre aura un descendant un siècle plus tard : *La cause du peuple*. Elle est naturellement, dans les affrontements du printemps, du côté le plus à gauche. Mais lucide, elle voit le régime pencher vers la droite, écrivant ainsi après les journées de Juin : « Il n'y a qu'à pleurer et je vois l'avenir si noir que j'ai grande envie et grand besoin de me brûler la cervelle. » Engagée comme elle l'était, elle aurait pu souffrir de ne pouvoir, étant femme, se présenter aux élections. Ce n'est pas le cas. A celles qui la poussent à forcer la porte, elle répond vertement : « Un journal rédigé par des dames a proclamé ma candidature à l'Assemblée nationale. Si cette plaisanterie ne blessait que mon amour-propre en m'attribuant une prétention ridicule, je la laisserais passer... » Elle demeure fidèle à sa ligne : le socialisme avant le féminisme.

Elle voit naturellement dans l'élection de Louis-Napoléon l'échec de la Révolution mais sa foi ne l'abandonne pas : « Pour avoir été politique et non socialiste, la République modérée est arrivée à mécontenter le peuple. Pour être socialiste et non politique, le peuple arrive à compromettre par un choix imprudent le principe même de sa souveraineté. Mais un peu de patience. Dans peu de temps, le peuple sera socialiste et politique et il faudra bien que la République soit à son tour l'un et l'autre. » La militante abandonne le terrain mais non ses idées. De Nohant, elle règne sur l'opposition intellectuelle comme Germaine de Staël l'avait fait de Coppet : moins mondaine mais plus travailleuse, moins arrogante mais plus fidèle, moins ambitieuse mais plus sincère. C'est une « bonne camarade », soutenant l'un, dialoguant avec l'autre, préfaçant le troisième, correspondant avec le dernier. Elle tisse, par sa passion épistolaire, un filet qui prend dans ses rets Hugo, Baudelaire, Flaubert, Michelet, Renan et tant d'autres.

L'agitée des années 1830 devient la conscience des années 1860. Elle l'écrit à sa manière à Flaubert : « Moi qui ai tant de patience avec mon espèce et qui ai si longtemps vu en beau, je ne vois plus que ténèbres. J'avais semé sur mes volcans de l'herbe et des fleurs qui venaient bien et je me figurais que tout le monde peut s'éclairer, se corriger ou se contenir, que les années passées sur moi et mes semblables ne peuvent pas être perdues pour la raison et l'expérience... » Devenue sereine, « la vieille dame » de Nohant ne voit pas la Commune avec les yeux de la révolutionnaire de 1848. Est-elle devenue réactionnaire ? A lire les injures adressées aux communards, « ignoble, infâme », on peut le penser. En fait, George Sand a désormais la froideur de l'analyste davantage que l'enthousiasme de l'insurgé. A Nohant, elle mesure le climat de la province : « Hors des barrières de Paris, c'est la réaction. » Plus républicaine que socialiste, elle s'inquiète de l'embardée vers la droite que va susciter la répression nécessairement triomphante de la révolte parisienne. Aussi s'accommode-t-elle même de Thiers et meurt-elle en 1876 en républicaine modérée, voire conservatrice.

Peu importe l'ultime évolution idéologique de George Sand. Elle a, pendant plusieurs décennies, assumé la succession de Germaine de Staël dans le rôle de la femme de lettres engagée. Il faudra attendre près d'un siècle pour voir se réincarner cette position si particulière.

Frère de cœur de George Sand, Flaubert est naturellement du côté des révoltés. Mais il ne s'est imposé aucune éducation militante, à la différence de sa camarade de Nohant. D'un égocentrisme fou, il ne voit l'Histoire qu'à travers son propre prisme. Sans le procès fait à *Madame Bovary*, se serait-il senti vraiment opposant ? Il n'a d'ailleurs pas à se plaindre : la justice l'a fait sortir de l'anonymat et a contribué à lancer le livre. Flaubert sous l'Empire ressemble à son futur biographe, Sartre, pendant l'Occupation : il ferme les écoutilles et écrit. Ainsi se désintéresse-t-il complètement du jeu électoral, même en 1869, lorsqu'il ne fallait pas être grand clerc pour deviner le sol politique en train de bouger. Il écrit à propos de la candidature de Renan aux élections : « Mon ami Renan n'a gagné à sa candidature que du ridicule. C'est bien fait. Quand un homme de style s'abaisse à l'action, il déchoit et doit être puni. Et puis, est-ce qu'il s'agit de politique maintenant ! Les citoyens qui s'échauffent pour ou contre l'Empire ou la République me semblent aussi utiles que ceux qui discutaient sur la grâce efficace ou la grâce efficiente. Dieu merci, la politique est morte, comme la théologie ! Elle a eu trois cents ans d'existence, c'est bien assez ! »

Rien ne semble troubler son indifférence. Ni la perspective démocratique : « Le respect, le fétichisme qu'on a pour le suffrage universel, me révolte plus que l'infaillibilité du pape. » Ni l'entrée en guerre en 1870 : « La Prusse, l'Autriche, qu'est-ce que cela peut nous faire ?... Ça me fait pitié de voir X et Y et Z perdre leur temps à discuter des annexions, des rectifications de frontières, des dislocations, des reconstitutions de pays, comme s'il n'y avait rien de mieux à faire, comme s'il n'y avait plus de beaux vers à réciter et de prose sonore à écrire ! » Etrange paradoxe : celui qui vient d'achever *L'Education sentimentale*, roman de la révolution de 1848, aime l'Histoire comme décor de son œuvre mais, pour le surcroît, y est indifférent.

Tout bascule avec l'effondrement militaire. Il se sent, pour la première fois, concerné : « Si l'on fait le siège de Paris, j'irai faire le coup de feu. Mon fusil est prêt. » Et cet homme, insensible à la politique et aux mouvements de la société, fait preuve de prescience : « Et nous n'en sommes qu'au premier acte. Car nous allons entrer dans " la Sociale ". Laquelle sera suivie d'une réaction vigoureuse et longue. » L'indifférent est devenu boutefeu : « Mais nous les vaincrons et nous leur ferons repasser le Rhin tambour battant. Les bourgeois les plus pacifiques, tels que moi, sont parfaitement résolus à se faire tuer plutôt que de céder. » Le voilà, tel un brave notaire, élu chef de la Garde nationale de Croisset, faisant manœuvrer sa troupe d'artisans ! Il croit à l'union sacrée : « La France entière, d'ici à quinze jours, sera soulevée. » La capitulation ne peut, dans ces conditions, que le hérisser : « La capitulation de Paris à laquelle on devait s'attendre pourtant nous a plongés dans un état indescriptible. C'est à se prendre de rage ! Je suis fâché que Paris n'ait pas brûlé jusqu'à la dernière maison, pour qu'il n'y ait plus qu'une grande place noire. La France est si bas, si déshonorée, si avilie que je voudrais sa disparition complète. Mais j'espère que la guerre civile va nous tuer beaucoup de monde. »

Flaubert préfigure Nietzsche. Un même culte des mandarins ; un même sentiment d'une division entre surhommes et soushommes ; un même scepticisme à l'égard de la démocratie formelle ; un même refus de toutes les églises et de tous les messianismes. Ainsi écrit-il au démarrage de la Commune : « Nous sommes ballottés entre la Société de Saint-Vincent-de-Paul et l'Internationale. Mais cette dernière fait trop de bêtises pour avoir la vie longue. J'admets qu'elle batte les troupes de Versailles et renverse le gouvernement, les Prussiens entreront dans Paris et " l'ordre règnera à Varsovie ". Si, au contraire elle est vaincue, la réaction sera furieuse et toute liberté étranglée. » Les deux camps ont tort ; la politique devrait être rationnelle ; le désastre est le produit d'une décadence entamée avec le Second

Empire. L'auteur de *L'Education sentimentale* comprend mieux les révolutionnaires que la révolution mais quand il écrit : « Vivre en bourgeois et penser en demi-dieu », il n'est dupe ni de ses emballements, ni de ses ambiguïtés. Réveillé tardivement par les événements, il ne pèse guère sur eux.

A côté de ces romanciers chahutés par l'Histoire combien ont pris garde de ne pas se laisser emporter par elle ? Stendhal le premier, libéral de tempérament, opportuniste de comportement, qui maugrée contre le pouvoir et s'en accommode afin de garantir ses fins de mois. Maupassant, plus sensible que d'autres aux vices de la société, mais qui se borne à en faire la matière première de son œuvre, sans s'imaginer en intellectuel influent. Mérimée, bourgeois peureux, qui se rallie au coup d'Etat du 2 décembre 1851 et devient un écrivain officiel du régime. Et tant d'autres...

De toute cette brochette d'écrivains majeurs dont certains ont essayé de tutoyer les événements, n'émerge que la figure de George Sand. Son activisme a pénétré son œuvre et dominé sa vie. Les autres se sont contentés de suivre leurs pulsions, leurs fantasmes, leurs peurs : engagés épisodiquement, mais impuissants politiquement. Ils ont fait en réalité de la politique sans le vouloir, par la seule puissance démonstrative de leur œuvre. Que Balzac, Flaubert ou Maupassant l'aient explicitement voulu, la bourgeoisie ne sort pas indemne de leur plume. Mais leur puissance évocatrice est aussi grande que leurs idées politiques sont insignifiantes.

CHAPITRE 14

L'Histoire comme arme de combat

Si les romanciers sont en définitive des intellectuels de second ordre, les historiens en représentent au contraire – noblesse du métier oblige – la quintessence. Leur domination s'est à cet égard imposée, ces années-là, de deux façons : par la qualité et le poids des membres de la corporation; par l'exercice obligé auquel se soumettait tout impétrant politique de rédiger son *Histoire de la Révolution* et de faire ainsi de la discipline le juge de paix des personnalités.

A tout seigneur, tout honneur : c'est Michelet qui incarne, à cette époque, l'Histoire. Il affiche dès 1831 la couleur dans son *Introduction à l'Histoire universelle* : l'historien est, à sa manière, un militant puisqu'il illustre une histoire qui est l'incessant combat de la liberté contre la fatalité. Les trente ans consacrés à la rédaction de son *Histoire de France* seront l'expression de cette ambition : « Augustin Thierry avait appelé l'histoire narration; Guizot analyse; je l'appelle résurrection. »

Nommé en 1838 au Collège de France avec à ses côtés, comme assistant, Edgar Quinet, il utilise cette tribune académique comme une chaire politique. Il existe, en effet, un obstacle à la marche de l'Histoire vers le progrès et la résurrection, la puissance d'une Eglise rétrograde et de son avant-garde, la Compagnie de Jésus. La chaire du Collège contre la chaire des Eglises : Michelet et Quinet n'hésitent pas devant le défi. Ainsi, inaugurant son cours de l'année scolaire 1843-1844, le premier fait grief aux jésuites de la stérilité intellectuelle et morale du pays. Le docte exposé se métamorphose en un véritable tract que les journaux s'empressent de reproduire. Quant à l'intégralité du cours, elle est publiée sous le titre *Des jésuites* et connaît un immédiat succès de librairie. C'est une nouvelle bataille d'Hernani qui mobilise les élites mais, cette fois-ci, sur un enjeu qui n'est pas artistique mais politique. Font bloc derrière le professeur du Collège tous les libres-penseurs et donc les républicains inavoués ou avoués avec, aux premières loges, Théophile Gautier, Mérimée ou Heine. En face, l'Eglise fait tonner ses canons journalistiques, son organe *L'Univers* en tête, contre « les Satans » du Collège.

La bataille est moins inégale qu'on pourrait l'imaginer. Michelet est l'historien national, à un moment où les élites voient dans l'Histoire la discipline reine. Les premiers tomes de son *Histoire de France*, ses *Précis* scolaires en font l'instituteur officiel du pays et même le précepteur de la famille d'Orléans, alors que les relations des jésuites avec la France sont sulfureuses. Nul, y compris au cœur du régime, n'oublie la longue tradition gallicane et l'affrontement de la monarchie avec la Compagnie. C'est en fait en passant du combat contre les jésuites à une charge contre l'Eglise elle-même avec *Du prêtre, de la femme, et de la famille,* que Michelet donne le sentiment de se dresser contre l'ordre établi. Publié en janvier 1845, l'ouvrage est mis à l'index par Rome. Il prône, il est vrai, une religion nouvelle, réminiscence bizarre du déisme voltairien, lui assigne une vocation morale concurrente de celle de l'Eglise et en appelle aux vertus de l'école publique. Cette résurgence du déisme modèle dix-huitième siècle fait évidemment les affaires des saint-simoniens, mais Michelet refuse leur « OPA », tant l'économisme va à rebours de son romantisme. Sa religiosité sans Eglise est, en revanche, tiède aux yeux de la gauche. George Sand le lui écrit sèchement : « Je suis utopiste et vous êtes réformateur, ce n'est pas la même nature d'esprit. Je trouve que vous dépensez trop de force et de génie à frapper sur trop peu de chose. Vous voulez réformer l'Eglise et changer le prêtre : moi je ne veux ni de ces prêtres, ni de cette Eglise. »

Mais la quête d'une religion laïque conduit naturellement Michelet vers la Révolution de 1789 à laquelle il consacre son cours en 1845, avant d'en écrire l'*Histoire*. L'esprit de l'entreprise relève en effet de l'« histoire-résurrection » : « Ce qui est légal, c'est ce qui est la Révolution, en sorte que traitant de la Révolution, je m'assois sur la base, sur la pierre fondamentale des lois. Il ne faut pas dire la Révolution mais la Fondation. Oui c'est là que je m'adosse en face de l'armée du mensonge et de là je ferai le triage des vrais amis de la liberté. » Dans la cosmographie laïque qu'il est en train de bâtir, Michelet ne peut qu'assigner une mission sanctificatrice au peuple. Aussi en fait-il un ouvrage, *Le Peuple* dont la devise pourrait être : « L'humanité est son œuvre elle-même ».

L'Histoire de la Révolution française et *Le Peuple* sont deux manifestations d'un même refrain : « Français, de toute condition, de toute classe et de tout parti, retenez bien une chose, vous n'avez sur cette terre qu'un ami sûr, c'est la France. Vous aurez toujours, par-devant la coalition toujours subsistante, des aristocraties, un crime d'avoir, il y a cinquante ans, voulu délivrer le monde. Ils ne l'ont pas pardonné et ne le pardonneront pas. Vous êtes toujours leur danger. Vous pouvez vous distinguer entre vous par différents noms de partis. Mais vous êtes, en Europe, comme Français, condamnés d'ensemble. Par-devant l'Europe, la France, sachez-le, n'aura jamais qu'un seul nom inexpiable, qui est son vrai nom éternel : la Révolution. » Avec ses excès élégiaques, ses courts-circuits lyriques, ses enthousiasmes romantiques, Michelet construit le chaudron dans lequel va bouillir la philosophie républicaine. Le peuple comme héros, la société paysanne comme idéal, le refus des conflits de classes comme principe, une religion laïque comme fondement : c'est moins la fugitive République modérée de 1848 qui s'inscrit dans le fil de Michelet, que plus tard la IIIe République.

Respectueux devant la personne de Michelet, son immense culture, son éblouissant côté Pic de la Mirandole, les socialistes ne peuvent en revanche que détester, suivant le mot de Proudhon, « ce déluge de phrases élégiaques et dithyrambiques ». Celui-ci n'aime guère les militants du Collège de France, Minkiewicz, Quinet, Michelet qu'il traite de « tous mystiques, véritables empaumeurs de niais : le premier illuminé, le deuxième écervelé, le troisième fou ».

A droite, Michelet bénéficie d'une étrange mansuétude. Solidarité d'intellectuels qui transcende les clivages ? Guizot observe de près le charivari au Collège de France, mais hésite à frapper. Si les cours de Minkiewicz et Quinet sont suspendus en 1845, il faut attendre le début de 1848 pour que Michelet soit à son tour sanctionné. L'ambiguïté de sa position – il est suspect mais respecté – renforce encore sa force de frappe. La cour se méfie, l'Eglise s'inquiète, Guizot tergiverse : Michelet profite de ces années pour bâtir, sans le savoir, l'idéologie dont s'emparera la République. Son *Histoire de la Révolution française* n'est, pour lui, qu'un jalon dans une œuvre prométhéenne. Ce n'est pas, compte tenu de sa stature, le passage obligé que l'exercice représente pour les autres.

Ce n'est en effet qu'en 1865 que son ancien assistant, Edgar Quinet, produira sa propre *Histoire* de la Révolution. Républicain modéré entre 1848 et 1851, hostile aux insurgés de Juin autant qu'aux royalistes et aux bonapartistes, opposant naturel au Coup d'Etat, il est proscrit en janvier 1852 et, à l'instar d'Hugo, refuse l'amnistie de 1859. Durablement exilé à Bruxelles, il publie inlassablement et manifeste enfin ses divergences avec son maître Michelet qu'il avait tues, du temps de leur compagnonnage. Sur la religion d'abord : si fidèle à leur combat commun contre l'Eglise, il prône la rupture avec le catholicisme, il espère un christianisme rénové et ne fait pas sien le déisme flou de son partenaire. Sur le bonapartisme, qu'il combat avec davantage de virulence au point de rejeter les appels de ses amis parisiens, Michelet le premier, à revenir. Mais surtout sur la Révolution.

Sa Révolution ne doit rien à l'enthousiasme amphigourique de son ancien maître. Le succès est à la mesure de l'importance de l'ouvrage. Moins historiographique que la plupart des grandes histoires du fait révolutionnaire publiées depuis cinquante ans, l'œuvre de Quinet s'attaque à ce qui constitue le « trou noir » de l'exégèse révolutionnaire : la Terreur. Celle-ci faisait jusqu'alors l'objet d'analyses convenues : soit un dérapage condamnable et inévitable, soit l'apogée de l'aspiration révolutionnaire et égalitaire. Quant à Michelet, il avait évité de céder à l'une ou l'autre de ces interprétations, en se protégeant par le fleuve des mots et des images. Jusqu'alors, un républicain n'osait pas employer le mot échec à propos de la sacro-sainte Révolution. Lui prend le contre-pied : « Jusqu'ici les historiens ont considéré la Révolution comme un triomphe et ont donné la raison de ce triomphe. Pour moi, j'ai vu la Révolution dans ses jours de défaite. J'ai cherché les motifs de la disproportion qui existe entre les sacrifices et les résultats obtenus. Combien cette différence de point de vue change la face de l'Histoire : la critique de la Révolution, au nom de la Révolution. »

Cet adversaire du bonapartisme a l'audace de refuser toute critique du despotisme impérial, dès lors qu'elle ne s'accompagne pas, par honnêteté intellectuelle, d'une analyse lucide de la Terreur. La Révolution n'est pas un « bloc », comme le prétendra Clemenceau : 1793 n'est pas en germe dans 1789 ; elle en est la négation. Par un étrange contre-pied qui le met en cohérence avec son analyse du catholicisme, il affirme que la Terreur naît de l'esprit de soumission et du respect de l'absolu distillés, des siècles durant, par l'Eglise catholique : « J'ai prôné que l'éducation catholique et despotique d'un peuple pendant douze siècles devait nécessairement amener une réaction terrible contre l'autorité quelle qu'elle fût : il devait en résulter un esprit de défiance générée qui partage la nation en deux catégories : les inquisiteurs et les suspects. Douze siècles de servitude ont valu à la France ce châtiment. »

Quinet est, à sa manière, plus proche du Tocqueville de l'*Ancien Régime et la Révolution* que des divagations lyriques de Michelet. Il s'identifie encore plus à lui lorsqu'il écrit : « On a ramassé l'arme du passé pour défendre le présent. Les cages de fer et les Tristan l'Hermite de Louis XI, les échafauds de Richelieu, les proscriptions en masse de Louis XIV, voilà l'arsenal où a puisé la Révolution. Par la Terreur, les hommes nouveaux redeviennent subitement à leur insu des hommes anciens. » Quinet ajoute au fond un chapitre « Violence » en postface à l'essai de Tocqueville. Ce n'est donc pas un hasard si seuls les libéraux sont dithyrambiques. Ce n'est pas non plus une coïncidence si, confisquée bientôt par les marxistes, l'historiographie révolutionnaire va passer par pertes et profits le brûlot de Quinet. Il faudra donc attendre François Furet, pourfendeur des visions marxistes et jacobines de la Révolution, pour lui offrir une résurrection. Mais l'œuvre de Quinet aura néanmoins des effets politiques, même si elle n'est jamais citée, en permettant aux républicains modérés, sous la IIIe République, de distinguer 1789 et 1793 et donc de se placer sous le parrainage de la seule Constituante.

Mais avant même le marteau-pilon des thèses de Mathiez et Soboul, Louis Blanc attaque à chaud Quinet en 1866 pour avoir présenté « comme une noire tragédie ce qui fut, avant tout, un enfantement admirable ». A l'instar de la thèse de sa propre *Histoire de la Révolution*, préfacée par George Sand, il assène en réponse à Quinet que « la Révolution déchira les flancs de la liberté, par qui elle fut engendrée, aussi fatalement que l'enfant à son entrée dans la vie déchire les flancs de sa mère ».

Quant à Michelet, après des compliments de circonstance, il laisse s'exprimer son amertume : « Et en politique aussi, nous nous sommes trouvés écartés pour ces points où nos ennemis se sont armés de votre livre, disant, comme Renan : " La Révolution est une affaire avortée. " Vous les avez senties et marquées fortement, ces différences, par l'oubli expressif que vous avez fait, dans votre *Histoire*, de celle qui vous précédait et que vous rencontriez à chaque pas. » Frustration du maître vis-à-vis de l'élève émancipé ? Argument d'autorité d'une vieille diva ? Le procès est injuste car l'analyse au scalpel de Quinet n'a aucun précédent, ni dans l'œuvre des politiques devenus par obligation historiens de la Révolution, ni dans le salmigondis lyrique de Michelet.

Les *Histoires* de la Révolution rédigées par de vrais historiens sont engagées, voire militantes, car le magnétisme de la période 1789-1793 interdit toute neutralité. C'est *a fortiori* encore plus vrai pour les innombrables hommes publics, aux yeux desquels rédiger un tel ouvrage a un double intérêt : leur permettre de prendre une pose intellectuelle ; leur offrir l'occasion d'exprimer subliminalement leurs visions politiques. Guizot, Thiers, Lamartine, Louis Blanc se sont, parmi d'autres, imposé ce rite initiatique.

Pour Guizot c'est, nous le savons, le moyen de se distinguer des légitimistes et de faire de la monarchie de Juillet l'héritière de la Révolution, telle que l'a servie le ci-devant duc d'Orléans, Philippe Egalité, père de Louis-Philippe. La monarchie constitutionnelle n'est donc pas le résultat hasardeux des piètres journées de Juillet, mais l'accomplissement de la glorieuse Révolution qui, pendant quarante ans, n'avait pas eu d'héritière. Sur cette ligne politique-là, le divorce est aussi grand avec les légitimistes qu'avec les bonapartistes et les républicains. Il n'y a pas de meilleur bistouri politique qu'une analyse de la Révolution : elle ancre un régime de hasard dans l'Histoire ; elle détermine son espace politique.

Se voulant plus à gauche sur l'échiquier politique, Thiers ne s'autorise pas le même tour de bonneteau que Guizot. Il donne corps à la vision la plus classique des événements révolutionnaires et, en particulier, avalise la Terreur sans y adhérer. Aussi fait-il sienne l'antienne qui découvre dans la violence de l'environnement, les menaces de la coalition étrangère et la guerre civile, les raisons d'un engrenage fatal. A la différence des légitimistes qui voient dans la brutalité de 1793 l'accomplissement naturel du blasphème de 1789, il prend au contraire le parti de la défense. C'est une posture intellectuelle à forte rentabilité. Ainsi le Thiers versaillais de 1871 ne sera-t-il pas jugé à la même aune que son successeur Mac Mahon. Un prosélyte de la grande Révolution ne sera jamais, aux yeux de l'opinion, un réactionnaire classique.

Quant à Lamartine, son *Histoire des Girondins* le positionne dans un registre presque trop parfait en 1847, pour l'événement qui s'annonce. Mi-romanesque, mi-romantique. Mi-théorique, mi-émotif. Mi-historique, mi-philosophique. Il prophétise l'avènement du peuple, marque l'éternité des principes de 1789, pose les bases d'une foi laïque, rend aux grands hommes l'ascendant sur les contingences, établit le rayonnement français et pousse l'unanimisme jusqu'à embarquer dans sa fresque la Convention, quitte à la dégager de son acharnement terroriste. La Révolution revue par Lamartine est gratifiante. L'ouvrage aurait pu demeurer le clone de celui de Michelet avec lequel il partage la passion des fresques, le souffle des grands hommes, le culte national. Les circonstances vont en faire le marchepied des ambitions politiques de son auteur : c'est une parfaite boîte à outils idéologiques pour de nouvelles journées révolutionnaires. Mais l'auteur n'aura pas assez médité son propre ouvrage : il aurait pu y apprendre comment le pouvoir glisse vite entre les doigts de ceux qui croient le contrôler.

De tous les hommes politiques de l'époque, Louis Blanc est le moins opportuniste. Son *Histoire de la Révolution* n'est ni une habileté tactique, ni un acte de candidature. Socialiste, il fait œuvre de doctrine et veut mettre ses idées dans le fil révolutionnaire. Bien avant les historiens marxistes, il met en exergue le choc entre la révolution bourgeoise achevée en 1791 et la révolution populaire incarnée par la Convention. La première clôt l'ère qui a vu l'ascension de la bourgeoisie ; la seconde inaugure un âge qui n'est pas encore accompli et dont le socialisme assurera le triomphe. Humaniste, Blanc condamne la Terreur mais n'y voit qu'une scorie, conception aux antipodes donc de la thèse à venir de Quinet.

Les deux histoires de Lamartine et de Louis Blanc posent, sans le savoir, les jalons de l'affrontement, entre février et juin 1848, des deux révolutions, l'une héritière de 1789, l'autre de 1793. Elles anticipent de la même manière les débats, un demi-siècle plus tard, entre radicaux et socialistes, voire plus tard encore entre socialistes et communistes. Rien n'est plus normal : l'Histoire sera, pour les intellectuels, la discipline reine jusqu'au moment où la philosophie lui damera le pion.

CHAPITRE 15

La guerre des deux religions

Le conflit entre les philosophes et l'Eglise est né au dix-huitième siècle. La religion n'avait auparavant comme adversaire que l'Etat – ce fut la querelle du gallicanisme et de l'ultramontanisme – et les hérétiques – le protestantisme et la dissidence janséniste. Elle découvre avec les Lumières une contestation que les Voltaire, Diderot, Rousseau mènent au nom de la société. Le même affrontement se reproduit un siècle plus tard, entre la religion positiviste dont Comte est le pape et un catholicisme incarné, cette fois-ci, moins par sa hiérarchie que par des compagnons de route intellectuels.

Comte est humainement l'anti-Voltaire : aussi ennuyeux que l'ermite de Ferney est brillant, aussi universitaire que le second est touche-à-tout, aussi respectueux de l'ordre établi que l'autre se veut provocateur. Ce n'est pas Voltaire, ami des despotes éclairés, qui aurait écrit comme Comte au lendemain du coup d'Etat du 2 décembre 1851 : « L'heureuse crise de décembre 1851 a irrévocablement fait passer la République française de la phase parlementaire de la révolution négative à la phase dictatoriale seule convenable à la révolution positive. » Le galimatias stylistique, aux antipodes des phrases lumineuses du défenseur de Calas, n'empêche pas l'auteur du *Cours de philosophie positive* et de *La politique positive* d'être peut-être avec son concept de religion séculière, un adversaire plus résolu de l'Eglise que l'inventeur du « grand horloger ».

Le projet de Comte est d'une mégalomanie à côté de laquelle Voltaire est un parangon d'humilité : la Révolution a changé le monde mais celui-ci n'a pas encore inventé la religion nouvelle qui lui est nécessaire. C'est donc lui qui l'enfantera. Cette aspiration apparaît, chez Comte, après une longue période scientiste : entamée lors de son séjour à Polytechnique, celle-ci s'est poursuivie, lorsque le jeune Auguste est devenu le secrétaire de Saint-Simon. Il cède, en effet, auprès de son maître au culte de la science et au rêve d'une reconstruction rationnelle du monde. Mais l'économisme si typique des saint-simoniens est une approche trop restreinte : il ne permet pas de donner un soubassement doctrinaire au nouveau monde.

Comte s'éloigne donc de Saint-Simon dès 1824 : il ne supporte plus ni la tutelle de son chef de file, ni sa façon de l'infantiliser. Il se sait supérieur et veut donner à son talent une ambition plus haute : le côté messianique ne lui répugne pas. Comme tous les apprentis messies, il est maniaco-dépressif et suicidaire, mais ses faiblesses psychiques ne sont pas, à la différence de la plupart de ses semblables, un obstacle à son travail. Si son projet est d'une ampleur folle, ses moyens intellectuels le sont aussi : une culture encyclopédique, une capacité de concentration peu commune, une puissance de raisonnement digne d'un grand mathématicien, mais appliquée à la philosophie sociale.

Achevé en 1842, son *Cours* fait d'abord un état des lieux de la science. Des « sciences dures » – mathématiques, physique, biologie – qu'il pratique avec aisance, mais aussi des « sciences molles », en particulier de celle qu'il met au monde, la « physique sociale ». Il existe une dynamique de l'individu et du monde. « Chacun de nous, en contemplant sa propre histoire, ne se souvient-il pas qu'il a été successivement, quant à ses notions les plus importantes, théologien dans son enfance, métaphysicien dans sa jeunesse et physicien dans sa virilité. » La religion, pulsion infantile et la philosophie, aspiration adolescente ! Voilà de quoi se faire de solides ennemis. Ce n'est que la projection, dans la vie de l'individu, des trois stades de l'humanité : « Chacune de nos conceptions principales, chaque branche de nos connaissances, passe successivement par trois états théoriques différents : l'état théologique ou fictif ; l'état métaphysique ou abstrait ; l'état scientifique ou positif. » Les religions rejetées dans une médiocre préhistoire ? C'est une théorie plus humiliante que l'athéisme : nier Dieu est moins insultant que le mépriser. Au troisième état en revanche, science, progrès et ordre doivent aller de pair. Ce sont les lois de cette nouvelle philosophie, donc de l'Univers que Comte prétend établir : pas moins ! La sociologie, cette science dont il se veut le créateur puisqu'il lui donne son nom de baptême, n'est qu'un instrument pour y parvenir.

De tous les intellectuels français du siècle, Auguste Comte est donc le plus ambitieux : il est le seul à vouloir donner les clefs du monde. Sa mégalomanie n'a pour égale que celles, peut-être, de Hegel, mais à coup sûr de Marx. Nul ne peut l'enrégimenter au nom des affrontements du moment. Il injurie la gauche en niant l'égalité et méprise la droite en rejetant la religion dans les limbes de l'Histoire ; il se sait réactionnaire en s'en prenant à la « chimérique égalité des sexes » mais il garde de sa période saint-simonienne une relative conscience sociale. La politique l'indiffère : l'ancien républicain devient de plus en plus conservateur et la révolution de 1848 ne le séduit qu'en détruisant la monarchie de Juillet à laquelle il ne pardonnera jamais de ne pas l'avoir reconnu. Il lui impute l'impossibilité de s'être fait nommer professeur à Polytechnique et au Collège de France et de l'avoir laissé végéter dans une misère qu'ont seuls atténuée les subsides envoyés depuis Londres par des admirateurs réunis à l'initiative de Stuart Mill.

Son positivisme se transforme au fil du temps en mysticisme et son mysticisme en religiosité. Mais c'est une religion nouvelle qui ne partage rien avec les religions traditionnelles. Elle les dépasse et les transcende comme, chez Marx, le communisme dépasse et transcende le capitalisme. Comte donne désormais des leçons au Palais-Royal qui s'apparentent à des prêches. Un nouveau pouvoir spirituel doit succéder à la tête de l'Occident à une papauté moyenâgeuse. Et Comte d'inventer un calendrier positiviste et d'imaginer neuf sacrements sociaux, le tout au nom de la religion de l'Humanité. Ainsi date-t-il par exemple une lettre à Barbès non du 12 septembre 1852 mais du 4 Shakespeare 64 dans ce calendrier dont 1789 est l'an I. Quant aux sacrements, ce sont la présentation du nouveau-né au prêtre, l'initiation au catéchisme, l'admission de servir librement le Grand Etre, la destination, c'est-à-dire l'entrée dans une carrière, le mariage, la maturité, la retraite, la transformation qui se veut un substitut de l'extrême-onction, l'incorporation au Grand Etre. Dans le dernier tome publié en 1854 de la *Politique positive*, Comte explique que ce Grand Etre ne règne pas dans un au-delà mais qu'il est la synthèse des générations passées incarnées par leurs grands hommes. C'est donc sur un culte laïc des ancêtres que doit être construite la société.

A sa mort en 1857, une polémique s'instaure entre ceux qui opposent deux Comte, le premier, homme du progrès et de science, le second, inventeur d'une religion, et d'autres qui voient dans ces deux théories l'avers et le revers d'une même philosophie. Cette ambiguïté offrira à Comte une étrange postérité. Elle ira d'un Maurras, adepte du « beau visage de l'Unité » à Jules Ferry, convaincu de la théorie du progrès et de celui-ci à Alain, à l'aise dans l'existence d'un pouvoir spirituel, incarnation de « l'ordre moral ». Mais ces disciples lointains ont tous, au-delà de leurs divergences, un point de convergence : ils se situent aux antipodes du catholicisme. Car les deux Comte ont néanmoins en commun d'envoyer deux gifles au catholicisme. L'une en affirmant que les religions relèvent d'une époque dépassée de l'humanité et que l'inéluctable marche vers le progrès les balaie. L'autre en prétendant que la seule religion durable naît de la construction de la société par elle-même, ce qui interdit tout au-delà. Comte est à sa manière aussi radical que Spinoza. Au « Dieu, c'est-à-dire la nature » du juif excommunié d'Amsterdam répond un Dieu, c'est-à-dire l'histoire de la société, de l'examinateur, jamais nommé professeur, à Polytechnique.

Le comtisme n'a pas été le soliloque d'un illuminé français ; il a parcouru le monde, servant de substrat idéologique à tous ceux qui voulaient s'émanciper de la religion sans suivre la voie marxiste. Ainsi, clin d'œil de l'Histoire, catholique s'il en est, le Brésil a-t-il inscrit une devise positiviste « Ordre et Progrès » sur son drapeau.

Attaquée de toute part, l'Eglise a su se défendre. Politiquement, en faisant corps avec toutes les forces conservatrices et réactionnaires. Socialement, en conservant sa main-mise sur les masses rurales. Institutionnellement, en mobilisant ses ressources, ses communautés, son système éducatif, ses hommes. Culturellement, en exerçant un rôle majeur sur le monde académique. Mais aussi intellectuellement, en faisant monter à ses côtés des penseurs laïcs. Les intellectuels catholiques étaient jusqu'alors des religieux et des théologiens. Au dix-neuvième siècle ils émergent, comme leurs contradicteurs, de la société. Aussi plongent-ils avec eux dans la mêlée. Si Lamennais et ses disciples sont catholiques mais peu ecclésiaux, d'autres sont les preux chevaliers de l'Eglise dans le débat public.

Ainsi de Louis Veuillot. Autodidacte, violent, plébéien, populiste, il se veut le défenseur *perinde ac cadaver* de la papauté, au point d'indisposer les catholiques les plus modérés, convaincus que son agressivité se retourne contre l'Eglise. Il n'en a cure car il est – ce qui seul lui importe – sur la ligne de Rome. Ce bûcheron de l'esprit travaille à la hache et cette hache est son journal, *L'Univers*. La ligne est limpide : « *L'Univers* sera ce qu'il est ou il ne sera pas, ou du moins je n'y serai plus. Il ne deviendra pas dans mes mains un journal ecclésiastique et gallican : il restera un journal laïc et romain. » Tout est dit : laïc et non prêtre, ultramontain et non gallican. C'est avec ce cap à l'esprit qu'il fixe la ligne politique. Vive le régime le plus favorable aux intérêts de la foi ! Puisque les intentions du Prince-Président lui semblent intéressantes, va pour le coup d'Etat ! Peu lui chaut que certains ecclésiastiques demeurent légitimistes, il accepte n'importe quel trône, dès lors que celui-ci est au service de l'autel.

Veuillot ne fait pas sien le principe de miséricorde. Il se bat, injurie, critique, démolit, calomnie sans le moindre scrupule. Ses cibles ? Les écrivains morts ou vivants : Voltaire bien sûr, mais aussi Renan ou Sainte-Beuve ou Hugo. Les protestants, dont il déteste le libre arbitre, source de désordre, au point de justifier la Saint-Barthélemy : « iniquité des hommes et justice de Dieu ». Les juifs évidemment, vis-à-vis desquels il incarne le vieil antisémitisme catholique – le peuple déicide – mais aussi le nouvel antisémitisme : « La Synagogue est forte. Elle enseigne dans les universités, elle a les journaux, elle a la banque, elle est incrédule, elle hait l'Eglise : ses adeptes et ses agents sont nombreux. » C'est aux juifs, plus qu'à ses autres ennemis, que Veuillot destine évidemment ses flèches. Il élabore même une étrange théorie : le mosaïsme, c'est-à-dire le judaïsme antérieur à l'Evangile serait tolérable mais le talmudisme qui lui est postérieur fait des Juifs un peuple sans terre, sans racine, sans attache, qui, pour « camper », pratique la ruse et l'usure. Marginales lorsque Veuillot les avance, ces idées préfigurent celles de la fin du siècle : il est l'ancêtre de Drumont.

Paladin de la papauté, Veuillot va s'éloigner du régime impérial, au moment de l'intervention française en Italie. Que l'Empereur fasse prévaloir le principe des nationalités sur le respect du pouvoir temporel du pape, lui est insupportable. *L'Univers* est supprimé. Veuillot en fait un acte de bravoure au service de Pie IX : il se déclare « heureux de tomber pour avoir fait retentir les paroles de Sa Sainteté ». L'unification italienne en marche ne le fait pas ciller : « Le pape est porteur de ce que l'humanité désire, honore, croit depuis soixante siècles. Le monde chrétien le sent et l'affirme ; le monde révolutionnaire le sent et le nie. Le monde chrétien veut maintenir le pape à Rome parce que Dieu l'a placé là pour être à la tête de l'humanité. »

Veuillot est l'anti-Auguste Comte. Aussi clair que le second est abscons. Aussi pamphlétaire que le positiviste est démonstratif. Mais surtout aussi convaincu de l'éternité du catholicisme que l'inventeur de la religion de l'humanité est certain de son primitivisme. L'un est, dit-on, « l'Athlète du Christ » ; l'autre son pourfendeur et, espère-t-il, son rival.

Mais c'est le pape qui va donner à Veuillot l'occasion de son principal combat. Face à la montée du catholicisme libéral et social, version modérée des thèmes de Lamennais, Pie IX hausse le ton. Il publie le *Syllabus*, c'est-à-dire un catalogue de quatre-vingts erreurs contemporaines que les catholiques doivent combattre. C'est la doctrine de l'Eglise immobiliste, réactionnaire, imperméable à la modernité, d'une Eglise qui « n'a rien compris, ni rien appris ». Le pape affronte donc les non-catholiques mais aussi les catholiques libéraux. Veuillot sera, dans ce combat, son croisé et préférera plutôt orienter le feu sur ses frères catholiques progressistes que sur les athées et autres protestants.

Pour un pamphlétaire, une guerre intestine est plus mobilisatrice qu'un combat classique. Ce sera *L'illusion libérale*. La thèse est simplissime : « Deux puissances vivent et sont en lutte contre le monde moderne : la révélation et la Révolution. Ces deux puissances se nient réciproquement. Le Tiers-Parti adopte la Révolution, il nie le christianisme dont la Révolution est la contradiction absolue et la négation formelle. Par cela même que le parti catholique est l'affirmation de la vérité chrétienne, il nie la Révolution qui est le mensonge antichrétien ; il nie le libéralisme et l'éclectisme qui ne sont, chez la plupart, que l'hypocrisie de ce mensonge et, chez un certain nombre, que le résultat de ses séductions. Le parti catholique les nie. Nous les nions comme nos pères ont nié l'idolâtrie, l'hérésie et le schisme ; nous les nions, dussions-nous périr. » Veuillot ne laisse guère de place au dialogue ; il dit en termes de combat ce que Pie IX formule avec une componction toute romaine. C'est le modèle d'une Eglise seul bastion, face à la modernité, qu'il esquisse. L'enjeu n'est plus temporel – la préservation des Etats pontificaux – mais spirituel : l'éternel combat contre un mal qui a pris désormais le visage de la Révolution. On peut imaginer que Benoît XVI relit Veuillot avec la même satisfaction que son lointain prédécesseur, Pie IX, le lisait.

Lorsque le régime impérial autorise en 1867 *L'Univers* à reparaître après sept ans d'interdiction, Veuillot lui fixe la même ligne : l'absolue fidélité à Rome et à un pape dont la longévité (1846-1878) renforcera l'influence. Les catholiques libéraux ne se privent pas de faire en représailles de Veuillot un bouc émissaire. N'osant critiquer le pape, ils se défoulent sur son principal propagandiste. Montalembert n'hésite pas à qualifier l'auteur de *L'illusion libérale* de « l'ennemi le plus redoutable de la religion que le dix-neuvième siècle a produit ». Se dessine alors le clivage qui dure jusqu'aujourd'hui entre les catholiques convaincus que la pérennité de l'Eglise suppose de passer un compromis avec le monde tel qu'il évolue et les intégristes arc-boutés pour défendre une posture, seule conforme à leurs yeux, à la mission que Dieu a confiée au pape. Nous ne sommes pas sortis de ce débat. A une différence majeure près : l'intégrisme aujourd'hui est tellement décalé par rapport à la société contemporaine qu'il ne parvient même plus à alimenter la haine antireligieuse ; il est devenu secondaire, voire exotique. Lorsque Veuillot écrit, ce même intégrisme est l'expression de l'Eglise de Rome dans sa majesté et sa puissance ; il est de ce fait menaçant pour les autres composantes de la société et suscite donc la haine de ses adversaires.

L'Eglise modérée d'aujourd'hui, c'est-à-dire la première des ONG mondiales, ne mériterait pas d'être rejetée par Auguste Comte dans les ténèbres primitives. L'Eglise de Pie IX et de son prosélyte Veuillot militait, elle, par ses excès pour ses ennemis. Elle aidait à son corps défendant les croisés d'une religion de substitution, qui se voulait l'accomplissement d'une société désireuse d'atteindre seule et sans transcendance son propre au-delà.

CHAPITRE 16

Le mystère Renan

Affirmer que Dieu n'existe pas n'est qu'une opinion. Remettre en cause la divinité du Christ est, en revanche, le pire des blasphèmes. Seul un séminariste défroqué peut s'autoriser une telle hérésie.

Né en 1823 dans une Bretagne retardée et pauvre, de milieu modeste, élève brillant, soutenu par sa sœur Henriette qui lui sacrifiera sa vie, Ernest Renan suit le chemin naturel des enfants doués, sans fortune, ni relations. Il entre au petit séminaire, non à Saint-Brieuc, comme les petits Bretons bons élèves, mais à Paris : son évidente supériorité intellectuelle lui vaut cette inhabituelle promotion. La bibliothèque du séminaire de Saint-Sulpice lui donne l'occasion de nourrir ses premiers doutes et la philosophie allemande, que son encyclopédisme lui permet de maîtriser, joue son rôle d'« antireligion ». Il va néanmoins, par honnêteté intellectuelle, jusqu'au bout de ses études religieuses, apprenant même l'hébreu pour lire la Bible dans le texte et accepte la tonsure, tel un dernier effort dans la voie qui lui est assignée. Mais le travail de la raison est le plus fort. La rupture de Renan avec l'Eglise n'est pas symétrique de la conversion de Claudel : à la violence inouïe de la foi qui frappe à Notre-Dame le diplomate-poète, ne répond pas chez le petit Breton de Tréguier une séparation brutale. Comme il l'écrira dans ses *Souvenirs*, c'est une lente maturation : « Mes raisons furent toutes de l'ordre philologique et critique : elles ne furent nullement de l'ordre métaphysique, de l'ordre politique, de l'ordre moral... Mais la question de savoir s'il y a des contradictions entre le quatrième Evangile et les synoptiques est une question tout à fait saisissable. » C'est la même démarche méthodique qui présidera aux recherches sur Jésus.

Après avoir quitté sans drame le séminaire en 1845, il demeure, dit-il lui-même, un « chrétien non orthodoxe ». Comme plus tard les anciens communistes qui n'arriveront pas à s'éloigner de la grande famille du PC, Renan demeure attaché au catholicisme, à son atmosphère, à son esprit. Basculant alors vers l'enseignement public, il y manifeste la même aisance souveraine que dans la filière catholique. A peine perturbé par la révolution de 1848 à laquelle il adhère sans excès, il rédige un énorme ouvrage, *L'Avenir de la science* qui cède à la mode rationaliste : c'est un succédané de Comte sans l'emphase, ni la folie. La science va permettre d'« organiser scientifiquement l'humanité », naïveté de jeune homme qu'oubliera heureusement l'auteur de la *Réforme intellectuelle et morale*. Une thèse sur Averroès, une activité de « rat de bibliothèque », une vie monacale avec sa sœur : l'éblouissant étudiant n'est, pour l'instant, qu'un modeste apprenti intellectuel. Le coup d'Etat le hérisse mais au lieu de le transformer en militant républicain, il fait de lui un légitimiste préférant la transmission héréditaire du pouvoir au césarisme : ce ne sera qu'un penchant paradoxal et fugace.

Le petit Breton poursuit son chemin d'universitaire besogneux : d'innombrables articles, une *Histoire générale et Système comparé des langues sémitiques* qui témoigne de son encyclopédique maîtrise du monde sémite. Son originalité commence à apparaître quand, convaincu de l'heureuse convergence entre sémites et aryens, il ose affronter Gobineau et lui faire grief des thèses de *L'Essai sur l'inégalité des races* : il voit, lui, apparaître « une humanité homogène où tous les ruisseaux originaires se fondront en un grand fleuve et où tout souvenir des provenances diverses sera perdu ». Il est vrai qu'il lui arrivera à l'occasion d'être plus élogieux avec l'auteur de l'*Inégalité des races*.

Malgré sa réserve à l'égard de l'Empire, il n'hésite pas à se joindre à la cohorte de savants qui accompagne une expédition militaire en Syrie, Napoléon III poussant le mimétisme vis-à-vis de la campagne d'Egypte de son oncle, jusqu'à embarquer archéologues et historiens aux côtés des soldats. Parcourant inlassablement la Terre Sainte, multipliant les fouilles archéologiques, confrontant ses connaissances aux lieux, s'imprégnant de l'atmosphère, voyant dans la Galilée ou le Golgotha non plus des abstractions mais des réalités tangibles, il commence à rédiger sur place sa *Vie de Jésus*.

Nommé à son retour professeur au Collège de France, il suscite l'hostilité des milieux catholiques qui ont pressenti son esprit sulfureux. Dès sa leçon inaugurale, il laisse apparaître sa vision de Jésus : « Un homme incomparable – si grand que, bien qu'ici tout doive être jugé au point de vue de la science positive, je ne voudrais pas contredire ceux qui, frappés du caractère exceptionnel de son œuvre, l'appellent Dieu – opéra une réforme du judaïsme, réforme si profonde, si individuelle que ce fut à vrai dire une création de toutes pièces. » L'ancien séminariste n'a plus à l'évidence la foi du charbonnier ! La réaction du lobby catholique est si violente que le cours est suspendu *sine die* par le ministre de l'Instruction publique : il ne reprendra que neuf ans plus tard, sous la IIIe République. Renan est étonnamment surpris de la sanction, comme s'il ne mesurait pas l'intensité du blasphème que recèle « la terrible phrase », suivant un mot de Gobineau : le refus de la divinité de Jésus !

Plus disponible, Renan commence à toucher à la politique. Il participe donc à l'agitation encore stérile des milieux libéraux mais il se consacre surtout à son œuvre. La *Vie de Jésus* paraît en 1863. C'est un immense succès de librairie : 150 000 exemplaires en un an ! Le ton mesuré de Renan ne satisfait pas les athées : ceux-ci ne mesurent pas que faire du Christ un « imposteur charmant » – selon le mot de Montalembert – est un acte plus révolutionnaire que de nier l'existence de Dieu. C'est, en effet, attaquer le christianisme au cœur. Si Jésus est l'aventurier qui s'est le mieux imposé parmi tous ceux qui arpentaient la Terre Sainte, la construction chrétienne n'est plus qu'une réussite institutionnelle. Que Dieu existe ou non devient secondaire, l'Eglise est usurpatrice. Renan n'est certes pas aussi brutal. Fidélité à son passé, respect d'une foi qu'il a partagée, déférence à l'égard de sa mère ? Il ne fait preuve d'aucune violence verbale à l'égard d'une religion dont il apprécie le rôle de stabilisateur social : « Il n'y a que des personnes mal informées qui puissent croire que j'ai voulu détruire quoi que ce soit en un édifice social, selon moi trop ébranlé. »

Le monde ecclésiastique ne l'entend pas de cette oreille : il sait mieux que quiconque combien l'attaque vise l'essence même de la religion. Si, comme l'écrit Renan, Jésus est « avant tout un charmeur », l'édifice entier est mis à bas. De là la violence des injures, voire des manifestations qui l'empêcheront de retourner pendant quinze ans dans sa Bretagne natale. Renan n'est pas athée : il n'a mis en cause ni le sentiment divin, ni l'exigence de religion chez l'homme. S'il se rapproche des milieux athées, c'est moins par conviction que par besoin de solidarité, face à une Eglise dont l'hostilité à son égard ne se dément pas avec le temps. De même une brève incursion en politique – une candidature malheureuse aux élections de 1869 sous les couleurs de l'Empire libéral – relève-t-elle d'un simple dérivatif.

La guerre de 1870 en revanche le bouleverse. Il interpelle les Allemands à propos de l'Alsace : « Si on soumettait la question au peuple alsacien, une immense majorité se prononcerait pour rester unie à la France. Est-il digne de l'Allemagne de s'attacher de force une province rebelle, irritée, devenue irréconciliable, surtout depuis la destruction de Strasbourg ? » Pointe la thèse de « la nation, plébiscite quotidien » qu'il formulera en 1882. De même écrit-il déjà : « Notre politique, c'est la politique du droit des nations ; la vôtre, c'est la politique des races : nous croyons que la nôtre vaut mieux. La division trop accusée de l'humanité en races, outre qu'elle repose sur une erreur scientifique, très peu de pays possédant une race vraiment pure, ne peut mener qu'à des guerres d'extermination, à des guerres " zoologiques ", permettez-moi de le dire, analogues à celles que les diverses espèces de rongeurs ou de carnassiers se livrent pour la vie. Nation n'est pas synonyme de races. » Qui aura fait preuve d'autant de perspicacité modeste ? Renan est l'anti-Hugo : ses prophéties ne sont pas lyriques ; elles sont analytiques.

Mais Renan n'est pas monolithique. Il reproche à l'Allemagne sa vision raciale, mais il manifeste quelques mois plus tard une fascination sans limite à son endroit dans *La réforme intellectuelle et morale de la France*. Son analyse de la défaite s'annonce comme une anticipation de *L'Etrange Défaite* de Marc Bloch publiée en 1945 : un même constat, en 1871 et en 1940, de la nullité de l'état-major, de la faiblesse de l'administration, de la veulerie des élites. Mais Renan s'en prend plus essentiellement – ce que ne fera pas Bloch – au matérialisme, à « l'esprit de jouissance », à la philosophie égalitaire de la société : « L'égoïsme source du socialisme, la jalousie, source de la démocratie, ne feront jamais qu'une société faible, incapable de résister à de puissants voisins. » Ce n'est plus Bloch mais paradoxalement une préfiguration de Vichy : « La démocratie fait notre faiblesse militaire et politique ; elle fait notre ignorance, notre sotte vanité. » La France doit faire pénitence ! Et le régime qu'il lui faut est la royauté confortée par une nouvelle noblesse.

La République n'a pas en Renan un chaud partisan. Voilà un second mystère Renan ! Le premier tenait au cheminement d'un ancien séminariste qui finit par nier la divinité de Jésus. Le second vise la contradiction entre le pourfendeur d'une Allemagne obsédée par la race et le défenseur d'un modèle social bâti sur l'exemple allemand. De là un faisceau de propositions peu en phase avec l'esprit du moment : une Assemblée élue par de grands électeurs eux-mêmes issus du suffrage universel ; une Chambre Haute expression des « capacités » et des « intérêts » ; des universités à l'allemande, « pépinières d'aristocrates » en lieu et place des grandes écoles ; un service militaire obligatoire, avec comme clefs de voûte du régime un roi et une aristocratie fondée, elle, sur le mérite et non sur l'hérédité. Réaliste, Renan oubliera ses foucades réactionnaires, que l'indulgence conduit à mettre sur le compte des émotions de 1871. Il se ralliera peu à peu à la République mais, paradoxe, il la subira plus qu'il ne l'aimera, alors qu'elle le révérera : il deviendra ainsi l'incarnation du savoir, un mythe vivant que l'on convie de préaux d'école en sous-préfectures. Académicien en 1878, administrateur du Collège de France en 1883, il est l'incarnation de la gloire universitaire.

Il poursuit parallèlement son œuvre sur les *Origines du christianisme*, publiant successivement *Les Apôtres*, *Saint Paul*, *Marc-Aurèle et la fin du monde antique* sans qu'aucun de ces ouvrages n'atteigne l'importance de la *Vie de Jésus* : le succès et l'intérêt sont moindres car le coup de tonnerre est passé. Son *Histoire du peuple d'Israël* est aussi provocatrice que *L'Histoire de Jésus* :

elle retrace une épopée profane dont Dieu est absent. La Bible est plus une légende qu'un texte sacré et le peuple juif ne lui inspire pas une grande sympathie : « Cette race sémitique n'a ni mythologie, ni épopée, ni science, ni fiction, ni arts plastiques, ni vie civile ; en tout absence de complexités, de nuances. »

C'est en revanche sur son autre terrain de prédilection, la nation, qu'il va à nouveau cristalliser le débat intellectuel. Il lui suffit d'une conférence à la Sorbonne le 11 mars 1882 avec pour thème *Qu'est-ce qu'une nation ?* pour rejeter dans les limbes *La réforme intellectuelle et morale* et établir une des bases, jusqu'aujourd'hui, du credo national. Après avoir démontré – ce qui constitue, depuis sa jeunesse, une de ses antiennes favorites – qu'il n'y a pas de race pure, il rejette donc à nouveau la théorie nation égale race et établit son postulat : « Une nation est un principe spirituel, résultant des complications profondes de l'histoire, une famille spirituelle, non un groupe déterminé par la configuration du sol. » Dans ces conditions elle se détermine par son passé et dans le présent « par le consentement », c'est-à-dire par « un plébiscite permanent ». Sans doute Renan n'imagine-t-il pas, en se livrant à l'exercice convenu d'une conférence en Sorbonne, qu'il vient de donner au principe républicain sa plus durable armature. C'est à cette aune-là que nous réfléchissons aujourd'hui encore sur l'intégration, le communautarisme, l'identité nationale. « Le plébiscite permanent » est devenu, comme disent les journalistes, un « marronnier » des discours politiques mais il demeure plus essentiellement un concept clé pour comprendre l'imaginaire national.

Soucieux d'assurer la cohérence de son œuvre, Renan publie en 1890 l'ouvrage qui traînait depuis plus de quarante ans dans ses tiroirs : *L'Avenir de la science*. Il le préface en renouvelant l'acte de foi de sa jeunesse : « J'eus donc raison, au début de ma carrière intellectuelle, de croire fermement à la science et de la prendre comme but de ma vie. Si j'étais à recommencer, je referais ce que j'ai fait et, pendant le peu de temps qui me reste à vivre, je continuerai. L'immortalité, c'est de travailler à une œuvre éternelle. »

Devenu une institution nationale, Renan n'imagine probablement pas qu'il retrouvera, en mourant, son parfum provocateur et sulfureux. A son décès le 2 octobre 1892, le gouvernement décide d'organiser des obsèques civiles, c'est-à-dire de « sous-obsèques nationales ». La réaction cléricale est d'une extrême violence. Alors que la séparation de l'Eglise et de l'Etat n'a pas encore eu lieu, comment financer sur des deniers publics l'enterrement de l'auteur de la *Vie de Jésus* ? Le Parlement refuse dans le même esprit le transfert au Panthéon. L'hostilité des catholiques ira crescendo dans ces années où l'Eglise se bat avec violence contre l'athéisme républicain. Aucune arme ne sera bannie. Ainsi Claudel décrira-t-il Renan présidant la distribution des prix en 1883 au lycée Louis-le-Grand avec le sens des nuances qui lui est propre : « Il avait une tête d'Apocalypse. Une tête de porc. Oui, un cochon. Je dis cela sans mépris. Je le revois vautré dans un excès de chair et de peau, les yeux vides, les sourcils roux... Renan m'avait fait du mal ! » La *Vie de Jésus* aura continué, des décennies durant, son travail iconoclaste, à en croire l'auteur du *Soulier de satin*.

Jésus, un aventurier qui a réussi et la nation, un plébiscite permanent : une vie entière d'intellectuel se perpétue par deux raccourcis.

CHAPITRE 17

Journalistes et/ou intellectuels

Les journalistes sont-ils des intellectuels ? Question typiquement française. Aucune diva des médias, américaine, anglaise ou allemande, ne s'interrogerait, fût-ce un moment, sur cette ambiguïté. Aux uns la presse, aux autres le monde académique et si les premiers se plaisent à publier à dose modérée les libres opinions des seconds, c'est avec la conscience d'hôtes, accueillant dans leurs colonnes, de simples invités. En France les deux univers n'ont cessé de se croiser, de se pénétrer et de faire souvent cause commune. L'ambiguïté ne date ni du Camus de *Combat*, ni du Jean Daniel du *Nouvel Observateur* ; elle s'installe, dès que mettant fin à la censure napoléonienne, la Restauration confère un minimum de liberté à la presse. Il n'y a pas un intellectuel de la première moitié du dix-neuvième siècle qui n'ait, à un moment ou un autre, dirigé un journal ou au minimum une feuille pompeusement baptisée journal. Mais c'est sous le Second Empire que les journalistes viennent au secours des intellectuels. Peut-être parce que la main du gouvernement est, hormis dans la période qui suit le coup d'Etat, moins lourde sur les journaux que sur l'université. La bataille des deux enseignements supérieurs, public et privé, explique sans doute que sous l'inlassable pression réactionnaire de l'Eglise, le pouvoir n'hésite pas à éliminer du Collège de France ou de la Sorbonne, des esprits trop libres, c'est-à-dire suspects. Les espaces de liberté se sont révélés, malgré quelques coups de massue, plus larges dans la presse : maintes grandes signatures ont plus pesé sur l'opinion à travers leurs articles que si elles exerçaient un magistère pédagogique. Les « forçats de la plume » ont modelé la période et joué le rôle assigné plus tard à l'intellectuel traditionnel.

C'est le plus à gauche des opposants qui a le mieux décrit ce combat : « Des milliers de jeunes gens instruits, ouvriers et bourgeois, frémissent sous un joug abhorré. Pour le briser, songent-ils à prendre l'épée ? Non. La plume, toujours la plume, rien que la plume. Pourquoi donc pas l'une et l'autre, comme l'exige le devoir d'un républicain ? En temps de tyrannie, écrire est bien, combattre est mieux quand la plume esclave demeure impuissante. Eh bien, point ! On fait un journal, on va en prison et nul ne songe à ouvrir un livre de manœuvres pour y apprendre en vingt-quatre heures le métier qui fait toute la force de nos oppresseurs, et qui nous mettrait dans la main notre revanche et leur châtiment. » L'insurrection, prolongation du journalisme par d'autres moyens ! C'est, de la part de Blanqui, le meilleur hommage rendu à la presse.

Ce que Veuillot incarne pour le monde catholique, Henri Rochefort le représente pour la société laïque. Même puissance, même force, même goût du trait assassin, même brio stylistique, même influence, même capacité de se fabriquer des amis d'une absolue fidélité et des ennemis d'une violence inouïe : seules les causes divergent ! Nobliau, né en 1831, Victor Henri de Rochefort découvre la République sur les barricades de Février 1848 et appartient aux rares qui essaient le 2 décembre 1851 de soulever la rue. Après avoir fait ses premières armes dans un *Charivari* écrasé par la personnalité de Daumier, il entre au *Figaro* où il joue au chat et à la souris avec la censure impériale. Politiques, ses chroniques lui valent l'hostilité du régime ; culturelles, elles lui procurent des ennemis avec lesquels les conflits ne peuvent se résoudre que par un duel.

Renvoyé sur la pression du pouvoir, Rochefort décide de se mettre à son compte, afin de profiter des espaces de liberté qu'ouvre la loi sur la presse de 1868. Cent quarante journaux se créent à ce moment-là ; la plupart font long feu. Rochefort, lui, triomphe. Le premier exemplaire de *La Lanterne* est tiré le 30 mai

1868 à 120 000 exemplaires, chiffre hallucinant pour l'époque. La première phrase de l'éditorial de Rochefort deviendra le prototype du morceau de bravoure journalistique : « La France contient, dit l'*Almanach impérial*, trente-six millions de sujets sans compter les sujets de mécontentement. » Le ton est donné. Rochefort préfère l'ironie à la démonstration, la méchanceté au raisonnement, la férocité au concept. Résultat : poursuivant avec d'autres moyens le même combat que les intellectuels contre l'Empire, il touche un public plus large. Paradoxe dans l'histoire de la presse : le tirage du second numéro – 150 000 – est supérieur à celui du premier. Le régime s'énerve mais ne disposant plus du confortable instrument que représentait la censure, il doit user de subterfuges pour essayer de bloquer l'aventure. Deux fois condamné à la prison sous des prétextes futiles, Rochefort se réfugie à Bruxelles sous l'aile protectrice de Victor Hugo. Il rédige son journal, depuis cet exil, le faisant passer en France en contrebande, en le cachant – savoureux pied de nez – à l'intérieur de bustes de Napoléon III. Mais un journal d'opposition ne peut garder durablement sa place s'il est imprimé et diffusé de façon rocambolesque. Aussi *La Lanterne* s'étiole-t-elle. Rochefort est alors hébergé par une « *Lanterne* au petit pied », *Le Rappel*; l'expérience n'est pas concluante.

Elu lors du scrutin de 1869, il repart à l'assaut. Il revient en France afin de pouvoir être candidat au corps législatif et se dote à cette fin d'un nouvel organe, *La Marseillaise*. Un de ses journalistes, Victor Noir, ayant été abattu dans des conditions compliquées par Pierre Bonaparte, un obscur cousin de l'Empereur, Rochefort a des mots qui, à leur tour, tuent : « J'ai eu la faiblesse de croire qu'un Bonaparte pouvait être autre chose qu'un assassin... Voilà dix-huit ans que la France est entre les mains de ces coupe-jarret qui, non contents de mitrailler les républicains dans les rues, les attirent dans des pièges immondes pour les égorger à domicile. Peuple français, est-ce que décidément tu ne trouves pas qu'en voilà assez ? » Son immunité parlementaire levée pour avoir fomenté « des troubles à l'ordre public » lors des obsèques de Victor Noir, Rochefort est condamné à six mois de prison et continue, depuis sa cellule de Sainte-Pélagie, à diriger *La Marseillaise*.

Rien n'assure jamais autant le succès d'un journal que d'être rédigé par un journaliste embastillé ! Rochefort est à son zénith.

Cela lui vaut d'être désigné, après la défaite, comme membre du gouvernement provisoire mais, au nom de la vieille règle qui fait d'un journaliste un mauvais homme politique, il n'y trouve pas sa place. Aussi revient-il à sa vraie vocation recréant, après le siège de Paris, son énième journal : *Le mot d'ordre* dont les articles lui vaudront d'être condamné à la déportation en Nouvelle-Calédonie par les Versaillais. Libéré à l'occasion de l'amnistie de 1880, il revient triomphalement à Paris et, inlassable, crée *L'Intransigeant*. Mais la presse est désormais libre ; ce n'est qu'un journal parmi d'autres et Rochefort un simple éditorialiste, certes respecté pour son passé mais dont l'influence se perd au cœur du bouillonnement journalistique du moment.

Autre itinéraire de journaliste – plus intellectuel que Rochefort – sous l'Empire : Prévost-Paradol. Fils naturel de Léon Halévy, marginal donc au sein de cette lignée intellectuelle, condisciple de Vallès et de Taine, excellent élève, normalien, il a le profil-type du lettré journaliste qui fleurira plus tard sous la IIIe République. Choqué par le coup d'Etat, il démissionne de la rue d'Ulm, se disperse et saisit l'occasion de devenir rédacteur au *Journal des Débats*. Chargé de l'éditorial de la une, il a les moyens d'exercer une influence importante, à condition de jouer finement avec la censure. C'est l'anti-Rochefort – il est vrai qu'écrire en 1857 est plus délicat que dix ans plus tard : subtil quand l'autre sera violent, sophistiqué quand le patron de *La Lanterne* sera direct, nuancé quand le journaliste de Sainte-Pélagie se voudra manichéen. Divergeant avec la direction du *Journal des Débats* à propos de la politique italienne de l'Empereur que lui combat, il émigre, pour ses seules chroniques de politique étrangère, au *Courrier du Dimanche*, inaugurant un type de schizophrénie journalistique typiquement français qui se perpétue jusqu'à aujourd'hui. Le journaliste se veut, en France, porteur de sa propre idéologie et les journaux ne sont que de simples supports pour la diffuser. De là le droit qu'il s'octroie de publier dans des organes rivaux, en les spécialisant sur tel ou tel de ses sujets favoris. Situation inimaginable dans le monde anglo-saxon où un journaliste est membre d'une équipe. Elu à l'Académie à trente-six ans, sans autre œuvre écrite que ses articles, Prévost préfigure, là aussi, la silhouette du journaliste-académicien reconnu pour son poids dans le débat politique et la vie des idées, davantage que pour ses propres ouvrages.

Prévost-Paradol ne se contente pas d'être adulé. Ainsi se veut-il prophétique après Sadowa en 1866 : « Jeunes, enflées de leur force nouvelle, arrogantes par tempérament, gâtées par le succès inouï de leur audace, ces nations – il vise naturellement la Prusse et bizarrement l'Italie –, regardent déjà avec un certain dédain cette vieille France bientôt assez mûre à leurs yeux, sans doute pour aller rejoindre la vieille Autriche et feu l'Espagne dans les souvenirs de l'histoire. » La Prusse deviendra son obsession et anticipant sur Renan, il oppose la conception allemande de la « nation-race » à la vision française de la « nation-choix collectif » : il consacre enfin un livre, *La France nouvelle*, à ce thème-là en 1868. L'unité allemande sera « l'irrévocable déchéance de la grandeur française » car cette Allemagne sera, par définition, impérialiste : « Pourquoi verrait-on, pour la première fois dans le monde, une grande puissance en voie d'accroissement s'arrêter d'elle-même par le simple sentiment de la justice, s'interdire de son propre mouvement une acquisition avantageuse... et après avoir montré une ambition qui semblait au-dessus de ses forces, rester tout à coup en deçà de ses forces, de peur de trop céder à l'ambition ? »

Prévost-Paradol est le Raymond Aron de l'époque, poussant, lui aussi, le bon sens jusqu'au génie. Ainsi du destin qu'il prophétise pour les Etats-Unis et du regard si juste et si rare qu'il pose sur les conséquences désastreuses pour la France de la cession du Canada et de la Louisiane : « Sans des fautes que la liberté politique aurait épargnées à nos pères, la langue et le sang de la France occuperaient aujourd'hui probablement sur notre globe la place qu'ont irrévocablement conquise la langue et le sang de l'Angleterre. » Ainsi de l'importance qu'il attache, avant tout le monde, à la démographie : « Le nombre des Français doit s'augmenter assez rapidement pour maintenir un certain équilibre entre notre puissance et celle des autres grandes nations de la terre. »

Prévost-Paradol n'est pas seulement aronien par sa lucidité en politique étrangère. Il est aussi un héraut du libéralisme politique. Battu aux élections de 1869, néanmoins sensible aux sirènes de l'Empereur, il accepte d'être nommé ambassadeur à Washington mais se suicide lors de la traversée qui devait le conduire à New York. Aujourd'hui oubliée, son œuvre jouera un rôle dans la philosophie politique qui présidera à l'instauration de la IIIe République. Situation qui préfigure, là aussi, Aron : l'influence du journaliste conceptuel lui survit, à la différence du journaliste pamphlétaire, comme Rochefort, dont le poids politique s'efface quand ses mots ne portent plus.

Autre type de journaliste et/ou intellectuel, à côté du pamphlétaire – Rochefort – et du conceptuel – Prévost-Paradol –, le militant. Sa figure emblématique est, à cette époque, Jules Vallès ; celui-ci aura au long du vingtième siècle d'innombrables émules. Ecrivant de-ci de-là au gré des censures à la fin de l'Empire, Jules Vallès crée le 22 février 1871 *Le cri du peuple* dont le premier numéro affiche la couleur : « La Sociale arrive, entendez-vous ! Elle arrive à pas de géant, apportant non la mort mais le salut. Elle enjambe par-dessus les ruines et elle crie : " Malheur aux traîtres ! Malheur aux vainqueurs ! " ». C'est la Commune qu'il annonce avant de la rejoindre.

Le cri du peuple devient son organe mais il garde sa liberté de jugement. Ainsi le journaliste Vallès n'accepte-t-il pas l'interdiction par les autorités de la Commune de journaux, en l'occurrence *Le Figaro* et *Le Gaulois* : « A ceux qui invoquent la situation exceptionnelle où nous nous trouvons et qui placent Paris en état de ville en guerre, nous répondons qu'il reste contre les menteurs et les provocateurs le recours du droit commun. Mais encore une fois nous réclamons la liberté absolue de la presse. » Combattant jusqu'à la dernière heure, Vallès parvient néanmoins à s'évader de Paris et à gagner l'Angleterre : il y séjourne jusqu'à l'amnistie, entamant sa trilogie autobiographique, *L'Enfant*, *Le Bachelier* et plus tard *L'Insurgé*.

De retour en France, il collabore à maints journaux jusqu'au moment où il peut créer à nouveau en 1883 *Le cri du peuple*, qui deviendra le lieu de rendez-vous de toute les plumes socialistes, indépendamment de leurs querelles de bornage. C'est aussi le tabernacle de la mémoire communarde : « Ils croyaient l'avoir enterrée, cousue dans une vareuse de fédéré. Elle ressuscite et la voilà au milieu des couronnes et des fleurs. » Le combat politique y a naturellement sa place : anticolonialisme, antiparlementarisme. Ne manque étrangement que l'anticléricalisme auquel

Vallès n'a jamais adhéré. Le journal n'existe que par son fondateur : socialiste œcuménique, révolté plus que révolutionnaire, humaniste. Vallès a des admirateurs et des fidèles : ses obsèques en février 1885 au Père-Lachaise les réuniront et tiendront lieu d'hommage à la Commune. Mais il n'a pas de disciples, comme souvent les journalistes militants.

Rochefort, Prévost-Paradol, Vallès : trois journalistes à l'évidence. Mais trois intellectuels aussi, chacun à sa manière. La preuve ? Les émules lointains qu'ils auront au vingtième siècle et que nous retrouverons, tous reconnus comme d'incontestables intellectuels.

CHAPITRE 18

Le monument Hugo

S'il y a pour Hugo un « Napoléon le Grand » et un « Napoléon le Petit », il existe aussi, à l'inverse, un « Hugo le Petit » et un « Hugo le Grand ». Le premier meurt doucement entre 1850 et 1851 et le second naît brutalement le 2 décembre 1851. En effet, alors que les adversaires historiques du Prince-Président ont tous été arrêtés, lui – résultat de ses ambiguïtés passées ? ou conséquence de son faible poids politique ? – demeure en liberté. Il rédige des proclamations, les fait imprimer, court les rues, appelle aux barricades, multiplie les réunions avec les députés encore libres, s'agite, proteste, s'énerve. Il lui faut se rendre à l'évidence : Paris ne veut pas ou ne peut pas se révolter.

Menacé d'arrestation, il réussit à partir avec un faux passeport pour Bruxelles. Lui dont l'itinéraire politique a été jusqu'alors si tortueux, devient un homme public limpide. L'Antéchrist règne à Paris ; Hugo sera donc le Christ républicain. A peine arrivé en Belgique, il s'attelle à l'*Histoire d'un crime*, *Napoléon le Petit*, *Les Châtiments* : autant de livres de feu contre l'Empereur. Leur auteur se fait un honneur d'être proscrit : « Quel bonheur de manger du pain noir, de coucher sur un matelas jeté à terre, d'avoir les coudes percés, d'être hors de tout cela et à ceux qui vous disent : vous êtes Français ! de répondre : je suis proscrit ! »

Certes Jersey puis Guernesey ne ressemblent pas à l'exil miséreux qu'il promet au proscrit. Il règne, depuis son île, sur l'opinion républicaine, y exerce le même magistère que Voltaire à Ferney et fait de son rocher un lieu de pèlerinage à partir duquel il rayonne sur l'Europe entière. Hauteville House n'est pas Sainte-Hélène : le monde a les yeux fixés sur son exilé le plus célèbre. Et celui-ci prend la pose ; il peut jouer la conscience universelle. Aussi est-il obligatoire qu'il refuse l'amnistie de 1859 : « Personne n'attendra de moi que j'accorde, en ce qui me concerne, un moment d'attention à la chose appelée amnistie... Quand la liberté rentrera, je rentrerai. » Ou ailleurs : « S'il n'en reste qu'un, je serai celui-là. » Il n'est certes pas le seul à refuser, mais ils sont peu nombreux. Son choix lui vaut naturellement un surcroît de gloire. L'exil volontaire est plus admirable que l'exil imposé, fût-il entrecoupé d'escapades à Londres ou à Bruxelles. La retraite n'est pas certes trop monacale grâce à la famille, à Juliette Drouet présente à une encablure, aux jeunes filles disponibles à volonté pour le « Barbe Bleu » de Hauteville House.

Mais elle est en revanche très studieuse : tel un bûcheron, Hugo abat vers et pages. C'est *La légende des siècles* en 1859 dont les boursouflures lui valent d'innombrables critiques que son martyr républicain ne suffit pas à éviter. Ce sont *Les Misérables* en 1852. Entamée de longue date, achevée dans la fébrilité, l'œuvre excite l'ego d'Hugo : « Jamais plus grosse hydre ne sera éclose dans un gouffre. Dante a fait l'enfer de dessous, j'ai tâché de faire l'enfer de dessus. Il a peint les damnés, j'ai peint les hommes. » Mais l'exilé veut aussi donner une signification politique à son épopée. De là une préface militante : « Tant qu'il existera, par le fait des lois et des mœurs, une damnation sociale créant artificiellement, en pleine civilisation, des enfers et compliquant d'une fatalité humaine la destinée qui est divine ; tant que les trois problèmes du siècle, la dégradation de l'homme par le prolétariat, la déchéance de la femme par la faim, l'atrophie de l'enfant par la nuit, ne seront pas résolus ; tant que, dans certaines régions, l'asphyxie sociale sera possible ; en d'autres termes, et à un point de vue plus étendu encore, tant qu'il y aura sur la terre ignorance et misère, des livres de la nature de celui-ci pourront ne pas être inutiles. » Quand il milite, Hugo justifie sans le vouloir le mot de Gide : « Hugo, hélas... » Mais c'est lui qui a raison contre l'élite littéraire, y compris cette fois-ci son admirateur Flaubert le premier, qu'irritent les boursouflures de l'ouvrage.

La société attendait en effet un livre de cet ordre. Le succès est prodigieux. C'est la version romanesque de l'aspiration sociale, voire socialiste ; c'est un acte de foi laïque, mais c'est aussi l'occasion, pour l'opinion, de rendre hommage à l'anti-Napoléon III. Hugo martèle sans discontinuer l'ambition politique qui a gouverné son projet. Ainsi écrit-il à Lamartine : « Oui, autant qu'il est permis à l'homme de vouloir, je veux détruire la fatalité humaine ; je condamne l'esclavage, je chasse la misère, j'enseigne l'ignorance, je traite la maladie, j'éclaire la nuit, je hais la haine. Voilà ce que je suis et voilà pourquoi j'ai fait *Les Misérables*. Dans ma pensée, *Les Misérables* ne sont pas autre chose qu'un livre ayant la fraternité pour base et le progrès pour cime. » Hugo est l'inventeur d'un genre, le roman instrument de combat politique, qui connaîtra comme héritier le plus caricatural, le réalisme socialiste. C'est une novation dans l'univers des lettres. Jamais Dickens n'assignera une finalité politique à David Copperfield.

Hugo ne choque pas seulement les tenants du roman œuvre d'art politiquement neutre, comme Flaubert, Baudelaire ou les Goncourt. Il heurte aussi des hommes de lettres, tel Lamartine, dont la conscience politique et le passé de combattant valent largement les siens. Ainsi le héros de Février 1848 n'hésite-t-il pas à rendre publiques ses réserves : « Je veux défendre la société, chose sacrée et nécessaire quoique imparfaite contre un ami. La plus meurtrière et la plus terrible des passions à donner aux masses, c'est la passion de l'impossible. » Quant à Barbey d'Aurevilly, il pointe la raison de son hostilité, la politique, écrivant : « Sans la politique qui y gronde, le livre des *Misérables* tomberait dans l'opinion, juste au rang qu'il mérite, au niveau que doit avoir un livre décousu partout et qui, les premières surprises traversées, disons-le, devient ennuyeux. La politique ! La politique ! Voilà le vent qui a enlevé l'immense cerf-volant et l'a promené en haut des airs, aux yeux ravis de cette foule qui battait des mains. Mais si le vent cessait de souffler, il tomberait tout à plat... *Les Misérables* sont une magnifique omelette soufflée qui va tout à l'heure s'aplatir. »

Sans doute Hugo l'écrivain est-il meurtri de voir ses admirateurs habituels lui battre froid, mais Hugo le politique n'en a cure. Il a réussi son opération : le proscrit devient un héros des masses. Il ne peut néanmoins que s'impatienter : l'Empire survit sans difficulté ; il se libéralise même. Prisonnier de son rôle, l'auteur de *Napoléon le Petit* ne peut se déjuger : le régime deviendrait-il authentiquement démocratique, le péché originel du 2 Décembre lui interdirait tout retour. La guerre est donc une divine surprise ! La République est proclamée le 2 septembre 1870 et l'exilé est, dès le 5, dans le train pour Paris. Reconnu et acclamé dans les gares sur le parcours, il est attendu par une foule à laquelle il déclare : « Vous me payez en une heure vingt ans d'exil. » C'est le retour d'un roi adoré. La ville est à ses pieds. Lui joue son rôle avec majesté, se déclarant naturellement pour la guerre à outrance dans un *Appel aux Français* – intitulé quasi monarchique –, et cherchant à donner l'exemple avec ostentation, qu'il s'agisse du rationnement des vivres ou de dons en argent. Il autorise la représentation ou la lecture de ses œuvres sans droits d'auteur dans tous les lieux publics, alors que la publication de *Choses vues* le fera apparaître, dans sa vie matérielle, comme un vieux grigou. Victor sait à l'évidence, prendre la pose et jouer « les petits pères du peuple ».

Cette période de griserie œcuménique se termine le 31 octobre avec la première insurrection parisienne. Sollicité pour prendre la tête d'un gouvernement d'essence révolutionnaire, Hugo se dérobe et condamne l'opération. Mais économe de sa gloire, il refuse symétriquement de rejoindre le gouvernement républicain. Le héros se veut au-dessus des factions. C'est la République qu'il désire incarner et non un camp. Bismarck ayant exigé de traiter avec un pouvoir légitime, donc issu des urnes, les élections ont lieu le 8 février 1871. Hugo y est triomphalement élu et rejoint Bordeaux, pour participer aux séances de la nouvelle Assemblée. Député, il lui faut quitter son piédestal. Il prend parti contre le traité accepté par Thiers : « Si l'œuvre violente à laquelle on donne en ce moment le nom de traité s'accomplit, si cette paix inexorable se conclut, c'en est fait du repos de l'Europe ; l'immense insomnie du monde va commencer. Il y aura désormais en Europe deux nations qui seront redoutables : l'une parce qu'elle sera victorieuse, l'autre parce qu'elle sera vaincue... Oh une heure sonnera – nous la sentons venir – cette revanche prodigieuse... Oui désormais, cela va commencer ; dès demain la France n'aura plus qu'une pensée : se recueillir, se reposer dans la rêverie redoutable du désespoir, reprendre des forces... forger des canons et former des citoyens, créer une armée qui soit un peuple... » Et plus tard, une fois la revanche accomplie : « Nous rendrons tout à une condition : c'est que nous ne ferons plus qu'un seul peuple, qu'une seule famille, qu'une seule République. » C'est du pur Hugo : un mélange de réalisme et de prophétie, de justesse et de lyrisme, d'intelligence et d'illusion.

Mais le contexte se durcissant, il est amené à prendre davantage de risques politiques. Ainsi se bat-il en vain pour que l'Assemblée rentre à Paris et ne se réunisse plus à Versailles. De même ne supporte-t-il pas le 8 mars le refus de la Chambre d'entendre Garibaldi dont elle veut invalider l'élection et démissionne-t-il avec fracas. Il revient à Paris pour enterrer son fils Charles, mort d'apoplexie, le jour même où se déclenche la Commune. Reparti à Bruxelles, il essaie de tenir la balance égale entre les camps : il est en effet convaincu que « cette Commune est aussi idiote que l'Assemblée est féroce ». Mais il est difficile de garder une posture œcuménique en pleine guerre civile. Il essaie de s'en tirer par la poésie, publiant deux poèmes, « Un cri » et « Pas de représailles », dans lesquels les deux camps essaient de se reconnaître. Les milieux réactionnaires belges le tiennent pour responsable d'une insurrection que pourtant il condamne. Quand on crie sous ses fenêtres « A bas Jean Valjean ! » – formidable hommage – on en fait, fût-ce à tort, le père de l'insurrection. Il va néanmoins se battre pour que la Belgique donne l'asile aux vaincus de la Commune, dont il a refusé, comme il l'écrit, « les actes, loi des otages, représailles, arrestations arbitraires, violation des libertés, suppression des journaux, spoliations, confiscations, démolitions, destruction de la Colonne, attaques au droit, attaques au peuple ». Dans ce climat paroxystique, le gouvernement de Bruxelles décide de l'expulser *sine die* le 28 mai 1871. La tribu Hugo se réfugie donc au Luxembourg, plus accueillant.

Ce n'est qu'en septembre, une fois la terreur blanche finie, qu'il rentre à Paris. Au lieu de prendre une posture politique, il se place sur le terrain qui lui est le plus familier, celui des causes humanitaires. D'abord, afin d'éviter la déportation de Rochefort. Ensuite, cause plus ardue, pour obtenir l'amnistie qui le mobilisera des années durant. C'est au nom de ce combat qu'il est candidat aux sénatoriales de 1876. Elu, il ne parvient pas encore à ses fins. Défendue par Clemenceau à la Chambre et par Hugo au Sénat, la proposition de loi est taillée en pièces par la majorité. Ce n'est qu'en 1879 qu'il voit récompenser ses efforts. Il aura fallu huit ans – la même durée – à l'Empire et à la République pour voter chacun une amnistie, le premier à l'égard des opposants du coup d'Etat, la seconde pour les communards. Ce sera son dernier vrai combat, le seul au fond qu'il aura jamais mené, avec le refus de l'Empire. Ecrasée par les Turcs, la Serbie le mobilise. Il se manifeste aux côtés des républicains contre Mac-Mahon. Il rêve de l'avènement des Etats-Unis d'Europe. Il a, en fait, abandonné la politique. Ses quatre-vingts ans, en 1882, sont un moment de communion nationale dans lequel il joue avec talent le rôle de père de la nation, faussement humble devant les hommages, et se répand en mots destinés à la postérité, dans lesquels la banalité le dispute au talent.

Jeune, Hugo a été opportuniste; vieux, il est confortablement œcuménique. Il s'identifie à la République et celle-ci se doit d'être bienveillante comme lui-même l'est. Hugo est désormais l'intellectuel en majesté. Il profère jugements, compliments et ukases; reçoit, félicite, admoneste; avale les hommages avec gourmandise et garde la pose de « père de la République ». Sans doute aurait-il aimé assister à sa mort. Son testament est à son image, sincère et grandiloquent : « Je donne cinquante mille francs aux pauvres. Je désire être porté au cimetière dans leur corbillard. Je refuse l'oraison de toutes les églises; je demande une prière à toutes les âmes. Je crois en Dieu. » Ainsi est-ce seulement après son décès, ce 22 mai 1885, qu'il règle ses comptes avec l'Eglise. Déiste et anticlérical : il ne l'avait jamais dit avec une telle clarté.

Renan décrit avec justesse l'émotion : « Sans distinction de classes, de partis, de sectes, d'opinions littéraires, la France, depuis quelques jours, a été suspendue aux récits navrants de son agonie et maintenant il n'est personne qui ne sente au cœur de la patrie un grand vide. » Goncourt est plus drôlement abrupt : « Drôle de peuple que ce peuple français! Il ne veut plus de Dieu, il ne veut plus de religion et vient-il de " débondieuser " le Christ, aussitôt il " bondieuse " Hugo et proclame l'" hugolâtrie ". » Mais en refusant un enterrement religieux, celui-ci a fait un cadeau *post mortem* aux anticléricaux : ils pourront désormais invoquer ses mânes, aux côtés de celles de Voltaire. Le camp catholique est, dans l'émotion collective, réduit au silence.

Les obsèques du poète vont devenir un élément de la chanson de geste nationale. De l'Arc de Triomphe au Panthéon, le protocole de la République, hérité des régimes qui l'ont précédée, est submergé par une marée humaine. Barrès en est ému : « Notre fleuve français coula ainsi de midi à six heures, entre les berges immenses faites d'un peuple enchâssé depuis le trottoir, sur des tables, des échelles, des échafaudages jusqu'aux toits. Qu'un tel phénomène d'union dans l'enthousiasme, puissant comme les plus grandes scènes de la nature, ait été déterminé pour remercier un poète-prophète, un vieil homme qui par ses utopies exaltait les cœurs, voilà qui doit susciter les plus ardentes espérances des amis de la France. » Qui les Parisiens enterrent-ils avec cette magnificence ? L'Hugo opportuniste ? Ils l'ont oublié : c'est un homonyme... L'écrivain ? Sans doute, dans un pays qui a le culte des lettres. L'opposant à Napoléon III ? Certes, mais l'Empire est déjà bien loin dans la mémoire collective. Le républicain humaniste ? Bien sûr, mais il n'est pas le seul, même s'il demeure le plus glorieux. L'homme engagé ? A coup sûr : c'est peut-être le plus gratifiant. Hugo, comme Voltaire en son temps, est un intellectuel paradoxal : il prend une importance démesurée parce qu'il parvient, par habileté ou concours de circonstances, à incarner un moment dans la vie du pays. Ce qu'il est ou ce qu'il représente compte plus que ce qu'il pense. Destin inattendu pour un intellectuel : il incarne plus qu'il n'influence ; il symbolise plus qu'il ne démontre ; il compte plus qu'il ne convainc ; il représente plus qu'il ne mérite.

CHAPITRE 19

Seules les femmes sont de vrais révolutionnaires

Des romanciers, George Sand est la plus révolutionnaire ; des révolutionnaires, Flora Tristan et Louise Michel sont les plus ardentes. Mais la postérité est à l'image de la société : misogyne. Elle a fait de la première, Flora, une « originale », membre donc d'une catégorie fourre-tout à laquelle on ne prête pas le sérieux prophétique d'un Fourier ou d'un Proudhon et de la seconde, Louise, un symbole dépourvu du talent d'un Rochefort ou d'un Vallès et une gentille protégée du bon Victor Hugo. C'est faire peu de cas de deux vraies intellectuelles révolutionnaires, aussi importantes dans le cheminement du socialisme français que plus tard Rosa Luxemburg dans l'histoire du communisme.

Née en 1803, Flora Tristan est une « petite Française au sang mêlé », suivant une expression désormais célèbre. Sa mère est française, son père espagnol mais issu d'une grande famille péruvienne. Mort sans avoir fait valider son mariage dans le charivari de l'époque, le père laisse sa femme et sa fille en situation délicate. Mariée contre son gré, Flora quitte le domicile conjugal après avoir mis au monde une fille appelée à devenir la mère de Gauguin. Abandonner mari et enfant fait, à cette époque, d'une femme une réprouvée. Après avoir erré en Europe, elle part en 1833 pour le Pérou en quête de ses racines, de sa famille et, espère-t-elle, d'argent. Bien accueillie par les siens, elle découvre le monde des possédants, mais ce qui lui était étranger lorsqu'elle était miséreuse – l'injustice, l'inégalité, les tensions sociales – la frappe paradoxalement quand elle aperçoit le malheur depuis les sommets de la bourgeoisie.

De retour en France, elle publie une brochure : *Nécessité de faire un bon accueil aux femmes étrangères*. L'acte n'est pas anodin, de la part d'une autodidacte, de se lancer ainsi dans l'écriture et de se déclarer féministe, socialiste, internationaliste. C'est seulement après avoir écrit tout de go son texte qu'elle se lance dans l'étude des grands auteurs du moment – Fourier, Saint-Simon –, avant de publier dans les revues et de rédiger une autobiographie au titre sonore, *Pérégrinations d'une paria*. Vivant les affres d'une femme à laquelle la suppression du divorce, après la chute de l'Empire, interdit toute liberté, elle mène croisade pour qu'une loi le rétablisse. Plus Flora gagne en notoriété, plus son mari vit mal la situation, au point d'essayer de l'assassiner. C'est un fait divers comme les aime le public de l'époque : un drame passionnel, une femme hors du commun, un procès d'une grande violence. Le mari condamné à vingt ans de prison, Flora est plus libre...

Cette dernière aventure ajoute à sa légende naissante. Elle se précipite dans la vie littéraire et publie désormais sans retenue : un médiocre roman, *Méplus*, un reportage enlevé, *Promenades dans Londres*. Ce dernier est une description au scalpel de la société britannique. Elle découvre surtout la condition ouvrière : « L'esclavage n'est plus à mes yeux la plus grande des infortunes humaines depuis que je connais le prolétariat anglais : l'esclave est sûr de son pain toute sa vie et de soins quand il tombe malade ; tandis qu'il n'existe aucun lien entre l'ouvrier et le maître anglais... Cette position est tellement horrible que pour la supporter, il faut supposer à l'ouvrier un courage surhumain ou une apathie complète. » L'autre grande victime de l'injustice anglaise est la femme. Mais faisant le tour des malheureux, Flora Tristan n'omet ni les prisonniers, ni les Irlandais. Le livre a de l'écho, de sorte que Flora se prend à son propre jeu. Elle commence à s'imaginer un destin. Aussi publie-t-elle une édition populaire des *Promenades* dédiée aux seules « classes ouvrières ». « Travailleurs, c'est à vous tous et toutes que je dédie mon livre ; c'est pour vous instruire sur votre position que je l'ai écrit : donc il vous appartient. » Etonnante femme, belle, admirée, qui tient salon et qui vit simultanément comme une missionnaire, au service de deux causes sacrées : la condition ouvrière et l'émancipation féminine.

Mais elle va aller, sans le moindre appareil conceptuel, beaucoup plus loin que Fourier, Considerant ou Saint-Simon. Elle invente en effet les concepts de classe ouvrière et plus encore de conscience de classe. Les prolétaires prendront, à son avis, conscience d'appartenir à une même classe et s'uniront pour défendre leurs droits. Elle n'invoque pas la lutte des classes mais promeut l'idée d'un versement par les ouvriers d'une cotisation, afin qu'ils se dotent d'un immense capital leur permettant de bâtir une contre-société. Pour l'instant, il s'agit de réussir, suivant les mœurs de l'époque, une souscription plus modeste : publier *L'Union ouvrière*. C'est chose aisée, tant Flora est devenue un personnage. Plus rien ne l'arrête. Elle s'adresse à Louis-Philippe, au clergé, à la noblesse, leur demandant des dons pour constituer le capital de son journal. Vaines tentatives qui témoignent à la fois de l'énergie, du mysticisme et de la naïveté de Flora Tristan !

Elle décide en 1844 d'entreprendre un tour de France, afin de convaincre les masses ouvrières de l'intérêt de son projet. Il y a du Jeanne d'Arc chez cette femme : « Le 12 avril, à quatre heures du matin, je me suis levée pour entreprendre la belle et noble mission pour laquelle Dieu dans toute sa bonté m'a choisie. Je sentis en moi comme une grâce divine qui m'enveloppait, me magnétisait, me transportait dans une autre vie. Je ne trouve pas d'expression qui peigne exactement ce qui se passait en moi. C'était quelque chose de grand, de sublime, de religieux, c'était pour ainsi dire un enthousiasme porté à son apogée et par cela même arrivé à cet état surhumain : le calme... » Son tour de France ne se passe pas dans le même calme. D'Auxerre à Agen, de Marseille à Dijon, de Bordeaux à Roanne, Flora réunit les ouvriers, distribue et vend *L'Union ouvrière*, essaie de forcer la porte des notables et des ecclésiastiques mais se heurte aux représentants de l'ordre. Le procureur général de Lyon résume, vu par lui, l'esprit de cette croisade dans une note au Garde des Sceaux : « Ses doctrines d'une expression incomplète et voilée reproduisent la chimère du communisme et de la réhabilitation de la femme. » Plus messianique que jamais, rencontrant à Lyon une émule, Eléonore Blanc, Flora va jusqu'à écrire dans son *Journal* : « Il se passe entre Eléonore et moi ce qui se passait entre Jésus et saint Jean ! » Mais elle s'est elle-même crucifiée, tant ce tour de France est épuisant. Elle meurt sur la route, c'est-à-dire à Bordeaux le 14 novembre 1844.

L'émotion est grande mais le souvenir de Flora Tristan va vite s'étioler. Parce qu'elle est une femme ? Parce que son mysticisme heurtera les marxistes ? Parce que son invention de l'idée même de classe ouvrière est annihilée par la naïveté de son projet ? Parce que l'ode à la femme nuit au combat ouvriériste ? Parce que cette mort prématurée a empêché son œuvre de se transformer en théorie ?

Les origines de Louise Michel sont complexes comme celles de Flora Tristan, mais plus banales. C'est en effet l'enfant illégitime d'un hobereau et d'une servante, comme il y en a à cette époque une multitude. A qui écrit-elle, en plein désarroi, en 1850 à l'âge de vingt ans ? A Victor Hugo. Et sans céder, pour une fois, à ses arrière-pensées classiques de satrape, celui-ci joue le jeu. Catholique, royaliste, banale, la jeune fille touche néanmoins le cœur du futur poète national, auquel elle confie le secret de sa vie : la bâtardise.

Devenue institutrice, elle continue à écrire des poèmes niais et bien-pensants, manifestant à l'égard des pauvres la mansuétude de tout aristocrate doté de sensibilité. Montée à Paris, elle ouvre une école, joue vis-à-vis des miséreux les sœurs charitables, s'intéresse – chose rare pour l'époque – aux handicapés, auxquels elle consacre sa première brochure, *Lueurs dans l'ombre : plus d'idiots, plus de fous*.

Correspondre avec le seigneur de Guernesey ne lui donne pas d'éducation politique : ses faveurs vont toujours à l'Empereur. Comme Flora Tristan, c'est par le féminisme qu'elle entame sa mue idéologique et sa carrière militante. Du combat féministe à l'engagement révolutionnaire, le chemin est, pour elle aussi, rapide. Elle perd la foi, renonce au conservatisme en politique, se rapproche des socialistes. Lorsque les hostilités commencent, elle est, comme Vallès, du côté pacifiste. Ses armes ce sont les vers, fussent-ils médiocres. Dès le retour d'exil d'Hugo, elle se précipite à son domicile et le mentor réussit la performance, rare chez lui, de ne pas profiter de son ascendant et de conserver à leurs relations un côté platonique.

Mais à la différence de son idole, elle adhère corps et âme à la Commune, continuant son enseignement, organisant les secours, se dispensant sans compter, militant, combattant, rêvant de tuer Thiers, se glissant à cette fin jusqu'à Versailles sans aller au terme de son projet. Elle aime le combat, comme elle l'écrira dans ses *Mémoires* : « Est-ce que c'était bravoure, quand les yeux charmés, je regardais le fort démantelé d'Issy, tout blanc dans l'ombre et nos filles aux sorties de nuit s'en allant par les petites montées de Clamart ou vers les Hautes-Bruyères avec les dents rouges des mitrailleuses à l'horizon ? C'était beau, voilà tout : mes yeux me servent comme mon cœur, comme mon oreille que charmait le canon. Oui, barbare que je suis, j'aime l'odeur de la poudre, la mitraille dans l'air mais je suis surtout éprise de la révolution. » Voilà un aveu que ne ferait jamais, par hypocrisie, un homme : aimer la guerre !

Lorsque la répression arrive, sa mère est arrêtée à sa place. Elle ne peut plus, de ce fait, essayer de fuir. Il lui faut se livrer. Prisonnière, elle essaie lors des premiers interrogatoires de limiter son rôle, mais lorsque vient le procès de l'homme qu'elle aime, Ferré, elle décide de se charger pour le sauver. Ferré condamné, elle prend en effet de haut le Conseil de guerre : « Faites de moi ce qui vous plaira. Prenez ma vie. Je ne suis pas femme à vous la disputer un seul instant. » Son procès la transfigure aux yeux de l'opinion et Hugo la décrit, dans un poème, « plus grande qu'un homme », ce qui constitue sous sa plume un compliment rarissime. Condamnée à la déportation, elle est envoyée en Nouvelle-Calédonie et à la différence de ses compagnons de peine, tous indifférents au sort des Canaques, elle se bat pour eux. Sa déportation accroît naturellement sa gloire. Aussi son retour, après l'amnistie, est-il triomphal. C'est l'égérie de la Commune qu'accueille la gauche.

A peine revenue, Louise ne joue pas à la légende vivante ; elle redevient la propagandiste du message révolutionnaire et fait flèche de tout bois, refusant le suffrage universel, appelant à l'antimilitarisme, s'attaquant inlassablement à l'ordre. Refusant de se faire enrôler par telle ou telle chapelle d'extrême gauche, elle se veut leur « mère à tous ». Sa parole est son arme : elle court, harangue, manifeste et simultanément écrit sans relâche des romans à l'eau de rose révolutionnaire. Arrêtée pour trouble à l'ordre public, condamnée à six ans de prison, graciée à mi-peine, elle reprend en 1886 ses activités militantes. La publication de ses *Mémoires* est un acte plus politique que littéraire. Pendant près de vingt ans elle continuera à jouer son rôle de « vestale de la révolution ».

Sa mort en 1905 donnera lieu à des obsèques grandioses, caractéristiques de ce rite *post mortem* auquel la tradition socialiste puis communiste, va s'attacher. Louise Michel n'est pas, comme Flora Tristan, une intellectuelle militante. On ne lui doit pas l'idée de classe ouvrière ! Mais sa relation étrange avec Victor Hugo, ses liens avec tous les esprits de gauche, son poids vis-à-vis d'eux en font un personnage clé des milieux cultivés révolutionnaires. C'est une intellectuelle d'un autre type, une « intellectuelle par osmose ». Plus le monde de l'esprit deviendra socialiste puis communiste, plus ce genre de personnages sera important.

CHAPITRE 20

« *Les Messieurs Jourdain de l'insurrection* »

Comment des hommes intelligents peuvent-ils imaginer que peindre la société est un acte politiquement neutre ? Ils sont pourtant nombreux à le penser, tous ceux en particulier qui se placent sous la bannière de Zola.

Celui-ci se croit scientifique : « Ma grande affaire est d'être purement naturaliste, purement physiologiste. » Il pense sincèrement, lui l'ancien boursier, l'ancien responsable de la publicité de la librairie Hachette, que décrire l'immoralité de Son Excellence Eugène Rougon, ministre de la République, n'est pas un acte politique ! « Il ne veut pas, dit-il, peindre la société contemporaine mais une seule famille, en montrant le jeu de la race modifiée par les milieux. » Quelle naïveté ! Comment peut-il croire ce qu'il écrit au directeur de *La Cloche*, où doit paraître son feuilleton : « Je veux écrire l'Histoire naturelle et sociale d'une famille sous le Second Empire. Le premier épisode, *La Fortune des Rougon*, qui vient de paraître en volume, raconte le coup d'État, le viol brutal de la France. Les autres épisodes seront des tableaux de mœurs pris dans tous les mondes, racontant la politique du règne, ses finances, ses tribunaux, ses casernes, ses églises, ses institutions de corruption publique. Cette note de l'or et de la chair, cette note du ruissellement des orgies sonnait si haut et si continuellement que je me décidai à la donner. J'écrivis *La Curée.* »

Viol, corruption, orgie : des mots neutres ? Sans signification politique ? La posture est d'autant plus paradoxale que Zola n'est pas indifférent à la politique. Envoyé spécial de *La Cloche* à Bordeaux, il vit les événements avec un cœur de républicain ardent et patriote. L'abandon de l'Alsace et de la Lorraine lui coûte, l'atmosphère conservatrice de la Chambre lui pèse. Respectueux de l'ordre républicain, il n'accepte pas le soulèvement parisien. Humaniste, il n'admet pas la violence de la répression. Sa vindicte à l'égard de Thiers est la rançon de la confiance qu'il mettait en lui : « Vous êtes-vous accusé, Monsieur, d'avoir poussé par vos cris et votre intolérance à l'égorgement de la patrie ? » Mais il écrit symétriquement à propos de la Commune : « La terreur règne, la liberté individuelle et le respect dû aux propriétés sont violés, le clergé est odieusement poursuivi, les perquisitions et les réquisitions sont employées comme mode de gouvernement, telle est la vérité dans sa misère et sa honte. » C'est peu ou prou, le lyrisme en moins, la position d'Hugo. Ce romancier qui se veut apolitique se hâte d'écrire *La Débâcle*, dialogue entre deux hommes, l'un versaillais, l'autre communard, qui finissent par s'entre-tuer. L'emphase du texte finit par occulter la volonté de l'auteur de ne pas être manichéen.

Zola réitère, dans une série d'articles du *Figaro*, son opposition à l'art engagé : « Ah ! Cette politique, quelle personne désagréable et plate, quelle mangeuse d'hommes ! » Il ne se fait pas à l'idée du militantisme de Vallès : « Un homme politique, allons donc ! Il a trop de talent, trop d'originalité pour être cette chose bête et hypocrite, cette chose qui doit marcher dans le rang, sans même avoir la permission de rire. » Celui-ci lui répond avec justesse : « Balzac avait commencé, tout autoritaire et catholique qu'il fût : en faisant tourner devant le lecteur, comme les roues du char de la fatalité moderne, les gros écus tachés de boue et de sang, il avait lancé la Révolution dans la librairie et sur les planches, il avait livré le théâtre et le roman à la révolte... Est-ce que *La dame aux camélias*, est-ce que *Madame Bovary*, est-ce que *Germinie Lacerteux*, est-ce que *L'Assommoir* ne sont pas, en dehors de toute volonté de l'écrivain, des œuvres sorties de la République des douleurs et des vies ? Est-ce que les socialistes socialisants ont écrit contre la famille, la vertu et l'or, des pages plus cruelles que Dumas fils, Flaubert, Goncourt, Zola ? Ils ne manquent pas cependant une occasion de dire qu'ils haïssent la politique, ces Messieurs Jourdain de l'insurrection. »

Ses opinions, Zola-Jourdain les consigne dans ses articles. C'est moins la politique au jour le jour qui le mobilise que l'anticléricalisme. Les rites religieux, les pèlerinages, les jésuites, les idées réactionnaires : il ne pardonne rien. Les conservateurs ne s'y trompent pas qui le critiquent et réclament des sanctions contre ses articles. Mais journaliste, Zola est un républicain parmi tant d'autres. Romancier, il est infiniment plus redoutable. Si les deux premiers tomes des Rougon sont passés inaperçus, le troisième, *Le ventre de Paris*, interpelle davantage la réaction. D'une hostilité viscérale au militantisme de gauche, Barbey d'Aurevilly affiche la couleur : il aperçoit chez Zola les germes du « Matérialisme » et de la « Démocratie », concepts, à ses yeux, hideux. Quant au matérialisme violent, c'est un objet de haine : « Il y a plus bas que le ventre. Il y a ce qu'on y met et ce qui en sort. Aujourd'hui on nous donne de la charcuterie. Demain ce sera de la vidange. Et ce sera peut-être Monsieur Zola qui nous décrira cette nouvelle chose, avec cette plume qui n'oublie rien. » Zola a certes ses zélateurs, Flaubert, Maupassant, Taine, mais leur soutien n'est pas à la mesure de la haine qu'il commence à susciter dans le camp ennemi.

Plus provoquant encore : *La faute de l'abbé Mouret*. Les amours d'un prêtre représentent en effet le comble du blasphème dans un pays qui vit encore sous le Concordat. C'est à nouveau Barbey qui sonne la charge : « La première cause du succès de Monsieur Zola : le déshonneur d'un prêtre catholique qui jette sa soutane aux rosiers et fait l'amour comme les satyres le faisaient autrefois avec les nymphes dans les mythologies... Cette malhonnêteté adressée à la face de la Sainte Eglise catholique paraît très piquante à tous les libres-penseurs de cette époque d'impiété et de décadence... Il y a dans *La faute de l'Abbé Mouret*, en dehors de son intention outrageante contre la religion, une autre cause de succès... c'est la bassesse de l'inspiration. » La polémique est évidemment bienvenue pour les ventes. Voilà enfin le premier vrai succès du créateur des *Rougon-Macquart*.

C'est en fait *L'Assommoir* qui installe Zola. Mais le débat part cette fois-ci de la gauche. A-t-on le droit de représenter dans sa vérité la vie ouvrière ? La critique vient d'Hugo, ce qui lui donne un poids particulier : « Il est de ces tableaux qu'on ne doit pas faire. Que l'on ne m'objecte pas que cela est vrai ; que cela se passe ainsi. Je le sais, je suis descendu dans toutes ces misères mais je ne veux pas qu'on les donne en spectacle, vous n'en avez pas le droit, vous n'avez pas le droit de nudité sur le malheur. » Mais cette attaque ne suffit pour protéger Zola vis-à-vis des conservateurs : *La gazette de France* fait de lui « le chef de la Commune littéraire ». Pris entre ces deux feux, Zola maintient fermement sa ligne : « Mes opinions politiques ne sont pas en cause et le journaliste que je puis être n'a rien à démêler avec le romancier que je suis... Mon roman est simple, il raconte la déchéance d'une famille ouvrière, gâtée par le milieu, tombant au ruisseau : la honte et la mort sont au bout. Je ne suis pas un faiseur d'idylles, j'estime qu'on n'attaque bien le mal qu'avec un fer rouge. » Le succès est désormais acquis : *L'Assommoir* fait vendre les tomes précédents des Rougon-Macquart et sert de viatique aux tomes suivants. Quand il traite de la bourgeoisie, comme dans *Une page d'amour*, chronique d'un adultère classique, les attaques se taisent. Quand il se plonge à nouveau dans les fanges de la société comme avec *Nana*, c'est à nouveau la curée mais celle-ci stimule les ventes.

L'homme Zola ne jouit pas avec sérénité de sa nouvelle position. D'un côté, il rêve de s'embourgeoiser, achète la maison de Medan, règne sur l'école naturaliste et court après une hypothétique Légion d'honneur. De l'autre, il déteste de plus en plus vivement la classe dirigeante, se livrant dans *Le Voltaire* à une charge populiste contre le monde politique : « Quand on a échoué en tout et partout, quand on a été avocat médiocre, homme médiocre des pieds à la tête, la politique vous prend et fait de vous un ministre aussi bon qu'un autre. » Mais s'il fait « feu sur le quartier général », il réserve paradoxalement davantage ses coups aux républicains, Gambetta en tête, qu'aux réactionnaires. Il ne pardonne pas aux premiers de s'en être pris à *L'Assommoir* par idéalisme et hypocrisie, alors qu'il n'attend rien des seconds.

Mais peut-être reconnaît-il, au fond de lui-même, quelque validité aux critiques sur *L'Assommoir*, car il se lance dans une fresque aux accents très différents, publiant en 1885 *Germinal*, épopée de l'injustice faite aux prolétaires. Zola enfonce le clou, répondant à un critique de *La Bataille* qui avait symboliquement signé son papier Jean Valjean : « Ma joie est grande de voir que ce cri de pitié pour les souffrants a été bien compris de vous. Peut-être cessera-t-on cette fois de voir en moi un insulteur du peuple. Le vrai socialiste n'est-il pas celui qui dit la misère, les déchéances fatales du milieu, qui montre le bagne de la faim dans son horreur ? Les bénisseurs du peuple sont des élégiaques qu'il faut renvoyer aux rêvasseries humanitaires de 48. Si le peuple est si parfait, si divers, pourquoi vouloir améliorer sa destinée ? Non, il est en bas, dans l'ignorance et c'est de là qu'on doit travailler à le tirer. » Texte étonnant : si Zola ne cède pas sur ses devoirs de naturaliste, il s'enorgueillit pour la première fois de la signification politique de son œuvre. La gauche socialiste peut désormais s'emparer de *Germinal* pour la plus grande joie de l'auteur, mais celui-ci ne s'engage pas pour autant de son côté. Que son œuvre serve aux révolutionnaires, parfait ! Qu'il devienne lui-même révolutionnaire : jamais !

C'est, après *Germinal*, un nouveau Zola qui s'affirme sur la scène publique : toujours aussi boulimique de réussite, d'argent, d'honneur, mais violemment populiste et désormais légitime aux yeux de la gauche. Le partage des tâches entre lui et la gauche est clair : lui décrit la société, elle s'empare de ce travail ; lui ne déroge pas à son credo du roman scientifique, elle ne lui fait plus grief de sa brutalité ; lui ne tire pas de conclusions politiques, elle est libre de le faire à satiété. C'est ce Zola-là, indépendant du monde politique mais reconnu par lui, que les dreyfusards mobiliseront.

Zola est le plus notoire des « Messieurs Jourdain » de l'insurrection ; il n'est pas le seul. Ainsi de ses disciples naturalistes, Mirbeau ou surtout Maupassant dont *Boule de suif* publié dans *Les soirées de Medan* a brutalement assuré la notoriété. Mais le territoire de chasse de ces auteurs – la petite-bourgeoisie, le monde rural – ne prête pas aux mêmes controverses que les plongées de Zola au cœur du prolétariat : il n'y a pas de socialistes pour mythifier ces groupes sociaux comme eux le font pour la classe ouvrière.

Ainsi de Huysmans devenu un des piliers du mouvement naturaliste et donc un protégé de l'auteur de *L'Assommoir*, livre auquel il consacre maintes études. Ses romans, *Le ménage*, *A vau-l'eau* traduisent un pessimiste existentiel que le pape de Medan ignore. Huysmans l'écrit sans ambages à son maître : « Au fond si l'on n'est pas pessimiste, il n'y a qu'à être chrétien ou monarchiste : un des trois pour peu qu'on y réfléchisse. » C'est donc un dissident du naturalisme : l'œuvre romanesque a une finalité, fût-elle non politique. Dans cet esprit, *A rebours* est un manifeste de rupture avec le naturalisme et donc avec Zola. On est loin du peuple. C'est la décadence aristocratique que met en scène Huysmans avec des propos aux relents réactionnaires : « Après l'aristocratie de la naissance, c'était maintenant l'aristocratie de l'argent : c'était le califat des comptoirs, le despotisme de la rue du Sentier, la tyrannie du commerce aux idées vénales et étroites, aux instincts vaniteux et fourbes. » Le livre est nihiliste. Zola ne s'y trompe pas : Huysmans l'a quitté, il a préféré le roman du désespoir individuel au regard clinique sur la société. Un désespéré peut être une brebis égarée. C'est le pari que fait Barbey d'Aurevilly en essayant de récupérer Huysmans à partir d'une alternative simple qu'il lui suggère de façon provocante : « Un pistolet ou les pieds de la croix. » Autre paladin du catholicisme, Léon Bloy, essaie de pousser l'avantage, écrivant de Huysmans : « A l'exception de Pascal, personne n'avait encore exhalé d'aussi pénétrantes lamentations. » La flatterie comme instrument de recrutement !

Il existe en effet en face de Zola une école qui se veut l'anti-Medan. Barbey, Bloy, Paul Bourget l'animent. Se rejoignent dans leurs œuvres « le grand air » de la décadence, le prosélytisme catholique, les prémisses de la théorie des races, la haine recuite de la Commune, le combat antisocialiste et une méfiance atavique à l'égard de la République. Mais ce ne sont pas des « Messieurs Jourdain de la réaction ». Ils n'ont pas le même désir de séparer, à l'instar de Zola, engagement politique et œuvre littéraire. Ils militent en écrivant ; ils écrivent en militant. Dans l'antagonisme entre Zola et la bande de Barbey d'Aurevilly se dessine en pointillés le futur affrontement, au moment de l'Affaire, entre les deux France intellectuelles. De ce point de vue, avant même son irruption du côté du dreyfusisme, le Zola des *Rougon-Macquart* est un marqueur : il dessine, sans même le mesurer, une frontière entre deux cultures, deux filiations, deux relations au monde.

CHAPITRE 21

Et ailleurs ?

Les Français ne poussent pas l'outrecuidance jusqu'à imaginer qu'ils disposent du monopole des grands esprits, mais ils sont convaincus en revanche qu'ils ont celui des intellectuels, c'est-à-dire des hommes de plume qui s'investissent, indépendamment même de leur art, dans le débat public. Douce illusion ! Peut-être au dix-huitième siècle la France a-t-elle été le plus proche de cette situation rêvée : le français était la seule langue des élites européennes, les idées naissaient, vivaient et mouraient à Paris et, preuve ultime, les penseurs étrangers – il y en avait ! – avaient tous les yeux tournés vers les salons parisiens. Pour Kant emmuré dans la rédaction de son œuvre à Königsberg, le théâtre du monde était sur les bords de la Seine. C'est la Révolution qui a paradoxalement mis fin à l'omniprésence de l'esprit français. Diffusant ses principes partout en Europe par la curiosité ou par l'épée, elle a fait entrer la nation, le rêve de liberté, l'égalité, l'universalisme dans la plupart des esprits. Cette gigantesque intrusion ne valait pas adhésion mais c'est autour de ces aspirations que le débat s'est développé. Burke et Byron sont ainsi les enfants antithétiques de la Révolution, comme Fichte et Heine. Une brève escapade, si superficielle soit-elle, hors des frontières françaises permet de mesurer *a contrario* la spécificité des intellectuels français et en particulier leur poids sans égal dans le jeu politique.

Et ailleurs ? 167

Le droit d'ingérence, cette tradition que les intellectuels français se sont transmise jusqu'à aujourd'hui ? Beaumarchais l'a, à sa manière, inventé mais alors que chez lui les fins mercantiles obscurcissaient la générosité, Byron l'a, lui, pratiqué sans le proclamer. La révolte grecque contre la domination ottomane avait ému les libéraux européens. Inquiet du moindre écho de ses œuvres, Byron avait décidé de se consacrer désormais, selon ses mots, à « la politique et au décorum ». Devenu membre du comité hellène de Londres, il ne milite pas par de simples proclamations lyriques mais en rédigeant un rapport sur la situation des Grecs, leur manque d'armes, l'absence de munitions, le besoin d'ambulances. On croirait Malraux essayant de dénicher des appareils pour l'aviation républicaine en 1936 ! Ces tâches de bureaucrate observateur ne peuvent satisfaire le poète. Il s'embarque le 13 juillet 1823 pour la Grèce avec quelques fidèles, des armes et de l'argent. Les Grecs lui demandent davantage de moyens financiers. Le voilà leur offrant une flotte et une armée, avant même de rejoindre leur territoire. Il finit par atteindre, dans des conditions rocambolesques, Missolonghi où il est accueilli en héros. Se métamorphosant en chef de guerre, fasciné par le souvenir de Lepante, il décide de prendre la ville. Mais le projet ne cesse d'être retardé, à la suite de dissensions entre Grecs, entre Grecs et Britanniques et entre Britanniques ! Aussi Byron s'impatiente-t-il à Missolonghi, se contentant d'organiser à distance l'aide anglaise. Les miasmes du lieu finissent par avoir raison de lui et il meurt, sans avoir pu combattre, en avril 1824. Devenu un lieu commun du romantisme, le « byronisme » occulte la modernité de l'aventure. Armer une rébellion, lever de l'argent pour son compte, bâtir un corps expéditionnaire de volontaires, partir au front : existe-t-il, de la part d'un écrivain, engagement plus fort ? Chateaubriand, Lamartine et Hugo, si sensibles soient-ils à la cause grecque, se prélassent, eux, à Paris.

Même si la tradition britannique exige de se méfier, voire de se moquer des intellectuels, l'Angleterre n'a cessé, pendant tout le dix-neuvième siècle, d'en produire par vagues successives. La seule différence avec la France, à la même époque, tient au cloisonnement de la société britannique : le pouvoir est l'apanage d'une classe aristocratique qui ne se pique guère d'aspirations intellectuelles et l'absence de révolution interdit de porter au pouvoir des francs-tireurs. Il n'y a donc d'espace ni pour un Chateaubriand, ni pour un Lamartine.

La première vague est réactionnaire : Burke en est l'initiateur, établissant dès 1790 avec ses *Réflexions sur la Révolution de France* les bases d'une critique dont nul contre-révolutionnaire ne s'évadera jamais. Situation d'autant plus étonnante que la radicalité du propos accompagne les premiers pas de la Révolution : la fête de la Fédération en constitue la toile de fond et non l'exaltation jacobine, la levée en masse, le procès du roi ou la Terreur. Carlyle reprend en 1837 le flambeau avec son *French Revolution*, lui aussi fasciné et épouvanté. Mais à la différence de Burke, il n'est pas convaincu de la solidité de la société aristocratique. De là sa crainte d'une Révolution anglaise pire encore que la française.

La seconde vague est portée par les grands de l'économie politique, les Adam Smith, Ricardo, Stuart Mills, Malthus et autres ; elle est le contrepoint naturel de la révolution industrielle. Si ces esprits supérieurs façonnent un contexte idéologique dans lequel se déploie l'action publique, ils n'exercent aucune influence politique tant les clivages sociologiques sont forts.

La troisième vague est naturellement l'antithèse de l'économie libérale. Fruit, elle aussi, de la révolution industrielle, la pensée socialiste se développe encore plus facilement en Angleterre qu'en France. Elle est moins idéologique et plus pratique. Ainsi Thomas Paine est-il dès 1796 l'apôtre de la redistribution des revenus par l'impôt et d'un système de retraites versées par l'Etat aux vieillards. C'est le *Welfare State* par anticipation.

De même Owen est-il un étrange pape du socialisme. Né en 1771, il n'est ni un aristocrate ruiné comme Saint-Simon, ni un journaliste comme Proudhon, mais un capitaliste accompli. « Patron de gauche », il mène une politique salariale généreuse, réduit la durée du travail, assure le logement de ses ouvriers. Mais le paternalisme ne lui suffit pas : il veut mettre sur pied une communauté socialiste, part dans cet esprit aux Etats-Unis et revient naturellement ruiné, cinq ans plus tard. De retour à Londres, il passe de l'utopie communautaire à l'action syndicale avant, à l'instar de Saint-Simon, de mettre sur pied une baroque communauté religieuse. L'itinéraire personnel d'Owen lui vaut des disciples de toutes origines : bourgeois en mal de rédemption, ouvriers à la recherche d'un idéal.

Et ailleurs ?

Owen ne sera pas le seul entrepreneur devenu socialiste. C'est le cas de William Thomson, grand propriétaire, passé de l'admiration de Ricardo à l'étude d'Owen et inventeur, avant Marx, de la théorie de la plus-value. Lui aussi est à la fois prophète du « coopératisme » et propagandiste du mouvement syndical.

Ce sont les pères spirituels auxquels se référera la *Fabian Society*, cette « maçonnerie socialiste », si peu maçonne qu'elle agit à visage découvert, née dans la deuxième moitié du dix-neuvième siècle et qui va essayer de peser sur tous les pouvoirs politique, médiatique, capitaliste, afin de promouvoir des réformes plus sociales que socialistes. Ces intellectuels agissent à l'inverse de leurs alter ego français : ils veulent peser sur l'Etat depuis la société et non prendre le contrôle de l'Etat pour transformer la société.

Et le plus grand romancier britannique du siècle ? Dickens est-il le « Monsieur Jourdain » d'une insurrection anglaise ? Il ne le souhaite pas, n'est pas critiqué, comme Zola, à ce titre et n'a donc pas besoin de prendre une posture politique pour se défendre. Sa description de l'Angleterre industrielle, si rude soit-elle, conduit moins au socialisme qu'au paternalisme : il y a toujours, dans son œuvre, des personnages bienveillants dont l'action atténue la violence de la réalité.

Ainsi, si vive et éminente soit-elle, la vie intellectuelle anglaise ne reproduit-elle pas les jeux de rôle si typiques de la scène française. Stabilité politique, existence d'un *habeas corpus*, appropriation du pouvoir par une caste et de la réflexion par une autre, poids de l'analyse économique sur la pensée sociale, culture des affaires, empirisme viscéral, absence de passion pour les affrontements idéologiques : autant de raisons qui fabriquent une tradition intellectuelle aussi différente.

La Révolution française a davantage modelé la scène intellectuelle allemande que la britannique : influence d'autant plus essentielle qu'elle a pesé sur les plus grands esprits européens du siècle. Sans se livrer au jeu absurde des hiérarchies, quelle culture a aligné une brochette aussi éblouissante que Goethe, Schiller, Kant, Fichte, Heine, Hegel, Marx, Nietzsche ? Autant de personnalités, autant d'intellectuels différents.

Goethe demeure très « dix-huitième » : il croit au despotisme éclairé, aux réformes venues d'en haut, au dialogue du philosophe avec le prince. C'est un Voltaire sans les frustrations politiques. Attaché à l'ordre, il regarde avec antipathie la Révolution. Qui sait si l'ermite de Ferney n'aurait pas réagi de la même manière ? Engagé auprès de son prince, Goethe suit les armées coalisées en direction de la France. Mais la guerre ne lui plaît pas davantage que les révolutions et la rencontre des émigrés de Coblence le convainc de la responsabilité de la vieille aristocratie dans l'explosion révolutionnaire. Le « juste milieu » sera désormais son centre de gravité politique. Un réformiste convaincu mais à partir du haut, sans bouleverser l'ordre social : Goethe n'est ni un démocrate, ni un libéral.

Son complice, Schiller, est bien plus « à gauche ». C'est un enfant de Rousseau, républicain dans l'âme. Le temps passant, son enthousiasme s'atténue et, lorsque la Révolution démarre, il se montre sceptique et inquiet de l'emballement qui s'annonce. Mais il n'est pas un adversaire irréconciliable : ainsi les débats de l'Assemblée sur l'éducation le fascinent-ils. Fait citoyen français en 1792 par l'Assemblée législative avec quelques autres grands noms, Washington et Bentham en tête, il accueille la nouvelle froidement. L'exécution du roi met fin à son balancement circonspect mais il ne devient pas un contre-révolutionnaire banal ; il se rallie en effet à la position de Goethe sur les responsabilités de l'Ancien Régime dans son propre effondrement.

C'est paradoxalement Kant, leur père spirituel, qui est le moins hostile à la Révolution. Cet homme dont Heine a écrit drôlement : « il est difficile d'écrire l'histoire de la vie de Kant car il n'y a ni vie ni histoire », a accueilli avec joie la Révolution. Il a pour la première fois – image légendaire – bousculé sa promenade quotidienne à l'annonce de la prise de la Bastille. C'est, pour lui, l'irruption de la raison, sa raison chérie, en politique. Et même lorsque la déraison prend le dessus au moment de la Terreur, il refuse de condamner cette Révolution qu'il a tant aimée. Converti par Rousseau à la réflexion politique, il a connu son premier engagement, au moment de la guerre d'indépendance américaine. C'était, pour lui, la première irruption de l'idée même de progrès en politique. La Révolution est l'étape suivante dans la marche du monde vers un ordre parfait et démocratique. Le cheminement peut connaître des reculs, telle l'exécution de Louis XVI qui l'horrifie, mais rien n'arrêtera le mouvement vers la démocratie parfaite. Celle-ci règnera sous la forme républicaine dans chaque Etat et ceux-ci formeront une fédération qui garantira une loi naturelle : l'avenir sera au citoyen du monde.

Dans son dernier texte, *Anthropologie*, publié en 1798, il met donc en regard une France qui cahin-caha avance dans le sens de l'Histoire et une Allemagne immobile, conservatrice, incapable de progrès. Le philosophe de Königsberg est, si influent soit-il, une anomalie dans un paysage intellectuel allemand qui voit la Révolution française susciter soit une hostilité viscérale soit une poussée de nationalisme germanique. Or, lui, est favorable à la fois au processus révolutionnaire et au rêve internationaliste !

Ce n'est pas le cas de Fichte. Héritier – du moins le pense-t-il – de Kant, il adhère, lui aussi, aux événements de 1789 et ne retirera jamais son soutien à la Révolution, même aux pires moments de la Terreur. C'est au nom des principes révolutionnaires qu'il attaque avec violence le despotisme qui règne dans une Allemagne humiliée et émiettée. Privé de sa chaire de professeur à Iéna en 1799 pour athéisme, il affirme que la sanction est de nature politique et non religieuse. Poursuivant ses réflexions, il est le premier penseur allemand à aborder la question sociale et à attendre de l'Etat qu'il prenne en charge, outre l'ordre public, une organisation socialiste du travail. Mais ces travaux ne sont que des prolégomènes au texte par lequel Fichte entre dans l'Histoire : *Les adresses à la nation allemande* délivrées en 1807-1808, à portée des canons français. Rejetant le cosmopolitisme de ses débuts, il ancre l'idée nationale dans la conscience collective. Celle-ci passe par la grandeur de l'Etat, l'établissement de « frontières naturelles », l'autarcie économique et un système éducatif compatible avec l'ambition du projet. Jamais un manifeste intellectuel n'a été aussi en phase avec l'atmosphère du moment. Les ravages napoléoniens en Allemagne, l'évanouissement du Saint Empire germanique, le charcutage des Etats par l'Empereur, l'enrôlement de force de contingents allemands dans la Grande Armée, l'humiliation des Hohenzollern et des Habsbourg, l'ombre portée de la nation française en armes : c'étaient les ingrédients d'une révolte nationale. Fichte lui apporte une idéologie.

Autre philosophe enthousiasmé par 1789 et horrifié par 1793 : Hegel. L'observation des événements parisiens fait de lui un libéral et un étatiste. Les libertés individuelles garanties par un Etat centralisé et démocratique, la liberté et l'ordre : tels sont ses objectifs. Mais lui aussi préférera, au fil du temps, l'ordre à la liberté. Il n'y a guère de place affichée pour les enjeux politiques dans la *Phénoménologie de l'esprit*. Mais décalqués dans la réalité, les principes de la *Phénoménologie* ne peuvent conduire qu'à une conception nationaliste, étatiste et autoritaire. Hegel n'est pas un contre-révolutionnaire, partisan farouche de l'Ancien Régime en France et ailleurs : il mesure combien l'amoncellement des privilèges était contraire au règne de la raison. Mais sa pensée est à l'antithèse des libéraux et des socialistes. Il ne croit ni à un optimum par la liberté, ni à la reconstruction de la société à partir de sa base. Philosophe plus important que Fichte, il exerce néanmoins un magistère politique moins puissant, car il se refuse à transcrire trop explicitement la philosophie en politique.

Dans cette lignée « dure », Heine fait exception. C'est, quant à lui, un intellectuel à la française, de culture allemande. Avant même de s'installer à Paris, il plaide pour l'internationalisme contre les nationalismes obtus, dont l'allemand. Le principe des nationalités n'est qu'une phase intermédiaire dont le débouché doit être le cosmopolitisme. Devenu une vedette de la scène parisienne, il laisse parler son cœur du côté français, aux dépens de son pays natal auquel il reproche sa « teutonmanie » faite de nationalisme, d'antisémitisme, de mesquinerie sociale. Heine est un intellectuel conforme à nos habitudes, mais il n'a pas de place dans le fil idéologique en train de se tisser en Allemagne.

Quant aux deux penseurs allemands les plus importants du siècle, sont-ils des intellectuels ? S'interroger ainsi sur Marx et sur Nietzsche peut sembler absurde, voire ridicule. Si un intellectuel est un penseur qui essaie de peser sur la réalité de l'extérieur ou du cœur du pouvoir, que dire en particulier de celui qui va remodeler la réalité ?

Journaliste, observateur, pamphlétaire, Marx est bien davantage qu'un intellectuel. Père du marxisme, il appartient à un autre univers : Prométhée n'est ni Lamartine, ni Hugo, ni Guizot ! Il n'est pas le défenseur des justes causes ; il est « la cause ». C'est le propre des vrais révolutionnaires de l'esprit : ce qui vaut pour Marx vaudra de la même manière pour Freud. L'auteur du *Capital* est donc pour nous hors sujet, tant il ne pèse pas sur l'Histoire mais la fait.

Et ailleurs ?

Vis-à-vis de Nietzsche, l'interrogation est encore plus paradoxale. Trop loin du monde réel pour vouloir en combattre les excès et les injustices, il élabore la pensée la plus apolitique possible, la moins réductible à l'essence de la politique, c'est-à-dire à la gestion des hommes et des conflits. Son œuvre sera néanmoins détournée, chacun le sait, contre toute logique.

Ce n'est pas de Nietzsche mais de Hegel dont les nazis auraient pu faire un grand-père adoptif. Il existe davantage de germes autoritaristes dans la *Phénoménologie de l'esprit* que dans *Zarathoustra*, mais la vie en a décidé autrement ou plus exactement Elisabeth, la sœur de Nietzsche. C'est elle qui, tel un tribut offert à la mémoire de son frère, a réussi à mettre son œuvre au service du national-socialisme. Il n'y a pas moins politique que le vrai Nietzsche ; il n'y a pas plus politique que le faux Nietzsche.

Et en dehors de l'Angleterre et de l'Allemagne ? C'est étonnamment en Russie que les intellectuels ont été reconnus en premier comme une force sociale. Le mot même d'« intelligentsia » sera un des meilleurs produits russes d'exportation. L'intelligentsia ne correspond pas à la cohorte de tous les gens éduqués ; elle réunit tous ceux, issus de cette sphère, qui prennent des positions politiques radicales contre le régime tsariste et son alliée l'Eglise orthodoxe et sont conduits, dans ce système despotique, à sortir, le cas échéant, de la légalité. C'est le résultat de la contradiction dans laquelle s'enferre le tsarisme. L'obsession de puissance exige d'ouvrir le pays à l'Occident mais celui-ci n'exporte pas seulement son savoir-faire industriel mais aussi ses idées et ses théories de sorte que, pour développer le pays, le régime fabrique involontairement les ferments de sa propre contestation. La force de la diaspora exilée, les Herzen, Bakounine, Lavrov, donne à l'intelligentsia locale une visibilité dont elle sait user. L'émergence du nihilisme, la figure sanctifiée de Dostoïevski, condamné à mort et gracié sur le lieu même de l'exécution, la multiplicité des cercles de réflexion à l'étranger : autant d'éléments qui ont mythifié l'idée même d'intelligentsia. Pour les uns, c'est l'avant-garde de la société. Pour les autres, à l'inverse, l'échelon avancé et abhorré de la Révolution.

Un écrivain demeure à part. C'est Tolstoï qui joue le rôle d'un Hugo russe. Idolâtré et donc intouchable aux yeux du pouvoir, il n'hésite pas à se comporter comme un intellectuel français, interpellant les autorités, défendant les opprimés, sauvegardant des destins individuels. Alors qu'elle ne s'est reproduite ni en Angleterre, ni en Allemagne, cette figure-là d'essence si typiquement française s'est incarnée dans la steppe russe.

De l'autre côté, aux Etats-Unis, l'idée même d'intelligentsia est surréaliste. L'Amérique décrite par Tocqueville n'est pas propice à ce genre d'itinéraires individuels : la culture est, sauf rares exceptions, un instrument de promotion et non de contestation. Il existe, certes, quelques cas particuliers : des communautés excentriques qui se protègent plus du monde environnant qu'elles ne cherchent à l'influencer. Mais un pays de sectes n'est pas favorable aux intellectuels. Une seule voix discordante s'est fait entendre au dix-neuvième siècle : David Thoreau, rebelle contre la Constitution, les habitudes et l'état d'esprit du pays et qui essaie de peser sur le débat public de cette époque. Mais il s'agit d'un déviant : ni Melville, ni Whitman, ni Hawthorne n'ont d'autre horizon que leurs œuvres.

C'est au fond dans le monde latin que l'intellectuel à la française s'est manifesté. Sous l'influence parisienne ? Elle n'est pas absente mais la survaloriser, c'est faire fi de l'histoire de l'Espagne et de l'Italie.

En Espagne se reproduit, avec un siècle de décalage, donc à la fin du dix-neuvième siècle, le phénomène des Lumières. La toute-puissance de l'Eglise, la décomposition du pouvoir monarchique, la porosité croissante avec les autres sociétés européennes et en particulier la France voisine ont poussé les élites cultivées dans un combat commun. Comme en France au dix-huitième siècle, il mobilise salons, cercles, revues, libelles avec des figures emblématiques, Clarin et Miguel de Unamuno. Ils ont leurs « affaires Calas et Dreyfus », leurs causes individuelles et se mobilisent « à la française ». Sur le plan idéologique, ils sont naturellement partagés entre libéraux, socialistes, républicains. S'y ajoute un combat, totalement absent du côté français, pour les irrédentismes régionaux et linguistiques. Ce sont en effet les intellectuels qui constituent l'avant-garde des mouvements nationalistes catalans et basques.

Et ailleurs ? 175

L'Italie connaît depuis le dix-huitième siècle un processus intellectuel assez voisin du cas français. La porosité est, il est vrai, si grande entre les deux pays que tout événement parisien a un écho à Milan, Rome ou Naples. Les armées d'invasion et les pèlerinages littéraires sont, de ce point de vue, des vecteurs incontestés d'influence. Beccaria, Genovesi, Algarrotti mais aussi Goldoni et Casanova constituent, à leur manière, les Lumières italiennes. Au dix-neuvième siècle, les intellectuels sont au cœur du Risorgimento comme leurs collègues français pendant les révolutions de 1830 et 1848. Manzoni est un Hugo avant la lettre, romancier romantique et populaire, aux aspirations politiques ; Mazzini, un Lamartine moins poète et plus politique ; Cavour un Guizot plus entreprenant.

L'originalité française est immense au dix-huitième siècle, significative au dix-neuvième. On pourrait imaginer au fond une loi de l'Histoire qui postulerait la banalisation, à l'instar de celle qui fait déboucher la physique sur l'entropie. Dans ce cas, les intellectuels français rentreraient dans le rang au vingtième siècle. Or c'est l'inverse qui se produira : leur particularité et donc leur influence redeviendront à certains moments presque aussi fortes que pendant les Lumières.

CHAPITRE 22

Enfin l'intellectuel naquit...

« N'est-ce pas un signe, tous ces *intellectuels*, venus de tous les horizons, qui se groupent sur une idée et s'y tiennent, inébranlables ?... Pour moi, j'y voudrais voir l'origine d'un mouvement d'opinion au-dessus de tous les intérêts divers, et c'est dans cette pacifique révolte de l'esprit français que je mettrais à l'heure où tout nous manque mes espérances d'avenir », écrit le 23 janvier 1898 Clemenceau. Barrès rétorque le 1er février 1898 sous le titre « La protestation des intellectuels » : « Une demi-culture détruit l'instinct sans lui substituer la conscience. Tous ces aristocrates de la pensée tiennent à afficher qu'ils ne pensent pas comme la vile foule. On le voit trop bien. Ils ne se sentent plus spontanément d'accord avec leur groupe naturel et ils ne s'élèvent pas jusqu'à la clairvoyance qui leur restituerait l'accord réfléchi avec la masse. » Les termes du débat sont désormais posés : la conscience contre le populisme, le désir moral contre la fidélité au peuple, un sentiment indéniablement élitiste contre l'alliance obligatoire avec les masses. De Clemenceau à Camus, la ligne est désormais claire mais de Barrès à André Wurmser – cet éminent stalinien –, elle l'est paradoxalement aussi.

Qui sont ces intellectuels qui viennent de mettre le feu aux poudres ? Quelques centaines de signataires, allant de professeurs inconnus de l'enseignement secondaire jusqu'aux noms les plus éclatants du moment ou promis à le devenir : Zola bien sûr, mais aussi Anatole France, Marcel Proust, Jules Renard, Claude Monet, Emile Durkheim, Fernand Gregh, Daniel Halévy, Elie Halévy, Célestin Bouglé, Georges Sorel... Quel incroyable concours de circonstances a-t-il fallu pour que des esprits cultivés, en général individualistes, souvent en désaccord les uns avec les autres, se sentent à la fois un devoir éthique et une conscience spécifique de classe ou au moins une connivence sociologique, pour passer outre à leurs habitudes et faire ainsi irruption sur la scène nationale! C'est, contrairement à la vulgate, moins l'affaire Dreyfus qui a directement suscité cet incroyable exorcisme collectif que l'irruption de Zola dans l'Affaire.

Fin 1897, la chape de plomb a commencé à se lever après les trois ans, depuis le verdict du 22 décembre 1894, qui ont vu Mathieu Dreyfus rejoint par Bernard Lazare, mener un combat en apparence perdu d'avance dans un pays qui, de gauche, Jaurès et Clemenceau inclus, à droite, tenait l'ex-capitaine pour coupable. Mathieu Dreyfus fait, dans ce climat, un pas décisif : il accuse Esterhazy d'être l'auteur du bordereau. C'est à ce moment que Zola entre en scène. Nul ne démêlera jamais l'écheveau de ses motivations : le sentiment viscéral, bien sûr, de l'injustice ; les contradictions d'un homme avide de reconnaissance bourgeoise et meurtri par le rejet de l'establishment, la conviction que son heure littéraire est passée, le désir de trouver un rôle à sa mesure... L'homme connaît les risques de son engagement dans un pays chauffé à blanc par le camp nationaliste et dont le gouvernement s'accroche, bec et ongles, au mythe de la chose jugée. Il monte néanmoins progressivement en puissance.

Dans un premier article donné le 25 novembre au *Figaro*, il prétend s'exprimer avec son « seul cœur de romancier » sur les personnages et au premier chef Scheurer-Kestner, mais il plante la première flèche : « La vérité est en marche et rien ne l'arrêtera. » Il récidive le 1er décembre par un article de combat, « Le syndicat », puisque tel est le nom donné par la presse nationaliste et antisémite à la cohorte, chaque jour plus large, des « dreyfusards ». Ce « syndicat », il le magnifie. On croirait lire la feuille de route du futur mouvement intellectuel : « Un syndicat pour agir sur l'opinion, pour la guérir de la démence où la presse immonde l'a jetée, pour la ramener à sa fierté, à sa générosité séculaires. Un syndicat pour répéter chaque matin que nos relations diplomatiques ne sont pas en jeu, que l'honneur de l'armée n'est point en cause, que des individualités seules peuvent être compromises. Un syndicat pour démontrer que toute erreur judiciaire est réparable et que s'entêter dans une erreur de ce genre, sous le prétexte qu'un Conseil de guerre ne peut se tromper, est la plus monstrueuse des obstinations, la plus effroyable des infaillibilités. Un syndicat pour mener campagne jusqu'à ce que la vérité soit faite, jusqu'à ce que la justice soit rendue, au travers de tous les obstacles, même si des années de lutte sont encore nécessaires. De ce syndicat, ah oui, j'en suis et j'espère bien que tous les braves gens de France vont en être ! »

Dans un troisième et dernier article au *Figaro*, il attaque ce qui est à ses yeux la matrice de l'Affaire, l'antisémitisme : « C'est lui seul qui a rendu possible l'erreur judiciaire, c'est lui seul qui affole aujourd'hui la foule, qui empêche que cette erreur ne soit tranquillement, noblement reconnue... »

Les événements s'accélèrent : Esterhazy acquitté en cinq minutes par le Conseil de guerre, Picquart arrêté, Scheurer-Kestner dépouillé de la vice-présidence du Sénat. C'est alors qu'après ses premiers tirs de sommation, Zola se décide à faire, cette fois-ci, feu. Puisque submergé de lettres de lecteurs, le *Figaro* ne veut plus de lui, il se réfugie à *L'Aurore*, c'est-à-dire chez Clemenceau. Ce sera donc le 13 janvier 1898 : « J'accuse », sans doute l'article à jamais le plus célèbre de la presse française.

C'est en fait l'acte de la naissance des intellectuels. Ce que le sentiment d'injustice n'avait pas produit, la lettre de Zola au président de la République, va le susciter : toutes les forces dreyfusardes, connues ou non, vont désormais s'unir derrière sa bannière. Perspicace directeur de la *Revue des deux mondes*, Ferdinand Brunetière mesure l'importance du phénomène : « Et cette pétition que l'on fait circuler parmi les *Intellectuels*, le seul fait que l'on ait récemment créé ce mot d'*Intellectuels* pour désigner, comme une sorte de caste nobiliaire, les gens qui vivent dans les laboratoires et les bibliothèques, ce fait seul dénonce un des travers les plus ridicules de notre époque, je veux dire la prétention de hausser les écrivains, les savants, les professeurs, les philologues au rang des surhommes. Les aptitudes intellectuelles, que certes je ne méprise pas, n'ont qu'une valeur relative. Pour moi, dans l'ordre social, j'estime beaucoup plus haut la trempe de la volonté, la force du caractère, la sûreté du jugement, l'expérience pratique. Ainsi je n'hésite pas à placer tel agriculteur ou tel négociant, que je connais, fort au-dessus de tel érudit ou de tel biologiste ou de tel mathématicien qu'il ne me plaît pas de nommer. » Brunetière est plus subtil que Barrès : il ne fait pas un postulat de l'alignement des « sachants » – suivant un mot aujourd'hui à la mode – sur l'opinion dominante ; il nie leur supériorité morale et leur refuse donc le droit de s'estimer, plus que d'autres, comptables de l'éthique. De ce procès-là, les intellectuels s'extirperont plus difficilement que des antiennes populistes : ils n'arriveront pas toujours à exhiber leurs sauf-conduits pour incarner le bien.

Le malaise entre les intellectuels et la gauche socialiste – un classique de notre vie nationale – se manifeste immédiatement. Quoique dreyfusard, Jaurès admoneste Zola. Après un bref hommage – « J'admire la hardiesse de Zola » –, il lui adresse une volée de bois vert, marquée du sceau de l'antisémitisme d'extrême gauche – un autre classique français : « Mais qu'il me permette de le lui dire. Il ne peut isoler son acte du milieu social où il se produit. Or derrière lui, derrière son initiative hardie et noble, toute la bande suspecte des écumeurs juifs marche sournoise et avide, attendant de lui je ne sais quelle réhabilitation indirecte, propice à de nouveaux méfaits... Et par une répercussion singulière, Zola, en abattant une partie des forces d'oppression, risque de restaurer une partie des forces d'exploitation. » On croirait entendre les communistes s'en prenant, après la Seconde Guerre mondiale, aux « belles âmes » prêtes par leur naïveté ou leur inconscience à renforcer « l'ennemi de classe ».

Péguy et ses collègues normaliens viennent, au nom eux aussi du socialisme, au secours de Zola : « Les socialistes, sous peine de déchéance, doivent marcher pour toutes les justices qui sont à réaliser. Ils n'ont pas à considérer à qui servent les justices réalisées car ils sont désintéressés ou ils ne sont pas. » Ce sont à nouveau les années cinquante qui se profilent, avec l'émancipation des intellectuels communistes, après la publication du rapport Khrouchtchev et la discussion qu'ils ouvriront sur l'exigence de dénoncer, au nom de la pureté du communisme, « les crimes du stalinisme ».

Extraordinaires épisodes qui font basculer en quelques semaines le débat dans la modernité. Avant l'entrée en lice de

Zola, il existait une vie de l'esprit ; à partir de « J'accuse » s'ouvre en effet non plus une histoire intellectuelle mais une histoire des intellectuels. Une fois venu le goût des pétitions, celles-ci deviennent monnaie courante. Ainsi *L'Aurore* publie-t-il une « Adresse à Emile Zola » signée, parmi d'autres, de Mirbeau et de Courteline : « Les soussignés appartenant au monde des arts, des sciences et des lettres félicitent Emile Zola de la noble attitude militante qu'il a prise dans cette ténébreuse affaire Dreyfus... Ils se solidarisent pleinement avec lui au nom de la Justice et de la Vérité. » Les règles de la solidarité pétitionnaire sont désormais établies : un noble geste sans risque. Car les signataires ne sont pas menacés des foudres de la justice, alors que Zola, lui, l'est.

Son procès commence le 7 février. C'est un spectacle joué d'avance auquel le « faux Henry » ajoute une touche de surprise. Les témoignages montés à charge, le chantage à l'honneur du général de Boisdeffre, l'excitation de l'assistance dressent le décor pour une condamnation maximale : un an de prison ferme et mille francs d'amende. Les intellectuels ne sont que plus mobilisés, d'un Jules Renard – « Je déclare que le mot Justice est le plus beau de la langue des hommes et qu'il faut pleurer si les hommes ne le comprennent plus » – à un Mallarmé qui se dit « pénétré » par le courage de l'auteur de « J'accuse ». Le verdict est confirmé en appel, l'amende augmentée et humiliation suprême, Zola est suspendu de la Légion d'honneur qu'il avait tellement souhaité obtenir. Voilà le notable des lettres fuyant en Angleterre pour y vivre sous des noms d'emprunt successifs.

Le procès Zola divise le monde intellectuel davantage encore que l'Affaire elle-même car l'affrontement se passe autour d'un des personnages emblématiques de cet univers et non plus d'un capitaine inconnu. Le « syndicat », suivant le mot donc des anti-dreyfusards, se transforme en une organisation ayant pignon sur rue : la Ligue des droits de l'homme. C'est une démarche qui se renouvellera souvent, les intellectuels essayant, dans les moments de grande tension, de solidifier leur action collective en la transformant en une organisation stable. C'est cette fois-ci le cas, même si la Ligue va être conduite à dériver loin de ses origines au fil des décennies. Placée sous les auspices de la Déclaration des droits de l'homme de 1789, celle-ci sera une borne témoin d'une morale républicaine inflexible, en particulier face à l'antisémitisme, fût-il de gauche. Au nom de la scissiparité que vont connaître toutes les organisations intellectuelles, les rares catholiques dreyfusards quittent la Ligue pour fonder un Comité catholique pour la défense du droit.

L'organisation des intellectuels dreyfusards conduit, par un phénomène naturel d'aimantation idéologique, à la constitution d'une cohorte d'intellectuels antidreyfusards avec, dans une posture symétrique de celle de Zola, Maurice Barrès. Nationaliste, au point même d'avoir créé le mot, l'auteur des *Déracinés* s'en prend à la citoyenneté de Zola ; il lui dénie le droit d'être Français car celui-ci pense en « Vénitien déraciné ». C'est, à ses yeux, le propre des intellectuels – du moins les intellectuels dreyfusards – qui, à l'instar des juifs, sont imperméables à l'idée même de nation. Il ajoute même à la litanie des déracinés, les protestants, tant à ses yeux le catholicisme fait corps avec l'identité française.

Plus nuancé, plus habile est Brunetière qui, universitaire, incontestable par son cursus, se sent en état, nous l'avons vu, de contester l'idée même d'intellectuel. Il reproche à cette engeance son individualisme et son incapacité à comprendre les exigences de la collectivité nationale et en particulier la quasi-sainteté de l'armée. Durkheim monte au front pour réfuter la thèse de Brunetière et s'ériger, à l'inverse, en héraut de l'individualisme.

Les deux camps sont désormais en ordre de bataille, la Ligue de la patrie française constituant le pendant nationaliste de la Ligue des droits de l'homme. Ils avaient chacun une cause ; ils ont désormais un corpus idéologique. Aussi leurs réactions, à chaque nouvel épisode de l'Affaire, sont-elles prévisibles. Le suicide d'Henry, la recevabilité de la demande de révision, le procès de Rennes, le verdict, la grâce : autant d'occasions pour un affrontement codifié.

La bataille consiste aussi à enrégimenter de nouvelles recrues. Les salons constituent, de ce point de vue, un terrain de manœuvre privilégié. Du côté dreyfusard règne Madame de Caillavet, égérie officielle d'Anatole France ; du côté nationaliste, Madame de Loynes avec, elle aussi, son amant établi, Jules Lemaître. Ce sont les « hautes intelligentsia » qui, dans chacun des camps, fréquentent ces lieux sophistiqués. Les « basses intelligentsia » sont vouées aux pétitions car le monde intellectuel est segmenté, même s'il déteste le reconnaître, comme l'était, sous l'Ancien Régime, le clergé partagé en un haut et un bas clergé. Les signatures viennent en masse : quinze mille pour soutenir le colonel Picquart et obtenir le report de son procès. Dans l'autre camp, c'est une souscription qui est lancée pour venir en aide à la veuve d'Henry.

Il n'y a guère de « no man's land » entre les belligérants. Ainsi la tentative de constituer un tiers parti intellectuel, un hypothétique centre ou une improbable synthèse échoue-t-elle malgré un appel lancé dans *Le Temps* en janvier 1899 par des personnalités respectables emmenées par Ernest Lavisse et Victorien Sardou.

Jamais la vie de l'esprit n'avait connu une telle césure. Au dix-huitième siècle les philosophes étaient, malgré leurs divergences, du même côté de la barricade. Dans la première partie du dix-neuvième, les écrivains et les penseurs engagés couvraient un véritable kaléidoscope, tant les nuances, les croisements, les choix étaient multiples et changeants. A partir de l'Affaire, le monde intellectuel se divise, pour plusieurs décennies, en armées antagonistes avec leurs généraux, leurs colonels, leurs hommes de troupe.

Le général en chef de l'armée dreyfusarde est naturellement Zola. Rentré en France en décembre 1900 grâce à la loi d'amnistie pour les faits relatifs à l'affaire Dreyfus, il exerce un magistère moral incontesté. Le cycle des *Rougon-Macquart* clos, il s'était lancé, avant même de monter au front du dreyfusisme, dans une série pompeusement baptisée *Les quatre évangiles – Fécondité, Travail, Vérité, Justice*. Le premier tome sort à son retour. C'est, malgré la gloire de l'auteur, un échec au regard des triomphes passés du maître. Il en va de même du second. Quant au troisième, il l'achève juste avant sa mort le 28 septembre 1902, à la suite d'une asphyxie au monoxyde de carbone. L'effervescence qui entoure le personnage suscite des doutes sur son décès – accident, assassinat, suicide – qui ne seront jamais complètement levés.

Les obsèques, le 5 octobre 1902, constituent l'ultime réunion de la « famille dreyfusarde », le capitaine Dreyfus, Picquart, Bernard Lazare au premier rang. Des discours en forme d'homélies, c'est le texte d'Anatole France qui fera date : « Il n'y a qu'un pays au monde dans lequel ces grandes choses pouvaient s'accomplir. Qu'il est admirable le génie de notre patrie ! Quelle est belle cette âme de la France qui, dans les siècles passés, enseigna le droit à l'Europe et au monde... Zola a bien mérité de la patrie en ne désespérant pas de la justice en France... Envions-le, la destinée et son cœur lui firent le sort le plus grand : il fut un moment de la conscience humaine. » Anatole France voit une des manifestations du génie national dans le sursaut des intellectuels, sans se lamenter en revanche sur la tare qu'a représentée pour la France l'existence d'un manquement aussi durable aux règles de droit que l'Affaire.

La mission des intellectuels ne sera plus, comme du temps des philosophes des Lumières, d'influencer l'évolution institutionnelle du pays et de se faire les hérauts de réformes libérales ; elle se voudra essentiellement rédemptrice. Se dessine ainsi une dimension eschatologique qui va se perpétuer jusqu'aujourd'hui. Zola disparu, l'armée des intellectuels de gauche est décapitée. Aucun général en chef incontestable ne s'impose alors que, dans l'autre camp, va régner encore longtemps un maître adulé.

CHAPITRE 23

Le roi Barrès

Lorsque l'affaire éclate, Maurice Barrès est déjà un personnage clé de la cosmographie parisienne. Né en 1862, il est devenu, jeune, un astre dans le milieu littéraire. Débutant avec des ouvrages narcissiques et anticonformistes – *Le culte du moi*, *L'ennemi des lois*, *Un homme libre* –, il semble un enfant lointain du romantisme et un dandy mi-bohème, mi-bourgeois. Devenu le pape de la droite traditionnelle, il fera son possible pour relativiser ces écrits de jeunesse : « Notre raison, cette reine enchaînée, nous oblige à placer nos pas sur les pas de nos prédécesseurs. » C'est avec les *Déracinés* que commencent à affleurer ses futurs tropismes : une troupe de lycéens quitte la Lorraine – qu'ils partagent avec Barrès –, pour se perdre dans les tentations de Paris, au point que l'un d'entre eux va finir guillotiné pour assassinat... Premier tome d'un triptyque au titre évocateur, *Le roman de l'énergie nationale*, les *Déracinés* ne plaident plus pour la bohème : « Vous êtes faits pour sentir en Lorrains, en Auvergnats, en Provençaux, en Bretons... N'écoutez pas les avocats de l'universel. » C'est, dans le livre, l'allégorie du « platane de Monsieur Taine » : « Chacun s'efforce de jouer son petit rôle et s'agite comme frissonne chaque feuille du platane ; mais il serait agréable et noble, d'une noblesse et d'un agrément divins, que les feuilles comprissent leur dépendance du platane et comment sa destinée favorise et limite, produit et englobe leurs destinées particulières. » La nation, destinée globale, compte davantage que chacun de ses citoyens, destinée particulière.

Les dreyfusards n'ont rien compris à la philosophie cachée des *Déracinés*. Espérant en effet enrôler de leur côté Barrès, ils lui envoient Léon Blum en éclaireur. Celui-ci est poliment éconduit : Barrès lui écrit pour lui indiquer qu'à la réflexion, dans le doute, il suivra « l'instinct national ». Instinct national : tout est dit. C'est, dès lors, l'engrenage. Comme s'ils avaient été longtemps tus, les mots les plus violents apparaissent sous la plume de Barrès : « L'âme française, l'intégrité française est aujourd'hui insultée et compromise au profit d'étrangers, par l'infâme machination d'autres étrangers, grâce à la complicité de demi-intellectuels, dénationalisés par une demi-culture. » C'est à Lucien Herr qu'il revient d'acter le divorce. Il ne laisse aucune place à une hypothétique réconciliation : « L'homme qui, en vous, hait les juif et hait les hommes d'outre-Vosges, soyez sûr que c'est la brute du douzième siècle et le barbare du dix-septième siècle. »

Le nationalisme de Barrès est l'antithèse de celui de Renan. Il ne croit pas au « plébiscite quotidien » mais à la terre et à la race. A ces exigences-là, les juifs ne répondront jamais. Ainsi de cette mise en cause de Dreyfus au moment du procès de Rennes : « Nous exigeons de cet enfant de Sem les beaux traits de la race indo-européenne. Il n'est point perméable à toutes les excitations dont nous affectent notre terre, nos ancêtres, notre drapeau, le mot honneur. »

Dans le camp antidreyfusard vont naturellement cohabiter des modérés et des « jusqu'au-boutistes ». A Brunetière, chef de file des premiers qui font de l'attachement à l'armée la raison de leur engagement et refusent de verser dans les excès nationalistes et l'antisémitisme, Barrès répond vertement : il se « veut extrémiste, c'est-à-dire nationaliste, raciste, antisémite ». Ainsi plaide-t-il pour un rassemblement aussi large que possible sur ces thèmes-là : ceux-ci constituent l'idéologie, en pointillés, de son *Appel au soldat* publié en 1899.

La rocambolesque tentative de putsch de Déroulède, au moment des obsèques de Félix Faure, va lui donner l'occasion de franchir une étape de plus, puisqu'il donne son blanc-seing à l'opération vue par lui comme une « délivrance nationale ». Il ira jusqu'à écrire de Déroulède comme d'Henry que les deux hommes avaient commis « un crime d'amour, d'amour pour la nation »… Convaincu que, si la tentative a cette fois-ci raté, elle réussira un jour, il décide de donner une armature conceptuelle à sa famille d'esprit. Le nationalisme s'ancre dans le sol : « Notre terre nous donne une discipline et nous sommes le prolongement de nos morts. Voilà sur quelle réalité nous devons nous fonder. » Emmanuel Berl connaîtra ses classiques lorsqu'il mettra dans la bouche du maréchal Pétain : « la terre qui, elle, ne ment pas ». De la terre à la race, il n'y a qu'un pas : « Il y a donc dans une nation, par la communauté de race et de sang, une communauté de structure nerveuse ; par suite une similitude de réactions devant les excitations ; par suite encore une âme commune. » Et de la race au droit du sang, le cheminement est direct : sus aux naturalisations !

La vie étant néanmoins pleine de ruses, Barrès tombe amoureux d'Anna de Noailles, dreyfusarde et romancière, ce qui l'obligera à tempérer un peu son délire nationaliste. Si celui-ci ne débouche pas sur une violence verbale à la Maurras, cela tient à un paradoxe. Barrès a beau croire à la supériorité du tout sur les parties, c'est l'inverse quand il s'agit d'individualités : il déteste le dreyfusisme comme un tout, il ne hait pas les dreyfusards comme individus.

Député à éclipses, élu dans la foulée de Boulanger, battu, réélu en 1906, il utilise la tribune de l'Assemblée pour poursuivre les mêmes combats. Intellectuel, il réfute l'omniprésence du kantisme, ce culte de la raison que la IIIe République a fait sien. Parlementaire, il s'en prend donc aux institutions universitaires incapables de « parler aux enfants de leur demeure familiale, de la tombe des aïeux, de l'honneur du nom, de la religion, de toutes les vénérations françaises ». Avec le cynisme d'un politicien professionnel, il profite du suicide d'un lycéen à Clermont-Ferrand en 1909 pour mettre le drame sur le compte d'un système éducatif incapable de donner des repères aux élèves. Malchance : son neveu préféré, Charles Demange, se suicide à son tour, quelques mois après. Nuance-t-il son propos ? En aucune manière : malgré sa propre influence bienfaisante, Demange serait, à ses yeux, lui aussi victime du milieu scolaire.

Parlementaire obtus, homme politique obsessionnel, intellectuel obsédé, Barrès est néanmoins une gloire nationale. Il suffit que son regard se porte positivement sur un auteur pour créer, autour de ce dernier, un immense intérêt. C'est lui qui lance Péguy : oubliant la période dreyfusarde de l'homme, Barrès voit dans le *Mystère de la charité de Jeanne d'Arc* une œuvre talentueuse mais surtout le retour d'une brebis égarée dans le giron du catholicisme. Il se fait donc le prosélyte du livre, assure au fondateur des *Cahiers* une réputation inattendue et se bat, certes en vain, pour qu'il obtienne le grand prix de l'Académie française. C'est lui qui a découvert le jeune Mauriac. C'est lui dont Proust, Aragon, Drieu la Rochelle chercheront la bénédiction.

Les attitudes personnelles et les goûts littéraires de ce Barrès-là atténuent sa rigidité doctrinale. Ainsi, apprenant le 31 juillet 1914 l'assassinat de Jaurès, se rend-il auprès de la dépouille de son adversaire : « Je m'incline devant Jaurès et je redescends l'escalier. En bas, la fille de Jaurès, ma lettre ouverte à la main, des pleurs dans les yeux, me remercie avec une grande noblesse naturelle, une émouvante simplicité et retenue. Dans le jardin je serre la main de deux militants... Quelle solitude autour de celui dont je sais bien qu'il était, car les défauts n'empêchent rien, un noble homme, ma foi oui un grand homme : adieu Jaurès que j'aurais voulu pouvoir librement aimer ! » Etonnant hommage à l'égard d'un personnage qu'il attaquait, à la Chambre, comme représentant de « la pensée allemande » et que ses amis, Daudet le premier, vouaient aux gémonies, appelant presque à l'assassiner : « Nous ne voudrions déterminer personne à l'assassinat politique mais que Monsieur Jaurès soit pris de tremblement. »

Avec un tel état d'esprit, Barrès est prêt – suivant le mot de Raymond Poincaré – pour l'Union sacrée. Lui, le nationaliste obsessionnel, veut participer à cette guerre contre une Allemagne que, lorrain, il abhorre depuis son enfance. De là un choix fou : « Je m'engage à écrire, la guerre durant, un article par jour à *L'Echo de Paris*. » C'est certes un engagement moins contraignant que de rejoindre l'armée, ce qu'il aurait encore pu faire, à cinquante-deux ans. Désir d'être inlassablement présent dans le débat national ? Volonté de mettre sa meilleure arme, sa plume, au service du pays ? Modestie inattendue par rapport aux autres fonctions qu'il aurait pu briguer ?

Mais jouer les chroniqueurs ne suffit pas à combler le désir qui le taraude de se rendre utile. Il est partout où on l'appelle pour parler, inaugurer, réconforter, récompenser, décorer, glorifier, sans manquer à son devoir de journaliste : près de 1500 articles réunis, après la fin du conflit, dans les quatorze tomes d'une *Chronique de la Grande Guerre*. Le chroniqueur de l'Union sacrée ne ressemble guère au pamphlétaire de l'affaire Dreyfus : « Le germe de la France sommeillait sur un oreiller de vipères. Il semblait qu'il allât périr étouffé dans les nœuds dégoûtants de la guerre civile. Mais les cloches sonnent le tocsin et voici que le dormeur se réveille dans un élan d'amour. Catholiques, protestants, israélites, socialistes, traditionalistes soudain laissent tomber leurs griefs. Les couteaux de la haine, par enchantement, disparaissent. L'innombrable querelle sous le ciel livide fait silence. » Les juifs, les protestants, les socialistes traités sur le même rang que les catholiques et les nationalistes ! Qui l'aurait imaginé au moment de l'Affaire, quand le créateur de la Ligue de la patrie française crachait son venin ?

Mais à cette bonne surprise près – Barrès pacifié –, sa guerre est médiocre. Il n'est pas au rendez-vous des « orages désirés » et le sait : « Etrange péché, si j'interroge mon cas, je vois bien que je l'ai commis. Je n'aspirais qu'à servir. Continuellement j'ai fait une besogne inférieure. C'était bien de soutenir le moral chaque jour, mais ne me suis-je pas noyé dans cet excès de travail ? » Ni influence politique sur les événements, ni grande œuvre née des circonstances : la guerre est plus grise que Barrès, jeune, ne l'imaginait. Mais incapable de s'inventer un autre rôle, il continue à parader dans l'après-guerre. A Strasbourg, à Metz, à Versailles, le 14 juillet. Evidemment réélu lors de l'avènement de la Chambre « bleu horizon », il met à son actif l'instauration d'une fête en l'honneur de Jeanne d'Arc : c'est peu de la part du chef de file intellectuel du « Bloc national ».

Il ne lui reste que la littérature pour un ultime sursaut. Ce sera *Un jardin sur l'Oronte*, sublimation romanesque de ses liens chaotiques avec Anna de Noailles. Ce retour au romantisme lui vaut les critiques de son camp. Sans doute se réjouit-il d'échapper à son destin de « maître en titre » comme il s'était lui-même décrit et de renouer avec la bohème de sa jeunesse. Pensant avoir assez servi les intérêts de son camp, il prend plaisir à affirmer sa liberté : « Je revendique le droit d'être autre chose qu'un séminariste. Je ne veux pas qu'on me dise : – Ah, c'est moins bien quand vous ne défendez pas les églises. A cette minute même, je continue de les défendre. »

Il demeure, en revanche, d'une fidélité absolue, sur le plan politique, à la droite : proche de Poincaré, il appartient au clan des « durs » à l'égard de l'Allemagne. Sa mort brutale le 4 décembre 1923 donne à la France conservatrice l'occasion de prendre sa revanche sur le moment de communion que furent les obsèques d'Hugo. Le gouvernement organise des funérailles nationales dans lesquelles la statue de Jeanne d'Arc remplace l'Arc de Triomphe et Notre-Dame le Panthéon !

Qui honorait-on ? Le roi des lettres ? L'inventeur du nationalisme ? Le fidèle de la Lorraine ? L'homme de droite ? Certes pas l'antisémite, chacun s'efforçant d'oublier la violence de l'auteur des *Déracinés* au moment de l'Affaire. Il n'y a guère d'écrivains qui n'aient, entre 1880 et 1910, subi l'influence de Barrès. Il n'y a pas davantage de nationalistes qui ne lui seraient redevables de rien. Il n'y a pas moins de républicains qui ne lui soient reconnaissants d'avoir enfin, dans la foulée de l'Union sacrée, donné quitus à la République et même entériné la loi de séparation de l'Eglise et de l'Etat.

La rupture polie avec Maurras est, de ce point de vue, essentielle. Ainsi lui écrit-il : « Il y a des moments où vous êtes d'une manière irréprochable et magnifique le conseiller de la République. D'autres moments que j'aime moins où vous redevenez un partisan. Vous me direz que c'est la même besogne ; je ne discute pas ; je dis : " Conseiller le pouvoir " ; vous en sage adversaire ; moi désireux de pouvoir ne plus blâmer – voilà notre rôle utile. » « Pouvoir ne plus blâmer », ce ne sont pas les mots qu'on aurait en 1898 imaginés, un jour, dans la bouche de Barrès... Signant le ralliement de la droite nationaliste à la République – exception faite de l'Action française –, l'ancien fondateur de la Ligue de la patrie française clôt des décennies d'une guerre civile froide au sein du monde intellectuel. Il existe, pour un nationalisme de droite, une autre voie que le maurrassisme. Sans ce Barrès-là, né en 1914 et mort en 1923, de Gaulle aurait-il été « le » républicain exemplaire ?

CHAPITRE 24

Une nouvelle engeance : l'intellectuel d'extrême droite

Ni le nationalisme, ni l'antisémitisme n'ont attendu l'affaire Dreyfus pour s'imposer dans le débat public, mais celle-ci leur sert de formidable amplificateur. Le traumatisme de la défaite de 1870, l'ablation de l'Alsace et de la Lorraine, le culte compensatoire d'une armée qui s'était pourtant couverte de ridicule, le choc de la Commune, la « grande peur des bien-pensants », l'alliance d'un trône virtuel et d'un autel réel dans l'esprit des catholiques, les premiers faux pas de la République : autant d'ingrédients dont se sont nourries les pulsions nationalistes. Quant à l'antisémitisme, il a pignon sur rue : un leader – Edouard Drumont –, un manifeste – *La France juive*, publié par celui-ci en 1886 –, un organe – *La libre parole* – dont il est l'âme et même un parti – la Ligue antisémitique. A un antisémitisme religieux et social qui court le long du dix-neuvième siècle, succède un antisémitisme de combat. Il naît, pour une part, de l'apparition des juifs au cœur des institutions républicaines, alors que sous la Royauté et l'Empire existait seule une minorité de « juifs de cour » tolérés, utilisés mais fragiles.

Mais c'est évidemment l'Affaire qui va cristalliser ces sentiments encore diffus. Nombre d'intellectuels s'expriment en arrière-plan de Barrès : les Brunetière, Jules Lemaître, Paul Bourget. Ils incarnent les institutions de l'esprit : la *Revue des deux mondes*, l'Académie française, une partie du monde universitaire. Si leur puissance de feu est grande dans les batailles successives que suscite l'Affaire, leur cohésion est, à plus long terme, faible : individualistes par métier, parfois narcissiques par tempérament, inaptes par éducation à l'organisation collective, éloignés par indifférence des partis politiques de leur camp, ils étaient condamnés à s'évanouir et à revenir à leurs chères études, une fois leur défaite consommée après la grâce du capitaine Dreyfus. Le magistère de Barrès était trop primesautier pour servir, à lui seul, de point de ralliement à une cohorte aussi désaccordée.

C'est l'irruption de Charles Maurras qui va pérenniser un parti intellectuel d'extrême droite. Même les nationalistes que vont hérisser ses outrances le regarderont comme l'aiguille de leur boussole. Il jouera le rôle que Barrès est incapable de tenir : aussi combatif que ce dernier est velléitaire, aussi haineux à l'égard de l'adversaire que l'autre est indulgent, aussi acharné que le second est léger. Maurras est un batailleur ; Barrès un esthète. Les circonstances peuvent les rapprocher ; leurs tempéraments les éloignent. Arrivé à Paris en 1885 de sa Provence natale, il vit – il le racontera plus tard – trois chocs : « Des noms en K, en W, en Z que nos ouvriers d'imprimerie appellent spirituellement les lettres juives », donc le refus de l'étranger ; le sentiment de la précarité de la civilisation française : « Mon droit à la durée et au maintien de tant de trésors m'apparut le premier des droits » ; la découverte de la force de ses racines locales face au capharnaüm parisien. La xénophobie, la précarité de la France, la nostalgie des libertés locales ne le quitteront donc plus. Si la matrice de son idéologie est fermement établie, il connaît néanmoins quelques errances de jeunesse. Royaliste avant de ne plus l'être et de le redevenir de manière viscérale. Fasciné par Lamennais avant de renier le catholicisme social. Boulangiste de raison, alors que son élitisme lui fait rejeter le populisme du personnage.

C'est dans l'Affaire qu'il va s'épanouir et façonner son destin. Pour lui, le sujet est simplissime. Le mouvement dreyfusard dévoile la mainmise juive sur la France : « On s'imaginait que la juiverie ne tenait que l'argent. L'argent lui avait tout livré ; un secteur important de l'université, un secteur équivalent de l'administration, un secteur moindre mais appréciable de l'armée, de la plus haute armée. » Un complot s'organise autour des juifs avec « les traîtres » du scandale de Panamá et les protestants. Se met en place la théorie du complot : ce sera une constante du maurrassisme.

Plus surprenant, l'ancien admirateur de Lamennais s'éloigne du christianisme : « Avec quelque loisir, quel traité à écrire de la décadence intellectuelle par 1) l'esprit chrétien qui a renversé l'Empire romain, 2) l'esprit chrétien qui a désorganisé au seizième siècle la civilisation catholique par la lecture de la Bible en langue vulgaire, 3) l'esprit chrétien qui a fomenté Rousseau, excité la Révolution, élevé la morale à la dignité d'une hyper-science, d'une hyper-politique, l'une et l'autre métaphysiques, 4) l'esprit chrétien qui nous donne aujourd'hui une théologie de l'individu, théologie de l'anarchie pure. » En fait Maurras esquisse ce qui deviendra un leitmotiv de sa pensée, l'opposition entre le catholicisme – autoritaire, incarnation du pouvoir – auquel il tient et le christianisme – suppôt de l'individualisme – qu'il abhorre, mais cet étrange distinguo ne suffira pas à lui éviter plus tard d'être condamné par le pape.

Maurras et ses émules s'inquiètent de la modération de la Ligue de la patrie française, émancipation d'une bourgeoisie repue ! Aussi, réunis dans un Comité de l'Action Française, lancent-ils un bulletin de *L'Action française*, expression publique d'une coterie qui se veut, elle, tonique, militante, brutale, car en guerre avec les juifs, les protestants, les métèques, les francs-maçons et au service d'une monarchie dont les mots d'ordre doivent être la famille, la commune, la province et l'autorité. Tels sont les thèmes de l'*Enquête sur la monarchie* que Maurras publie en 1900. C'est le royalisme qui éloigne Barrès du mouvement mais Maurras n'en a cure : nul ne contestera dès lors son ascendant. Afin de se démarquer du nationalisme bourgeois, l'Action française se réclame, elle, d'un « nationalisme intégral ». La Ligue de la patrie française s'effondrant en raison du scandale Syveton, du nom de son président, qui s'était suicidé à la suite d'une affaire de mœurs familiale – belle publicité pour les zélateurs de la famille –, L'Action française n'a plus de rival dans le camp nationaliste. Elle récupère quelques personnages à même de renforcer son état-major : Léon Daudet en priorité mais aussi Jacques Bainville.

Une nouvelle engeance : l'intellectuel d'extrême droite 193

C'est, dès lors, un vrai parti intellectuel qui se met en place. Son horizon ne ressemble pas à celui d'un parti classique, c'est-à-dire les prochaines élections. Il vise le long terme : « Un de nos refrains familiers, à notre table du Flore, disait : nous travaillons pour 1950, ce qui ne nous détournait en rien de toutes sortes d'entreprises et d'espérances pour l'aurore du lendemain. » Si la visée n'est pas immédiate, l'action doit être, elle, quotidienne. De là l'urgence de disposer d'un vrai journal. A défaut de pouvoir reprendre *La libre parole*, une souscription et un don important de Léon Daudet permettent la naissance, le 21 mars 1908 de *L'Action française* avec pour devise : « Tout ce qui est national est nôtre. » Mais ces intellectuels sont aussi des professionnels de l'agitation. Afin de joindre le coup de poing à l'éditorial, ils créent les Camelots du roi, garde prétorienne du mouvement, commandée par des « commissaires ».

Cette alliance du concept et de la bataille de rue va assurer à l'Action française une place disproportionnée dans la vie publique : sans véritable poids électoral, sans puissants relais parlementaires hormis, cas exceptionnel, une trentaine de députés en 1919, elle sera une référence permanente. Elle dispose, il est vrai, d'une arme très particulière, utilisable uniquement dans la vie publique française : le talent d'écriture... Grâce à leur intelligence et à leur plume, Maurras, Daudet, Bainville fascinent au-delà des rangs de leurs militants. Lecteurs passionnés de *L'Action française*, Proust, Apollinaire et Gide n'en partagent aucune des idées.

La guerre va permettre à Maurras d'accentuer sa mainmise sur le courant nationaliste. Pratiquant à sa manière l'Union sacrée, son journal dénonce les ennemis de l'intérieur, les espions, les étrangers, les Allemands naturalisés – surtout s'ils sont juifs –, les planqués, les lâches, mais il soutient pour l'essentiel Poincaré et Clemenceau, quitte à taire fugitivement son royalisme. Mais Maurras se garde bien de tirer la conclusion de la victoire : c'est-à-dire se réjouir de la capacité de la République de mener une guerre nationale et donc reconnaître la vanité de l'aspiration royaliste. S'il l'avait fait, peut-être l'avenir politique du pays aurait-il été différent, tant le rayonnement de l'Action française était grand au lendemain du conflit. Ainsi Jacques Bainville ose-t-il écrire *Les conséquences politiques de la paix*, afin de répondre aux *Conséquences économiques de la paix* de Keynes, estimant, à propos du traité de Versailles « qu'il enlève tout à l'Allemagne sauf le principal, sauf la puissance politique, génératrice de toutes les autres ». Le paradoxe est que Keynes et Bainville ont eu, tous les deux raison, le premier parce que les réparations étaient disproportionnées, frustratrices et inapplicables, le second parce que même amputée, l'Allemagne avait conservé son unité, donc les ressorts de sa puissance, comme l'avenir va malheureusement le montrer.

L'Action française s'avère, à ce moment-là, le soutien exigeant de Poincaré dans le jeu démocratique de la droite parlementaire. Et signe de normalisation, Maurras se présente à l'Académie française avec de bonnes chances d'être élu. Mais Anatole France lui refuse sa voix, malgré l'estime qu'il lui porte au-delà des divergences politiques : « C'est le défi délibéré d'un partisan qui veut planter son drapeau sur la Coupole. Je ne donnerai pas une voix à la réaction. » Et l'agitation de Léon Daudet finit par être contreproductive. Mais l'échec n'enlève rien au magistère de Maurras que n'arrivent pas à ternir les coups de poing des Camelots du roi.

Décemment sage, lorsque la droite républicaine gouverne, l'« AF » retrouve ses réflexes d'antan face à la gauche. Avec le Cartel des gauches au pouvoir, le mouvement revient à ses antiennes classiques. Maurras s'adresse ainsi au gouvernement : « Ce serait sans haine et sans crainte que je donnerais l'ordre de répandre votre sang de chien si vous abusiez du pouvoir public pour ouvrir les vannes du sang français répandu sous les balles et les couteaux des bandits de Moscou que vous aimez. »

Ce climat de violence a sans doute pesé au moment du coup de tonnerre de décembre 1926 : la condamnation par Rome avec mise à l'Index du quotidien *L'Action française* et sanctions pour les catholiques qui continueraient à militer dans le mouvement. Pour tout parti de droite, une admonestation venue de Rome est un problème, une condamnation, une catastrophe. L'affrontement vient de loin. Malgré son agnosticisme personnel, Maurras avait, depuis ses débuts, le soutien de l'aile la plus réactionnaire de la curie romaine, en contrepartie de son engagement ultramontain et intégriste. Mais une partie de l'establishment religieux se méfiait de cette doctrine terrienne, païenne et politique, qui donnait la primeur au combat national sur l'aspiration spirituelle. Comment nier, par exemple, la démonstration de Jacques Rivière dans la *NRF* : « Rien de moins catholique, rien de plus païen, rien de plus sauvage qu'une telle doctrine. Car que peut bien devenir Dieu dans cette affaire ? Quelle place lui réserve-t-on ? Dans quels combles est-il relégué ? Comme il serait impossible de le supprimer, sans doute lui réserve-t-on le rôle d'une sorte de président honoraire. »

Certains prélats avaient commencé, à l'instigation de Rome, l'attaque. Ainsi du cardinal Andrieu, archevêque de Bordeaux : « Catholiques par calcul non par conviction, les hommes qui mènent l'Action française utilisent l'Eglise ou du moins espèrent l'utiliser ; ils ne la servent pas puisqu'ils rejettent le divin message dont la propagation est la mission de l'Eglise. » Ce n'était toutefois qu'une simple sommation avant que ne tombe la sanction papale. Pour les catholiques qui constituent l'essentiel des troupes de l'Action française, le choc est terrible. La main du pape n'a pas faibli : c'est une quasi-excommunication qu'il prononce, au point d'interdire à partir de 1928 le mariage et l'enterrement religieux aux récalcitrants. Certains, tel Maritain, se plient à l'injonction. D'autres, comme Bernanos, ne l'acceptent pas. Mais rien ne sera plus jamais pareil pour Maurras et l'Action française.

Abandonné par l'Eglise dont il prétendait défendre les intérêts, il va davantage encore se rigidifier et s'enfermer dans un nationalisme de plus en plus intégriste. Seules les circonstances vont sauver l'AF et l'empêcher de devenir un simple groupuscule : ce seront les tensions des années trente et plus encore la « divine surprise » de Vichy.

CHAPITRE 25

Le météorite Péguy

Il existe un anti-Maurras : c'est Charles Péguy. S'il n'était pas mort prématurément au front, il aurait sans doute été durablement l'antithèse de l'intellectuel d'extrême droite. Péguy est inclassable, parce qu'il incarne l'ambivalence : à la fois laïc et catholique, socialiste et nationaliste, dans une France qui a vu se constituer deux camps, l'un laïc et socialiste, l'autre catholique et nationaliste. Il est donc partout et nulle part. De là les héritages multiples qui se réclameront d'une pensée à multiples entrées.

Né en 1873, élevé par sa grand-mère paysanne et sa mère rempailleuse de chaises, produit du catéchisme mais aussi de ce repère laïc qu'est une école normale primaire, destiné à une promotion sociale « à la française », il entre rue d'Ulm en 1894, l'année même de l'arrestation de Dreyfus.

Un homme va lui servir de père spirituel : Lucien Herr. Celui-ci inaugure une espèce particulière dans la cosmographie intellectuelle française : le maître à penser dans l'ombre, tradition qui se perpétuera jusqu'à Louis Althusser, avant que les règles de la société médiatique projettent ce dernier dans la lumière. Bibliothécaire de Normale sup, Herr voit défiler une grande partie de la future élite intellectuelle du pays. Socialiste et dreyfusard, il influence ses auditeurs sans même chercher à les endoctriner, tant son charisme est grand. De toutes ses ouailles, c'est sur

Péguy qu'il fonde le maximum d'espoirs et dont il fera, pour un temps, son lieutenant.

Ils ont en commun le culte de Jeanne d'Arc. Herr est en effet le seul socialiste désireux de ne pas abandonner la Pucelle, qu'il considère comme une enfant du peuple, au catholicisme réactionnaire et Péguy prend un congé de l'Ecole pour écrire sa *Jeanne d'Arc* : il la tire, comme Herr, du côté populaire et socialiste. Mais à la différence de son maître, il vénère sa sainteté.

A peine son texte publié, il commet une hérésie dans le monde intellectuel français : démissionner de la rue d'Ulm ! Et ce, pour fonder une librairie socialiste. Créée avec la dot de sa femme, elle est située au 17, rue Cujas, position stratégique au cœur du quartier latin. La librairie Bellais – puisque tel est son nom – a certes une activité éditoriale : elle publie en particulier Romain Rolland. Mais c'est surtout un centre névralgique du dreyfusisme et, selon un mot de Daniel Halévy, « le corps de garde d'une milice » chargée de défendre les universitaires républicains, chahutés, voire agressés par l'extrême droite.

Péguy ne répugne pas à jouer, lui-même, le chef d'escadron avec un bâton qu'il fait tourner comme une baguette de chef d'orchestre. Leader des normaliens socialistes, c'est lui qui a fait basculer Jaurès du côté dreyfusiste, au nom d'un raisonnement simple : un socialiste ne peut pas ne pas combattre pour le droit et la vérité. Aussi est-ce naturellement dans la mouvance du député de Carmaux qu'il situe son propre socialisme. Il essaiera d'ailleurs de renflouer les finances de la librairie en publiant l'*Action socialiste* de Jaurès : ce sera un « four ».

La librairie ayant fait faillite, un nouveau projet renaît avec Péguy à 50 % du capital de la nouvelle librairie, les 50 % restant étant partagés entre cinq apporteurs de fonds, dont Lucien Herr et Léon Blum. Frustré de n'avoir que la moitié du capital, alors qu'il a apporté tout son savoir-faire, Péguy démissionne et attaque ses collègues au tribunal de commerce. Triste fin de la complicité avec Herr, ces socialistes s'étripant pour de misérables raisons capitalistes à propos d'une entreprise sans aucune rentabilité !

Péguy ne se décourage pas et crée les *Cahiers de la quinzaine* installés au 8, rue de la Sorbonne, de manière à garder le même point de ralliement que feu la librairie. Il est désormais chez lui et peut donc fixer la ligne politique de la revue. Celle-ci se veut naturellement socialiste mais elle rejette le guesdisme, trop marxiste, trop rigide à ses yeux ; elle est à l'évidence du côté du lyrisme de Jaurès. Un autre refrain se glisse subrepticement de numéro en numéro : une sensibilité de plus en plus chrétienne qui va même jusqu'à faire grief à l'ami Jaurès de son éloge de l'athéisme et qui conduira Péguy à combattre énergiquement le ministère Combes à partir de 1902. C'est à ce propos que se produira une première prise de distance avec Jaurès. Alors que celui-ci valide les mesures anticléricales, les *Cahiers* les condamnent. Habile politique, Péguy demande à Bernard Lazare, figure emblématique du dreyfusisme et juif, d'exprimer la position de la revue, c'est-à-dire de rejeter l'ostracisme à l'égard d'une Eglise à laquelle on pouvait faire pourtant grief de ne pas hésiter, elle, à le pratiquer.

Les *Cahiers* n'ont guère que quelques centaines d'abonnés mais le charisme de Péguy en fait un lieu de rencontres et d'influence. Un homme venu d'ailleurs est assidu : Georges Sorel, socialiste plus anarchiste que marxiste. Cette figure de proue du mouvement socialiste va virer progressivement vers l'Action française : première illustration d'une constante intellectuelle française qui va voir, à l'occasion, extrême droite et extrême gauche converger. Le petit groupe, – la « petite bande » pourrait-on dire, comme du clan Verdurin chez Proust –, se place progressivement dans la mouvance de Bergson, ce qui va l'éloigner davantage encore du culte de la rationalité cher aux socialistes.

La marche vers le christianisme et une forme de nationalisme ne peuvent, dès lors, que s'accélérer. La crise de Tanger en 1905, la prise de conscience de la puissance allemande, l'impression de voir un Empire en marche vont pousser Péguy sur le versant national et l'éloigner davantage encore de l'internationalisme et de l'antimilitarisme des socialistes. C'est, plus encore que l'affaire religieuse, l'origine d'une vraie rupture avec Jaurès : le directeur des *Cahiers* reproche à son ancien complice sa naïveté à l'égard de la social-démocratie allemande et son refus de voir que celle-ci participe, à sa manière, à l'ambition impériale, voire impérialiste de l'Allemagne. Mais le nationalisme de Péguy est encore, à ce stade, ambigu : il le rapproche autant d'un Clemenceau plus germanophobe que jamais, que d'un Barrès, par ailleurs en train de déployer son charme afin de l'embrigader.

La publication en 1910 du *Mystère de la charité de Jeanne d'Arc* va faire de Péguy une proie tentante pour les nationalistes catholiques. Barrès le premier : « O prodige ! Voilà l'Evangile rattaché à la vie d'un jeune scolard de la Sorbonne. » Drumont même : « La Jeanne d'Arc d'un ancien dreyfusard... on éprouve soi-même quelque chagrin à dire à ces désillusionnés, tout meurtris de leurs désillusions : "Eh bien, mes enfants, vous avions-nous avancé assez d'avance ce qui arrive ? Avions-nous assez raison ?" » L'Action française naturellement : « Réaction bonne, certes, et dirigée contre un affreux peuple d'idées fausses, de faux goûts, de méthodes barbares et négatives. » Toute gloire étant bonne à prendre pour un frustré, Péguy ne répugne pas à ces hommages ambigus.

Mais les flatteurs poussent l'offensive trop loin : au lieu d'accueillir l'auteur de *Jeanne d'Arc* avec son passé et son identité, ils veulent le forcer à abjurer le dreyfusisme. Celui-ci s'y refuse avec force et se libère, de ce fait, des liens que la droite nationaliste voulait tisser autour de lui. De là la rédaction de *Notre jeunesse*. Il réécrit, certes, son engagement de l'époque à la lumière de ses convictions du moment, y infusant une dose de christianisme qui n'y figurait guère : « L'affaire Dreyfus, le dreyfusisme, la mythique, le mysticisme dreyfusiste – l'énumération, cette marque de fabrique de Péguy ! – fut une culmination, un recoupement en culmination de trois mysticismes : juif, chrétien, français. » Trinité insupportable, sous cette forme, pour ses nouveaux admirateurs ! Il leur marque aussi clairement sa divergence politique : « Vous nous parlez de la dégradation républicaine, c'est-à-dire proprement de la dégradation de la mystique républicaine en politique républicaine. N'y a-t-il pas eu, n'y a-t-il pas d'autres dégradations ? Tout commence en mystique et finit en politique. L'intérêt, la question, l'essentiel est que dans chaque ordre, dans chaque système, la mystique ne soit point dévorée par la politique à laquelle elle a donné naissance. » Le message est clair : le royalisme et le monarchisme sont condamnés aux mêmes affres que le républicanisme ! Déception pour l'Action française et pour Sorel, désormais son suppôt, indigné de cette « homélie dreyfusarde ».

Sur la fidélité au dreyfusisme, Péguy est inflexible. Ainsi va-t-il rompre avec Daniel Halévy, compagnon de combat au moment de l'Affaire, qui regarde désormais l'épisode avec la distance d'un grand bourgeois : « Nous n'avons à avoir ni regret, ni remords. » Mais, comme à l'occasion de tous les divorces, remontent beaucoup de non-dits entre les deux hommes. Le fils de la rempailleuse de chaises est pétri de complexes de classe à l'égard des « dominants », fussent-ils ses amis.

La vie de Péguy est un cimetière d'amitiés. Lucien Herr, Jaurès, Sorel, Halévy : autant de liens qui se sont défaits pour des raisons différentes. Mais la personnalité du patron des *Cahiers* joue un rôle aussi important que les divergences intellectuelles ou politiques. Exigeant, entier, obsessionnel, il ne laisse guère de place à la liberté individuelle de ses proches. Lui peut connaître de bizarres cheminements idéologiques ; eux devraient le suivre sans discuter.

Le voilà désormais éloigné des dreyfusards et des socialistes des années 1900 et gardant ses distances avec les nationalistes et les catholiques. C'est un météorite dans le paysage intellectuel. Dreyfusard, catholique, prosémite, nationaliste, républicain, quel alliage bizarre ! Il se veut, sur le plan politique, à l'unisson de Poincaré, même si celui-ci est une émanation de la bourgeoisie qu'il abhorre. La guerre approchant, Péguy est une forme de Clemenceau catholique, c'est-à-dire un oxymore : « En temps de guerre, en République, il n'y a plus que la politique de la Convention nationale. Je suis pour la politique de la Convention nationale contre la politique de l'Assemblée de Bordeaux, je suis pour les Parisiens contre les ruraux, je suis pour la Commune de Paris, pour l'une et l'autre Commune, contre la paix, je suis pour la Commune contre la capitulation, je suis pour la politique de Proudhon et la politique de Blanqui contre l'affreux petit Thiers. » L'Action française s'est bien trompée sur Péguy... Mais les socialistes aussi puisque, reprenant son antienne de la Convention, il écrit ailleurs : « En temps de guerre, il n'y a plus qu'une politique et c'est la politique de la Convention nationale. Mais il ne faut pas se dissimuler que la politique de la Convention nationale, c'est Jaurès dans une charrette et un roulement de tambour pour couvrir cette grande voix ! »

La mort de Péguy est conforme à sa nature et ses idées : il est tué dès 1914 au front. Les circonstances de sa disparition donnent une cohérence rétrospective à sa vie et accentuent le mythe.

C'était un franc-tireur. Or, habituellement, ceux-ci n'ont pas de postérité. Lui ne va cesser d'en avoir et, du fait de sa polyphonie, la plus contradictoire. Les catholiques de gauche, mais aussi de droite, les socialistes nationalistes et les républicains de droite, Vichy et – incroyable paradoxe – le général de Gaulle et, après une longue traversée du désert, plus près de nous, des personnages aussi antinomiques qu'Alain Finkielkraut et Edwy Plenel...

Péguy a, dans sa vie intellectuelle, beaucoup évolué mais à la différence de tant d'autres, ce n'est pas un renégat, parce qu'il a été fidèle à la boussole de sa jeunesse, le dreyfusisme. Les socialistes ne peuvent pas de ce fait le qualifier de traître. La droite nationaliste et *a fortiori* l'extrême droite, n'arrivent pas à enrôler vraiment un dreyfusard qui, vingt ans plus tard, fait encore de ce combat l'honneur de sa vie. De là, au royaume des inclassables, la position si particulière du directeur des *Cahiers de la quinzaine*.

CHAPITRE 26

De l'Affaire au « Feu » : les intellectuels de gauche

L'Affaire derrière elles, les troupes dreyfusardes se dispersent. Associés pendant le combat, républicains modérés, radicaux, personnalités apolitiques mobilisées par l'injustice, socialistes, retrouvent leurs conflits intellectuels traditionnels. Les divisions liées à la Commune se sont par ailleurs estompées, après l'amnistie des communards : traités comme des héros du passé, ceux-ci ne font plus l'Histoire. C'est désormais l'ombre portée du marxisme et de la social-démocratie allemande qui pèse sur les intellectuels socialistes. Intellectuels, la plupart des figures socialistes du passé l'avaient été sans le dire ; ils ont désormais cette carte de visite à leur disposition...

Cela ne leur confère pas le monopole du monde intellectuel. Le radicalisme et la République des professeurs ont eux aussi beaucoup prospéré sur les souvenirs du dreyfusisme. Ainsi les élèves de Normale sup, ce chaudron dreyfusiste, ne sont-ils pas dans leur majorité à l'image de Léon Blum et ne glissent-ils pas vers le socialisme. Célestin Bouglé les incarne par exemple davantage. Membre de la Ligue des droits de l'homme dès sa fondation, actif dans le projet des Universités populaires, collaborateur régulier de *La Dépêche*, candidat radical à Toulouse, le sociologue est le prototype du radicalisme. Ainsi participera-t-il en 1924 à la rédaction de *La politique républicaine*, manifeste qui réunira Demangeon, Lévy-Bruhl, Rist, Seignobos, Gaston Jèze ou Georges Scelle, tous gloires universitaires, aux côtés de notables radicaux dont certains, et au premier rang Edouard Herriot, leur chef, viennent du même milieu. Nombre d'entre eux, à l'instar de Bouglé, ont d'ailleurs été tentés par le rêve des Universités populaires.

Créé en 1898 à l'initiative d'un autodidacte, Georges Deherme, le mouvement en faveur des Universités populaires se veut d'esprit coopératif : il vise à former les cadres du monde ouvrier en faisant appel à l'enseignement bénévole d'intellectuels sympathisants. C'est une manifestation du rêve si français de la rencontre du peuple et des lettrés : celui-ci a traversé toutes les révolutions du dix-neuvième siècle et se perpétuera au vingtième siècle jusqu'à 1968, voire jusqu'à l'agitation de Pierre Bourdieu, au moment de la grève de 1995. Beaucoup se lancent dans l'aventure. Anatole France est parmi eux le plus emblématique : il inaugure maintes universités, tels les « Soirées ouvrières » de Montreuil et « Le Réveil » à Paris, et fait même de son héros Monsieur Bergeret un enthousiaste du mouvement.

Les intellectuels socialistes ne participent, eux, qu'à reculons à ce genre d'actions. Plus directement politiques, ils ont, en effet, la tête ailleurs. On trouve à la manœuvre, au premier chef, l'incontournable Lucien Herr. Débarrassé des humeurs de Péguy, il peut transformer la librairie de la rue Cujas en un instrument de militantisme socialiste et l'intitule d'ailleurs « Groupe de l'unité socialiste ». Celui-ci crée ses propres écoles socialistes, c'est-à-dire une Université populaire dissidente, dédiée au seul socialisme. C'est là que Léon Blum fait ses premières armes.

Le même groupe va prendre une initiative beaucoup plus lourde en poussant Jaurès à créer un nouveau journal dont Herr trouve le titre : *L'Humanité*. La petite bande contribue au financement et à la rédaction du quotidien, appelant à ses côtés quelques simples « compagnons de route » – comme on le dira plus tard des alliés bourgeois du parti communiste – au premier rang desquels Anatole France et Jules Renard. Mais *L'Humanité* deviendra le journal de Jaurès bien plus que le leur.

Les « guesdistes » disposent, eux aussi, de leurs propres organes intellectuels. Même si la main de Jules Guesde y est moins présente que celle de Jaurès dans *L'Humanité*, *Le mouve-*

ment socialiste et *Pages libres* sont deux revues plutôt sensibles à son influence.

L'affrontement est manifeste, au moment du ministère Combes. Alors que Jaurès apporte à celui-ci un soutien qui aboutit à l'éloigner de Péguy, les intellectuels guesdistes voient dans la loi de séparation un compromis qu'ils refusent : ils iront même jusqu'à fustiger en 1906, lors de l'arrivée de Clemenceau au gouvernement, « les dreyfusistes au pouvoir ». Ils se laissent aller, sous l'influence de Georges Sorel, jusqu'à verser dans l'antisémitisme. Ainsi d'un article de Robert Louzon, bourgeois devenu ouvriériste : « La faillite du dreyfusisme et le triomphe du parti juif ». Cela n'a rien de surprenant, dès lors que Guesde n'avait cessé de manifester au moment de l'Affaire son propre antisémitisme. Le combat entre Jaurès et Guesde préfigure un siècle de la vie du parti socialiste. Aujourd'hui encore il se lit en pointillés dans les passes d'armes entre la gauche du PS, guesdiste sans toujours le savoir, et son aile réformiste, attachée, elle, au parrainage jauressien.

Le mouvement socialiste va se trouver un autre cheval de bataille, la nécessaire soumission des intellectuels au sein du mouvement ouvrier : « C'est une constatation d'expérience : la plupart des intellectuels méprisent plus ou moins les ouvriers manuels et se croient sans peine les plus aptes à tout comprendre, les plus capables de tout gouverner, les plus dignes de tout diriger : le travail aux ouvriers, le pouvoir aux gens cultivés. C'est ainsi qu'ils entendent la hiérarchie sociale. » La cible est naturellement Jaurès, le normalien devenu homme politique qui n'a jamais renié ni son côté lettré, ni ses amis intellectuels dès lors qu'ils sont prêts à mettre leur savoir à la disposition du socialisme. C'est un nouveau débat classique qui s'ouvre. Il prendra plus tard une intensité infiniment plus vive avec les exigences du parti communiste à l'égard de ses propres intellectuels qu'il honorera autant qu'il les domestiquera.

Le mouvement socialiste poursuit sa croisade jusqu'à affirmer que l'affaire Dreyfus n'a été qu'un prétexte utilisé par les intellectuels pour prendre l'ascendant sur le mouvement ouvrier. Le point ultime est évidemment atteint par Georges Sorel, lorsqu'il publie en 1909 *La révolution dreyfusienne* : « Les gens de lettres ne croient pas généralement à leur valeur propre des idées ; ils n'apprécient que le succès que peut leur assurer l'exploitation d'un parti pris. C'est pourquoi ils sont capables d'adopter des attitudes imprévues et de troubler ainsi profondément l'ordre public. » Anti-intellectualisme, antisémitisme, goût de l'ordre : Sorel est prêt pour sa jonction avec L'Action française. Vichy est en germe dans cette transhumance idéologique.

Le durcissement du contexte international va introduire un nouveau débat à « haute intensité affective ». Jaurès devient, à partir de ce moment-là, le « militant de la paix », suivi sur ce terrain, par sa cohorte de fidèles. C'est au nom de l'internationalisme qu'il intervient au Congrès de Bâle en 1912. Au nom du même internationalisme qu'il mène une bataille de retardement en 1913 contre la loi de trois ans destinée à renforcer les effectifs de l'armée : il l'assimile à « un crime contre la République » et lui préfère le concept de « nation armée » qu'il avait défendu dès 1911 dans un opuscule, *L'Armée nouvelle*. Mais ce n'est pas une confrontation entre deux stratégies militaires alternatives. D'un côté, le gouvernement veut renforcer ses moyens de combat : il se situe dans la perspective d'une guerre classique. De l'autre, Jaurès prône, lui, la « nation en armes » afin de contrer un envahisseur : la guerre des pacifistes est en effet une guerre subie.

Le pacifisme de Jaurès n'est pas sans susciter d'opposition dans les milieux intellectuels proches de la SFIO. Ainsi *L'Humanité* se voit-elle obligée de refuser deux articles dissidents d'un Alsacien germaniste, Charles Andler, dont « Le socialisme impérialiste dans l'Allemagne contemporaine », qui vont être publiés dans la presse radicale. Le postulat de Jaurès est l'alliance des socialistes français et allemands pour empêcher la guerre, avec le recours, si besoin est, à une grève générale et coordonnée menée par les classes ouvrières des deux pays. Pour Andler ce point de vue est irénique : les socialistes allemands seront hors d'état de mener une telle stratégie et sans doute ne le voudront-ils pas. C'est formuler en termes plus mesurés le même doute que les milieux nationalistes : ceux-ci font grief au directeur de *L'Humanité* de son tropisme pro-allemand, c'est-à-dire d'être victime de sa fascination pour la social-démocratie allemande. Par une ironie de l'Histoire, c'est le 4 août, sur la tombe de Jaurès assassiné par un nationaliste qui voulait lui faire payer son pacifisme, que les socialistes déclarent leur « haine de l'impérialisme allemand » et se rallient à l'union Sacrée.

Les intellectuels ne sont pas en reste et se joignent tous, sauf exception, à cette même Union sacrée. Ils vont, pour ce faire, chercher des antécédents dans la « levée en masse » de 1793. Ainsi d'Albert Mathiez, historien socialiste de la Révolution, thuriféraire des jacobins, qui signe en février 1914 une pétition pacifiste pour une renonciation définitive à toute prétention sur l'Alsace-Lorraine et qui, à l'automne, publie *La victoire en l'an II*, encensée par *L'Humanité*. Ainsi d'Albert Bourgin, membre de la SFIO, pacifiste comme Mathiez, et qui signe ses articles dans *L'Humanité* le « le Soldat citoyen ». Ainsi de Gustave Hervé, le plus antimilitariste de tous avant 1914, qui appelle son journal *La victoire* et écrit : « La Marne, c'est Valmy, un gigantesque Valmy. » Peu échappent à l'emballement. Certains expriment leurs doutes dans le secret de leur journal intime.

Seul Romain Rolland s'exprime publiquement. Réfugié en Suisse, il publie *Au-dessus de la mêlée*, texte ni défaitiste, ni antipatriotique. Mais l'éloge d'une « internationale de l'esprit » est insupportable pour les tenants, à gauche et à droite, de la guerre à outrance. Le conflit se prolongeant, Rolland devient moins isolé. Ainsi Alain fait-il circuler clandestinement en 1916 une lettre ouverte *Au peuple allemand* qui appelle à la « paix des braves ». Mais c'est Henri Barbusse qui prend le relais. Son *Feu – journal d'une escouade* obtient le Goncourt en 1916 : éloge des poilus, le livre échappe aux poncifs qui édulcorent la violence des tranchées. Alors que, réfugié à l'étranger, Rolland, est aux yeux des combattants, dans une situation illégitime, engagé volontaire malgré son âge, ayant vécu l'expérience d'un simple soldat, Barbusse ne peut être mis en cause, sauf par l'extrême droite. Ainsi Maurras traite-t-il du *Feu* en indiquant que « le livre de Monsieur Barbusse a la même vertu que ces feuilles socialistes qui donnent le cafard dans les tranchées ». Il a bien compris que l'ouvrage est habilement pacifiste.

Romain Rolland et Barbusse cohabitent d'ailleurs en 1917 au sommaire d'une revue pacifiste, *La tranchée républicaine*, dans laquelle Roger Martin du Gard se réjouit de trouver « un esprit d'opposition et un appétit de paix internationale dont – dit-il – le ragoût a bon fumet pour mes narines d'aujourd'hui ». La censure est toujours présente ; le patriotisme se porte en bandoulière ; l'antigermanisme demeure une obligation. Les rares lettrés pacifistes ont donc le choix entre des revues confidentielles – à l'instar plus tard des *samizdat* en Union soviétique – et un exercice d'habileté rhétorique, tel celui de Barbusse obligé de plaider pour la paix sous couvert d'hommage aux soldats.

La période est évidemment moins simple pour les intellectuels de gauche que pour les intellectuels de droite. Les premiers sont déchirés, les seconds en paix, comme ils le seront rarement avec eux-mêmes. Ceux de gauche seront tiraillés tout au long du vingtième siècle entre leur pacifisme et leur acceptation de la guerre de 1914 à 1918 mais aussi en 1938 et 1939, comme pendant la guerre d'Algérie. Ceux de droite ne connaîtront plus, à l'avenir, la même unanimité combattante, que ce soit au moment de Munich, en 1940, et plus tard pendant les conflits coloniaux.

Demeure, en surplomb de la période, une interrogation naturellement sans réponse. Si Jaurès avait survécu, quelle aurait été son attitude ? Se serait-il rallié, comme l'ont fait ses successeurs à l'Union sacrée et ses amis allemands au gouvernement impérial ? Comment aurait-il vécu, même dans cette hypothèse, la résurrection discrète du pacifisme au milieu de la guerre ? Aurait-il milité pour une paix neutre en 1917, c'est-à-dire le retour aux frontières de 1914 ? Lui brutalement disparu, les intellectuels de gauche ont perdu leur boussole : leur comportement en témoigne qui a oscillé sans arrêt entre des postures contradictoires.

CHAPITRE 27

La prise du pouvoir par les « littérateurs »

La vie littéraire a toujours fait leur place aux coteries, jeux d'influence, mécanismes de pouvoir, à l'instar de l'univers politique. Mais jamais le système n'avait atteint la perfection et la puissance qu'il connaîtra avec les Editions Gallimard, la *NRF* et leur bande. Le monde des lettres, mais aussi l'ensemble de la vie intellectuelle ont tourné, pendant des décennies, tels des astres vis-à-vis du soleil, autour de la rue Sébastien-Bottin. Comme toutes les grandes conspirations, nobles ou médiocres, celle-ci est d'abord une affaire d'hommes. Il faut une figure emblématique, un organisateur, des complices et au fil du temps des alliés plus ou moins lointains.

La figure emblématique ? C'est naturellement André Gide. En fait, quand il crée la *NRF* en 1909, il ne tient pas encore ce rôle. Mais l'ascension de la *NRF* et la sienne seront indissociables. Depuis *Les Nourritures terrestres* en 1897, il n'a publié qu'à compte d'auteur, donc avec de petits tirages. C'est l'anti-Zola : par le public, par l'influence, par la manière d'être. Son ascendant s'exerce sur un petit groupe de fidèles. L'homme est déjà complexe : grand bourgeois en mal d'esthétisme, protestant peu porté à l'ascèse, marié et père mais clandestinement homosexuel, provocateur – « Familles, je vous hais » – et respectueux de l'ordre établi. C'est moins par ses contradictions que par son talent qu'il constitue autour de lui un petit groupe de fidèles. Son beau-frère,

Marcel Drouin, normalien, philosophe, ardent dreyfusard. Henri Ghéon, médecin de campagne, ostensiblement homosexuel, lui aussi dreyfusard. Jean Schlumberger, grand bourgeois protestant comme Gide mais plus chic car descendant de Guizot, dreyfusard, lettré par goût plus que par don. Jacques Copeau, petit industriel, passionné d'art dramatique. C'est, à l'exception de son beau-frère, la lecture des *Nourritures terrestres*, privilège à l'époque de *happy few* – comme ceux auxquels Stendhal dédia *Le rouge et le noir* –, qui les pousse à prendre contact avec Gide.

De correspondances en rencontres, de débats en projets, se constitue un « cercle de ferveur », suivant le mot de Copeau. L'idée de créer une revue leur vient naturellement : c'est au long du dix-neuvième siècle le projet de tout petit groupe. Ce sera *La nouvelle revue française* « de littérature et de critique » qui veut s'adresser – imagine-t-on plus banal – à « une génération nouvelle ». Le premier numéro est prévu pour février 1909. Maître d'ouvrage de l'opération, contributaire financier à l'instar de Schlumberger, hyperactif sur le projet, confiant même à la future revue la publication de *La porte étroite*, Gide se refuse néanmoins à apparaître ès qualités, manifestant déjà sa tendance profonde à mêler l'officiel et l'officieux, le visible et le subreptice. C'est donc Schlumberger qui fait formellement office de patron et définit la ligne dans le numéro de départ : « Les artistes ne sont point d'innocents et nomades jongleurs. Tout ce que constitue la vie publique les requiert et leur fantaisie, même frivole, n'est jamais trop nourrie. Mais les événements journaliers ne leur offrent point une facile récolte : fruits pierreux, bien plutôt, qu'il faut écraser sous les meules et moisson de tiges brutes dont on ne peut utiliser les fibres que rouées et broyées. » Voilà beaucoup d'afféterie pour expliquer que l'art doit être dans le siècle ! Ces hommes n'affichent aucune idéologie officielle mais la plupart ont été dreyfusards, ont fréquenté Péguy sans devenir ses épigones, sont plutôt spiritualistes et vaguement nationalistes.

Même Gide, « l'immoraliste » des *Nourritures*, a connu une évolution religieuse à la Péguy, mais sans emphase et sans violence. Il se dit désormais plus chrétien que protestant : « Mon christianisme ne relève que du Christ. Entre lui et moi, je tiens Calvin ou saint Paul pour deux écrans également néfastes. » De là, en cette période marquée par l'héritage du combisme, un refus, au sein de la revue, de l'anticléricalisme, de sorte que des catholiques fervents peuvent, à l'image de Claudel, y trouver leur place. Quant au nationalisme, marqué au coin de la défense de la langue française, il constitue davantage un bain amniotique qu'un enjeu doctrinal. Mais l'Action française se garde bien de faire grief à la *NRF* de sa modération ; elle trouve utile l'existence d'un tel terreau où le cas échéant puiser.

La *NRF* ne verse pas ostensiblement dans l'antisémitisme, même si Gide ne parvient ni, à cette époque, ni plus tard, à dominer, sur ce terrain-là, ses pulsions. Ainsi, même s'il n'aime pas le côté terrien et racial du barrésisme, n'hésite-t-il pas par exemple à écrire « ce qu'a de ruineusement antiracial le théâtre juif qui envahit depuis dix ans la scène française » (*sic*).

La qualité de la revue lui assure un succès intellectuel rapide. Y contribuent désormais Claudel, Verhaeren, Alexis Léger, Jules Romain, Jacques Rivière, Valéry et tant d'autres... Le pari générationnel est réussi. De là le désir de voir plus grand. Cela suppose de s'allier à un jeune homme, fils du propriétaire du théâtre des Variétés qui n'a à offrir que de son argent, son énergie et son admiration pour la revue. Gaston Gallimard devient l'associé, à parité, de Gide et de Schlumberger et prend en charge la maison d'édition, alors filiale de la revue. Commence, dès lors, l'incroyable cavalcade éditoriale de la *NRF*, litanie de triomphes marquée par une seule erreur, vite rattrapée – le refus de *Du côté de chez Swann* – qui, assumée et reconnue, y compris par Gide, ajoute ce qu'il faut d'humanité à une réussite trop écrasante. En apparence apolitique mais sensible, comme elle l'annonçait dès son premier numéro, à l'air du temps, la *NRF* participe au déclin du dreyfusisme, même si ses dirigeants ont appartenu au mouvement. C'est donc un lent, infinitésimal mais incontestable glissement vers la droite qu'elle incarne.

L'arrivée dans cet univers de Roger Martin du Gard va la rééquilibrer. Refusé par Bernard Grasset – chacun son tour –, le manuscrit de *Jean Barois* enthousiasme Jean Schlumberger, puis Gide. La *NRF* n'était que le deuxième choix de l'auteur, car il avait compris l'idéologie de la petite bande à laquelle il n'adhérait pas : « Ils sont incontestablement animés de quelque chose de nouveau. Un besoin de discipline, une réaction très profonde de la sensibilité contre la raison, qui les conduit souvent à une attitude de mystique ; une sympathie manifeste (et souvent plus) pour le catholicisme, lassés qu'ils sont des interrogations vaines de la science, de l'absence morale hors d'une autorité dogmatique et toujours poussés par cette soif d'ordre, de réglementation ; un mécontentement profond de l'état des choses actuel, de l'absence générale de conscience, de l'anarchie intellectuelle... » Or Martin du Gard a abandonné le catholicisme et est devenu athée, à mille lieues de la religiosité bizarre de Gide. *Jean Barois* raconte, de ce point de vue, sa propre histoire : la crise religieuse de l'adolescence, la sérénité athée de l'adulte mais aussi un certain retour vers la religion à l'approche de la mort. Il n'y a rien de spiritualiste dans cette ultime conversion : une simple forme de fatalisme. Romain Rolland, dont l'itinéraire est voisin, va marquer à Martin du Gard son net désaccord sur la fin du livre car lui conteste l'inéluctabilité du retour à la religion.

Trop jeune pour avoir été dreyfusard, Martin du Gard l'est *a posteriori* et le demeure. Républicain, rétif à l'antisémitisme, réticent devant le nationalisme, hostile à Barrès – « nous sommes vraiment de deux races ennemies et tout ce qui l'attire, tout ce qu'il exalte, m'est par nature antipathique » –, il rappelle au noyau de la revue, Schlumberger le premier, son passé et lui sert de corde de rappel par rapport à une évolution idéologique vers laquelle Gide la conduisait subrepticement. C'est, à l'évidence, même s'il n'a pas l'âme militante, un homme de gauche. Ainsi écrit-il en juillet 1914 : « Ne nous laissons pas aveugler par l'individuel. Il y a une forte réaction mais elle est partielle et très localisée. Le socialisme gagne chaque jour, et particulièrement depuis deux ans, un terrain que ses plus fidèles ne pensaient pas acquérir si vite. Cela aussi est une indiscutable réalité. »

Même si Martin du Gard noue avec Gide une amitié décisive, elle n'est pas le produit d'« affinités électives », au moins sur le plan idéologique. Il est en effet très suspicieux à son égard, croyant voir sa plume dans une lettre anonyme adressée à l'*Action française* en 1917 : « Je suis très mortifié de ce " crédit provisoire " qui fait que la *NRF* ne sera jamais complètement ma maison. Gide n'a jamais réfléchi aux choses de la politique. C'est un rêveur, un dilettante qui a vécu quarante ans sans lire un journal. Sur le tard, la vie sociale fait tant de bruit autour de sa retraite qu'il a fini par mettre son nez dehors. Il se perd vite, dans tout ce brouhaha. L'Action française lui offre le mirage d'un certain ordre logique, tout intellectuel... » Si les deux hommes ont en commun la littérature, la politique devra attendre quelque temps pour les rapprocher.

La guerre a de toute façon suspendu la publication de la *NRF*. Son secrétaire de rédaction Jacques Rivière est en captivité en Allemagne et Gide s'occupe d'aide aux réfugiés. Sans patron, ni cheville ouvrière, la revue ne fonctionne pas. Etonnants et déplaisants paradoxes : suspendue entre 1914 et 1918, la *NRF* fonctionnera en revanche, à partir de 1940, en pleine zone occupée.

La reparution a lieu le 1er juin 1919. A cette occasion, sa filiale d'édition s'émancipe et devient les Editions Gallimard. Le redémarrage donne lieu à un conflit parmi les fondateurs : Schlumberger veut une *NRF* plus politique, alors que Rivière s'en tient aux principes de 1909, plus « art pour l'art ». Gide ne prend pas parti, même si tout laisse entrevoir son hostilité à la thèse de Rivière. C'est en fait le succès qui transcende les divergences. Gide, Proust, Giraudoux, Montherlant, Drieu la Rochelle, Morand, Valéry, Larbaud, Paulhan, Jouhandeau, Cocteau, Léautaud, Mauriac, Green, Aragon, Eluard, Soupault et Breton : ce n'est plus une revue mais un Panthéon des gloires présentes ou futures !

Ne s'opposent à ce magistère que les nationalistes. La complainte clandestine de l'avant-guerre a disparu. Ce sont les héritiers de Barrès et les militants de l'Action française qui se dressent, seuls, contre elle. Ainsi la *Revue universelle*, issue de l'*Action française* et dirigée par Bainville, mène-t-elle campagne contre sa grande rivale. Mais quelles troupes de prestige peut-elle opposer ? Barrès mort, Maurras excessif : le nationalisme manque de grandes signatures.

Lorsque Paulhan devient rédacteur en chef en 1925 à la mort de Rivière, la *NRF* est à son apogée. Elle est devenue œcuménique, s'est éloignée de ses tendances catholiques et presque nationalistes de l'avant-guerre, incarne l'intelligence et le talent français. Ainsi publie-t-elle en 1927 *La trahison des clercs* de Benda qui se situe aux antipodes de sa philosophie de l'avant-guerre. Elle suit en fait l'évolution d'un Gide qui livre la même année son *Voyage au Congo*. Aussi se prépare-t-elle à devenir le réceptacle des grands affrontements des années trente.

Le fait de publier dans la *NRF* n'est pas neutre. Ce n'est pas un espace, à l'instar, dans un journal, des pages de libres opinions. La revue est un club. Ceux qui y appartiennent peuvent avoir entre eux des divergences majeures ; ils ont aussi beaucoup en commun : un même réflexe élitiste, une connivence culturelle, un sentiment de camaraderie. La réussite de Gaston Gallimard, et peut-être davantage encore de Jean Paulhan, a été de préserver cette atmosphère des chocs de l'Histoire. Il faudra la guerre et l'Occupation – et encore ! – pour que se déchirent ces liens.

CHAPITRE 28

La tentation communiste et l'échappée surréaliste

Les intellectuels pacifistes sont, dans les derniers moments de la guerre, en quête d'une mystique : la « paix sans vainqueur ni vaincu » est plus un pis-aller qu'une doctrine. Le communisme va la leur fournir. C'est dans ces milieux-là qu'il va recruter. Traitant des *Origines du communisme français*, Annie Kriegel pourra ainsi affirmer plus tard : « La source de l'élan révolutionnaire, c'est la prise de position contre la guerre. » Deux figures incarnent ce mouvement de toute une génération : l'une, oubliée, Raymond Lefebvre, l'autre magnifiée par le succès du *Feu*, Henri Barbusse.

Après avoir erré du côté de l'Action française, Lefebvre devient, avant la guerre, un militant pacifiste acharné : c'est, sur ce plan-là, Jaurès en plus rude. A aucun moment, il ne cédera, pendant le conflit, à la griserie patriotique. Socialiste mais hostile à l'Union sacrée ; individualiste mais internationaliste ; prêt à appeler les soldats à la rébellion mais désireux de combattre par la plume. Ainsi essaie-t-il de susciter en 1917 une revue pacifiste qui réunirait les intellectuels de part et d'autre de la ligne de front, au nom d'un programme rédigé par Barbusse : « Rapprochement et libération des masses populaires, guerre à l'autocratie, à l'exagération du nationalisme et du traditionalisme, à l'ignorance, à l'alcoolisme et au cléricalisme. » Vaste ambition ! La victoire des bolcheviques et la paix de Brest-Litovsk vont donner une boussole à Lefebvre et ses amis : l'alignement sur le communisme soviétique. Ils vont créer le « groupe Clarté », c'est-à-dire « une ligne de solidarité intellectuelle pour le triomphe de la cause internationale », réunissant côte à côte Anatole France et Bernard Shaw, Henri Barbusse et Upton Sinclair, Georges Duhamel et H.G. Wells, Paul Vaillant-Couturier et Rabindranath Tagore. Se dessine ainsi, comme un maillon pour les uns, un appendice pour les autres, de l'Internationale communiste, le rêve d'une Internationale intellectuelle.

L'Humanité publie le 26 juin 1919 une « Déclaration de l'indépendance de l'esprit » signée par la même équipe et quelques autres figures emblématiques, Einstein, Mann, Zweig : « Travailleurs de l'Esprit, compagnons dispersés à travers le monde, séparés depuis cinq ans par les armées, la censure et la haine des nations en guerre, nous vous adressons à cette heure où les barrières tombent et les frontières se rouvrent, un appel pour reformer notre union fraternelle, mais une union nouvelle, plus solide et plus sûre que celle qui existait avant. » L'expression « travailleur de l'esprit » est, à elle seule, un aveu : elle mêle l'ombre portée du communisme et la survivance de l'idéalisme. Mais dans la bataille sur le principe ou non du ralliement au communisme et dans l'affrontement schizophrénique, à l'intérieur de chacun d'eux, entre la révolution et l'autonomie, « travailleur » va vite gagner sur « esprit ».

Barbusse et Romain Rolland vont incarner ce débat. Auréolés l'un et l'autre de gloire littéraire et de sainteté pacifiste, ils prennent des partis différents. Le premier endosse le communisme et le proclame en 1921 dans *Le couteau entre les dents* : ce sera le premier grand écrivain traité à la mode soviétique, embaumé et anesthésié, révéré et négligé. Rolland, lui, est rétif : jaugeant la révolution soviétique à l'aune de la Révolution française, il sent poindre la Terreur derrière la « levée en masse ». Lefebvre, lui, quitte dramatiquement la scène : parti en Union soviétique inaugurer les pèlerinages auxquels maints intellectuels se plieront jusqu'aux années soixante, il disparaît accidentellement. Il a néanmoins eu le temps d'envoyer des lettres dont l'une a été publiée dans le *Bulletin communiste* et dont le titre est, à lui seul, un programme : « Je reviens d'un voyage éblouissant ».

Ses compagnons, Barbusse en tête, sont désormais entraînés dans la spirale militante et créent, suivant les règles de la vie intellectuelle, une revue, *Clarté*, expression du mouvement du même nom. Celle-ci se fait connaître par un coup d'éclat. Alors que le parti communiste vénérait Anatole France, *L'Humanité* allant jusqu'à écrire, au moment de son Nobel : « Anatole France est des nôtres, et c'est un peu de sa gloire qui rejaillit sur notre communauté », la revue proclame : « Anatole France n'est pas des nôtres, le prolétariat n'a que faire de cette œuvre tout imprégnée des idées libérales qui présidèrent et président encore à son journal. » Allant à rebours de la déférence que le système intellectuel voue aux morts, *Clarté* publiera même un numéro au moment du décès de l'écrivain : « Contre Anatole France. Cahier de l'anti-France ». Tous les éléments du théâtre intellectuel communiste sont réunis dans cet épisode : le grand écrivain compagnon de route idéalisé officiellement par le Parti, en particulier dans *L'Humanité* et la revue marginale qui essaie de s'évader des canons de l'organisation, provoquant le départ des membres les plus orthodoxes et s'effritant doucement sous la férule de fidèles de plus en plus marginalisés. Les « conservateurs » se sont en effet éloignés de *Clarté*, Barbusse le premier pour devenir directeur littéraire de *L'Humanité,* mais aussi Paul Vaillant-Couturier promu rédacteur en chef de « l'organe du comité central du parti communiste ».

Le magnétisme ne fonctionne pas à tous les coups. Ainsi Romain Rolland que son œuvre prédisposait à jouer, au moins autant que Barbusse, le grand écrivain – ami du communisme se rebiffe-t-il. Sa liberté d'esprit s'accommode mal de la chape de plomb que le PC fait d'ores et déjà peser sur ceux qu'il appellera « les créateurs » : il troque – itinéraire intellectuel qui lui est propre – le léninisme pour la sérénité bouddhiste, se faisant le biographe énamouré de Gandhi. Poursuivant son face-à-face avec l'orthodoxie de Barbusse, il parraine la création d'une revue, *Europe*, qui devient le lieu de rencontre des premiers intellectuels en rupture de ban avec le parti communiste. Jean-Richard Bloch en est rapidement l'âme : partisan de l'adhésion à l'Internationale communiste, ami de Lefebvre, militant à *Clarté*, il met deux ans pour se découvrir aussi sceptique que d'aucuns le deviendront, après des décennies de dandinement idéologique. Il écrit ainsi : « Le sort des plus belles réformes est d'être rêvées par des prophètes, propagées par des fanatiques. »

Le conflit intérieur des intellectuels communistes ne sortira plus de cette contradiction : l'adhésion aux finalités de l'aventure ; la répulsion devant les moyens. Mais les états d'âme ne sont pas à cette époque monnaie courante. Les motifs d'adhésion sont plus puissants que les raisons de méfiance. A côté du cheminement pacifiste qui conduit du refus du conflit à une fidélité vis-à-vis du pays qui s'en est évadé, jouent d'autres motivations.

Le sentiment, pour certains, que la révolution bolchevique parachève la grande Révolution française. Ainsi l'historien Jean Bruhat décrira-t-il plus tard les motifs de son adhésion au Parti : « D'abord l'enthousiasme... ce qui comptait pour moi, c'est ce qui se passait à l'Est. Depuis le 1789-1794 que nous apprenions dans le Malet-Isaac, rien de comparable. Par-dessus les carmagnoles des sans-culottes, apparaissaient en surimpression les blouses de cuir des combattants du Palais d'Hiver. »

Pour d'autres, la démarche est moins émotive et plus rationnelle : elle ne fait que traduire le choix philosophique du marxisme. C'est le cas de Paul Nizan, converti à l'analyse marxiste, pour lequel l'adhésion au PC devient une formalité banale.

Pour beaucoup, la conversion au communisme se nourrit elle-même comme toutes les conversions religieuses. La mystique fonctionne naturellement ; elle sécrète sa propre religiosité ; elle suscite des actes de foi ; elle entraîne l'excommunication des autres. Combien d'esprits rationnels, souvent scientifiques, succomberont-ils à cette époque, à cette religion sans Dieu ! Ce que les philosophes des Lumières avaient essayé d'instaurer, ce que maintes écoles de pensée ont inventé au dix-neuvième siècle, le communisme le réalise sans coup férir : il met en place une religion laïque dont les intellectuels ont vocation à être les prêtres. Face à de tels militants, les intellectuels modérés sont aussi mal à l'aise qu'ils le seront des décennies durant. Ne pouvant critiquer les finalités idéalisées du communisme, ils doivent lui faire grief de sa pratique, de ses méthodes et de sa brutalité. Mais au moment où Staline supplante Lénine, ce ne sont que des intuitions. Ceux qui visitent alors l'Union soviétique se sont promenés dans les rues de « villages Potemkine ».

C'est paradoxalement du côté du surréalisme que l'intelligentsia communiste va trouver, pour les uns fugitivement, pour les autres durablement, du renfort. C'est un paradoxe, compte tenu de l'abîme entre la vision dadaïste et surréaliste de la création et l'art socialiste tel qu'il se met en place à Moscou. Au moment où Barbusse et ses fidèles se battent en 1917-1918 pour le pacifisme, les futurs cardinaux du surréalisme, les Aragon, Soupault et autres tombent sous le charme de celui qui sera leur pape, André Breton. Ce ne sont ni la politique, ni la paix, ni la guerre qui obsèdent ces jeunes gens mais le désir d'inventer une nouvelle culture littéraire autour d'une revue qu'ils baptisent par dérision *Littérature*.

Publié en 1918, *Le Manifeste* de Tristan Tzara va leur faire franchir une étape décisive, les poussant vers le culte de la spontanéité. Mais à l'artisanat décousu de Tzara va succéder l'organisation quasi militaire de Breton. Celui-ci commence par liquider le dadaïsme : « Dada, bien qu'il eût, comme on dit, son heure de célébrité, laissa peu de regret : à la longue, son omnipotence et sa tyrannie l'avaient rendu insupportable. »

Une doctrine : *Le manifeste du surréalisme* rédigé par le chef. Une revue : *La révolution surréaliste*. Une méthode : l'écriture automatique, le sommeil hypnotique, les provocations créatrices. Un ennemi : le roman. Un slogan : « L'imagination est peut-être sur le point de reprendre ses droits. » Une définition : « Surréalisme : automatisme psychique pur par lequel on se propose d'exprimer, soit verbalement, soit par écrit, soit de toute autre manière, le fonctionnement réel de la pensée. Dictée de la pensée, en l'absence de tout contrôle exercé par la raison, en dehors de toute préoccupation esthétique ou morale. » Sus à la raison, au cartésianisme, à la pensée et aux carrières traditionnelles, voire au travail ! Il y a une dose d'anarchisme riant : « Ouvrez les prisons, licenciez l'armée. »

Le mouvement se situe aux antipodes du communisme tel qu'il s'installe à Moscou et pourtant les deux univers vont se rapprocher. Ils ne tardent pas à se découvrir des ennemis communs : les conservateurs de tous acabits. Ainsi à l'attaque confite de conformisme de Claudel, répond un libelle, *Lettre ouverte à Monsieur Paul Claudel, ambassadeur de France au Japon* : « Peu nous importe la création. Nous souhaitons, de toutes nos forces, que les révolutions, les guerres et les insurrections coloniales viennent anéantir cette civilisation occidentale dont vous défendez jusqu'en Orient la vermine et nous appelons cette destruction

La tentation communiste et l'échappée surréaliste 219

comme l'état de choses le moins inacceptable pour l'esprit. » Le combat s'est subrepticement métamorphosé : l'art n'est plus seul en jeu ; c'est la révolution.

Très sensibles à l'aliénation coloniale, les surréalistes vont s'opposer à la guerre du Rif, aux côtés des intellectuels communisants de *Clarté*. Un texte commun prône l'anticolonialisme, l'antipatriotisme, le pacifisme de Lénine. Louis Aragon est, comme souvent, en retard d'une évolution. Lui disait encore « Moscou la gâteuse » au moment où Breton écrit : « Vive donc Lénine !... Nous sommes révolutionnaires de la tête aux pieds, nous l'avons été, nous le resterons jusqu'au bout. » Lorsque Breton aura compris les dérapages du stalinisme, Aragon, toujours en retard, continuera de pratiquer, lui, l'adoration mystique.

Les surréalistes s'engagent de manière encore plus tranchée le 23 octobre 1925 : « La Révolution ne peut être conçue par nous que sous sa forme économique et sociale où elle se définit : la Révolution est l'ensemble des événements qui déterminent le passage du pouvoir des mains de la bourgeoisie à celles du prolétariat et le maintien de ce pouvoir par la dictature du prolétariat. »

Quel grand écart pratiquent Breton et sa bande ! Les voilà passant de l'écriture automatique et des « haricots sauteurs » à des textes aussi indigestes que les tracts du PC ! Ils se disent à la fois « aux ordres du merveilleux » et solidaires de « toute action révolutionnaire ». Ils se vivent davantage comme des alliés du communisme que comme de simples militants. Ils vont néanmoins loin dans la déférence institutionnelle : « Nous voulons la Révolution, partant nous voulons les moyens révolutionnaires. Or ces moyens, aujourd'hui de qui sont-ils le fait ? De l'Internationale communiste seule et pour la France du PCF... » Si ce n'est un ralliement, ce n'en est pas loin et *L'Humanité* se plaît à enregistrer l'adhésion catégorique de ces jeunes intellectuels.

Tous ces sourires sont lourds de malentendus. Breton croit que le combat pour un art révolutionnaire est un compartiment de la bataille pour la Révolution. Il n'a rien compris à la culture du PC. Celui-ci se réjouit, comme il le fera pendant des décennies, de décrocher à son profit des intellectuels bourgeois, dès lors qu'ils acceptent de se soumettre aux exigences du combat prolétarien. *L'Humanité* est on ne peut plus claire : « D'extraction bourgeoise pour la plupart, ils sont venus d'instinct à la Révolution. Leur pensée mûrira et se précisera. Beaucoup, espérons-le, persévéreront dans leur voie où les engagent un enthousiasme et un désespoir romantiques. D'autres – ne sommes-nous pas payés pour le savoir ? –, obéissant aux suggestions de leurs intérêts, retourneront sans doute à leurs origines. La foi révolutionnaire doit être raisonnée, systématique, elle doit s'étayer sur les lois économiques génialement formulées par Marx et Lénine. » Le message est limpide : ces intellectuels peuvent conserver leurs illusions artistiques le temps d'une transition, mais ils doivent ensuite s'enrôler sans état d'âme ni ambition autonome.

En fait, le PC préfère les Anatole France ou Henri Barbusse, écrivains bourgeois pleins de bonne volonté mais sans aspiration révolutionnaire personnelle, à cette bande de jeunes excités qui prétendent inventer, au nom de la Révolution, une théorie artistique sans même songer à demander l'imprimatur officielle. La lune de miel ne pourra durer. Certes, des coopérations s'organisent pendant un temps entre surréalistes et communistes ; les premiers n'hésitent pas à écrire aux côtés des seconds, y compris dans *L'Humanité*. Mais le divorce est inévitable : Breton et Aragon choisiront chacun son camp, l'un les « ordres du merveilleux » et l'autre la fidélité à la supposée action révolutionnaire. Dans un premier temps, les surréalistes ont certes adhéré en bloc au PC, y compris Breton. Mais l'auteur du *Manifeste du surréalisme* n'est pas fait pour la vie de cellule communiste : les mises en cause personnelles inhérentes au militantisme lui sont insupportables. Cela ne suffit pas encore à compromettre le choix des surréalistes de s'accrocher au PC, pour autant que celui-ci reconnaisse leur valeur ajoutée dans l'ordre artistique et littéraire : « Mais nous entendons dire aussi qu'il est pénible que l'organisation du PC en France ne lui permette pas de nous utiliser dans une sphère où nous puissions réellement nous rendre utiles... » Naïveté : on ne met pas en demeure en 1927 le PCF, ce bon élève de la classe stalinienne. Il faut se soumettre ou se démettre.

Le dilemme sera d'autant plus cornélien que Trotski va être bientôt expulsé d'Union soviétique et que faire preuve de sympathie à son égard signifie un divorce brutal. Breton essaie d'éviter ce choix : « Si le surréalisme se considère comme lié indissolublement par suite des affinités que j'ai signalées, à la démarche

La tentation communiste et l'échappée surréaliste 221

de la pensée marxiste et à cette démarche seule, il se défend et sans doute il se défendra longtemps encore de choisir entre les deux courants très généraux qui roulent, à l'heure actuelle, les uns contre les autres des hommes qui, pour ne pas avoir la même conception tactique, ne s'en sont pas moins révélés de part et d'autre comme de vrais révolutionnaires. » Il ferme les yeux sur la signification du suicide de Maïakovski et va même – signe d'allégeance – jusqu'à débaptiser la revue du mouvement, *La Révolution surréaliste*, afin d'en faire *Le surréalisme au service de la Révolution*.

Dans le même esprit de soumission, les surréalistes envoient Aragon à Moscou afin de les représenter en novembre 1930 à la « deuxième conférence internationale des écrivains prolétariens et révolutionnaires ». C'est compter sans la veulerie du futur auteur d'*Aurélien*. Celui-ci signe, à l'occasion de cette réunion baptisée le Congrès de Kharkov, une autocritique ; il laisse condamner le surréalisme, cette « réaction des jeunes générations d'intellectuels de l'élite petite-bourgeoise » ; il plaide pour une organisation française de littérature prolétarienne, à l'image du système soviétique, et pousse le zèle jusqu'à écrire un poème, « Front rouge », à la gloire du Guépéou.

La rupture entre Breton et Aragon est devenue inévitable. L'addition des mœurs communistes et des pratiques surréalistes ne peut que rendre violente la séparation. Breton sonne la charge : l'*Affaire Aragon* puis *Misère de la poésie. L'Affaire Aragon devant l'opinion publique. L'Humanité* rétorque par une excommunication des surréalistes, Aragon naturellement mis à part. Le parti communiste dispose désormais de son écrivain officiel. Quant à Breton, il essaie de ne pas basculer dans l'anticommunisme et demeure un compagnon de route. Le virage unitaire des prochaines années va rendre cette posture moins inconfortable.

CHAPITRE 29

Les clercs ont-ils trahi ?

Magie d'un titre : *La trahison des clercs* ! Julien Benda n'est ni Tocqueville, ni Zola et son livre ne vaut ni la moindre œuvre de Renan, ni les fumerolles d'Hugo mais il est devenu un point de passage obligé dans toute réflexion sur les intellectuels et le mot lui-même un « marronnier » pour journalistes fatigués.

Benda est un Blum sans le charme, un Lucien Herr sans le magnétisme, un Daniel Halévy sans la grâce. Il partage avec eux l'ancrage si particulier des bourgeois juifs et intellectuels de l'époque qui s'estiment plus français que leurs ennemis antisémites, n'ont guère l'esprit religieux ou communautaire et oscillent idéologiquement entre un socialisme patriotique et un libéralisme teinté de nationalisme. Tous marqués par l'épisode du dreyfusisme, ils se sont ensuite dispersés sur l'échiquier politique.

Benda n'a pas, à la différence des Blum, Herr ou Halévy, un pedigree académique éblouissant. Démissionnaire de l'Ecole centrale, licencié d'histoire à la Sorbonne, c'est presque un autodidacte de la culture. Peut-être ce parcours universitaire moyen l'a-t-il poussé, par désir de revanche, à faire de sa vie une ascèse intellectuelle. Rentier, atrabilaire, misogyne, peu émotif, il n'est pas un personnage attachant.

C'est un dreyfusard modéré. Le réflexe de solidarité juive ne joue aucun rôle dans son cheminement vis-à-vis de l'Affaire. Benda réagit en juif très assimilé avec des mots qui, sous une plume non juive, fleureraient l'antisémitisme. Il n'hésite pas à s'en prendre au « Juif étroitement hébraïque, continuant à se réjouir exclusivement de la naissance de l'enfant mâle, n'admettant le mariage qu'entre juifs, fanatique dans la solidarité juive, limitant brutalement son altruisme au monde juif, voyant dans les non-juifs les éternels *guerim* maudits par la Torah et toujours disposé à les traiter comme les habitants de Moab ou de Chanaan ».

La pulsion libérale n'est pas, non plus, à l'origine de son engagement dreyfusard : il ne refuse pas les contraintes de la raison d'Etat. Mais ce scientifique médiocre voue paradoxalement un culte à la démarche même de la science, à la quête inlassable de la vérité et à sa méthode déductive. De là ces mots étonnants : « C'est ici la pure intellectualité qui a fait sauter le mensonge social. Pour le clerc, l'affaire Dreyfus est le palladium de l'Histoire. »

Le clerc ? Expression étonnante retournant une fonction religieuse en la laïcisant au profit d'une foi areligieuse et d'une croyance à une vérité dont les clercs, c'est-à-dire les intellectuels, sont les serviteurs. Tous ceux qui, parmi eux, laissent la passion dominer la raison sont donc traîtres à leur devoir. De là son divorce avec Péguy avec lequel il avait noué, jeune, une vraie relation d'amitié. Ainsi refuse-t-il en 1929 de participer à un numéro de la *NRF* consacré au fondateur des *Cahiers de la quinzaine*, car il voit en lui « un des grands responsables de ce mépris des lois de l'esprit qui me semble caractériser, depuis une vingtaine d'années, toute une race d'écrivains français ». L'avenir n'appartient plus à *L'Esprit des lois* mais aux « lois de l'esprit ». C'est placer le devoir de l'intellectuel à un rang quasi messianique.

Dénué de la moindre distance vis-à-vis de lui-même, Benda ne mesure pas que son nationalisme viscéral pendant la Grande Guerre n'est pas une manifestation évidente des lois de l'esprit. Celles-ci auraient sans doute exigé de rechercher les responsabilités dans l'engrenage qui a conduit au conflit, d'éviter tout manichéisme et de ne pas considérer les pacifistes comme des imbéciles. Benda est, à l'inverse, aussi cocardier et manichéen que Clemenceau, mais le « Tigre » assume, lui, ses passions : il ne prétend pas agir au nom des lois de l'esprit. Ce n'est pas la raison qui fait écrire à celui qui se veut le modèle du clerc : « Pour moi, je tiens que, par sa morale, la collectivité moderne allemande est une des pestes du monde et si je n'avais qu'à presser un bouton pour l'exterminer tout entière, je le ferais, sur-le-champ, quitte à pleurer les quelques justes qui tomberaient dans l'opération. J'ajoute que je crois mal à ces justes et vois trop peu l'Allemand du Reich, s'appelât-il Nietzsche ou Wagner, qui n'ait pas au fond de soi le mépris des civilisations fondées sur la raison, la certitude que l'hégémonie est due à sa race et la croyance au primat moral de la force. » Benda a-t-il oublié Kant, Hegel, Marx ? Ce Benda-là, n'est-il juif, plaît à l'Action française de l'après-guerre. Il appartient en effet à la mouvance de Poincaré dont Maurras constitue l'aile la plus nationaliste.

Oublieux des exigences d'une démarche rationnelle, Benda ne s'interroge ni sur le degré de dureté du traité de Versailles, ni sur ses conséquences vis-à-vis de la société allemande, ni sur son applicabilité. C'est l'inverse de Keynes. Là où, tout aussi imbu de raison, l'économiste britannique devine l'impasse dans laquelle le traité conduit l'Europe, le clerc français est dogmatique, rigide et aveugle. Plus Benda devient un nationaliste banal, plus son livre est paradoxalement promis à un avenir éclatant.

Nul ne s'attend en effet à ce coup de tonnerre. Certes Benda annonce la couleur dès 1925 : « Les hommes n'ont plus que deux religions : pour les uns, la Nation ; pour les autres : la Classe ; deux formes, quoi qu'ils prétendent, du plus pur temporel. Ceux qui avaient pour fonction de leur prêcher l'amour d'un idéal, d'un supra-temporel – les hommes de lettres, les philosophes, disons d'un mot les clercs – non seulement ne l'ont pas fait, mais n'ont travaillé qu'à fortifier de tout leur pouvoir ces religions du terrestre : les Barrès, les Bourget, les Nietzsche, les Marx, les Péguy, les Sorel, les d'Annunzio, tous les moralistes influents de ce dernier demi-siècle ont été de farouches professeurs de réalisme et se sont glorifiés de l'être, quitte à idéaliser ce réalisme. C'est ce que j'appelle la trahison des clercs... »

Le mot devient titre, deux ans après, en 1927, et le livre paraît en quatre livraisons à la *NRF* avant d'être publié par Grasset. Il ne surmonte jamais la contradiction entre la raison dont le clerc se réclame et l'idéalisme qui rêve d'un espace entre les religions temporelles. Mais inaugurant la quête d'une difficile « troisième voie », il ouvre un créneau à tous ceux qui refusent de s'enrôler sous l'une ou l'autre des bannières nationaliste et communiste : Benda est le lointain ancêtre de Camus. Il ne prêche pas l'abstention aux intellectuels mais les pousse au contraire à être de plain-pied dans la vie de la société : le Voltaire de l'affaire Calas ou le Zola de l'affaire Dreyfus exercent leur mission de clercs. Et ceux qui n'entrent pas dans les conflits du quotidien demeurent néanmoins d'authentiques clercs, si leur œuvre est au service de la raison. Goethe, Kant, Renan reçoivent ainsi le blanc-seing de Benda.

Il affirme que jusqu'au vingtième siècle, les clercs ont su ne pas apporter leur caution aux guerres et aux violences qui ont fait le quotidien de l'Histoire mais cette retenue n'a pas résisté à l'irruption des idéologies contemporaines : « Notre siècle aura été proprement le siècle de l'organisation intellectuelle des haines politiques. Ce sera un de ses grands titres dans l'histoire morale de l'humanité. » L'esprit s'est mis au service des passions : les races et les classes. C'est la victoire de la pensée allemande du dix-neuvième siècle, donc le triomphe de la passion sur la raison, de l'émotif sur le réfléchi, du sentiment sur l'analyse. Face aux « officiants de l'universel » – les Voltaire et Zola –, les Maurras, Barrès, Sorel mais aussi Péguy, sont des militants de l'individuel.

Pour Benda, le clerc, quand il ne trahit pas, est le serviteur d'une morale universelle. C'est faire fi des solidarités de classes, du charivari de l'Histoire, des conflits historiques, des mémoires collectives. Le clerc qui s'engage trahit. Le clerc qui s'en tient à un combat éthéré pour les valeurs remplit son office. La thèse de Benda fait évidemment abstraction de la dynamique et de la force de l'Histoire mais elle est douillette pour ceux qui deviendront des « intellectuels non engagés » : ils se croiront porteurs d'une morale supérieure. De là la trace de ce livre d'un talent moyen : il va devenir le manifeste de tous les intellectuels qui refuseront l'alignement sur le fascisme ou le communisme.

Les réactions sont, sur l'instant, d'une extrême violence. Déçue de voir ce publiciste qu'elle considérait comme son « bon juif » la clouer au pilori, l'Action française se déchaîne. Il est vrai que la critique de Benda à l'endroit du nationalisme et du racisme est en résonance avec la condamnation par Rome de la religion temporelle prônée par l'AF. « Gnome étranger » – Benda est petit et juif ! – ; « clerc de lune » : la chasse aux épithètes est ouverte. Compagnon de route de Maurras, Thibaudet assène que les sources de la théorie du clerc sont naturellement juives : « Le clerc est un homme au désert qui se nourrit de sauterelles et de miel sauvage et qui crie " Malheur " ! sur les villes et sur les Etats. L'histoire du clerc infidèle à sa mission se trouve d'ailleurs dans la Bible. C'est celle de Jonas. » Un pan de l'antisémitisme du vingtième siècle apparaît en ombre chinoise : sus à l'universel. Or les juifs sont des militants de l'universel. Donc sus aux juifs !

Mais même des esprits plus posés réfutent les prémisses de Benda. Ainsi, philosophe chrétien, Gabriel Marcel écrit-il dans la *NRF* : « Rien n'est plus contraire du reste à l'esprit du platonisme comme à celui du système spinoziste que la façon dont Monsieur Benda rompt délibérément toute communication entre le monde des choses éternelles et le plan des affaires humaines... L'humanisme de Monsieur Benda en réduisant l'homme à son concept – et il faut entendre par là le plus abstrait de sa notion – le déshumanise purement et simplement. » C'est une critique qui porte davantage que les cris d'orfraie des nationalistes et des communistes. Elle vient d'un chrétien mais elle aurait pu être signée par un socialiste, voire un radical. Faire l'impasse sur la société est une aberration. Erasme ou Voltaire étaient immergés dans leur époque. Benda réécrit leur itinéraire d'une manière dogmatique.

Sans doute est-il conscient du caractère réducteur de sa thèse puisqu'il affinera dans ses *Mémoires* le concept de clerc. Il distingue en effet, toujours en regard des catégories religieuses, le « clerc séculier » qui accepte les contraintes de la réalité et le « clerc régulier » : celui-ci appartient à une espèce de « purs spéculatifs, qui maintiennent l'idéal dans son absolu, hors des altérations qu'il doit naturellement subir pour passer dans le réel ». Il illustre le propos par un étrange parallèle avec l'univers judiciaire : il faut une « cour de cassation qui, loin des incertitudes de la cité, tend à garder les lois de la justice éternelle ». Ainsi formulée, la théorie est plus « comestible » : elle assigne non au monde intellectuel dans son ensemble mais à quelques figures clés une fonction prophétique qui correspond, selon les circonstances, à un devoir d'inspiration ou à une mission de contre-pouvoir.

La trahison des clercs est le premier livre théorique sur la fonction des intellectuels, depuis la naissance du mot. Ceux-ci se comportaient jusqu'alors comme des « Messieurs Jourdain de l'esprit » : ils remplissaient leur tâche sans la définir. Benda ouvre une boîte de Pandore : les intellectuels vont se repaître de réflexions sur eux-mêmes. Quel bonheur de devenir le sujet de sa propre pensée ! *La trahison des clercs* inaugure le champ de l'intellectualisme narcissique. Il ne va cesser d'être labouré... Les catégories du métier sont désormais connues. L'intellectuel aspiré par un aimant : celui-ci sera nationaliste, puis fasciste ou communiste. L'intellectuel modéré : le clerc séculier. L'intellectuel non engagé : le clerc régulier. La bataille peut commencer ; elle ne s'achèvera qu'avec l'engloutissement du communisme.

CHAPITRE 30

Gide d'une rive à l'autre

Enfant de la bourgeoisie, Gide la défie. Mais de la rébellion et de l'anticonformisme individuels au combat de la classe ouvrière, la route est longue. Et celle-ci parcourue, le retour en arrière n'est pas aisé.

Des *Nourritures terrestres* aux *Caves du Vatican* publiés en 1914, Gide a campé son personnage : la révolte – « Familles, je vous hais » –, le comble de l'individualisme à travers le culte de l'acte gratuit... – la bourrade de Lafcadio précipitant un voyageur anonyme d'un train en marche –, l'aveu en pointillés de l'homosexualité. Mais c'est avec *Corydon* que ce protestant introverti et déchiré jette à la face du monde cultivé sa sexualité. Publier ce brûlot n'est pas un choix facile : Claudel et Maritain ont essayé de le dissuader ; Proust, au contraire, l'y a poussé, à condition de renoncer au « je », ce qui est trop demander à Gide. C'est l'irrésistible ascension de la psychanalyse qui, l'écrit-il, le pousse à franchir le pas : si les vannes de l'inconscient sont ouvertes, pourquoi s'autocensurer ?

Corydon est donc publié fin 1924 : derrière le dialogue bizarre entre un défenseur et un critique de l'homosexualité, comme s'il s'agissait d'un débat théologique, c'est à une apologie de « l'inversion » – pour employer le mot de Charlus – que se livre Gide. Complément autobiographique de *Corydon*, *Si le grain ne meurt* illustre les tiraillements d'une personnalité prise entre le calvinisme et la liberté sexuelle. Jusqu'alors bourgeois anticonformiste, chef de la tribu *NRF*, marginal du système des lettres, Gide devient soudainement le symbole de la liberté personnelle. 1924 est plus proche de l'emprisonnement d'Oscar Wilde que du triomphe gay d'aujourd'hui. Gide n'oubliera jamais la difficulté de cette transgression. Ainsi écrira-t-il en 1942 : « *Corydon* reste à mes yeux le plus important de mes livres. » Militant de l'homosexualité ou adepte d'une émancipation individuelle ? La réponse de François Mauriac est limpide : Gide s'est libéré mais rien n'a changé dans la situation des homosexuels : « Par-delà le bien et le mal, vers la terre promise d'une moralité neuve, Spartacus a entraîné ses troupes d'esclaves qui se croyaient délivrés. Gide seul s'est rendu libre ; il a réussi pour lui seul ce prodigieux renversement, mais la race infortunée n'en a eu aucun bénéfice. »

C'est la politique qui va réussir à faire sortir de sa gangue cet individualiste forcené. Parti un an au Congo en amoureux avec Marc Allégret, il revient scandalisé par les mœurs coloniales. La seule condition à l'avoir jusqu'alors ému était celle des homosexuels. L'aliénation des Noirs africains est, pour lui comme pour beaucoup, le premier pas vers la conscience politique. Martin du Gard s'émerveille de cette candeur tardive : « Ce qui est sublime, c'est de s'indigner à cinquante-huit ans comme tout cœur généreux le fait entre quinze et vingt-cinq. Et nous n'avons pas à être fiers de constater que nous nous sommes plus ou moins acclimatés à ce spectacle écœurant. » Publié en 1927, son *Voyage au Congo* est son premier acte d'intellectuel, mettant sa notoriété au service d'une noble cause. Il joue ce nouveau rôle avec application, s'adressant aux parlementaires, les aiguillonnant au moment des débats cruciaux, faisant son cheval de bataille du non-renouvellement des grandes concessions et parvenant, sur ce plan-là, à ses fins.

Sa sensibilité à l'injustice s'aiguise : une assemblée de copropriétaires peut le choquer, au point de lui faire écrire dans son *Journal* : « En face de certains riches, comment ne pas se sentir une âme de communiste ? » Mot inhabituel sous sa plume : peut-être est-ce l'influence de son nouvel amant, Pierre Herbart, lui authentique militant du PC. Car la marginalité sexuelle et le dandysme intellectuel ne sont pas les antichambres les plus naturelles du communisme. Voilà néanmoins Gide devenu en 1931 sympathisant du PC : « J'aimerais vivre assez pour voir le plan de la Russie réussir et les Etats d'Europe contraints de s'incliner devant ce qu'ils s'obstinaient à méconnaître. Comment une réorganisation si nouvelle eût-elle pu être obtenue sans, d'abord, une période de désorganisation profonde ? Jamais je ne me suis penché sur l'avenir avec une curiosité plus passionnée. » Celle-ci pousse bizarrement l'auteur de *Corydon* à s'enthousiasmer pour les mérites du plan quinquennal : « Je voudrais crier très haut ma sympathie pour la Russie ; et que mon cri soit entendu, ait de l'importance. Je voudrais vivre assez pour voir la réussite de cet énorme effort ; son succès que je souhaite de toute mon âme, auquel je voudrais travailler. Voir ce que peut donner un Etat sans religion, une société sans famille. La religion et la famille sont les deux pires ennemis du progrès. » Etonnant aveu : la lutte des classes n'est pour rien dans la conversion de Gide. Un sentiment nouveau et épidermique de l'injustice et une hostilité renouvelée à Dieu et aux liens familiaux : étonnantes racines d'un militantisme inattendu.

Tous les chemins mènent à cette nouvelle Rome qu'est devenue Moscou : celui suivi par Gide n'est pas le plus traditionnel. L'auteur du *Voyage au Congo* ne cède néanmoins pas à l'irénisme : « Je puis souhaiter le communisme mais tout en réprouvant les affreux moyens que vous nous proposez pour l'obtenir. » Voulant accomplir le parcours initiatique traditionnel, il se force à lire quelques passages du *Capital* mais cet exercice rébarbatif le conduit à un aveu : « Mais il faut bien que je le dise, ce qui m'amène au communisme, ce n'est pas Marx, c'est l'Evangile. C'est l'Evangile qui m'a formé. Ce sont les préceptes de l'Evangile selon le pli qu'ils ont fait prendre à ma pensée, au comportement de tout mon être, qui m'ont inculqué le doute de ma valeur propre, le respect d'autrui, de sa pensée, de sa valeur et qui ont, en moi, fortifié ce dédain, cette répugnance (qui déjà sans doute était native) à toute possession particulière, à tout accaparement. » Du christianisme au socialisme, le chemin avait été balisé au dix-neuvième siècle. Du christianisme au communisme, il est plus inattendu.

Davantage fondée sur une idée chrétienne de la justice que sur la lutte des classes, son adhésion est nécessairement émotive, donc fragile. Elle fait, de toute façon, l'affaire du PC. Signataire de l'appel lancé en juin 1932 par Romain Rolland et Henri Barbusse – dit « Comité Amsterdam-Pleyel » – contre la guerre, membre du comité de direction de leur revue *Commune*, participant à maintes réunions militantes aux côtés de Malraux et d'autres sympathisants, Gide est désormais un authentique compagnon de route. Lui, le styliste raffiné, cède sans état d'âme au pathos communisant, écrivant à propos de l'URSS : « Nous sommes quelques-uns, nous sommes beaucoup, même en France, qui tournons vers vous, jeunes gens de l'URSS, des regards d'admiration et d'envie... » et publiant même dans *L'Humanité* « un Appel d'André Gide » : « Le grand cri poussé par l'URSS a réveillé tous les espoirs. »

Se pliant à un autre rite classique de l'intellectuel engagé communisant, il découvre l'art de la pétition et de l'intervention publique : ainsi essaie-t-il, au côté de Malraux, d'obtenir des autorités nazies la libération de Dimitrov et de ses acolytes, après l'incendie du Reichstag. Le jeu de rôles est bien établi. Le compagnon de route – Gide en l'occurrence – se plie aux usages du PC et sert de décorum dans les manifestations publiques du Parti et, en contrepartie, le système communiste devient un propagandiste de son œuvre : *Les Caves du Vatican* sont publiées en feuilleton dans *L'Huma* et Aragon fait l'entremetteur afin de faire tourner par le cinéma soviétique une adaptation du livre.

Gide-Malraux : même combat ! Il n'y a pas de meilleur étalon de la puissance d'attraction de l'Union soviétique que de voir l'esthète tourmenté et homosexuel et l'éblouissant mythomane s'agiter tels deux frères siamois pour toutes les bonnes causes que leur sous-traite le PC. Cet enrôlement précède la période du Front populaire qui verra le Parti se draper d'oripeaux unitaires et républicains. Il se manifeste au début des années trente quand le Komintern oblige encore les partis locaux, ses filiales, à des positions dures, lourdes d'exclusivismes et caricaturalement bornées. C'est le temps où le PC allemand refuse le front commun avec les sociaux-démocrates pour barrer la route à Hitler. Etre compagnon de route en 1932 est moins chatoyant que cela le sera en 1936 ! Que Gide et Malraux fassent l'impasse sur les excès et la logomachie communistes témoigne de l'incroyable puissance du mythe moscovite ! L'auteur de *Corydon*, l'homme qui a affirmé sa liberté aux yeux de tous, le pourfendeur du conformisme bourgeois acceptera-t-il durablement de porter le masque et de jouer le rôle assez humiliant de potiche ? Martin du Gard en doute : « On l'a traîné dans des meetings ; on lui a fait présider des congrès de trois mille personnes ; on l'a fait défiler en tête des cortèges ; on l'a mis, de toutes les manières, en vedette. Le connaissant comme je le connais, j'imagine comme il devait se sentir mal à l'aise. » Bien vu ! Gide fait les gestes de la foi mais l'esprit critique reprend le dessus. Il veut – idée subversive – aller voir sur place !

Le quiproquo s'installe dès l'idée même du voyage. Les Soviétiques se préparent à organiser la tournée traditionnelle du grand écrivain, ami de la patrie du socialisme, alors que Gide veut faire un voyage d'études à l'instar de son périple congolais. S'ajoute à son réflexe d'enquêteur le désir de retrouver sur place Pierre Herbart, devenu le directeur de la revue littéraire du Komintern, *Littérature internationale*. Gide s'offre une délégation pour l'accompagner : Eugène Dabit, Louis Guilloux et Jacques Schiffrin, inventeur de la Pléiade et russophone. Les événements français – avènement du Front populaire aux affaires, grève générale – ne retardent pas le départ. Celui-ci a lieu le 16 juin 1936. Le projet ne passe pas inaperçu. Ainsi Victor Serge l'interpelle-t-il dans *Esprit*, afin de le mettre en condition de mieux percevoir la réalité soviétique.

Etrange voyage ! C'est, en apparence, la tournée classique de l'invité du régime – visites, banquets, rencontres, discours organisés sous l'amicale férule du Guépéou lequel se plaît de surcroît à offrir quelques aventures homosexuelles à Gide, de la même manière qu'il met des femmes dans les lits de tous les diplomates donjuanesques. Gide ne déçoit pas : ses toasts sont élogieux, ses discours élégiaques, ses hommages au Parti nombreux.

Malchance du calendrier : le premier procès de Moscou se déroule sous leurs yeux à partir du 25 août 1936 ! La condamnation à mort de Kamenev et Zinoviev ne peut qu'interpeller les visiteurs. Gide joue néanmoins sa partition, y compris dans son télégramme de départ : « Après notre inoubliable voyage au grand pays du socialisme victorieux, j'envoie de la frontière un dernier salut cordial à mes merveilleux amis que je quitte à regret… » Propos aux antipodes de son sentiment profond qu'il avoue à ses proches, dès son retour : « Au fond le communisme n'existe plus là-bas, il n'y a plus que Staline. » Cet étrange distinguo réapparaîtra dans les années cinquante, au moment de la destalinisation, comme si le stalinisme était une déviance accidentelle du communisme.

Gide rédige son témoignage, tout en laissant filtrer ses impressions à ses innombrables interlocuteurs. Naturellement au courant du contenu probable de l'ouvrage, les Soviétiques multiplient les ambassades, Ilya Ehrenbourg en tête, pour le dissuader de publier son livre et de nuire ainsi au combat antifasciste. Mais la main de Gide ne tremble pas. Divulgué dans *Vendredi*, l'avant-propos affiche la couleur de l'ouvrage : « C'est témoigner mal son amour que le borner à la louange et je pense rendre plus grand service à l'URSS même et à la cause que pour nous elle représente, en parlant sans feinte et sans ménagement. »

Mis en vente une semaine plus tard, le *Retour de l'URSS* est un événement : 150 000 exemplaires, quinze traductions et surtout un choc politique et médiatique. Ce n'est pas un pamphlet, car Gide se veut équanime et désire à tout prix éviter la rupture avec le PC : celui-ci est devenu pour lui, comme il le sera pour tant d'autres, une famille, une tribu, un club. Mais en face de la litanie des réussites du régime – l'éducation, la santé, l'esprit des jeunes –, l'énoncé des vices du système est implacable : « L'inertie des masses, la dictature intellectuelle, la pression policière, le culte de la personnalité, les échecs économiques... » Les mots fusent : « Et je doute qu'en aucun autre pays aujourd'hui, fût-ce dans l'Allemagne de Hitler, l'esprit soit moins libre, plus courbé, plus craintif, plus vassalisé. »

La condamnation est donc absolue. Venant d'un compagnon de route, elle est insupportable. Aussi le régime lance-t-il ses bataillons intellectuels contre Gide, comme il ne cessera de le faire plus tard contre l'immense armée des communistes déçus. Bourgeois, fasciste, trotskiste : ce sera la trinité, à l'avenir, des injures. Et suivant un principe simplissime, il faut qu'un autre grand écrivain, lui dans la ligne, fustige le renégat. Romain Rolland inaugure le rôle : « Ce mauvais livre est, d'ailleurs, un livre médiocre, étonnamment pauvre, superficiel, puéril et contradictoire. C'est un bruit fait autour du nom de Gide et à l'exploitation de sa célébrité par les ennemis de l'URSS toujours aux aguets et prêts à se servir contre elle de toutes les armes qui s'offrent à leur méchanceté. » A l'ombre du grand écrivain garant de la cause, s'agitent les plumitifs stipendiés, les romanciers veules et les communistes sincères. Aragon, André Wormser, Nizan s'en donnent à cœur joie.

Mais Gide trouve, à l'inverse, d'immenses soutiens, Trotski le premier : « André Gide est un caractère absolument indépendant qui possède une très grande perspicacité et une honnêteté intellectuelle qui lui permet d'appeler chaque chose par son nom véritable. » Le problème est, pour Gide, de ne pas devenir l'otage de ses amis.

Blessé de surcroît par les critiques sur la superficialité de son livre, il se remet à l'ouvrage, se veut plus économiste, plus sociologue – entreprise un peu vaine ! – et publie en juin 1937 ses *Retouches à mon retour d'URSS*. C'est l'occasion d'une nouvelle joute avec les mêmes adversaires et d'un soutien de la part des mêmes supporters. Mais plus que Souvarine ou Victor Serge, issus du soviétisme qu'ils rejettent, Gide devient la figure emblématique de l'intellectuel engagé, mais libre, en face du rouleau compresseur communiste. C'est, par anticipation, l'anti-Sartre. L'esthète narcissique vient de changer de statut : la liberté individuelle n'est plus son seul horizon ; il devient l'incarnation de la liberté de penser. Etonnante volte-face ! L'auteur de *Corydon* avait été tenté de noyer sa solitude en se joignant à la meute de ceux qui croient faire l'Histoire, mais le rédacteur de *Retour de l'URSS* se refuse à sacrifier la vérité au confort douillet qu'il avait trouvé.

Cet aller-retour deviendra l'apanage de maints intellectuels communistes puis anticommunistes. Gide l'a fait avec une majesté peu commune et un sens de la nuance sans équivalent. Devenu le premier de cette espèce – de la tribu des renégats, diront les communistes –, il est le plus respectable car il n'a pas cédé, comme le feront tant d'autres, à la joie perverse de brûler avec trop de violence ce qu'ils avaient adoré avec trop de crédulité.

CHAPITRE 31

La séduction fasciste

L'Action française n'est pas, à l'époque, l'antichambre du fascisme. Ni le régime mussolinien, ni les premiers pas du nazisme ne la font dévier de sa ligne monarchiste et réactionnaire. C'est le 6 Février qui cristallise les antagonismes, poussant une partie du monde intellectuel vers le fascisme et suscitant, en réaction, le mouvement antifasciste dans lequel le parti communiste va essayer de dissoudre fugitivement son stalinisme.

Pierre Drieu la Rochelle est le premier intellectuel à céder à la séduction fasciste. De retour d'un voyage à Berlin organisé, en janvier 1934, par Bertrand de Jouvenel, il n'hésite pas à vanter, *dixit* ce dernier, « la ferveur joyeuse de la jeunesse allemande ». Il publie dans le même esprit dans la *NRF* dont il est un des piliers : « Mesure de l'Allemagne. » Il y proclame que « le fascisme exploite contre le capitalisme la faiblesse infinie dans laquelle tombe celui-ci quand le ressort de la concurrence ne le soulève plus ». La position est encore nuancée ; elle garde ouverte une possible connivence avec la pensée de gauche et semble se limiter à une simple réflexion économique. C'est, pour Drieu, la poursuite d'une analyse entamée depuis une dizaine d'années et qui tournait autour d'une hypothétique conciliation, hors de toute référence marxiste, entre l'individualisme et le socialisme. Cette recherche tâtonnante d'une troisième voie, entre le communisme et le libéralisme, l'avait conduit à se mettre dans le sillage des

« jeunes radicaux » dont Gaston Bergery et Jouvenel étaient les leaders, et de les suivre au « front commun », bizarre rassemblement d'esprits en quête d'une fumeuse synthèse entre un socialisme non marxiste et un libéralisme non idéologique.

Le 5 février 1934, Drieu est donc loin, malgré son voyage à Berlin, d'être fasciste. Le 7, il l'est. Quelles conclusions tire-t-il de l'émeute du 6 pour faire un tel virage bord sur bord ? Le choc de deux France, l'une celle des manifestants à la recherche d'un nouveau souffle, l'autre incarnée par une Chambre des députés assiégée, témoignage de la décrépitude démocratique. Peu lucide sur la réalité des forces en présence, Drieu veut croire que la manifestation réunissait le meilleur de la gauche et de la droite : « On chantait pêle-mêle la *Marseillaise* et *L'Internationale*. J'aurais voulu que ce moment durât toujours. » Le voilà en quête d'une curieuse fusion idéologique : « Il faut un tiers parti qui étant social sache aussi être national et qui étant national sache aussi être social. » National-social : l'antichambre du national-socialisme ?

Ce n'est pas ce mot sulfureux que Drieu va néanmoins faire sien, mais celui de fascisme, avec en ligne de mire une coalition hétéroclite des « radicaux désabusés, des syndicalistes non fonctionnarisés, des socialistes français, des anciens combattants et des nationalistes qui ne veulent pas être dupes des manœuvres capitalistes ». Le fascisme de Drieu illustre à merveille la thèse que François Furet développera en 1992 dans *Le passé d'une illusion* : le fascisme et le communisme sont les deux rameaux d'une haine commune de la bourgeoisie et du capitalisme. Ce n'est pas un hasard si le futur auteur de *Gilles* rêve d'agréger dans un même mouvement les dissidents communistes emmenés par Doriot, les néo-socialistes de Déat et les Croix de Feu du colonel de La Rocque : « Je nourris ouvertement le rêve de voir se rapprocher ces deux mouvements inégaux. Les Croix de Feu ont des hommes, les néos ont des idées. Les Croix de Feu peuvent rallier toute la bourgeoisie saine qui ne veut pas être dupe du grand capitalisme sous prétexte de nationalisme. Les néos peuvent rallier tous les gens de gauche qui ne croient plus ni dans la IIe Internationale ou la IIIe Internationale, ni dans la primauté du prolétariat, ni dans la franc-maçonnerie. » Il ne manque qu'une ritournelle contre les juifs pour voir se dessiner en pointillés Vichy. Mais Drieu n'est pas encore, à cette époque, antisémite.

Cependant, ce projet politique n'est fasciste que pour autant qu'il se définisse ainsi. C'est bien le cas. Drieu proclame en effet dans *La lutte des jeunes* : « Pour moi, j'ai éprouvé le besoin de dire que j'étais fasciste. Il me semblait avoir pour cela une excellente raison, qui était avant tout de parer au plus pressé, de dire le mot de rupture. J'ai donc dit " fasciste " pour signifier ma volonté de rompre avec le grand péché de la gauche qui est de faire de la défense parlementaire plus ou moins honteuse. » De là le front commun des hommes de décision face à la mélasse démocratique : « Il faut que La Rocque renonce à faire semblant d'avoir peur de Doriot et que Doriot fasse de même à l'égard de La Rocque. » Pour un fasciste, faire front commun avec un communiste en voie d'émancipation – Doriot sera exclu du PC en 1934 et fondera en 1936 le parti populaire français – n'est conforme ni au modèle italien, ni à l'exemple allemand.

En fait Drieu se place dans le sillage de Georges Valois, fondateur en 1925 du Faisceau, dont la doctrine reposait sur un double mouvement en provenance de la gauche et de la droite. Ne pas sataniser la gauche situe le fascisme de Drieu aux antipodes de l'Action française. Les deux idéologies partagent la même détestation du régime parlementaire, mais celle de Drieu n'est ni réactionnaire ni monarchiste. Il le dit sans ambages à l'occasion du premier anniversaire du 6 Février : « Les deux sursauts de révolte ont été en un instant noyés. Doumergue a aussi facilement séduit La Rocque que Blum a séduit Cachin. A gauche, les ordres de Moscou, les loges, certains juifs, les extrêmes et les plus subtils émissaires du capitalisme ont eu raison de l'appétence de combat des ouvriers parisiens. A droite, une Action française de vieillards, les parlementaires de droite, le grand capitalisme et la grande presse ont eu raison de la fureur des jeunes bourgeois. »

A chaque voyage en Allemagne, Drieu dérive davantage vers le national-socialisme. Ainsi, assistant en 1935 en compagnie de Jouvenel et de Brasillach, au Congrès de Nuremberg, il est envoûté par le spectacle : « Il y a une espèce de volupté virile qui flotte partout et qui n'est pas sexuelle mais très enivrante… C'est ce que j'ai vu de plus beau depuis l'Acropole. » La virilité, la force, la beauté classique : aucun poncif ne manque, qui participe de la séduction fasciste. Brasillach sera encore plus lyrique dans les *Sept couleurs* et *Notre avant-guerre* : « Ils chantent, le tambour roule, on évoque les morts, l'âme du parti de la nation est confondue et enfin le maître achève de brasser cette foule énorme et d'en faire un seul être... » Autre poncif : le mythe fusionnel. Grâce au chef, le peuple ne fait qu'un. Ainsi le fascisme de Drieu, voire de Brasillach, glisse-t-il subrepticement du jeu idéologique vers le domaine des sensations violentes : le culte de la force devient, fût-ce par esthétisme, un ingrédient majeur du phénomène.

Mais Drieu n'est pas un chef : il le sait. Aussi est-il en quête de son « Duce ». La Rocque est trop conformiste et ses troupes fleurent la bourgeoisie rancie. Déat est plus attirant mais il ne se dépêtre pas de ses liens avec la SFIO. La création du parti populaire français par Doriot est enfin l'occasion. Il n'y a pas plus prolétaire que « le grand Jacques », plus violent, plus courageux, plus provocateur : il a donc tout pour séduire les intellectuels ! Dans leur quête inlassable, témoignage de leur mauvaise conscience sociale, de l'homme du peuple, certains peuvent voir en Doriot le héros idéal. C'est un étrange itinéraire qui amène cet ancien communiste à magnétiser les penseurs fascistes. Son exclusion du parti communiste est paradoxale : elle n'est pas liée à une dérive idéologique mais au fait qu'il avait constitué un front antifasciste dans sa ville, alors que la doctrine du Komintern n'avait pas encore abandonné le principe classe contre classe au profit d'un Front populaire avec les autres forces de gauche.

Exclu de ce fait du PC, Doriot doit, pour se maintenir au pouvoir à Saint-Denis, attirer les voix de la droite. C'est le début d'un itinéraire qui en fera un des pires suppôts de Vichy. Toujours est-il que Drieu assiste, le 28 juin 1936, à la création du parti populaire français et au couronnement de son président. Il a désormais trouvé sa bannière et son chef. Son adhésion ressemble à celle des intellectuels qui ont, eux, rejoint le PC : un même désir de se débarrasser de ses oripeaux de bourgeois, une même envie de se fondre dans le peuple, un même besoin de se trouver membre d'une grande famille. C'est parce que le PPF ressemble sociologiquement et culturellement au PCF que Drieu ou Jouvenel le rejoignent. Ce dernier l'avoue ingénument : « C'est en plongeant dans Saint-Denis, en prenant l'habitude de partager des repas, d'être tutoyé, que j'ai pris contact avec le peuple. C'est là ce qui m'a retenu au PPF bien au-delà du moment venu où Doriot me déçut. Une expérience qui me rend compréhensif à l'égard des intellectuels qui ne se sont point retirés après tel ou tel choc. »

Quant à Drieu, il cède désormais sans restriction au culte du chef, rédigeant une brochure, *Jacques Doriot, ouvrier français* : « Un élément capital de la dignité pour tout le peuple – aussi bien pour les bourgeois que pour les ouvriers et les paysans – c'est d'avoir des chefs, de vrais chefs qui ne se dérobent pas à leur responsabilité, qui savent commander et dire : " Nous sommes des chefs... " » Seule différence avec le culte de Staline chez les communistes : il est ouvert à d'autres que les seuls ouvriers ! Il ne manque à Drieu, pour devenir un vrai fasciste sur le modèle allemand, qu'un dernier marqueur : l'antisémitisme. Lui qui, ayant épousé une juive en premières noces, avait jusqu'alors échappé à ce travers, se rattrape à partir de l'élection de Léon Blum à la présidence du Conseil, en 1936 : « Il doit y avoir, dans le rôle des juifs, une nécessité biologique pour qu'on retrouve ainsi toujours leurs mots dans la salive des détracteurs. » Tous les chromosomes de l'authentique fascisme sont désormais présents.

Les circonstances vont permettre à Drieu de jouer, à partir de 1940, sa partition. De tous les intellectuels aimantés par le fascisme, il va devenir le plus emblématique. Plusieurs suivent un itinéraire voisin du sien. Ramon Fernandez en premier : meilleur critique littéraire de l'époque, faisant et défaisant les réputations, également pilier de la *NRF*, il bascule lui aussi à l'occasion du 6 Février 1934. Jusqu'alors ancré à gauche, il divorce des communistes après une violente querelle avec Aragon et glisse à vitesse accélérée vers le PPF. Il devient également un émule de Doriot et se laisse, sans la moindre réticence, enrégimenter : pour lui aussi Vichy sera une « divine surprise ». Robert Brasillach vient, pour sa part, des rivages maurrassiens mais il abandonne progressivement le credo réactionnaire de l'Action française pour l'excitation du fascisme. Davantage sensible encore que Drieu aux sirènes de l'Allemagne nazie, il n'a pas le même culte du peuple, la même fascination pour le prolétariat. Doriot n'est donc pas son homme. Plus proche, lui aussi, des racines maurrassiennes, âme de *Gringoire*, Henri Béraud braconne sur les mêmes terres que Drieu : l'antiparlementarisme, la xénophobie, la sympathie pour les régimes italien et allemand mais, à l'instar de Brasillach, ses choix sont plus épidermiques qu'idéologiques. C'est un réactionnaire davantage qu'un fasciste. Quant à Bertrand Jouvenel, premier journaliste français à interviewer Hitler, il manifeste vis-à-vis du Führer une discrète sympathie qui le marquera pour l'avenir au fer rouge. Démarrant comme contestataire au sein du vieux parti radical, il ne cesse de dériver vers la droite. Influencé par les idées antimarxistes d'Henri De Man, il se laisse peu à peu emporter par la logorrhée fasciste et se retrouve à son tour au PPF. Mais plus virevoltant, plus habile, plus nonchalant, il saura tourner casaque à temps et évitera, de ce fait, l'opprobre de l'extrême collaboration.

Ainsi, au tournant de 1936, la droite intellectuelle se divise-t-elle en deux branches hostiles : l'une, quintessence de la réaction, l'Action française, l'autre à la recherche d'un modèle fasciste français. Tout les sépare : l'origine sociologique, l'itinéraire idéologique, le credo religieux, la vision du régime, le style politique, le modèle de société. Ce sera le triste miracle de l'Occupation et de Vichy de les réunir au service de l'Etat français. Avoir les mêmes ennemis – le communisme, la gauche, la République, la démocratie – permet de réussir l'alliance des contraires.

CHAPITRE 32

Le « marais » humaniste

La vie intellectuelle donne naissance, à l'instar du parlementarisme de la IIIe République, à un « marais » : entre les deux aimants du communisme et du fascisme s'installe un vaste espace où se croisent catholiques modérés et humanistes athées. Seule la violence des événements conduira certains d'entre eux à se rapprocher des extrêmes.

Une figure mythique surplombe cette agitation intellectuelle : Péguy. Le franc-tireur est devenu, la mort au front aidant, une référence devant laquelle on fait silence. Mêlant le dreyfusisme et le nationalisme, le philosémitisme et le catholicisme traditionnel, sa complexité idéologique lui permet de couvrir un large éventail de disciples.

D'innombrables revues se réclament de lui au nom, suivant un mot de son meilleur héritier, Emmanuel Mounier, du « non-conformisme ». Créée en 1932 par celui-ci et par Georges Izard, *Esprit* incarne le mieux la filiation de Péguy. Elle se veut, à sa manière, l'héritière des *Cahiers*. A l'image de son père spirituel, Mounier est un catholique d'un style particulier. Ni libéralisme, ni marxisme, ni fascisme : le champ est étroit. Sus au système, au parlementarisme, au règne de l'argent, au capitalisme, à la démocratie libérale, à l'ordre établi ! Ces jeunes gens sont en quête d'une révolution mais celle-ci n'est ni bolchevique, ni nationaliste. Ils ne partagent la lutte des classes ni avec les communistes, ni le racisme et la xénophobie avec l'Action française. Il s'agit pour Mounier d'empêcher le catholicisme de continuer à se compromettre avec le « désordre établi ».

Esprit installe ainsi une tradition qui aura des rameaux multiples : des Chantiers de jeunesse de Vichy jusqu'à la CFDT, du MRP de l'après-guerre jusqu'à Jacques Julliard. Elle suppose un éloignement par rapport à la démocratie chrétienne traditionnelle. Mounier le proclame dans une « Lettre ouverte sur la démocratie » que publie néanmoins en 1934 l'organe officiel de la démocratie chrétienne, *L'Aube* : « L'idéologie que nous combattons et qui empoisonne encore tous les démocrates, même les démocrates chrétiens, est l'idéologie de 89. Non, 89 n'est pas Lucifer. Il y a une âme de la Révolution française dont nous vivons encore et sainement mais elle est à la superstructure idéologique ce que le mouvement syndical et ouvrier est aux partis et aux métaphysiques qui l'ont accaparé. Ce que nous combattons, c'est ceci : l'individu érigé en absolu ; la liberté considérée comme un but en soi ; l'égalité par le vide, entre des individus neutres et interchangeables ; le libéralisme politique et économique qui se dévore lui-même ; l'optimisme dévot de la souveraineté nationale ; l'opposition purement négative au socialisme. » La réponse va s'appeler le personnalisme. La personne n'est ni l'individu consumériste du libéralisme politique, ni le citoyen exclusivement électeur du libéralisme politique, ni la victime obéissante de l'idéologie communiste, ni l'atome prêt à se fondre dans le peuple du fascisme. « Périssent l'honneur national, l'homme familial, l'homme du parti, s'ils s'établissent sur la déchéance des personnes composantes », écrit Mounier. Théorie confortable mais qui conduit à une impasse ! C'est néanmoins le côté douillet de cette idéologie qui va assurer sa pérennité.

Autre rameau du péguysme : une kyrielle d'intellectuels réunis autour d'une revue jumelle d'*Esprit*, *Ordre nouveau* dont Robert Aron est le porte-parole. Eux aussi cherchent une nouvelle voie entre le capitalisme et le communisme. Si Moscou leur est insupportable, New York l'est à peine moins. Ainsi Robert Aron et son compère Arnaud Dandieu publient-ils en 1931 un pamphlet, le *Cancer américain*, où s'accumulent tous les poncifs, encore à l'état naissant, de l'antiaméricanisme : les trusts et monopoles, la violence sociale, l'hypocrisie de la prohibition. C'est là aussi un fil conducteur qui commence à se dérouler et qui sera, au vingtième siècle, un thème de ralliement transcendant les clivages de gauche et de droite. Mais *Ordre nouveau* est un *Esprit* sans le catholicisme. La différence n'est pas mince. La force d'*Esprit* et du personnalisme est de développer une nouvelle famille spirituelle au sein du catholicisme, à côté d'une tendance réactionnaire proche de l'Action française et de la mouvance démocrate-chrétienne qui, une fois la religion et la République réconciliées, avait perdu son énergie.

Cette quête d'une introuvable Révolution d'essence religieuse ne séduit guère la bourgeoisie catholique. Mauriac qui, en 1933, n'est pas encore le franc-tireur qu'il va devenir après la guerre d'Espagne, admoneste sévèrement les jeunes gens d'*Esprit* : « La bourgeoisie française a été le creuset où s'est accompli le génie de notre peuple paysan et ouvrier. Les réfractaires eux-mêmes, Baudelaire, Rimbaud n'ont existé qu'en fonction de cette bourgeoisie qu'ils reniaient mais dont ils étaient les fils... Cette révolution dont vous avez plein la bouche, qui donc la fera ? Pas vous et vous le savez bien. Entre les mille combinaisons du hasard, la moins probable est la présence de notre cher Jacques Maritain à la tête des futurs commissaires du peuple. » On voit percer le ton du futur *Bloc-Notes*, sardonique et subtil.

Le petit-bourgeois révolutionnaire va être une engeance pleine d'avenir et donc d'ennemis. Ce sont les communistes qui supporteront le moins le détournement du mot « révolutionnaires » par des jeunes gens auxquels ils n'ont accordé aucun droit d'usage de la marque ! Aussi Nizan sonne-t-il la charge : « Quand ils parlent d'épanouissement de la personne, il ne s'agit que de donner des titres nouveaux à la personne bourgeoise. » Ce point est incontestable mais il disparaît derrière un procès absurde : *Esprit* et *Ordre nouveau* porteraient en elles « les lignes directrices d'une doctrine fasciste parmi toutes les autres ». Fidèle, malgré son intelligence, à la vulgate du Parti, Nizan considère en effet qu'il n'y aura rien à terme entre le communisme et le fascisme. Donc ne pas basculer du côté communiste, c'est nécessairement rejoindre le camp fasciste.

En fait *Ordre nouveau* et *Esprit* vont connaître des destins contradictoires. La première est d'essence idéologique et ne dispose d'aucune base sociologique. La seconde se nourrit d'un terreau : tous les intellectuels et universitaires catholiques qui souhaitent une Eglise plus pure, plus religieuse et dégagée de sa gangue réactionnaire. Même si *Esprit* sait échapper aux réflexes d'une chapelle catholique et s'ouvre à des non-catholiques et à des incroyants, elle trouve dans ce courant, très vivant au sein de l'Eglise, ses bataillons de lecteurs et plus encore de militants.

L'*Esprit* humaniste de gauche s'appelle *Marianne*. Face à une presse de droite et d'extrême droite écrasante – *Gringoire* 350 000 exemplaires, *Candide* 250 000, *Je suis partout* 100 000 –, Gallimard confie à Emmanuel Berl la direction de ce nouvel hebdomadaire, républicain et de gauche non communiste. Fort du succès de deux essais, *Mort de la morale bourgeoise* et *Mort de la pensée bourgeoise* où il avait manifesté l'acuité de son esprit, l'étendue de sa culture et le côté primesautier qui fera son originalité, Berl est l'homme idoine pour cette entreprise. Ami de Malraux mais aussi confident de Drieu, juif sans attache religieuse, laïc sans rigidité, libéral sans doctrine, républicain sans dogmatisme, c'est un esprit libre. Etrange ludion au point d'être, en 1940, la plume de Pétain – « La terre, elle, ne ment pas » – et de n'en porter aucun stigmate ultérieur ! Berl incarne dans les années trente l'intellectuel républicain mais sans la morgue d'un Benda et sans la mollesse sympathique d'un Guéhenno. C'est l'ancêtre que Jean d'Ormesson aurait volontiers ajouté à la cohorte familiale. Mais le brio de Berl ne suffit pas à assurer le succès d'un journal qui va atteindre difficilement 120 000 exemplaires et dont Gallimard se débarrassera, de guerre lasse, en 1937.

Le relais va être pris par un autre hebdomadaire, *Vendredi*, dont le chef d'orchestre sera André Chamson. C'est par excellence l'anti-Berl. Aussi discret que l'autre est brillant, aussi travailleur que l'autre est virevoltant, aussi organisé que l'autre est improvisateur. A cheval entre le monde littéraire qu'il côtoie à travers la tribu *NRF* et l'univers politique où il a trouvé un petit rôle, comme chef de cabinet de Daladier, alors ministre débutant, il incarne la version laïque du « non-conformisme », dont Mounier occupe le flanc religieux.

C'est le 6 Février 1934 qui le convainc de la nécessité de créer un nouvel hebdomadaire avec un seul mot d'ordre, l'antifascisme. Marianne ne lui semble pas à la hauteur de la tâche : contrecarrer les *Gringoire* et autres *Candide*. Chamson se démène pour financer l'entreprise et y parvient. Il fait appel pour l'aider à Jean Guéhenno, jusqu'alors rédacteur en chef d'une autre revue, *Europe*, d'esprit plutôt pacifiste où se côtoient les signatures de Raymond Aron, Soupault, Dabit, et dont le principal fait d'armes éditorial a été la publication, dans ses colonnes, de l'*Histoire de la Révolution russe* de Trotski. Après son départ, *Europe* deviendra l'organe des compagnons de route du PCF. Socialisant, Guéhenno avait préservé une ligne médiane entre pacifistes acharnés et partisans d'une relative fermeté, entre contributeurs pro-communistes et représentants de la gauche non communiste. Il rejoint donc *Vendredi*, flanqué d'Andrée Viollis, grande journaliste, anticolonialiste, adoubée informellement par le PC. Complètent l'équipe, un catholique de gauche, Louis Martin-Chauffier, un dissident d'*Esprit*, Ulmann, un pamphlétaire communisant, André Wormser.

Vendredi n'est donc ni un repère de compagnons de route du PCF, ni un journal centriste. C'est l'expression d'une gauche républicaine cultivée et politiquement formée que le 6 Février, l'ascension de Hitler et l'enracinement de Mussolini ont transformée en cohorte militante. « Hebdomadaire littéraire, politique et satirique », *Vendredi* porte en exergue : « Fondé par des écrivains, *Vendredi* sera l'organe des hommes libres de ce pays et l'écho de la liberté du monde. » Au sommaire du premier numéro figurent Gide, Maritain, Benda, Cassou, Giono, Schlumberger, kaléidoscope qui veut témoigner, à lui seul, de l'ambition unitaire du projet. Au même Maritain qui souligne combien sa participation ne signifie pas un alignement sur la ligne politique du journal, la rédaction en chef répond : « Il ne s'agit pas, dans *Vendredi*, d'adhésions politiques, mais de valeurs morales, de conscience intellectuelle et de connaissance des réalités. »

A la différence de *Marianne* qui, à l'image de Berl, contrôle ses coups, *Vendredi* ne dédaigne pas de jouer les Candide de gauche, cognant, fustigeant, agressant au nom d'une image démoniaque que le journal se fait de la droite, au point de confondre Maurras et La Rocque, Tardieu et Laval, Doumergue et Henri Béraud. La gauche doit être pour *Vendredi* l'équivalent contemporain du tiers état, c'est-à-dire qu'il lui faut faire l'unité du peuple contre une petite minorité d'exploiteurs. C'est une naïveté politique dans un pays où la gauche a éprouvé de tous temps et jusqu'à aujourd'hui des difficultés pour atteindre la majorité du corps électoral.

Les événements ne cessent de durcir les positions. Le « marais humaniste » aurait pu en temps normal se perpétuer, en refusant l'allégeance aux deux extrêmes. La montée du fascisme va conduire Staline à faire changer bord sur bord la doctrine du Komintern. Le PC substitue la main tendue à l'affrontement de classes. Aussi face à la menace fasciste, à l'intérieur et à l'extérieur, les postures d'indépendance vont-elles disparaître. Le « marais humaniste » bascule à gauche. Le temps de l'unité antifasciste est venu.

CHAPITRE 33

Le moteur de l'antifascisme

L'avènement au pouvoir de Hitler le 30 janvier 1933 et l'instauration immédiate du régime nazi, incendie du Reichstag à l'appui, ont moins mobilisé la communauté intellectuelle que ne le font le 6 Février 1934 et le changement de stratégie du Komintern passant d'un affrontement classe contre classe à une démarche unitaire. Entre le 6 février 1934 et le 27 juillet 1934, date de la signature du pacte d'unité d'action entre socialistes et communistes, ce sont les intellectuels qui occupent l'estrade, avant que les politiques reprennent l'ascendant et les ravalent à un rang essentiellement décoratif.

Dès le 10 février, Malraux, Breton, Guéhenno, Alain figurent parmi les signataires d'un appel afin de « barrer la route au fascisme » : « Cette unité d'action que les ouvriers veulent et que les partis mettent à l'ordre du jour, il est nécessaire, il est urgent, il est indispensable de la réaliser en y apportant le très large esprit de conciliation qu'exige la gravité de l'heure... » Aux yeux de ces intellectuels, dont aucun n'est militant communiste, c'est donc la classe ouvrière qui commande : « les ouvriers veulent... » L'ombre portée du communisme est immense. L'étape suivante est la création du Comité de vigilance des intellectuels antifascistes (CVIA). Initiée par des seconds couteaux, l'opération tourne au monôme. Une seconde tentative s'avère plus fructueuse avec, cette fois-ci, des personnalités emblématiques, Paul Rivet,

Langevin, Alain et surtout le soutien de la *NRF*, ce qui permet d'enrôler les grandes figures – les Benda, Martin du Gard, Breton, Fernandez, Gide, Romain Rolland, Giono, etc.

Mais se pose immédiatement la question des relations avec le Comité Amsterdam-Pleyel créé, lui, en 1932 dans lequel les communistes tiennent un rôle majeur. Derrière cette guerre picrocholine, c'est en fait l'alliance entre communistes et non-communistes qui se joue.

Les intellectuels sont dispensés de trancher ce nœud gordien, ce qu'ils auraient sans doute été incapables de faire. La volte-face de Staline, son goût désormais prononcé pour les fronts populaires, sa nouvelle hiérarchie des ennemis de l'Union soviétique – d'abord l'Allemagne nazie, ensuite les démocraties capitalistes – : autant d'éléments qui vont faciliter l'unification d'une communauté intellectuelle autour de l'antifascisme.

Le Comité de vigilance antifasciste n'est plus une organisation artisanale et une simple avant-garde des partis politiques. Il devient une institution, forte du soutien des universitaires et enseignants, membres des trois grands partis de gauche. Ainsi les deux branches du monde intellectuel, communiste et humaniste, font-elles désormais cause commune. Elles s'essaient même à la politique de terrain, du moins dans un territoire où elles ne sont guère dépaysées – le quartier latin –, en y faisant élire Paul Rivet, le président du CVIA, aux élections municipales de 1935. Cette exception confirme la règle : les pétitionnaires ne se sentent guère une âme de candidats dans les provinces françaises ; le suffrage universel leur répugne.

Lors de la grande journée d'unité, le 14 juillet 1935, les partis de gauche font faire de l'intelligente figuration à leurs intellectuels. Ils défilent, sont applaudis et haranguent la foule avec un enthousiasme auprès duquel la rhétorique politique fait pâle figure. Ainsi de Jean Perrin, auréolé de la gloire de son prix Nobel : « Ils nous ont pris Jeanne d'Arc, cette fille du peuple, abandonnée par le roi que l'élan populaire venait de rendre victorieux et brûlée par les prêtres qui, depuis, l'ont canonisée. Ils ont essayé de vous prendre le drapeau de 89, ce noble drapeau tricolore des victoires républicaines de Valmy, de Jemappes, de Hohenlinden, de Verdun, ce drapeau qui tout à l'heure, à nouveau coiffé du drapeau phrygien de 92, va flotter au-devant de nos troupes, symbole des libertés que vous avez conquises, à côté de ce drapeau rouge devenu celui de l'Union soviétique – et qui, lui, symbolise l'espérance des malheureux. »

L'épisode éthiopien va permettre d'entretenir la belle unité intellectuelle. Face à la mobilisation du clan réactionnaire, à l'instigation de l'Action française, pour soutenir le Duce contre le Négus, les esprits de gauche font cause commune. Les relents racistes des discours pro-italiens leur donnent l'occasion de faire, tous ensemble, front. Pour le Comité de vigilance antifasciste c'est pain bénit. Il peut faire ses gammes à propos d'une crise dans laquelle le bien et le mal se séparent nettement. Chaque camp rejoue l'affaire Dreyfus mais à une grande différence près : nombre de penseurs catholiques choisissent la même ligne que la gauche. C'est le début d'une transhumance politique qui amènera Mauriac, au départ petit provincial barrésien, nationaliste et xénophobe, à devenir résistant puis, sous la IVe République, une conscience morale révérée par la gauche. Mais l'écrivain bordelais n'est pas seul. Etienne Borne, Marou, Maritain, Pierre-Henri Simon et même Claudel sont sur la même ligne et Mounier finit par les rejoindre.

Alors que les intellectuels de droite ont une position claire, leurs adversaires de gauche sont tiraillés entre le réalisme et l'irénisme vis-à-vis de l'Ethiopie. Ce n'est qu'une première manifestation d'un clivage de fond. Une fois les grandes affaires politiques récupérées par les professionnels du métier, les intellectuels reviennent à leurs propres querelles. L'antifascisme est, en effet, un manteau d'Arlequin derrière lequel subsistent d'immenses désaccords. Pour les uns, le combat vise essentiellement l'Allemagne nazie. Pour d'autres, le pacifisme est une fin à laquelle il est interdit de déroger, alors que le fascisme demeure un ennemi intérieur dont le 6 Février a montré la force. Pour les derniers enfin, seule la révolution prolétarienne vaincra, une fois disparu le péril fasciste. Que partagent, dès lors, Romain Rolland défenseur de la première position, Alain de la seconde et Breton, sous l'influence de Trotski, de la troisième ?

Le pacte d'assistance entre la France et l'Union soviétique va faire voler en éclats l'unanimité de façade. Pour les pacifistes, c'est un chiffon rouge, alors que pour les communistes et pour les humanistes viscéralement hostiles à Hitler, c'est une excellente nouvelle. De là une quasi-scission avec la création d'un Comité de liaison contre la guerre et l'union des pacifistes autour de Giono, Simone Weil, Marceau Pivert. Le clivage est limpide : fermeté face à Hitler ou compromis. Mais le cheminement des esprits est complexe. Ainsi les adversaires du traité de Versailles trouvent-ils des circonstances atténuantes à l'évolution de l'Allemagne et prônent-ils au moins l'attentisme, au pire le compromis. Quant aux communistes, hier pacifistes, ils sont aujourd'hui bellicistes puisque telle est la ligne choisie par Moscou. Nombre d'esprits libres optent, à l'instar de Benda, pour la fermeté : « C'est l'art de tout le monde à gauche d'éluder la vraie question : en face du réarmement du Reich que devons-nous faire ? » Les uns crient : « Mort aux marchands de canons » ; les autres : « A bas le fascisme » ; les troisièmes : « Tout cela c'est la faute du capitalisme... » Au fond, ils n'osent pas dire leur vraie pensée qui est celle-ci : « En face de ce réarmement, nous ne devons rien faire. Nous aimons mieux être allemands que faire la guerre... Leur réserve les perdra. » La remilitarisation de la Rhénanie aiguise encore les tensions entre les protagonistes. Le Comité parvient à sauvegarder une apparente unité en réclamant – comble du ridicule – le retour du Troisième Reich à la SDN, comme si Hitler allait obtempérer aux divagations de beaux esprits parisiens ! La tentation munichoise et la fantasmagorie de Vichy sont en germe chez les tenants de la passivité.

Soumise à une tension violente, l'organisation intellectuelle va connaître, à son échelle, un Congrès de Tours à l'envers. Les antihitlériens, et au premier chef les communistes, font dissidence à l'occasion du Congrès de 1936 et créent le Comité mondial de lutte contre la guerre et le fascisme. Ainsi, alors que le PC a réussi à imposer l'union politique de la gauche à travers le Front populaire, il échoue dans sa tentative de mener la même opération à l'égard de la communauté intellectuelle. La guerre d'Espagne va immédiatement donner une occasion de mesurer le clivage entre les deux clans : les bellicistes prônent l'intervention et les pacifistes la non-intervention. Parmi les premiers, les non-communistes font passer leur hostilité au nazisme et à la montée des fascismes européens avant leurs réticences à l'égard du stalinisme. Les seconds se voilent les yeux sur les horreurs du régime de Berlin, afin de ne pas être entraînés dans un conflit qui serait, à leurs yeux, le drame absolu.

L'affaire éthiopienne avait montré de premiers craquements dans le monde intellectuel catholique. Le soulèvement franquiste et la violence de la guerre civile vont accélérer cette évolution. Le premier mouvement de Mauriac n'est certes pas le bon. Il réagit à l'idée d'une intervention française sur un ton qui fleure l'antisémitisme banal de la droite catholique : « Il faut que le président du Conseil le sache : nous sommes ici quelques-uns à essayer de remonter le courant de haine qui emporte les Français... Mais s'il était prouvé que nos maîtres collaborent activement au massacre de la Péninsule, alors, nous saurions que la France est gouvernée non par des hommes d'Etat mais par des chefs de bande, soumis aux ordres de ce qu'il faut bien appeler : l'Internationale de la Haine. Nous saurions que le président du Conseil aujourd'hui n'a rien oublié de la rancune séculaire qui tenait aux entrailles le partisan Léon Blum. »

Mais en un mois, Mauriac change du tout au tout, écrivant le 18 août : « La non-intervention, il faut bien l'avouer, au degré de fureur où le drame atteint, ressemble à une complicité. » Le bombardement de Guernica au printemps 1937 le fait définitivement basculer. Il regrette que le catholicisme espagnol ait choisi le côté franquiste : « Il ne faut pas que le jour où ce peuple basque s'éveillera de son cauchemar, il puisse attester que seuls les ennemis mortels de l'Eglise l'ont secouru ; il ne faut pas... qu'on lui fasse croire que sur le turban du Bon Samaritain, il y a un marteau et une faucille. » Son engagement est encore plus manichéen, un an plus tard : « Ce qui fixa notre attitude, ce fut la prétention des généraux espagnols de mener une guerre sainte, une croisade, d'être des soldats du Christ... Nous disons seulement que les meurtres commis par des Maures qui ont un Sacré Cœur épinglé à leurs burnous, que les épurations systématiques, les cadavres de femmes et d'enfants laissés derrière eux par des aviateurs allemands et italiens au service d'un chef catholique et qui se dit Soldat du Christ, nous disons que c'est là une autre sorte d'horreur... » C'est en fait le mariage du catholicisme et du fascisme que ne supporte pas Mauriac.

Il en va de même pour Maritain et surtout pour Bernanos. Président du Comité pour la paix civile et religieuse en Espagne, le premier combat l'alliance du goupillon et du sabre franquiste : « On ne tue pas au nom du Christ Roi ! » Quant au second, son évolution est encore plus impressionnante. Fidèle à Maurras, au point de ne pas rompre après sa condamnation par Rome, il attend 1932 pour se séparer de lui mais il demeure réactionnaire. Vivant à Majorque depuis 1934 afin d'y achever son *Journal d'un curé de campagne*, Bernanos est donc aux premières loges. Le soulèvement militaire du 17 juillet le ravit ; il croit voir s'affirmer une droite pure et catholique, austère et sociale : « Pour une fois que je vois des militaires assez culottés pour faire une révolution, ça serait difficile de les lâcher. *Viva España !* » Il ne va pas tarder pourtant à le faire, malgré la présence de son fils chez les phalangistes.

Ce sont *Les grands cimetières sous la lune* dans lesquels il veut dire sa vérité : « J'ai résolu décrire tout ce que je sens sur le temps où je vis, à l'intention des petits Bernanos inconnus, qui doivent subsister quelque part, en différents lieux de mon pays sans se connaître. » Sa colère va grandissant contre les militaires assassins, les bourgeois aveugles, les curés complices, tous unis dans une défense absurde de l'ordre : « Mais au nom de quoi réprimez-vous ? – Au nom de l'ordre – Quel ordre ? L'ordre des hommes d'ordre ? Depuis que je suis au monde, j'entends vanter les hommes d'ordre. Un homme de guerre fait la guerre, un homme de lettres fait des livres. A-t-on jamais vu un homme d'ordre faire de l'ordre ? Ils ne font pas d'ordre, leur rare génie n'allant pas plus loin que réprimer le désordre. Quel désordre ? Celui qui les menace – eux –, et nul autre. »

Publiés en mai 1938, *Les grands cimetières sous la lune* ne sont marqués au sceau ni du catholicisme de gauche, ni d'un antifascisme classique. Mais voir dans les franquistes des croisés lui est insupportable, autant que d'imaginer des prêtres « les souliers dans le sang ». Bernanos refuse le fascisme et le communisme mais il ne se satisfait pas de la nonchalance des démocraties. C'est la déchristianisation qui est, à ses yeux, à l'origine de ce désastre. Il ne franchit néanmoins pas le Rubicon et ne rejoint pas la gauche. Mais condamner aussi violemment le fascisme est un acte plus que symbolique de la part d'un intellectuel ayant démarré si loin à droite. Les événements vont l'amener d'ailleurs à s'éloigner davantage encore de sa tribu politique d'origine.

Ainsi, ce que l'avènement de Hitler n'avait pas provoqué chez les catholiques, ce que ni l'installation de sa dictature, ni l'antisémitisme n'avaient suscité, les palinodies africaines de Mussolini et surtout le spectacle, en Espagne, de la violence fasciste vont l'accomplir. Un morceau entier du continent catholique se détache, au nom de l'antifascisme, et rejoint le camp démocratique. Etonnant chassé-croisé! Des intellectuels ancrés à gauche de toute éternité s'éloignent du combat antifasciste, et en particulier antinazi, par pacifisme et volonté d'éviter à tout prix un nouveau conflit mondial. Des catholiques imprégnés de nationalisme prennent par antifascisme leur autonomie par rapport à leur famille d'esprit et cheminent parallèlement à leurs collègues antifascistes de gauche, sans encore les retrouver.

CHAPITRE 34

Malraux ou la résurrection réussie de Chateaubriand

Il n'est ni un romancier éblouissant, ni un styliste extraordinaire, ni un politicien perspicace, ni un critique d'art hors pair, ni un militant fiable, ni un résistant incontestable, ni un héros admirable, ni un orateur naturel. Il est bien davantage : André Malraux.

Jamais une vie n'a été bâtie à ce point comme une œuvre. Jamais un itinéraire n'a été aussi étonnamment transcendé jusqu'à devenir un mythe. Jamais un personnage n'a pris, à ce degré, le pas sur la personne. Malraux est, pour toutes ces raisons, l'héritier naturel de Chateaubriand : même culte de sa propre vie, même éclectisme, même talent pour enfermer l'Histoire dans une trajectoire individuelle. Ils sont, l'un et l'autre, narcissiques, névrosés, mythomanes, majestueux et dérisoires, admirables et contestables, égoïstes et généreux. Avec néanmoins deux différences : Malraux a davantage l'intuition de l'Histoire, Chateaubriand est un écrivain sans rival. Mais ils illustrent ensemble une espèce intellectuelle typiquement française, sans équivalent ailleurs au monde : ils ont beaucoup d'émules mais guère d'héritiers.

Les étapes de la vie de Malraux participent de la légende nationale, bien davantage que les épisodes de la saga du vicomte. L'autodidacte génial, perclus de tics et de fulgurances, si rapidement central dans la vie parisienne. Le voleur de statuettes khmères condamné à la prison et dont le sort a agité violemment

Malraux ou la résurrection réussie de Chateaubriand 255

la communauté intellectuelle. Le dénonciateur prémonitoire du colonialisme, fondateur, dans cet esprit, du journal *L'Indochine* à Saigon. Le mari dans le couple hors normes qu'il forme avec Clara. L'auteur tonitruant des *Conquérants* et surtout en 1933 d'une *Condition humaine* qui lui vaut le Goncourt et le statut de grand écrivain. Le prince de la République des lettres, aussi habile à défaire les positions qu'à susciter les renommées. Le compagnon de route du PC et donc le militant d'une hypothétique révolution qui offrirait, enfin, un cadre shakespearien à sa vie.

Ce n'est certes pas la lecture du *Capital* qui a fait de Malraux un révolutionnaire, mais l'odeur de la poudre, les effluves de la gloire, l'excitation de la vie qu'il attend d'événements extraordinaires. Ces traits hors du commun ne suffisent pas, avant la guerre d'Espagne, à fabriquer un destin. Celle-ci sera pour Malraux, ou plutôt pour la construction du personnage Malraux, ce que devinrent pour Pascal la « nuit de feu » et pour Claudel la découverte violente de sa foi.

Lorsque le soulèvement franquiste éclate le 17 juillet 1936, Malraux est déjà « en situation ». Il préside le Comité mondial contre la guerre et le fascisme et sa sensibilité à la cause espagnole l'a conduit à Madrid dès la victoire du *Fronte popular*. Il s'y précipite à nouveau le 25 juillet, en compagnie de Clara, reconstituant pour l'occasion le couple légendaire des bons et des mauvais coups indochinois. Il se dispense immédiatement de céder à la solidarité verbale car il mesure, avec la lucidité du stratège militaire qu'il n'est pas, le besoin vital d'une aviation au service des républicains. Beaucoup s'acharneront plus tard à réduire le rôle de Malraux, tant son goût de la pose, son plaisir de porter tel un dandy l'uniforme, son incapacité de résister aux sirènes de l'égotisme lui vaudront de détracteurs, voire d'ennemis.

Mais les faits sont têtus. Pris dans les rets de la non-intervention, sous la pression des Britanniques et de la frange modérée de la majorité parlementaire, le gouvernement de Léon Blum laisse se constituer une filière clandestine d'aide à la République espagnole, dont Malraux est le principal acteur. Il remplit plus le rôle d'un Beaumarchais sans arrière-pensée mercantile au moment de la guerre d'indépendance américaine que celui, plus gratifiant, d'un Saint-Exupéry toujours dans les airs. Ainsi réussit-il à faire transiter vers l'Espagne une trentaine d'appareils, avant que la signature officielle du pacte de non-intervention complique vraiment les choses. De même se démène-t-il afin de jouer les sergents recruteurs et de dépêcher mécaniciens et pilotes, embarquant aussi bien des professionnels que des aventuriers, des demi-soldes, voire des mercenaires.

Le rêve de tout esprit chimérique est d'être au bon moment au bon endroit. Constituer un embryon d'aviation peut contribuer à sauver la République espagnole et donner un coup d'arrêt symbolique à l'irrésistible ascension du fascisme en Europe. De là le sentiment que Malraux ne retrouvera jamais à ce degré de peser sur l'Histoire : la brigade Alsace-Lorraine ne constituera qu'une contribution infinitésimale à la victoire de 1945 et le rôle prophétique du ministre du général de Gaulle relève davantage d'une posture à la Joinville que d'une action à la Richelieu. L'escadrille *España*, basée à Badajas, va contribuer, elle, significativement à la défense de Madrid. Malraux en est le chef incontesté. Faut-il que son charisme soit grand pour que son ignorance absolue de la technique et du pilotage ne soit pas mise à son débit, dans un milieu qui fait si grand cas de la compétence technique. Il se comporte d'une manière qu'il érige en principe : « Il faut enlever à la peur ses droits à l'incontinence. Si un chef montre qu'il a peur, ses hommes sont terrifiés. Alors sévit la panique dont il ne sort que du mauvais. »

L'escadrille s'identifie tellement à son patron qu'elle prend, à partir de novembre, le nom d'« escadrille André Malraux » : belle satisfaction d'amour-propre pour un combattant qui ne dissocie jamais la cause qu'il sert de sa gloire personnelle. La décision de Staline de s'exonérer du pacte de non-intervention et de soutenir les républicains minimise évidemment la place de l'escadrille et le poids personnel de Malraux. Mais il est à l'honneur du futur auteur de *L'Espoir* de ne réduire en rien son engagement, malgré un contexte qui banalise davantage sa personne. Ainsi, lui et ses hommes combattent-ils inlassablement à Teruel. Le 27 décembre, le Potez où a pris place Malraux est abattu. Indemne, il retourne au combat et – ce sera un passage majeur de *L'Espoir* – part en expédition récupérer plusieurs de ses hommes dont l'avion a été descendu. Il dira de cet épisode : « C'est la plus grande image de fraternité que j'ai rencontrée de ma vie. »

Au Panthéon des écrivains engagés, ce Malraux-là est d'une autre trempe que le Sartre de l'Occupation faisant jouer sans état d'âme *Les Mouches* ou que l'Aragon de la guerre, clandestinement protégé par la résistance communiste.

Progressivement privé de matériel et d'hommes, l'escadrille s'étiole. Elle est mise hors service le 11 février 1937. Sans doute n'a-t-elle pas, contrairement aux rêves initiaux de Malraux, beaucoup pesé sur le cours de la guerre mais elle aura illustré, plus encore que Byron en Grèce, le mythe gratifiant de l'intellectuel au combat. Malraux ne laisse pas à d'autres le soin de bâtir sa légende. *L'Espoir* deviendra la chanson de geste littéraire, puis cinématographique, de cette aventure. Lorsque fin février 1937, l'ancien commandant de l'escadrille part pour les Etats-Unis, afin de faire une tournée de conférences en faveur des républicains espagnols, ce n'est pas d'un intellectuel éthéré dont s'engoue le public, mais d'un personnage fascinant, sans équivalent sur la scène américaine, un hybride de romancier et de soldat de l'aventure. Car des écrivains combattants, la conscription en a suscité beaucoup ; certains, tel Péguy, y ont même laissé la vie. Mais un intellectuel qui s'enrôle de son propre chef et combat avec d'autant plus de mérite qu'il n'a aucune expérience antérieure des champs de bataille, est une étrangeté. L'histoire et le lyrisme du chef de l'escadrille *España* électrisent des auditoires que sa réputation de compagnon de route des communistes avait rendus méfiants.

Malraux s'abrite, sur ce plan-là, derrière le principe de réalité : « Quant un communiste veut quelque chose, il donne violemment du poing sur la table pour affirmer son vouloir. Quant un fasciste veut obtenir quelque chose, il plante ses deux pieds sur la table pour imposer brutalement sa volonté. Quant au démocrate, il se gratte anxieusement le derrière de la tête comme s'il se demandait : mon Dieu, que vais-je faire ? » Malraux conservera cette vision utilitariste des relations avec les communistes jusqu'au commencement de la guerre froide, et donc jusqu'à son virage idéologique et à son entrée au RPF. Mais elle lui vaut, sur l'instant, une rebuffade de Trotski qui refuse toute alliance, fût-ce de circonstance, avec le communisme stalinien. Piqué au vif, Malraux va sans doute plus loin que sa pensée en rétorquant : « Pas plus que l'Inquisition n'a atteint la dignité fondamentale du christianisme, les procès de Moscou n'ont diminué la dignité fondamentale du communisme. » En fait, sans la menace du fascisme, ce mal absolu à ses yeux, l'auteur de *La condition humaine* aurait sans doute été moins indulgent avec le communisme.

Car que partage-t-il d'autre avec les communistes ? Le goût de la révolution, mais ce n'est pas la même : la sienne est une subversion de l'individu ; la leur le fruit de la lutte de classes. La haine de la bourgeoisie ? La sienne est un refus du conformisme ; la leur une condition du combat révolutionnaire. La passion de la classe ouvrière ? La leur est exclusive ; lui a plutôt l'amour du peuple. Mais l'ennemi de mon ennemi étant mon ami, le PC est l'allié naturel dans le combat antifasciste de ces années-là, comme il le sera pendant la Résistance. Au nom donc du réalisme et de la solidarité, Malraux veut oublier, du moins à cette époque, l'insidieux grignotage que les communistes, brigades internationales en tête, n'ont cessé de conduire dans le camp des républicains espagnols. *L'Espoir* est, sous cet angle-là, irénique. Le jeune Malraux était, à sa manière, un anarchiste qui s'ignorait ; le chef de guerre Malraux déteste le laisser-aller des anarchistes ; il préfère, au nom de l'efficacité, la lourde machine communiste. C'est faire fi de bien des massacres, en particulier à Barcelone, mais Malraux est trop fier de sa dignité de combattant pour s'embarrasser d'états d'âme d'intellectuels.

Ce sera, à l'avenir, son attitude : même dans les combats les plus abstraits, il refusera les doutes, la mauvaise conscience et les nuances. Son tempérament le poussait de longue date au manichéisme ; sa volonté, après l'Espagne, de penser en soldat des causes qu'il a décidé de défendre, accentuera le trait. C'est l'anti-Mauriac, même s'ils sont désormais du même côté de la barricade. Ce sera après guerre, sous cet angle-là, l'anti-Camus. Malraux sera alors anticommuniste, comme il a été antifasciste : soucieux d'efficacité, dogmatique et manichéen. Toute sa vie, à partir de 1938, sera une impossible quête pour retrouver le moment de grâce des années 1936-1937. Mais Malraux n'est pas, en 1940, Marc Bloch. Piètre résistant, il ne franchit le Rubicon qu'en mars 1944 et le « Colonel Berger », chef de la brigade Alsace-Lorraine, n'est qu'une pâle copie du Malraux, chef de l'escadrille qui porte son nom. Ni le barde du RPF, ni le ministre grandiloquent du général de Gaulle ne retrouveront naturellement l'énergie et le courage du combattant de Teruel. Lorsque le vieux Malraux se déclare prêt en 1970, de façon émouvante mais un peu pathétique, à partir à la tête d'une brigade internationale au Bangladesh, il ne fait que courir après son heure de gloire.

L'Espagne aura fait de Malraux un intellectuel d'une espèce unique. Il aurait pu devenir le rentier confortable de ce glorieux passé, pérorant sur tous les sujets, drapé dans sa dignité de combattant. Ce ne sera jamais le cas : il sera, au contraire, lancé dans une impossible quête pour revivre, dans des circonstances autres, l'incroyable moment qui fait d'un romancier un combattant volontaire, puis de ce combattant le romancier moins de ses propres campagnes que de celles de ses camarades disparus. *L'Espoir* ne respecte en effet aucun des canons des *Mémoires d'outre-tombe* : le héros est escamoté au lieu d'être ennobli ; l'œuvre honorée est collective au lieu d'être individuelle ; le salut est dans l'orgueil de l'humilité et non dans la vanité des honneurs. Malraux est, comme intellectuel, un Chateaubriand réussi.

CHAPITRE 35

Les ravages du « lâche soulagement »

La militarisation de la Rhénanie en mars 1936, le choix de la non-intervention en Espagne six mois plus tard avaient servi de premiers tests au pacifisme de l'intelligentsia. La marche vers Munich, puis la perspective de la guerre vont naturellement cristalliser les positions. Le pacifisme va réunir autant de bataillons à gauche qu'à droite.

Devenu un écrivain mythique à partir de l'attribution du Nobel en novembre 1937, Roger Martin du Gard est peut-être le meilleur exemple du pacifiste de bonne foi. Il revendique, en toute ingénuité, cette filiation dans son discours de réception à Stockholm. Se référant à *L'Eté 1914* et supposant qu'il doit son prix au registre pacifiste de cette œuvre, il affirme : « J'ai essayé de rendre sensible la stupéfiante inertie des masses pacifiques devant l'approche de ce cataclysme dont elles allaient être les victimes et qui devait laisser derrière lui neuf millions d'hommes morts, dix millions d'hommes mutilés. » C'est au nom du même réflexe pacifiste qu'il refuse de prendre parti vis-à-vis de la guerre civile en Espagne : « Si c'était vraiment la lutte de la démocratie contre le fascisme, il serait simple d'opter. Mais je vois deux dictatures aux prises, l'italo-germanique et l'Internationale communiste et anarchiste. Toutes deux terriblement et également redoutables pour l'humanité. » Voilà la posture d'un homme plutôt socialisant mais qui refuse la logique du front antifasciste !

Et ce, au nom d'un pacifisme viscéral : « Tout, tout, exactement tout, plutôt que la guerre ! Invasion, assouvissement, déshonneur plutôt que le massacre de la population. » Ce cri du cœur a au moins le mérite de la sincérité, alors que tant d'autres pensent la même chose mais le gardent *in pectore*. De là son refus de condamner l'Anschluss en mars 1938, son approbation de Munich et son acceptation tonitruante de ce qu'il appelle lui-même les « reculades ».

Il n'est pas le seul. Ainsi à un télégramme, lui combatif, adressé par Romain Rolland, Paul Langevin et Francis Jourdain à Daladier et Chamberlain, avant leur périple munichois, les sommant « d'empêcher par union étroite et mesures énergiques attentat perpétré par Hitler contre indépendance et intégrité Tchécoslovaquie », Alain, Jean Giono et Victor Margueritte répliquent-ils par un contre-télégramme de soumission : « Contrairement affirmation télégramme Langevin/Romain Rolland, sommes assurés immense majorité peuple français consciente monstruosité guerre européenne ; compte sur union étroite gouvernements anglais et français non pour entrer dans cercle infernal mécanismes militaires mais pour résister à tout entraînement et pour sauver la paix par tout arrangement équitable puis par une grande initiative en vue nouveau statut européen aboutissant à neutralité Tchécoslovaquie ». Neutralité et non-intégrité : tout est dit ! C'est, de la part des signataires, une position qui vient de loin.

Ancien combattant, Giono vomit en effet la guerre. Le culte de la nature, le refus de l'industrie, le pacifisme : autant de thèmes bucoliques à Manosque qui constituent d'authentiques d'absurdités en face du monde réel. Mais plus le contexte international se durcit, plus le pacifisme de Giono devient irrationnel, au point de l'amener à couper les ponts avec la gauche.

Les choix d'Alain ne sont guère différents. Depuis *Mars ou la guerre jugée* publié en 1921, il ne s'est pas écarté du pacifisme. Ni l'émergence du fascisme italien, ni l'ascension du nazisme ne le feront dévier de son cap. Ainsi de plus en plus inconscient, lui et Giono n'auront-ils de cesse de prôner après Munich le désarmement : « Nous voulons que la France prenne immédiatement l'initiative d'un désarmement universel », Alain allant même jusqu'à ajouter dans son journal : « Il est faux qu'on fasse peur aux violents en s'armant contre eux ; c'est le contraire qui est vrai. » Comment des gens bien intentionnés peuvent-ils être, malgré leur intelligence, aussi aveugles ? Ils partent d'un postulat : Hitler ne fait qu'effacer les traces du traité de Versailles ; une fois l'Allemagne reconstituée, elle deviendra un agneau.

A côté de ces pacifistes viscéraux s'allonge, après Munich, la cohorte des pacifistes de circonstances qui font leur, suivant le mot de Blum, le « lâche soulagement ». Ce ne sont, eux, ni des partisans du désarmement intégral, ni des naïfs dupés par Hitler. Ils sont tiraillés par des sentiments contradictoires que décrit Saint-Exupéry dans *Paris Soir* : « Nous avons choisi de sauver la paix. Mais nous avons mutilé des amis. Et sans doute beaucoup parmi nous étaient disposés à risquer leur vie pour les devoirs de l'amitié. Ceux-là connaissent une sorte de honte. Mais s'ils avaient sacrifié la paix, ils connaîtraient la même honte. Car ils auraient alors sacrifié l'homme ; ils auraient accepté l'irréparable éboulement des bibliothèques, des cathédrales, des laboratoires d'Europe. Et c'est pourquoi nous avons oscillé d'une opinion à l'autre. Quand la paix nous semblait menacée, nous découvrions la honte de la guerre. Quand la guerre nous semblait épargnée, nous ressentions la honte de la paix. »

Le premier, le plus célèbre de ceux qui oscillent, est Gide. Autant sa lucidité s'est exercée à propos de l'Union soviétique, autant Munich le désarçonne. Il commence par y voir une défaite de Hitler ! Ainsi écrit-il à Martin du Gard : « Ce qui fait, somme toute, que c'est une défaite. Il a ce qu'il voulait ; c'est entendu, mais il a dû tout de même obtempérer, mettre les pouces, et ce que son peuple applaudit, ce n'est pas tant l'annexion de nouveaux morceaux de terre et groupes de gens, que la guerre évitée » ! Puis, sous la pression de son ami Jef Last, il mesure le prix de la compromission, ce à quoi Martin du Gard répond : « Tout cela – il parle des bellicistes – me paraît insane. » A ses yeux, écrit-il à Gide : « Il s'agit de choisir entre l'abandon de nos alliés et une guerre générale. » Résultat de ces pressions contradictoires, Gide est l'illustration vivante du propos de Saint-Exupéry ! Comme l'est à sa manière le couple Beauvoir/Sartre. Elle affirme que n'importe quoi, même la plus cruelle injustice, valait mieux qu'une guerre. Mais Sartre lui rétorque : « On ne peut pas céder indéfiniment à Hitler. »

Les individus sont déchirés, les couples tourneboulés et les rédactions de journaux de gauche décomposées. Ainsi de *Ven-*

dredi, tiré à hue et à dia entre rédacteurs munichois et antimunichois. La gauche produit une autre catégorie de pacifistes : les déçus du stalinisme. Pour ceux qui ont en effet un haut-le-cœur devant la litanie des crimes staliniens, des procès de Moscou, de l'élimination en Espagne des anarchistes, la tentation est grande de vouer aux gémonies les deux univers nazi et communiste, sans prendre en compte la défense du régime démocratique.

La présence en France de Trotski électrifie, de ce point de vue, l'atmosphère et crispe les positions. Ainsi un de ses émules, Pierre Naville, écrit-il dans *Lutte ouvrière*, au moment de Munich : « Pas de nouveau 1914 ! » ou « Seule la lutte de classes contre les exploiteurs fera reculer la guerre impérialiste ! » Cette douce illusion évite à un nombre incalculable d'intellectuels de prendre parti. On en trouve beaucoup dans la mouvance de la SFIO, car telle est aussi la position des partisans de Marceau Pivert. L'un d'eux, Raymond Abellio, caractérisera *a posteriori* cette posture : « Nous refusâmes de trancher entre les deux blocs, anglo-français d'une part, germano-italien de l'autre, considérés par nous comme également impérialistes. Nous n'avions pas, disions-nous, à choisir entre les loups gras et les loups maigres. Au sein d'événements si convulsifs, cette neutralité témoignait de notre absence. »

C'est aussi la position des survivants du groupe surréaliste : « A l'Europe insensée des régimes totalitaires, nous refusons d'opposer l'Europe révolue du traité de Versailles, même révisé. Nous leur opposons à toutes deux, dans la guerre comme dans la paix, les forces appelées à recréer de toutes pièces l'Europe par la révolution prolétarienne. » Ce salmigondis exprime paradoxalement l'esprit du temps. Tous ces écrivains, penseurs, philosophes, journalistes de gauche ne sont même pas troublés de se trouver, face aux accords de Munich, du même côté que leurs adversaires traditionnels de droite et d'extrême droite.

C'est une Union sacrée à l'envers, cette fois-ci pacifiste, qui s'est mise en marche. Le symétrique à droite de Giono et d'Alain est Maurras. C'est lui le chantre d'un autre pacifisme intégral : « Les Français ne veulent pas se battre, ni pour les juifs, ni pour les Russes, ni pour les francs-maçons de Prague ! » C'est la perpétuation d'une ligne politique qu'il avait définie dès 1935 avec la délicatesse de vocabulaire propre à l'Action française : « Ceux qui poussent à la guerre doivent avoir le cou coupé. Comme la guillotine n'est pas à la disposition des bons citoyens ni des citoyens logiques, il reste à dire à ces derniers : vous avez quelque part un pistolet automatique, un revolver ou un couteau de cuisine ! Une arme, quelle qu'elle soit, devra servir contre les assassins de la paix dont vous avez la liste. »

L'antigermanisme viscéral de l'AF qui en avait fait le soutien le plus exigeant de Poincaré ne joue plus. Ainsi Maurras écrit-il, au moment de l'affaire de Rhénanie en mars 1936 : « Nous n'avons pas à marcher contre Hitler avec les Soviets. Nous n'avons pas à marcher avec Hitler contre les Soviets ». Maurras/Naville : même combat ! Le point de vue de l'Action française va donc de soi au moment de Munich : « Derrière la Tchécoslovaquie, il y a les francs-maçons qui l'ont inventée, il y a les juifs qui y dominent ; il y a les Soviets qui en ont fait en Europe centrale l'instrument avec lequel ils comptent provoquer la grande guerre dont ils ont besoin pour déchaîner la révolution universelle. »

Toute la droite conservatrice emboîte le pas : dans les pages de *Je suis partout* bien sûr, mais aussi de *Candide*, de *Gringoire*, de *Combat*. Brasillach, Gaxotte, Maulnier relaient la pensée de Maurras. Seul manque à l'appel Drieu la Rochelle, moins par désaccord idéologique que par révulsion devant la lâcheté des munichois.

Quant à la droite modérée, elle cède au « ni-ni » – ni Hitler, ni les Soviets – au nom duquel elle s'enthousiasme au moment de la signature de l'accord de Munich. Elle se nourrit d'un maurrassisme adouci : moins injurieux, plus hypocritement antisémite, plus doucereux dans sa critique du régime. Eloigné de la droite à cause du franquisme et distant de la gauche par ses racines, Mauriac approuve sans illusion et sans conviction les accords.

Ainsi, de Giono à Maurras, d'Alain à Gaxotte, des surréalistes à Brasillach, un large front s'installe, qui refuse la guerre, rejette le manichéisme vis-à-vis du nazisme et s'ancre dans l'antistalinisme. Seule lézarde dans cette étrange coalition : le débat sur le réarmement. Les pacifistes de gauche le refusent, alors que ceux de droite, à l'instigation de Maurras, le plébiscitent.

Le camp adverse – antimunichois – semble par comparaison bien faible. Le monde intellectuel réagit en fait à l'instar de la sphère politique et celle-ci à l'image du pays : la France est majoritairement munichoise. Le triomphe fait à Daladier, à son retour de Bavière, n'en constitue que la manifestation la plus visible. Le maillon le plus vaillant dans le refus de Munich est naturellement communiste, avec à ses côtés quelques compagnons de route traditionnels comme Romain Rolland – « Si nous aimons et voulons tous la paix, nous considérons que celle de Munich est une capitulation dégradante qui fournit des armes nouvelles contre la France » – ou accidentels tels Julien Benda ou, plus étonnant, Henry de Montherlant. Cet anarchiste de droite est un des rares intellectuels à prendre la plume pour stigmatiser Munich. *L'Equinoxe de septembre* porte bien son titre : « Délirez à votre aise, pauvres ilotes, manœuvrés et dupés, affaiblis, souffletés et qui accueillez votre défaite et votre humiliation avec les transports de joie de l'esclave... Que vous le vouliez ou non, lâches imbéciles, un jour viendra où l'odeur de vos cagayes sera étouffée dans l'odeur de votre sang. A moins qu'éternellement vous ne vous préserviez du sang par la honte. » Voilà Montherlant étrangement encordé avec Aragon, Malraux, Chamson, Rolland.

Bernanos, depuis le Brésil, est sur la même ligne, invoquant le « Te Deum des lâches ». Il ira plus loin encore : « Notre capitulation était un malheur, je leur reproche d'en avoir fait une saleté. Car il est vrai que la politique est la science des faits mais j'existe, moi France, pour maintenir à la face des voyous que l'honneur d'un peuple lui aussi est un fait. »

Quant à la « nouvelle vague » de l'époque, la future génération dominante de l'après-guerre, elle n'est guère unanime, sans néanmoins céder à l'esprit munichois. Sartre est aux abonnés absents : il se préoccupe du destin de *La nausée*, de son hypothétique prix Goncourt et se réjouit, sans excès, du répit obtenu à Munich. Ainsi écrit-il à Simone de Beauvoir : « Tout de même, les gens ici sont plus calmes, ici plus heureux : il leur semble qu'ils vont peut-être avoir un sursis de quelques années. Pour moi, je n'en demande pas plus en cet instant, on verra bien ensuite. » Certes le futur pape de l'existentialisme joue sur les deux tableaux puisque dans *Le sursis*, deuxième tome des *Chemins de la liberté*, il présente les munichois comme des « salauds » – terme emblématique de la philosophie sartrienne.

Quant au « petit camarade » de Sartre rue d'Ulm, Raymond Aron, il pratique déjà l'aronisme, ce culte désincarné de l'hyperrationalité. Lucide sur le nazisme depuis son séjour prolongé en Allemagne, il sait l'affrontement inévitable mais s'interroge sur le meilleur moment. Celui-ci a été raté, à ses yeux, en mars 1936, au moment de la remilitarisation de la Rhénanie. Vaut-il mieux, dès lors, le conflit à l'automne 1938 ou plus tard, en utilisant le temps ainsi gagné à réarmer? Aron-Daladier, en quelque sorte, même combat.

De toute cette génération, Mounier sera le plus lucide. Jusqu'alors pacifiste, hostile au traité de Versailles, ardent partisan d'une relation égalitaire entre la France et l'Allemagne, il bascule au moment de Munich. Ce n'est pas, pense-t-il, un descendant lointain de Bismarck que l'Europe a en face d'elle mais un héritier d'Attila. Ainsi écrit-il dans *Le voltigeur* : « La faiblesse rend la guerre fatale comme une tentation et par chaque démission en aggrave l'issue… La paix n'est aujourd'hui possible, nous disons la paix et non le moratoire de la guerre, que par un coup d'arrêt aux fascismes. »

Derrière l'éventail des réactions en septembre 1938, c'est la France d'août 1940 qui se dessine : chez ses intellectuels comme parmi ses politiques.

CHAPITRE 36

Du pacte à la défaite

Elément le plus ferme de la communauté intellectuelle au moment de Munich, les communistes vont en devenir le maillon le plus faible à l'été 1939. Depuis septembre 1938, les positions sont figées : les munichois encaissent l'annexion de la Tchécoslovaquie, voient se profiler Dantzig et continuent de croire au baume de « l'apaisement ». Les antimunichois se préparent à un combat trop longtemps différé. Se produit alors, le 23 août 1939, l'impensable : le pacte de non-agression entre l'Allemagne nazie et l'Union soviétique stalinienne, c'est-à-dire une quasi-alliance entre les deux ennemis mortels. C'est un coup fatal au front antifasciste, une rupture entre intellectuels communistes et non communistes qui ne sera jamais effacée : même dans l'unité retrouvée de la Résistance, les seconds se souviendront toujours que les premiers peuvent à tout moment trahir.

Du côté du PC, Aragon, alors directeur de *Ce Soir*, fait preuve d'un esprit de soumission qui ne le quittera plus. Ainsi titre-t-il dans son journal : « L'annonce du pacte de non-agression fait reculer la guerre », alors qu'il ne fallait pas être grand clerc pour comprendre que Hitler avait désormais les mains libres. La cohorte des staliniens les plus durs – Cogniot, Casanova, Wormser – lui emboîte le pas. Ce sont surtout des compagnons de route qui protestent, tels Irène et Frédéric Joliot-Curie, signant une déclaration contre « la duplicité dans les relations internationales et la volte-face soviétique » ou Romain Rolland assurant Daladier « de son entier dévouement à la cause des démocraties, de la France et du monde aujourd'hui en danger ». D'autres proches du PC se réfugient, tel Malraux, dans un silence ambigu : ils ne sont ni désireux de rompre le front antifasciste, ni dupes de l'ignominie soviétique.

C'est en fait un communiste authentique qui va devenir le symbole du refus du pacte. Compagnon de chambrée de Sartre rue d'Ulm, détenteur d'une légitimité littéraire grâce à ses trois romans – *Antoine Bloyé, Le Cheval de Troie, La Conspiration* –, chroniqueur de politique étrangère à *Ce Soir*, Paul Nizan était, jusque-là, un « bon petit soldat » du communisme, un intellectuel dévoué et obéissant, défendant avec talent la ligne du Parti, fût-elle sinueuse. Sa première réaction n'est pas de condamner le pacte qu'il estime peut-être conforme aux besoins soviétiques mais de prôner, de la part du PCF, une posture nationale, conforme aux intérêts français. Il demeure donc communiste, mais non plus internationaliste. C'est l'entrée des troupes de Staline en Pologne, en application d'un protocole secret germano-soviétique jusqu'alors inconnu, qui pousse Nizan à rompre. Il le fait le 25 septembre, de façon tonitruante, à travers un communiqué publié dans *L'Œuvre*, un « journal de la réaction » aux yeux des zélotes du Parti : « Monsieur Paul Nizan, ancien élève de l'Ecole normale supérieure, agrégé de l'université, qui assurait au journal *Ce Soir* la direction des services de politique étrangère, vient d'adresser à Monsieur Jacques Duclos, vice-président de la Chambre, la lettre suivante : " Je t'adresse ma démission du parti communiste français. Ma condition présente de soldat aux armées m'interdit d'ajouter à ces lignes le moindre commentaire... " »

Les dirigeants communistes choisissent alors une attitude dont ils seront friands dans l'après-guerre, à chaque départ d'un intellectuel : lui casser les reins, en l'isolant de son milieu, y compris familial. Ainsi l'épouse de Nizan l'informe-t-elle que le PC, dont elle est aussi membre, veut la pousser au divorce. Elle écrit à son mari : « Je me suis trouvée en face de gens qui m'ont traitée à peu près comme on dut traiter jadis le capitaine Dreyfus, ce qui n'est pas marrant. » Affecté à une unité proche de Dunkerque, Nizan est tué le 23 mai 1940. Le PC lui réserve des obsèques comme il le fera pour tous ses renégats. C'est Maurice Thorez lui-même qui prend la plume : « Nizan a eu la satisfaction de jouer pour de vrai le rôle de Pluvinage, l'espion figurant dans son dernier roman. Ce lâche et servile Nizan-Pluvinage était prêt à lécher la poussière pour tromper les victimes destinées à son espionnage. Il a récolté des lauriers tout particuliers dans les salons où le cynisme et l'effronterie sont des marques de distinction. Comme pour Giton, un dénonciateur endurci, il a été trahi par l'inadvertance d'un commissaire de police zélé tandis qu'il s'efforçait de pénétrer les rangs d'une organisation politique illégale. » Ce recours au « flic traître » va devenir un grand classique du PC. Aragon et ses émules ne cesseront de reprendre cette antienne vis-à-vis de Nizan, y compris dans l'après-guerre, au point de créer autour de lui un halo de suspicion, jusqu'au moment où dans la préface qu'il donnera à *Aden Arabie*, Sartre fera litière des accusations honteuses proférées à l'égard de son « cothurne » de la rue d'Ulm.

Autre intellectuel communiste, Georges Friedmann passera par les mêmes affres. Déjà sceptique vis-à-vis du stalinisme quand il publie *De la Sainte Russie à l'URSS* livre que, alors fidèle « kominterien », Nizan ne trouve pas à l'époque assez fidèle à la ligne, Friedmann n'admet ni l'invasion de la Pologne, au nom des pseudo-arguments raciaux mis en avant par Molotov – « nos frères de race, Ukrainien et Russes blancs habitant la Pologne » –, ni celle de la Finlande en novembre. Ce cynisme stratégique l'interpelle : « Il faut, ici, aller jusqu'à la racine du mal et, quel que soit le génie de Lénine, l'admiration qu'il m'inspire, ne pas craindre de me poser la question : les germes d'un certain amoralisme cynique se trouvent-ils dans l'action et l'œuvre théorique de Lénine ? »

De toutes les entailles qu'avait déjà subies la foi communiste – l'élimination des trotskistes, les procès de Moscou, *Le retour d'Union soviétique* –, le pacte est la plus violente. Il faudra le mythe du « parti des fusillés » pour faire oublier, au moins en apparence, cet incroyable tribut offert à la raison d'Etat soviétique.

En dehors du monde communiste et crypto-communiste si violemment chamboulé, la « drôle de guerre » s'installe aussi chez les intellectuels. Les plus jeunes sont, tel Sartre, requis au front. L'activité publique est naturellement interdite. Il ne reste que la possibilité de consigner ses convictions dans des *Journaux* ou des *Carnets*. Les intellectuels de l'arrière font de même. Le temps des polémiques est en effet passé, même si 1940 n'est pas 1914 et si l'union sacrée est un leurre. L'heure des pétitions est révolue : la censure veille. Le moment des meetings unitaires a disparu : les exigences de la guerre sont trop fortes.

Sartre ne fait pas preuve d'une lucidité exceptionnelle dans des *Carnets* qu'il se gardera bien de publier de son vivant et que Simone de Beauvoir se hâtera de rendre publics, dès son décès. Souci d'exhaustivité de l'œuvre ou vengeance inconsciente ? C'est en effet un Sartre à la vue basse dont ces textes portent témoignage. La même Beauvoir multiplie les notations les plus convenues dans son propre *Journal* : « Les vitres du Dôme sont couvertes de tentures, le Flore est fermé, *Marianne* abandonne sa rubrique de mots croisés par peur de messages codés, les prostituées sont équipées de masques à gaz. » L'Histoire ne souffle pas à toutes les pages...

Même les plus grands prennent du champ. Malraux passe l'été 1939 à travailler sa *Psychologie de l'art* et voyage avec Josette Clotis. Gide refuse de s'exprimer sur des thèmes patriotiques et se plonge pour éviter « l'obsession d la guerre » – *dixit* – dans la lecture de Racine et de La Fontaine. Quant au pape de l'église des lettres, Gaston Gallimard, il embarque sa famille, ses manuscrits, ses contrats et ses archives pour la Manche puis pour le Midi, dirigeant la *NRF* depuis cette bucolique base de repli.

Un écrivain échappe, lui, à la torpeur qui s'est abattue sur le camp intellectuel : c'est Jean Giraudoux, nommé commissaire général à l'Information par le gouvernement Daladier. Etonnante initiative de la part du président du Conseil de transformer cet écrivain en chef propagandiste ! Giraudoux est un subtil diplomate classique, auteur de théâtre au style amphigourique – à un chef-d'œuvre près, *La guerre de Troie n'aura pas lieu* –, à l'idéologie pétainiste avant la lettre – le culte de la race, la haine des juifs –, à la pensée molle et à la rhétorique d'un classicisme éculé. Accepter le poste étonne de la part de l'intéressé, que rien ne prédispose au simplisme des slogans et à l'efficacité des mots d'ordre. Seule insolence de la vie de Giraudoux : avoir dépeint Poincaré dans *Bella* sous les traits d'un héros au nom ridicule de Rebendart. Elle avait été, il est vrai, suffisante pour le reléguer dans un placard du Quai d'Orsay. L'épisode n'a, en soi, aucun intérêt, sauf d'être la première tentative pour embarquer un intellectuel dans un poste politique comme représentant de la corporation, au même titre qu'un syndicaliste agricole afin de représenter le monde paysan. Il y aura, jusqu'à aujourd'hui, maints épisodes qui témoigneront des mêmes arrière-pensées.

Rarement les intellectuels ont été aussi proches du reste de la population que pendant la « drôle de guerre ». Mêmes soucis, mêmes réactions, mêmes préoccupations. L'offensive allemande et les premières heures de l'Occupation accentuent encore la « banalisation » de l'intelligentsia. Celle-ci a ses râleurs mous, tel Léautaud, qui mêle l'indignation patriotique au refus de la « bondieuserie » ambiante, le réflexe antisémite à quelques pulsions plus solidaires et l'égoïsme à l'indifférence.

Elle connaît aussi l'exode. La Côte d'Azur devient la base arrière de la rive gauche : Gide, Paulhan, Gallimard et les siens, Martin du Gard, Montherlant, Cendrars, Colette, Aragon... L'intelligentsia manifeste le même désarroi que le reste de la population. Ainsi Gide, le grand Gide que Staline n'a pas séduit, trouve-t-il l'allocution de Pétain le 20 juin – « l'esprit de jouissance l'a emporté sur l'esprit de sacrifice... » – « tout simplement admirable ! ». Au moins se reprend-il rapidement, écrivant quelques jours plus tard dans son *Journal* : « Comment n'approuver point Churchill ? Ne pas donner de tout cœur son adhésion à la déclaration du général de Gaulle ? Ne suffit-il pas à la France d'être vaincue ? Faut-il en plus qu'elle se déshonore ?... » Face à l'armistice, les intellectuels sont déboussolés, à l'instar des simples citoyens qu'ils sont redevenus, une fois privés de tribunes, de moyens d'expression, de passe-droits et de gloire.

Pour un écrivain qui tient bon, Bernanos, que de pétainistes par fatalité ou par conviction ! Réfugié au Brésil, l'auteur des *Grands cimetières* voit juste et ironise : « La nouvelle France agricole et bucolique redevient guerrière pour défendre la pacifique, l'inoffensive Allemagne, contre le militarisme anglais. » Mais des grands auteurs catholiques, il est à ce moment-là le seul. Ainsi Mauriac, dont l'accès de faiblesse politique ne durera guère, écrit-il à propos de Pétain dans *Le Figaro* : « Ce vieillard était délégué vers nous par les morts de Verdun et par la foule innombrable de ceux qui, depuis des siècles, se transmettent ce même flambeau que viennent de laisser tomber nos mains débiles. » Quant à Claudel, il va plus loin, jusqu'à rendre publique une ode à Pétain : « France, écoute ce vieil homme qui sur toi se penche et qui te parle comme un père !/ Fille de Saint-Louis, écoute-le et dis : En as-tu assez maintenant de la politique ?/ Ecoute cette voie raisonnable sur toi qui propose et qui explique cette proposition comme de l'huile et cette vérité comme de l'or. » Le poète est, en fait, au diapason de l'intelligentsia conservatrice qui se love sous l'aile protectrice du Maréchal, tel Montherlant qui, vite oublieux de sa fermeté au moment de Munich, va publier *Solstice de juin*, antithèse, au titre symbolique, de son *Equinoxe de septembre*.

De l'autre côté, le silence règne dans les rangs. Les pacifistes se réjouissent de l'armistice, au point de voir Alain, cette supposée grande conscience, écrire dans le secret de son *Journal* : « Il ne faut pas que le général de Gaulle triomphe. » Quant aux antimunichois, ils sont désemparés : les communistes sont contraints, de gré ou de force, à la discrétion par le pacte germano-soviétique et les intellectuels de gauche non communistes semblent aux abonnés absents. En fait, quand l'Histoire se fait pressante, l'intelligentsia est à l'image de la classe politique, elle-même à l'image du pays. Les intellectuels ont eu la chance de ne pas être confrontés, comme les parlementaires le 10 juillet 1940, à un vote couperet mais, s'il avait eu lieu – hypothèse par définition absurde –, ils ne se seraient pas mieux comportés au casino de Vichy que les membres du Parlement réunis ce jour-là pour signer l'acte de mort de la République.

CHAPITRE 37

Militants de « la divine surprise » et « collabos »

A côté des pétainistes par fatalisme ou faiblesse, le choc de 1940 fait apparaître des militants d'une tout autre trempe. Ce ne sont pas, sauf exception, des convertis récents. Beaucoup viennent de la mouvance de l'Action française – quitte, pour certains, à s'en éloigner par excès de germanophilie. D'autres alluvions nourrissent certes l'intelligentsia pétainiste et collaborationniste : pacifistes qui se retrouvent dans les discours de Vichy ; néosocialistes qui avaient franchi le Rubicon dans les années trente ; voire anciens communistes dont le cheminement témoigne de la mitoyenneté clandestine et paradoxale entre certains éléments de l'extrême droite et de l'extrême gauche.

Avec ce mot de « divine surprise », Maurras a tout dit. Voilà un régime quasi monarchique, un quasi-roi incarnant, sur ses mérites et son passé, le pays – c'est même un avantage sur une monarchie héréditaire –, un système de pouvoir autoritaire, la démocratie jetée aux orties, les valeurs les plus réactionnaires au firmament, le corporatisme érigé en principe d'organisation de la société, les juifs et les francs-maçons – ces fauteurs de troubles – réduits à l'impuissance. Seule anicroche à cette situation quasi idyllique : l'Allemagne ! De là le clivage entre les maurrassiens « canal historique » et les collaborateurs. Les premiers s'en tiennent au mot de leur chef, devenu à partir du 26 août 1940, la manchette de l'*Action française* : « La France, la France seule... » Les seconds veulent, par conviction ou par cynisme, associer le pays à l'ordre européen né de la victoire allemande et en faire, à côté du vainqueur nazi, un « sujet de l'Histoire » et non « un objet » – suivant la terminologie hégélienne.

Adversaire proclamé de la République, Maurras devient, sur le tard, un personnage quasi officiel de l'Etat vichyste. Pétain lui adresse en 1941 ses *Paroles aux Français* avec cette dédicace : « Au plus français des Français ». Pas de conférence sans la présence des autorités publiques ; pas d'article qui ne soit lu par le Maréchal ; pas de prise de position qui ne trouve de relais dans une partie des cercles vichystes. Jamais la fidélité des maurrassiens ne sera prise en défaut vis-à-vis de la personne de Pétain. Elle s'exprime à travers une solidarité sans faille dans le combat contre de Gaulle. Ainsi entre le Maréchal, autrefois agnostique, gai luron aimé de la gauche et le Général à titre temporaire, imprégné d'une attitude « ancienne France » et d'une culture si proche de celle de Maurras, c'est le premier qui sera encensé et le second vilipendé.

Après le drame de Dakar, l'*Action française* cloue de Gaulle au pilori : « L'excuse du patriotisme égaré a fait son temps. Aucune équivoque n'est plus possible aujourd'hui. On est pour ou contre l'unité française et les Français qui délibérément persistent à se ranger dans la seconde catégorie méritent d'être tenus pour ennemis du pays et traités comme tels. » La violence du ton ne cessera de monter à l'égard de De Gaulle, comme si celui-ci avait trahi sa famille d'esprit. Que ce général, prédisposé au nationalisme, fasse alliance avec l'ennemi abhorré, le parti communiste, ajoutera à l'ire de Maurras et de ses épigones ! Ils voient dans le chef de la France libre un otage du PC : « Le communisme va loin maintenant. Il englobe tous les résidus du Front populaire (c'est déjà beaucoup), toute la juiverie, tout le gaullisme bourgeois, tout l'anglicisme bancaire, industriel et commercial, toute la démocratie chrétienne. » Ce n'est pas le gaullisme qui est rassembleur aux yeux de l'AF mais le communisme !

Autre cible, presque aussi vilipendée que le PC : la démocratie chrétienne. Le Vatican de Pie XII ayant levé en 1939 l'interdit lancé en 1926 contre l'Action française, celle-ci peut prôner sans vergogne l'alliance du pétainisme et du catholicisme. De là un combat d'une rare violence contre les catholiques qui n'acceptent pas cette fusion du sabre et du goupillon, les Mounier, Fumet, Maritain...

Bouclier idéologique du régime de Vichy, l'Action française est entraînée, comme lui, dans une symbiose de plus en plus grande avec l'occupant nazi. Ainsi son antisémitisme ne connaît-il aucune limite, puisque Maurras se réjouit des premières rafles en zone occupée en 1942 et ose écrire le 16 juillet 1943 : « Il suffit d'ouvrir les yeux pour se rendre compte qu'ils ont de tout et qu'ils paient rubis sur l'ongle avec un bel argent somme toute assez rare chez les Français. »

De même donne-t-il son absolution à la Milice au nom de l'ordre : « Avec le concours d'une sûre et bonne police, nous pouvons, chez nous, frapper d'inhibition toute velléité révolutionnaire et toute tentative intérieure d'appuyer les hordes de l'Est, en même temps que nous défendrons nos biens, nos foyers, notre civilisation tout entière. » Craindre les hordes de l'Est dans une France occupée par les Allemands témoigne de l'automaticité de la plume de Maurras : il emploie en 1943 les mêmes mots que dix ans plus tôt... Son antigermanisme viscéral ne l'empêche pas de devenir de jour en jour l'allié objectif – comme diraient les communistes – de l'Allemagne nazie : les amis de mes amis sont mes amis... Ainsi, même si la Milice aime aussi peu le conservatisme à la Salazar du régime de Vichy que Maurras au contraire l'encense, et se veut, elle, l'accoucheur d'un régime national-socialiste à la française, l'Action française ne cesse de lui être fidèle, voire de l'aiguillonner en lui désignant des cibles à exécuter.

A aucun moment Maurras ne sera perturbé par l'attitude des siens qui, au nom de leur nationalisme, ont choisi la Résistance, tels Rémy, d'Astier, Claude Roy, Guillain de Bénouville, sans compter les militants anonymes, comme le jeune Daniel Cordier qui quitte Pau en juin 1940 pour Londres par antigermanisme, épopée qu'il vient de narrer merveilleusement dans *Alias Caracalla*. Croyant imperturbablement être fidèle à lui-même, le chef de l'AF devient sans s'en rendre compte, un auxiliaire de l'Occupant, davantage que le thuriféraire de la Révolution nationale. Physiquement sourd, il se révèle intellectuellement de plus en plus autiste. Ainsi, au terme de son procès à la Libération, pendant lequel il n'a cessé d'injurier, de tempêter, d'insulter, accueille-t-il le verdict – la réclusion à perpétuité – d'un hallucinant : « C'est la revanche de Dreyfus ! »

Les « collabos » se distinguent en 1940, en théorie du moins, des maurrassiens. Installés à Paris alors que les seconds sont à Vichy. Proches de l'Occupant, tandis que les autres se veulent exclusivement pétainistes. Et surtout partisans d'un ordre européen allemand, à rebours de l'antigermanisme officiel de l'AF. *Je suis partout* – 250 000 à 300 000 exemplaires – ne ressemble guère à *L'Action française* et Brasillach, son directeur, est tout sauf un clone de Maurras. Sa figure de proue littéraire, Lucien Rebatet, ne partage rien avec celle de l'*AF*, Thierry Maulnier. Il y a, dans la violence des intellectuels « collabos », un désir de vengeance culturelle et sociale que ne manifeste pas l'intelligentsia maurrassienne. *Les Décombres* l'expriment à chaque page : se définissant comme « wagnérien, nietzschéen, antisémite, anticlérical », Rebatet se lâche, n'hésitant même pas à qualifier Maurras, son ancien maître, d' « illusionniste brillant de l'aboulie ». C'est la plus douce des injures de ce best-seller – près de 100 000 exemplaires vendus pendant l'Occupation – qui déverse au fil de ses 664 pages un torrent de fiel et de haine contre « les dévirilisés et les dégénérés ».

Le clivage entre le Vichy maurrassien et le Paris collabo est affiché. Alors que Rebatet proclame que « tout ce qui possédait quelque conviction fasciste et antijuive regagnait Paris », Vichy interdit aux journaux de sa zone « de parler sous forme d'information ou de commentaire quelconque du livre de Monsieur Rebatet ». Sensibles aux égards, les intellectuels fascisants sont poussés vers une collaboration de plus en plus militante par la considération que leur manifestent cyniquement les autorités d'Occupation. Voyages officiels : qui ne se souvient de la photo de Bonnard, Brasillach, Drieu, Chardonne, Ramon Fernandez, Jouhandeau prenant, pétris de leur importance, le train pour assister au Congrès international de Weimar en octobre 1941 et un peu plus tard au Congrès des écrivains d'Europe ? Moyens de publier : ambassadeur à Paris pendant l'Occupation, Otto Abetz prétendra en 1950 que la France avait édité en 1943 sous l'occupation allemande plus de titres qu'aucun autre pays. Revues afin d'assurer un magistère intellectuel : c'est toute l'histoire de la *NRF* sous la botte de l'Occupant, Jean Paulhan le résistant s'effaçant devant Drieu le collabo afin que l'institution survive, et lui, responsable éditorial de Gallimard, cohabitant dans des bureaux mitoyens avec le paladin du fascisme. Cette attitude est à l'image d'une coterie littéraire qui voit Malraux conserver son amitié pour Drieu, Paulhan pour Jouhandeau, Mauriac pour Fernandez et Gide et Martin du Gard valider le choix de Gaston Gallimard de sauvegarder la revue, quitte à en changer le directeur, afin qu'elle ne tombe pas dans des mains allemandes.

Ainsi voisinent dans les premiers numéros de la *NRF* publiés sous la direction de Drieu les auteurs les plus pro-allemands – Chardonne, Fabre Luce, Jouhandeau, Morand –, les tièdes – Audiberti, Giono –, mais aussi un Gide qui ne cesse d'osciller entre la honte lucide de participer à l'aventure et le besoin d'être lu, ou un Mauriac plus rapide néanmoins à prendre son parti et à abandonner une revue devenue un habile alibi pour les Occupants.

Ceux-ci manifestent en effet une finesse inattendue dans le maniement de l'intelligentsia. Au lieu de brutes avinées prêtes, comme Goebbels, à « sortir leur revolver au mot de culture », ils envoient à Paris de fins lettrés, intellectuellement amoureux de la France et disposés à jouer un double jeu, comme Gerhard Heller, le chef de la censure qui laisse publier des auteurs comme Mauriac ou Sartre en espérant qu'attachés à la poursuite de leur œuvre, ils ne basculeront pas vers la Résistance. Ernst Jünger décrit avec un soin méticuleux dans son journal de guerre cet étrange ballet qui voit des officiers allemands, au fond d'eux-mêmes dissidents à l'égard du régime nazi, préférer la compagnie d'écrivains français prêts à basculer dans la Résistance à celle des collabos les plus aveugles, fussent-ils talentueux.

La censure allemande est, de ce fait, paradoxalement plus souple que celle de Vichy : les œuvres passent dans les mailles du filet à condition de ne pas s'en prendre à l'Occupant ou au nazisme, alors que les scribes de l'Etat français multiplient les critères moralisateurs et bigots : Aragon peut ainsi publier en zone occupée des poèmes refusés en zone libre ; Sartre et Simone de Beauvoir réussissent, de leur côté, à profiter de la mansuétude de Heller pour occuper la scène intellectuelle. Pour un Georges Duhamel ou un Guéhenno qui refusent de se faire éditer jusqu'au jour de la Libération, combien de grands auteurs qui acceptent de cohabiter dans les colonnes de la *NRF* ou de *Cœmedia* avec des gens auxquels ils ne serrent pas la main et dont ils réclameront le châtiment à la Libération ?

Ils n'auront pas à connaître un tel dilemme à propos de Drieu, puisque celui-ci se suicide le 16 mars 1945. Il aurait pu, face à un tribunal, mettre à son crédit la sortie de prison de Paulhan, son intervention en faveur de Jean Cayrol et d'autres services discrets rendus à des amis résistants. Mais en face de ces gestes d'humanité amicale, l'auteur de *Gilles* pratique un bizarre mélange de nihilisme et de fascisme militant. Au titre du nihilisme : « ce vieux con de Maréchal ; Hitler est un con comme Napoléon », « tous ces gens de la collaboration, ces ignobles pacifistes, ce Déat ce normalien, ce Doriot, ce métisse de Flamand et d'Italie, cet ignoble Laval, ce métisse de juif et de Tzigane ». Au titre du fascisme militant : le désir de « mourir en SS », l'affirmation de « ne pouvoir vivre que dans ce rêve de redressement viril et aseptique ». Cette alchimie idéologique aboutit à une conclusion paradoxale, l'espoir d'une Europe dominée par les communistes : « Il faut souhaiter la victoire des Russes plutôt que celle des Américains... C'est une race, un peuple alors que les Américains sont une collection de métisses. » Drieu a joué ; il a perdu ; il en tire les conséquences.

Ramon Fernandez aura la chance de mourir dans son lit et d'éviter lui aussi l'épuration. Aurait-il connu le destin de Brasillach ou de Luchaire fusillés, ou celui, douillet et bourgeois, de Jouhandeau, de Chardonne, de Morand, de Montherlant ou de Cocteau, les uns collaborateurs militants, les autres profiteurs cauteleux de la période, les derniers couards et inconséquents ?

Un des paradoxes de l'Occupation tient à la perpétuation d'une vie de l'esprit au contact de l'oppresseur, à l'existence d'un ascendant des intellectuels au milieu des tenants de la force brute, à la reconnaissance de l'intelligence – dès lors qu'elle est de leur côté – par les défenseurs d'un ordre « a-spirituel ». Maurassiens à Vichy et « collabos » à Paris sont les bénéficiaires de ce traitement de faveur.

CHAPITRE 38

La plume à défaut du revolver

Dans l'étrange ballet qui voit les intellectuels résistants continuer de dialoguer avec leurs anciens amis devenus collaborateurs, un échange entre Jouhandeau et Paulhan est révélateur. Au premier qui, en mars 1944, compatit sur le « courage » qui lui sera nécessaire compte tenu de la tournure des événements et du reproche qui lui sera fait d'avoir participé à l'escapade de 1941 à Weimar, le second rétorque vertement mais sans rupture, ni injure : « Bien cher Marcel, de ton courage personne (ni surtout moi) ne doute. – Paulhan se moque-t-il ou est-il vraiment compatissant ? – Mais en ce moment, je t'en prie, n'en parle pas. Ouvre les yeux. Tu n'es pas exposé. Ce n'est pas toi qui es exposé. Ce n'est pas toi qui viens de mourir en prison. C'est Max Jacob. Ce n'est pas toi qui as été tué par des soldats ivres, c'est Saint-Pol-Roux. Ce n'est pas toi qui as été exécuté après un jugement régulier, c'est Jacques Decour, c'est Politzer. Ce n'est pas toi qui es obligé de te cacher pour échapper à l'exécution, à la pression : c'est Aragon, c'est Eluard, c'est Mauriac... Dans un temps où nous avons tous à montrer du courage, tu es le seul (peu s'en faut) qui ne soit pas menacé, qui mène une vie prudente et paisible... » Et encore Paulhan s'oublie-t-il lui-même par élégance.

En face des intelligentsias vichyste et collaborationniste s'en dresse en effet une autre. A la *NRF* de Drieu s'opposent les Editions de Minuit, nées de la volonté d'un homme, Jean Bruller, à la fois éditeur-auteur-imprimeur du *Silence de la mer* qu'il signe du pseudonyme de Vercors. Que d'énergie, de risques pris, d'astuces nécessaires pour tirer 350 exemplaires ! Mais ces exemplaires se diffuseront, telle une onde, dans les circuits de la résistance intellectuelle. Et ils signeront l'avènement d'une maison d'édition clandestine, échappant à la censure, fût-elle indulgente, de Heller, et aux quotas de papier décidés par Abetz. Etonné de cette incroyable création, Paulhan s'en fera l'agent clandestin, poussant ses amis résistants à y publier. Se constitue ainsi, sous pseudonymes, un vrai catalogue : *Le cahier noir* de Mauriac alias Forez, *Dans la prison* de Guéhenno, alias Cévennes, *Marche à l'étoile* à nouveau de Vercors... Avec Eluard pour conseiller littéraire, Cassou, Chamson, Aragon et Triolet (lui, sous le pseudonyme de François la Colère, elle, de Laurent Daniel) ne cessent d'y publier. Le point d'orgue de l'aventure sera une anthologie, *L'Honneur des poètes*, où se retrouvent, masqués, Aragon, Desnos, Eluard, Pierre Emmanuel, Guillevic, Seghers, Ponge, Tardieu.... Imagine-t-on la méticulosité, les circuits hasardeux, les contacts aléatoires qu'il a fallu pour commander les textes, les récupérer, les imprimer, les diffuser ? On est bien loin du salon de Florence Gould où Jünger devise paisiblement avec Jouhandeau et où Heller trouve Drieu bien enflammé.

Ces petits livres – quelques centimètres carrés – circulent sous le manteau. Ils se retrouvent à Londres ou à New York afin d'être traduits ; ils passent de main en main ; ils provoquent débats, polémiques, engagements. Sans doute ne faut-il pas être grand clerc pour reconnaître les auteurs à leur style : Forez redevient vite Mauriac et François la Colère Aragon, ce qui les oblige à vivre davantage encore dans la clandestinité. « Le crime d'un gouvernement de raccroc, tenu à la gorge par un ennemi sans entrailles, ce fut de jouer au gouvernement libre. Un pantin dont tous les fils étaient tirés par un démon... » : quel habitué n'aurait-il pas reconnu les mots et le rythme de l'auteur de *Thérèse Desqueyroux* ?

Ce sont les mêmes que l'on retrouve au sommaire des *Lettres françaises*, l'autre refuge des intellectuels résistants. Créées, imprimées, diffusées par les communistes, les *Lettres* font preuve, au nom du combat contre l'Occupant, d'un œcuménisme qui disparaîtra vite après la guerre. Decour et Politzer perdront leur vie dans l'aventure, preuve que la résistance par la plume est aussi dangereuse que celle par le revolver. Claude Morgan et Edith Thomas poursuivent l'aventure en redoublant de précautions. C'est l'arrivée de Paulhan, Debû-Bridel, Guéhenno et Vildrac qui « décommunise le projet ». Camus, Cassou, Eluard, Leiris, Mauriac y trouveront leur place et Sartre même y écrira : ce sera son acte de résistance... Le tirage va monter jusqu'à 1 200 exemplaires, distribués dans les boîtes aux lettres, transmis clandestinement en zone sud, acheminés vers les maquis : étonnante machinerie faite d'une myriade de gestes de micro-résistance, tous susceptibles de prison, de déportation ou de mort. Faut-il que la résistance littéraire soit importante pour mobiliser autant d'énergie et de courage de la part de modestes soutiers qui risquent leur vie pour acheminer un carton de livres ou une pile de journaux !

Et les grands, les vedettes de l'intelligentsia, les gloires de l'avant-guerre, où se situent-ils dans ce combat ? La résistance par la plume ne reflète pas exactement la hiérarchie des tréteaux et des pétitions des années trente. Ainsi Gide, la conscience de l'intelligentsia, a-t-il pendant ces années-là un parcours bien plus prudent et pusillanime que celui d'un Mauriac. Une participation aux deux premiers numéros de la *NRF* de Drieu avec des *Feuillets* ni courageux, ni infamants. Un séjour à Nice pendant lequel, menacé par la Légion, il se dérobe et ne tient pas une conférence prévue de longue date. Des lectures, des hésitations, des réflexions. Une retraite en 1942 à Tunis qu'il quitte confortablement pour rejoindre Alger libéré, y dîner avec le général de Gaulle, jouer l'écrivain dialoguant avec le pouvoir et créer en toute quiétude, désormais, une revue, *L'Arche*, dont Jean Amrouche est le rédacteur en chef. C'est un comportement suffisamment effacé pour permettre à Aragon, après la guerre, de faire payer avec retard *Le Retour de l'URSS* à son auteur.

Le chétif Mauriac fait, lui, exactement l'inverse de Gide. Allant et venant entre Paris et Malagar, il ne quitte pas la zone occupée. Après avoir écrit en juin 1940 deux phrases favorables à Pétain qu'il regrettera toute sa vie, il prend parti contre Vichy : « Dès le premier jour et dès que je l'ai connu, j'ai exécré l'esprit de Vichy et les collaborateurs me l'ont certes rendu avec usure. » De ce point de vue Brasillach fut le premier : « La conquête de Mauriac, académicien et bien-pensant, par l'antifascisme intellectuel, c'est une victoire du démon de midi. » Poursuivi de la haine des

« collabos », suspecté par la Gestapo, se cachant quand la menace se fait trop pressante, le futur Nobel participe à toutes les aventures de la résistance intellectuelle. Il n'est pas de ceux qui réservent leurs états d'âme à un journal intime, mais agit à ses risques et périls, combattant avec sa seule arme, la férocité de sa plume.

Autre antithèse là aussi surprenante : Malraux et Claudel, le combattant d'Espagne et le catholique conservateur. Protégé par l'amitié de Drieu, obsédé par ses affaires personnelles – sa séparation avec Clara, sa relation avec Josette Clotis –, il troque le Sud-Ouest pour Nice où il règne. Peu lui chaut la Résistance : « J'en ai marre de défendre des causes perdues. » Après l'avoir rencontré en avril 1943, Drieu note dans son *Journal* : « Vu Malraux à Paris. Il ne croit plus à rien, nie la force russe, pense que le monde n'a aucun sens et va au plus sordide : la solution américaine. Mais c'est que lui-même a renoncé à être quelque chose pour n'être qu'un littérateur. » Il faut la proximité de la Libération pour que Malraux sorte de sa torpeur, retrouve son courage physique, mobilise sa puissance mythomane et revienne à bride abattue vers l'épopée avec la brigad Alsace-Lorraine.

Qui aurait imaginé en 1938 Claudel plus courageux un jour que Malraux ? Il va faire oublier son *Ode au Maréchal*. Sceptique après Montoire – « La France se remet comme une fille à son vainqueur » –, il bascule en 1942 dans une superbe lettre au cardinal Gerlier : « J'ai lu avec grand intérêt le récit des splendides funérailles, officielles et religieuses, faites à Son Eminence le cardinal Baudrillard. Sur le cercueil du défunt figurait une couronne offerte par les autorités d'Occupation. Un tel hommage était bien dû à ce fervent collaborateur. Le même jour, j'écoutais le récit de l'exécution des vingt-sept otages de Nantes. Quand les collaborateurs les eurent mis sur des camions, ces Français se mirent à chanter la *Marseillaise*... Pour l'émule de Cauchon, l'Eglise de France n'a pas eu assez d'encens ; pour les Français immolés, pas une prière, pas un geste de charité ou d'indignation. » Au moment de Stalingrad, il écrit : « Pendant ce temps, notre ineffable Maréchal expédie à son maître Hitler des chargements entiers de juifs réfugiés empilés dans des wagons plombés. » Le voilà, lui l'héritier du catholicisme le plus traditionnel donc perclus d'antisémitisme, plus sensible à la déportation des juifs qu'un Malraux, pourtant frotté au judaïsme du fait de son mariage avec Clara !

Quant à Aragon, devenu la figure emblématique du parti communiste, il se comporte au rythme des instructions du bureau politique. Réfugié dans le Midi, il publie des poèmes délicatement allusifs, jusqu'à l'invasion de l'Union soviétique. La machine poétique se met alors en route au service de la Résistance et le parti assure la protection de l'auteur, l'intendance du couple Louis/Elsa, la diffusion des œuvres. Rouage de l'appareil, il n'a pas choisi la Résistance, comme Mauriac : le Parti l'a enrôlé et il a joué sa partition avec le plus grand naturel, c'est-à-dire avec ce prodigieux talent qui lui fait aligner les vers les plus émouvants comme une usine sort ses automobiles : à la chaîne.

Et les futures gloires de l'après-guerre ? Elles sont, comme leurs prédécesseurs, ambivalentes. Antiallemandes, certes : cela relève de l'évidence. Hostiles à Vichy : c'est une affaire de bon sens. Mais deviennent-elles pour autant résistantes ? Avec mesure ! Ainsi Sartre voudra-t-il réécrire sa propre histoire en prétendant que sa mobilisation en 1939 a fait « entrer le social dans sa tête ». A lire ses *Carnets de la drôle de guerre*, celui-ci ne semble guère l'obséder : les contraintes du quotidien, les fantasmes féminins, l'obsession des permissions sont plus forts. Libéré en 1941 de son camp de prisonniers, il fonde un petit groupe de résistants baptisé « Socialisme et Liberté », avec en particulier Jean-Toussaint Desanti et Maurice Merleau-Ponty. Mais c'est plus un club qu'une organisation paramilitaire : il se dissout après quelques mois de palabres.

Sartre ne fait pas comme Desanti qui abandonne « la guerre des boutons » pour un vrai combat en rejoignant les FTP communistes. Pour lui, le temps de l'action est passé ! Place à l'écriture : *Les Mouches*, créées en juin 1943, *Huis clos* en mai 1944 et *L'Etre et le Néant* publié en 1943. *Les Mouches* valent à leur auteur les louanges communes de la *Pariser Zeitung*, organe des forces d'Occupation, et des *Lettres françaises*. L'œuvre de Sartre n'a été ni ralentie, ni entravée par l'Occupation. Quelques écrits clandestins seront bienvenus, afin de permettre au futur pape de l'existentialisme de rejoindre la cohorte des écrivains résistants, les uns authentiquement, les autres fictivement, au sein du Comité national des écrivains », le CNE.

Quant à Simone de Beauvoir, elle est encore moins résistante que son compagnon, acceptant même, avec l'accord de ce dernier, un poste à la radio de Vichy : elle n'est certes pas « collabo » mais seulement aux abonnés absents. Maints comportements ultérieurs de ce « couple royal » s'expliqueront par la mauvaise conscience inavouée que son attitude médiocre pendant les années de guerre ne peut que lui inspirer, à l'instar dans la sphère gaulliste, d'un Georges Pompidou auquel manquera toujours un certificat de Résistance.

Certes plus honorable, le parcours de Camus ressemble néanmoins à celui de Sartre. C'est, littéralement parlant, l'Occupation qui lui met le pied à l'étrier. Inconnu en 1940, l'écrivain pied-noir est célèbre en 1945 ! Gallimard a en effet publié entre-temps *L'Etranger* et le *Mythe de Sisyphe* et la future « grande conscience nationale » n'a eu aucun état d'âme à faire ses premiers pas dans un Paris littéraire occupé. Elle a, il est vrai, l'alibi d'avoir vécu dans une Algérie où, même si le décret Crémieux a été supprimé, l'air est un peu moins oppressif qu'en métropole. Arrivé en France, il commence à se fabriquer une tête politique à rebours de son pacifisme de 1940 ; il côtoie la Résistance et finit par la rejoindre. Ainsi sera-t-il doté d'une fausse identité – le signe d'appartenance – alors que Sartre n'en aura jamais besoin. Le voilà rédacteur en chef de *Combat*, organe des Mouvements unis de résistance (MUR), journal qui « a un seul chef : de Gaulle. Un seul combat : pour nos libertés » et dont le titre incorpore une croix de Lorraine. Camus n'est pas un saboteur : il ne manie pas l'explosif mais les mots, et le fait au risque de sa vie : c'est donc à partir de 1943 un authentique résistant. Cette auréole constituera, après guerre, un non-dit de plus dans ses relations avec Sartre. Si les deux futures divas de l'intelligentsia ont progressé de concert dans la gloire littéraire sous l'Occupation, l'un aura en 1945 de vraies lettres de noblesse après lesquelles l'autre ne cessera de courir.

Du quadrige de l'après-guerre – Sartre, Beauvoir, Camus, Aron –, ce dernier a à la fois la plus belle guerre mais aussi la plus paradoxale : gaulliste en juin 1940, il devient à Londres l'antigaulliste de la France libre. Collaborateur de la revue du mouvement, *La France libre*, il pratique l'aronisme plus que le militantisme : distancié, réfléchi, analytique au cœur même du cyclone. Ce n'est pas la conception que le Général a de la loyauté d'un féal à l'égard de son suzerain. Mais Aron a le mérite d'avoir vu juste en juin 1940. Aucun autre intellectuel ne peut se réclamer d'une telle lucidité, hormis Marc Bloch.

CHAPITRE 39

Un héros trop méconnu : Marc Bloch

J'ai offert depuis des décennies un seul livre aux personnes que j'estime : *L'Etrange Défaite*. Sans doute en suis-je un des plus actifs diffuseurs ! Voilà un livre écrit pendant l'été 1940, prototype de l'Histoire à chaud, caché, exhumé en 1946 et qui constitue, au-delà de l'analyse de la défaite, une réflexion jamais égalée sur la dépression nerveuse d'un pays et la faillite de ses élites. La fin tragique de Bloch, fusillé en 1944, fait de lui l'équivalent trop méconnu dans la sphère intellectuelle de ce qu'a représenté Pierre Brossolette pour le monde politique. A l'aune de la vie de Bloch et de son courage admirable et modeste, la guerre de nos gloires littéraires et intellectuelles paraît, à de très rares exceptions près, assez misérable.

Bloch ne se résume pas à une citation devenue un « marronnier » pour tout journaliste en quête de chic : « Il est deux catégories de Français qui ne comprendront jamais l'Histoire de France, ceux qui refusent de vibrer au souvenir du sacre de Reims ; ceux qui lisent sans émotion le récit de la fête de la Fédération. Peu importe l'orientation présente de leurs préférences. Leur imperméabilité aux plus beaux jaillissements de l'enthousiasme collectif suffit à les condamner. » Ecrite quelques semaines avant la promulgation du premier statut des juifs, cette phrase résume à elle seule le drame existentiel de Bloch : il n'y a pas plus français que lui et il va néanmoins être banni de la communauté nationale.

Issu de cette bourgeoisie intellectuelle, juive et alsacienne, qui a fait en 1871 le choix de la France, le jeune Bloch sera à jamais marqué par l'affaire Dreyfus : moins par solidarité communautaire que par révolte contre l'injustice. Il aura en effet tendance, jusqu'à 1940, à minorer les effets en France de l'antisémitisme. Ainsi se garde-t-il d'imputer ses échecs répétés au Collège de France à un réflexe antisémite, pourtant indéniable, à son endroit. Il préfère y voir l'effet d'un corporatisme absurde. Attitude qui lui fera encore écrire à son fils en 1942 : « Dans mon métier, quand on est juif, on rencontre, pour arriver, plus de difficultés qu'un autre. Pour atteindre le même point, il faut à un juif plus de travail et de talent qu'à un non-juif. Il suffit de le savoir et d'agir en conséquence... Le mot est juste, je crois et plus encore aujourd'hui – ou même demain – qu'hier ; et surtout en ce qui concerne le travail. Et ce n'est pas après tout un grand malheur. » Froid vis-à-vis de l'antisémitisme dont il est lui-même victime, Bloch analyse sans émotion particulière la vindicte antijuive de celui qu'il appelle « l'énergumène de Berchtesgaden » et constate l'exil de ses collègues allemands d'origine juive de façon très froide, même s'il condamne naturellement la politique du Reich à leur égard.

Ce sont la défaite et Vichy qui vont faire de Bloch un intellectuel engagé. Son itinéraire est, de ce point de vue, à rebours de la plupart des membres de l'intelligentsia. Pour ceux-là, le paroxysme de l'engagement est atteint avant guerre et les années de conflits les voient, sauf quelques-uns, plus prudents. Pour Bloch, c'est l'inverse. Monopolisé par son aventure d'historien – la création de la première revue d'*Histoire et de sociologie économiques*, l'écriture des *Rois thaumaturges*, la fondation avec Lucien Febvre des *Annales*, l'enseignement – il réserve pour l'essentiel son engagement à combattre dans son univers l'omniprésence de l'Action française. S'il adhère, après le 6 février 1934, au Comité antifasciste, c'est sans enthousiasme. A Febvre qui voit dans le manifeste *Aux travailleurs* de Rivette et Langevin « un papier ridicule, une déclaration d'amour au peuple qui ne veut rien dire », même s'il le signe, Bloch, lui aussi signataire, répond : « J'ai comme vous reçu le " manifeste Langevin " ; comme vous il m'a paru fort mauvais et le nom d'Alain, en particulier, m'a fait me rétracter ; j'ai signé tout de même... Ma bonne volonté est toute prête ; elle est, comme beaucoup d'autres, sans emploi. Peut-être vaut-il mieux qu'on ne l'emploie pas. » Il ne se consacre guère aux pétitions, meetings, débats, interpellations, publications qui constituent, ces années-là, le quotidien de l'intellectuel engagé.

C'est là aussi, à la différence de beaucoup d'universitaires militants, comme officier de réserve qu'il vit le durcissement du climat. Ainsi, lors de la crise des Sudètes, est-il mobilisé à l'état-major de subdivision à Strasbourg. Son constat sur la désorganisation militaire le déprime autant que son analyse de la faillite de la classe dirigeante. Et il écrit le 3 octobre 1938 à son complice Lucien Febvre : « Avoir fait Versailles et la Ruhr pour aboutir à l'Espagne et à Munich – oui vraiment nos classes " dirigeantes " ont bien travaillé ! » Il adhère dans cet esprit aux « Amis de la Vérité », modeste association qui a pris parti contre les accords de Munich. Tout à la publication de la *Société féodale* et à une hypothétique candidature à la direction de l'Ecole normale supérieure, Bloch est plus lucide que beaucoup d'universitaires et intellectuels mais se contente d'un militantisme de témoignage, soit par manque de disponibilité, soit par scepticisme sur l'agitation de l'intelligentsia.

Agé de 53 ans, Bloch n'est plus automatiquement mobilisable en août 1939, mais il demande à l'être et se plaît à se présenter comme « le plus vieux capitaine de l'armée française ». Le voilà, une fois de plus, différent de la plupart des intellectuels : le combattant de la Grande Guerre prend le pas sur l'analyste ; il croit davantage à la bataille des fusils qu'à l'affrontement des mots. Il vit la drôle de guerre avec encore l'esprit de 1914-1918 : l'attente des communiqués, l'obsession des mouvements de troupes, l'impatience d'en découdre, aux antipodes du Sartre des *Carnets de guerre*, philosophant à ses moments de loisir et parsemant ses permissions d'escapades amoureuses. Sa lucidité est totale mais elle est réservée à ses correspondants épistolaires. Ainsi écrit-il le 14 février 1940 à son fils Etienne : « Malheureusement l'initiative appartient à l'ennemi – et l'ignorance des gens qui m'entourent continue à m'effrayer… » Au même, le 18 mai : « C'est vraiment la guerre des nerfs ; et il est peut-être plus malaisé de tenir le coup pour un peuple comme le nôtre, lorsqu'il est simplement mobilisé que lorsqu'il se bat. Si seulement les gens de carrière avaient plus de psychologie. » Cité à l'ordre du corps d'armée le 29 juin – avant que ne tombe la chape de plomb sur les juifs –, Bloch est démobilisé.

Il raisonne, à sa manière, comme de Gaulle, écrivant ainsi à Febvre : « N'imaginez pas d'ailleurs que j'ai perdu tout espoir. La guerre de Cent Ans ne s'est pas terminée à Crécy, ou même à Poitiers. Seulement voilà ! Les pauvres bougres qui avaient vu Crécy ne virent pas la fin de la guerre ! J'ai confiance dans ce peuple. »

Ce sera le thème de *L'Etrange Défaite*. Incroyable texte ! Les combats ont à peine cessé ; Vichy commence à s'installer dans ses meubles ; chacun essaie de retrouver un équilibre et Bloch est capable, lui, sans le moindre recul, de livrer une analyse au scalpel. C'est à la fois une autopsie de la défaite, une critique de la société qui y a conduit, une esquisse d'une « réforme intellectuelle et morale » sur le modèle de celle de Renan mais avec chevillée au corps, malgré les aléas, la foi dans la République et dans la démocratie. Bloch se présente comme « témoin », avec une précision chirurgicale : juif, il oppose à ceux qui le traiteront, dit-il, de « métèque », une longue filiation de soldats depuis la levée en masse de l'An II. Il s'exprime avec le regard sur le terrain de l'officier et la distance intellectuelle de l'historien. Il narre le désordre après l'attaque allemande, le dérèglement du commandement, l'inanité des ordres, la bêtise des choix stratégiques, l'incurie de l'état-major. A ses yeux, l'armistice n'était pas fatal : avec des chefs « aux artères cérébrales plus souples », le choix « jusqu'au-boutiste » aurait eu un sens. La mollesse d'esprit des généraux l'interdisait.

Mais la faiblesse des militaires était à l'image de la médiocrité de l'ensemble des élites. C'est le ressort intime du texte : membres de la classe dirigeante, parmi d'autres, les généraux n'ont pas failli davantage que leurs congénères, parlementaires, technocrates, industriels, banquiers, journalistes, universitaires. Bloch est encore plus iconoclaste : il englobe dans l'affaissement collectif des dirigeants les syndicats, les universitaires – sa propre corporation –, les fonctionnaires. Il pointe du doigt l'insidieux travail de sape des pacifistes et des internationalistes – « Je n'aperçois point davantage que l'internationalisme de l'esprit ou de la classe soit irréconciliable avec le culte de la patrie » – et n'hésite pas à dénoncer leur alliance contre nature avec les conservateurs – « Le plus singulier était, sans doute, que ces intransigeants amoureux du genre humain ne s'étonnaient pas de se rencontrer, sur les routes de la capitulation, avec les ennemis nés de leur classe et de leurs idéaux ».

Mais, à l'instar de Renan, c'est surtout à une renaissance intellectuelle qu'appelle Bloch. Plus personne ne pensait, ne réfléchissait, n'innovait. Ni chez les universitaires, ni dans la bourgeoisie, ni dans la sphère politique, ni dans la gauche marxiste, ni dans la droite conservatrice. Ce sera à une nouvelle génération de relever le défi : « Ce n'est pas aux hommes de mon âge qu'il appartiendra de reconstruire la patrie. La France de la défaite aura eu un gouvernement de vieillards. Cela est tout naturel… Quel que puisse être le succès final, l'ombre du grand désastre de 1940 n'est pas près de s'effacer. » On ne pouvait pas mieux dire : le tour de bonneteau génial de De Gaulle, plaçant artificiellement la France du côté des vainqueurs, n'effacera jamais le traumatisme de la défaite.

Qui, dans les valeurs les plus établies de l'intelligentsia, s'est livré, *in vivo*, à une réflexion d'une telle profondeur ? Les Gide, Mauriac, Malraux, Aragon semblent prisonniers du seul registre affectif, par comparaison avec cet incroyable exercice de lucidité. Qui a compris si tôt ? Personne. Qui a replacé cet effondrement dans le fil de l'évolution profonde du pays ? Aucun grand esprit. Comparés à Bloch, les romanciers pétris d'Histoire et les historiens dévorés par le romantisme, les philosophes obsédés de politique et les politiques pénétrés de philosophie ne pèsent guère ! Quant à Bloch lui-même, il voit Febvre lui demander de s'effacer des *Annales* pour la survie de la revue. Terrible coup de poignard de la part d'un alter ego ! Sans doute a-t-il pensé que son associé était à l'image des élites dont il a critiqué la lâcheté dans *L'Etrange Défaite*. Mais c'est cette fois-ci dans sa proximité immédiate qu'il peut donc mesurer les ravages du mal. Meurtri, il finit néanmoins par céder et devient un simple contributeur des *Annales* sous le pseudonyme de Fougères. Il n'est néanmoins que résistant *in pectore* jusqu'à l'occupation de la zone libre : proche de plusieurs réseaux, sympathisant de cœur mais encore éloigné de l'action.

C'est début 1943 qu'il intègre le mouvement Franc-Tireur. Comme rédacteur de journal clandestin à l'instar de tous les intellectuels résistants, mais aussi comme organisateur et combattant, ce qui est plus rare. Devenu en janvier 1944 patron des Mouvements unis de Résistance (MUR) de la région de Lyon, il est désormais en première ligne. Il est passé d'une résistance à la Camus à une résistance à la d'Astier, Rémy, Vianney ou Jean-Pierre Lévy. Arrêté le 8 mars 1944 avec soixante-trois de ses camarades, présenté par le *Völkischer Beobachter* comme « le chef d'une bande d'assassins », il est fusillé le 16 juin.

Pourquoi cet itinéraire héroïque est-il demeuré si longtemps ignoré ? Bloch n'était pas communiste, de sorte que le PC ne se préoccupait pas de lui assurer la gloire posthume d'un Decour ou d'un Politzer. Il n'appartenait à aucune coterie en quête d'images sulpiciennes et son frère d'esprit, Lucien Febvre, s'est contenté de faire après la guerre « le service minimum ». Au lieu de se racheter ainsi des sacrifices qu'il avait imposés à Bloch, afin d'assurer la pérennité des *Annales*, il a préféré choisir un linceul d'ignorance.

Quant à *L'Etrange Défaite* publiée en 1946, elle est passée inaperçue jusqu'aux années soixante-dix. C'est l'effet de l'amnésie, jusqu'à cette époque-là, de la société française vis-à-vis de Vichy et de l'armistice. Mais il s'y ajoute aussi le désir inconscient d'occulter une vision dont nul ne sort indemne. Car Bloch a proclamé que « le roi est nu ». *L'Etrange Défaite* va en effet à rebours de la construction intellectuelle des gaullistes selon laquelle le malheur de 1940 est le fait d'une poignée d'individus ayant perdu le sens de l'honneur.

Quelle injustice à l'égard d'un homme ! Sur les années 1940-1945, Marc Bloch devrait être considéré comme le premier des intellectuels : plus lucide et plus puissant dans l'analyse, plus courageux et plus responsable dans l'action.

CHAPITRE 40

Le décor de l'après-guerre est planté

A la Libération, les intellectuels ne se conduisent pas mieux que l'opinion publique. Face à l'inévitable épuration, les plus vindicatifs sont souvent les « planqués » de l'Occupation. Beaucoup ont réussi à se glisser, au gré des amitiés et des gestes de dernière minute, dans le Comité national des écrivains qui réunit, à l'image de la coalition politique gaulliste, les vrais résistants, communistes ou non, les résistants à éclipses, les tièdes et les combattants de la dernière heure. Le Comité n'a aucun pouvoir juridique mais il a une influence décisive et peut interdire d'écriture ceux qu'il place sur ses listes de proscription. La première est établie en septembre 1944. Elle comporte douze noms dont Brasillach, Céline, Alphonse de Châteaubriant, Chardonne, Drieu la Rochelle, Montherlant et Maurras. Elle est ensuite progressivement élargie pour atteindre cent soixante-cinq écrivains.

Le procédé ne fait pas l'unanimité. Les plus courageux pendant l'Occupation se montrent les plus indulgents. Ainsi de Jean Paulhan et de Mauriac. Le premier dénonce avec vigueur le caractère expéditif de la démarche, les arrière-pensées communistes et les règlements de comptes internes à la coterie intellectuelle. Le second plaide pour une justice incontestable. Ainsi se bat-il pour obtenir la grâce d'Henri Béraud accusé, à ses yeux à tort, d'intelligence avec l'ennemi et à ce titre condamné à mort – il sera gracié – et celle de Brasillach non sur le fond – le dossier est écrasant – mais au prétexte du talent : « Ce qu'il y a de meilleur en France ne se console pas de la destruction d'une tête pensante, aussi mal qu'elle ait pensé. N'existe-t-il aucune autre peine que la mort ? Les seules exécutions que l'Histoire ne pardonne pas à la Terreur, ce sont celles des philosophes et des poètes. La seule parole dont elle ne l'absoudra jamais, c'est celle de la brute Coffinhal : « La République n'a pas besoin de savants. » Refusant la grâce, de Gaulle tiendra le raisonnement inverse et l'explicitera dans ses *Mémoires de guerre* : « Dans les lettres comme dans tout, le talent est un titre de responsabilité. »

Mais dans son combat pour la grâce, Mauriac n'était pas seul. Cinquante-six écrivains avaient signé une pétition adressée au Général dont Paulhan et, plus surprenant, Albert Camus. Le Camus de 1944 n'est pas en effet le futur contempteur de la violence des années cinquante. Il s'oppose dès septembre 1944 à Mauriac, lui reproche de vouloir « l'apaisement à tout prix » et plaide pour « la plus impitoyable et la plus déterminée des justices ». Il prône « une justice prompte et limitée dans le temps, la répression immédiate des crimes les plus évidents et ensuite, puisqu'on ne peut rien faire sans la médiocrité, l'oubli raisonné des erreurs que tant de Français ont tout de même commises ». Celui que *Le Canard enchaîné* a drôlement baptisé « le Saint François des assises » réplique et attaque le patron de *Combat* avec une virulence qui ne correspond guère aux canons de la charité chrétienne mais bien davantage à l'aigreur d'une vieille gloire confrontée à l'irrésistible ascension d'un jeune concurrent. Il reproche à « notre jeune maître » de s'en prendre aux écrivains de la collaboration de « très haut, du haut, j'imagine, de son œuvre future ». Au-delà des réactions épidermiques s'affrontent deux morales, l'une chrétienne, l'autre laïque, désaccord qui empêchera les deux futurs prix Nobel de jamais établir la moindre complicité.

Dans le débat sur l'épuration, les communistes sont naturellement les plus violents. Appliquant, dans la sphère intellectuelle, la politique d'union nationale prônée par le Parti, ils avaient essayé d'embarquer dans le CNE aussi bien les futurs maîtres de demain – Sartre et Camus – que les « vieilles tiges » de l'avant-guerre – Gide, Mauriac. Mais l'affaire Brasillach est un premier accroc à cette unanimité de façade. Ainsi, au congrès du

Front national, reproduction à l'échelle politique de ce que représente le CNE pour les écrivains, une tentative est-elle menée afin de bloquer la réélection de Mauriac. Il faut l'intervention de Jacques Debû-Bridel pour rappeler que l'auteur de *Vipère au poing* défend ceux-là mêmes qui ont voulu le faire tuer par la Gestapo et qu'il fut le seul membre de l'Académie française résistant. La tentative d'excommunication fera long feu... Il faudra attendre 1948 pour que Mauriac soit exclu du CNE pour avoir écrit, dans la *Table ronde*, aux côtés d'anciens collaborateurs.

Mais lorsque les circonstances offrent aux communistes l'occasion de marquer au fer rouge un adversaire de l'avant-guerre qui ne peut arguer d'une attitude exemplaire entre 1940 et 1944, ils ne se privent pas. Ainsi Aragon ouvre-t-il les hostilités contre Gide – manière de solder les comptes du *Retour d'URSS*. Il lui reproche d'avoir été avec cet ouvrage « une pièce majeure dans la main de la propagande ennemie ». Procès d'autant plus intempestif que le livre avait été interdit pendant l'Occupation. L'affaire Gide s'enflamme, Camus prenant la défense du vieil écrivain. Il n'est pas dupe de la manœuvre comme ne l'est pas non plus Bernanos, écrivant à propos de l'article d'Aragon : « Il est le procès-verbal de l'exécution morale – en attendant l'autre – d'André Gide par le Parti. » Voyant la scène parisienne depuis le Brésil et donc moins prisonnier de son agitation, l'auteur des *Grands cimetières* met à nu la manœuvre en cours : « Les intellectuels du Parti, en nombre très modéré, mais bien groupés, bien commandés, manœuvrant avec une discipline implacable, toujours prêts à sacrifier leur opinion personnelle ou même leurs amitiés les plus chères à l'intérêt du Parti, bénéficiant justement du prestige acquis au cours de la Résistance, mais aussi exploitant ce prestige à fond, peuvent parfaitement prétendre à une espèce de magistrature pour ne pas dire de contrôle et de dictature de l'intelligence française. »

Les affrontements entre Paulhan et Mauriac d'une part, Camus de l'autre, se passaient comme avec les communistes, entre intellectuels titulaires de brevets de Résistance. Mais voir Sartre et Beauvoir s'ériger en consciences et affirmer que « certains hommes n'avaient pas leur place dans le monde qu'on tentait de bâtir » apparaît rétrospectivement plus problématique.

En fait, l'épuration intellectuelle n'aura touché que quelques symboles – Brasillach, Rebatet, Béraud. Les institutions qui se sont vautrées dans une collaboration molle sortent indemnes des années 1945-1946. Ainsi l'Académie française passe-t-elle « à travers les gouttes » malgré l'existence, en son sein, d'un groupe de thuriféraires de Vichy et, plus encore, malgré la volonté de De Gaulle, pendant qu'il en a été « le protecteur », d'expulser les membres les plus compromis, afin d'y faire élire de vrais écrivains, les Gide, Claudel, Bernanos. A l'expulsion près des académiciens condamnés par la justice, dont Maurras et Pétain, rien ne se passera sous la Coupole. Quant aux académiciens Goncourt, ils poussent la veulerie – ou l'habileté – jusqu'à attribuer leur premier prix après-guerre à Elsa Triolet pour *Le premier accroc coûte 200 francs*. Nombre d'entre eux quêtaient la possibilité d'écrire dans *Les lettres françaises*, telle une absolution. Ils ne seront pas les seuls, il est vrai : Jean Cocteau va réussir à y publier à la une ses dessins et commencera ainsi le méthodique travail qui fera oublier ses compromissions sous l'Occupation.

Même si l'épuration a été moins rude que prévue et si la liberté d'écrire n'a jamais été contestée aux anciens collaborateurs, la droite intellectuelle sort néanmoins exsangue de la période. Elle qui avait mené si grand train avant-guerre va entrer en hibernation pour une dizaine d'années. D'aucuns prétendent que sa disqualification tient moins à ses errements pendant l'Occupation qu'à l'émergence de « l'intellectuel engagé ». Rien n'est plus contestable : les écrivains de droite, voire d'extrême droite étaient, dans les années trente, des prototypes de l'engagement. Il aurait pu exister, en face de l'intelligentsia engagée de gauche, son symétrique à droite. Encore aurait-il fallu qu'elle ne soit pas moralement disqualifiée, comme elle l'a été par le vichysme et la collaboration. Lorsque le gaullisme va se transformer, avec le RPF, en parti de droite, ses intellectuels ne seront jamais assimilés au conservatisme. C'est l'effet du mythe Malraux et du culte de la Résistance.

La pièce va donc s'organiser autour de deux figures intellectuelles qui se croisent, se confondent, se contestent, voire se combattent : l'intellectuel engagé et l'intellectuel communiste. Dès 1945 et 1946, le décor est planté. La présentation qu'écrit Sartre à l'automne 1945 pour le premier numéro des *Temps modernes* sera pour l'engagement l'équivalent du *Manifeste surréaliste* pour le surréalisme : « L'écrivain est en situation dans son époque : chaque parole a des retentissements. Chaque silence aussi... Pour nous, en effet, l'écrivain n'est ni Vestale, ni Ariel : il est " dans le coup ", quoi qu'il fasse, marqué, compromis jusque dans sa plus lointaine retraite. » C'est une conception différente de l'engagement d'avant-guerre. L'auteur des années trente jouait sur deux tableaux, son œuvre et son militantisme. Les deux pouvaient se superposer mais ce n'était pas une règle : *L'Espoir* était un livre militant, *Les caves du Vatican* non. L'intellectuel sartrien n'aspire pas à cette schizophrénie. Il n'y a pas « d'art pour l'art ». Toute œuvre participe des mouvements de la société, de ses conflits, de ses tensions. Nul n'y échappe et le nier fait de l'intellectuel un militant inconscient du conservatisme.

Une telle approche est insupportable pour un Paulhan qui croit à l'autonomie de la littérature. Mais dans l'affrontement entre l'intellectuel engagé et l'esthète, le premier est sûr de sa victoire. Le poids de la guerre, l'épaisseur de l'Histoire, l'atmosphère de la Libération, le désir d'être et de faire : c'est une lame de fond qui va faire de l'engagement un culte et de Sartre son grand prêtre. Ainsi celui-ci va-t-il devenir en quelques mois un mythe. Etonnante métamorphose ! Les premières publications de Sartre après-guerre ne valent pas ses œuvres précédentes : parue en 1938, *La Nausée* a une autre densité que les deux premiers tomes des *Chemins de la Liberté* – *L'Age de raison* et *Le Sursis* – publiés en 1945. *L'Etre et le Néant* a un autre poids que *Qu'est-ce que la littérature ?* ou que *L'existentialisme est un humanisme*, au demeurant une simple conférence. Quant à Simone de Beauvoir, elle essaie de suivre le rythme avec un roman, *Le sang des autres*, et une pièce, *Les bouches inutiles*.

La mode existentialiste est lancée. Elle a sa Mecque – Saint-Germain-des-Prés –, son pape – Sartre –, sa grande prêtresse – Beauvoir –, sa troupe innombrable d'admirateurs, d'élèves, de jaloux, ses lieux de culte – les bars et les boîtes – et ses innombrables fidèles – les lecteurs ébaubis de la grande presse. Faut-il que le choc en retour de la guerre, le désir de vivre, la pression des enjeux politiques soient intenses pour aboutir à cette situation paradoxale ! Un écrivain bien peu résistant qui règne sur la France de l'épuration et du retour à la normale. Un philosophe de haute volée dont la pensée se transforme en un vade-mecum pour midinettes, l'existentialisme. Un mode de vie banal d'intellectuels qui devient l'alpha et l'oméga des aspirations sociales. Un enjeu de fond – littérature engagée ou non – qui tourne à la discussion de café du commerce. Un doute métaphysique – l'existentialisme – qui se met à ressembler à un slogan pour dandies. C'est une étrange alchimie entre un vrai débat philosophique, un authentique enjeu politique et une vie de groupe, une ostentation, une manière d'être qui fleurent l'effet de mode et l'anticonformisme de façade.

Comment cette « boutique » existentialiste, construite au nez et à la barbe des communistes, ne leur serait-elle pas insupportable ? Eux se sont installés en majesté après 1945. Les états d'âme du pacte germano-soviétique appartiennent désormais à la préhistoire ; le « parti des fusillés » est l'héroïsme incarné ; les intellectuels communistes ont fait – Decour et Politzer en tête – le don de leur vie ; le Parti domine la politique française ; Maurice Thorez siège au Conseil des ministres aux côtés du Général et Louis Aragon peut régner, à travers le CNE, sur la république des lettres. Il reçoit, tel un second chef d'Etat, au siège du CNE en face de l'Elysée ; *Les Lettres françaises* donnent le *la* de l'atmosphère intellectuelle ; et le Parti traite avec magnificence ses compagnons de route, surtout quand ils appartiennent à l'intelligentsia. Le but est, pour l'instant, clair : contrôler sans dominer, influencer sans agresser, encadrer sans sévir. Tel est le viatique de l'union nationale dont Staline a fait, pour l'instant, la règle vis-à-vis de l'univers politique comme du monde intellectuel.

Aussi longtemps qu'il y avait « plusieurs demeures dans la maison du père » stalinien, l'existentialisme pouvait y trouver sa place. Mais Sartre ne le sait pas : sa fulgurante notoriété se télescope avec le début du durcissement communiste. Il aurait pu, un an plus tôt, être traité comme le plus illustre des compagnons ; il devient brutalement l'ennemi. L'assaut est dès lors sans fioriture. La *Pravda* définit l'existentialisme comme « des concoctions nauséabondes et putrides » : la poésie de l'insulte est, chez les staliniens, un art. Déjà préposé aux basses œuvres, Roger Garaudy publie dans les *Lettres françaises* une attaque au vitriol : « une philosophie réactionnaire, un faux prophète, Jean-Paul Sartre ». Lui aussi choisi pour jouer les tueurs intellectuels, Jean Kanapa publie un opuscule *L'existentialisme n'est pas un humanisme*. Faut-il que la menace existentialiste paraisse forte pour mettre en mouvement les « orgues de Staline » – ces canons à longue portée – intellectuelles ! Kanapa est loin d'être bête. Aussi son attaque est-elle ciblée : elle met l'existentialisme dans le même camp que le surréalisme, « le trotskisme des cafés littéraires, l'esthétisme à la Paulhan et à la Malraux... ».

Désireux de ménager le PC, Sartre ne s'attendait pas à être ainsi cloué au pilori. Il lui faut réagir sans rompre. De là une occasion commode : la défense de la mémoire de Nizan. Accompagné de Camus, Aron, Breton, Mauriac – preuve, à ce moment-là, de son œcuménisme –, il publie en mars 1947 *Le cas Nizan*. Le texte fait grief au PC d'ensevelir la mémoire de l'auteur d'*Aden Arabie* et, pire encore, de la salir avec des ragots, colportés en particulier par Aragon, sur ses liens avec la police. *L'Humanité* accuse les signataires d'être des « moralisateurs » et, manifestant ostensiblement leur dépendance à l'égard du PC, *Les Lettres françaises* les condamnent, ce qui oblige Sartre à répliquer en publiant les éléments du *Cas* dans les *Temps modernes*. La rupture est dès lors consommée entre les intellectuels indépendants dont Sartre est la figure de proue et leurs collègues communistes.

Mais le camp sartrien lui-même ne va pas tarder à voler en éclats, au rythme des pas de deux, rapprochements, éloignements du directeur des *Temps modernes* avec le parti communiste. Ce sont ces mouvements-là qui vont scander la vie de l'intelligentsia et en particulier les relations entre les deux grands vainqueurs de la Libération, Sartre et Camus, intellectuels, l'un apprécié, l'autre inconnu au début de la guerre et devenus en 1945 les nouvelles icônes.

CHAPITRE 41

Sartre-Louis XIV et Camus-le Grand Condé

Tout commence si bien ! Jeune journaliste à *Alger Républicain* en 1938, Camus rédige une critique admirative de *La Nausée*, dans laquelle il aperçoit la promesse d'une grande œuvre. Cinq ans plus tard, Sartre réplique par une analyse, elle aussi élogieuse, de *L'Etranger* dans les *Cahiers du Sud*. Mais ni l'un, ni l'autre ne s'abandonnent, dans ce premier échange, à une admiration sans réserve : la méfiance suinte. Ils ne se connaissent pas encore. Après leur rencontre, lors de la générale des *Mouches*, les préventions semblent s'effacer. Ce sont deux protégés de Gerhard Heller : le censeur allemand les laisse publier et leur permet d'affirmer leur position dans ce monde littéraire paradoxal où cohabitent collaborateurs, résistants et abstentionnistes. Ainsi quoique en charge de *Combat*, donc pleinement résistant, Camus n'hésite-t-il pas à faire jouer *Le Malentendu*, comme Sartre *Huis clos*.

Mais si la notoriété de Sartre est plus établie, l'ascendant va, à la Libération, à Camus : outre son avènement météorique dans la république des lettres, il tient avec *Combat* un instrument majeur d'influence. Sa vision de la presse voisine avec celle de Beuve-Méry, devenu le directeur du *Monde* : l'indépendance comme morale, la volonté d'informer comme mission, le refus de l'argent comme hygiène. Avec, en plus, de la part du rédacteur en chef de

Combat une ambition idéologique : concilier la justice sociale avec la liberté, donc l'économie socialisée avec la démocratie libérale. C'est l'éternelle quête d'une troisième voie entre le communisme et le libéralisme : elle va se perpétuer pendant près de quarante ans. Sartre ne renie pas le credo de *Combat* auquel il donne volontiers des contributions. Mais il n'a la vocation ni d'un pigiste, ni d'un second rôle. Il lui faut sa propre tribune : ce seront *Les Temps modernes*.

Les deux coqueluches de l'après-guerre partagent la même fascination pour le journalisme. A *Combat*, Camus n'est pas un faire-valoir : il dirige le journal à la manière d'un homme de presse, type Beuve-Méry, Servan-Schreiber ou Jean Daniel. Quant à Sartre, il n'hésite pas à jouer les reporters aux Etats-Unis, à publier sans relâche des tribunes, à multiplier les interviews. Mais un éditorialiste et un directeur de rédaction ne travaillent pas à partir du même clavier ; le patron d'une revue et le rédacteur en chef d'un quotidien ne relèvent pas non plus du même registre. Sous cet angle-là, Camus est le plus professionnel des deux.

Le divorce ne devra rien à cette rivalité mimétique. Est-il d'origine sociale ? Le neveu du docteur Schweitzer contre le fils de la femme de ménage d'Alger, le normalien contre l'autodidacte, le thésard contre l'essayiste ? Sans doute cet arrière-fond joue-t-il : moins chez Sartre que chez Simone de Beauvoir, qui a sans doute transféré ses réflexes nobiliaires, de *L'Annuaire de la noblesse de France* vers l'aristocratie intellectuelle, quitte à influencer à la marge son compagnon. Est-ce une affaire de tempérament ? Sartre le « bambochard » face à Camus l'angoissé, le roi de Saint-Germain-des-Prés avec, comme vis-à-vis, un personnage solaire mais austère, le chef de bande contre le franc-tireur. Ou une étrange question de femmes ? Sartre jaloux du succès de Camus, le « satrape de la rue Bonaparte » – comme l'a drôlement baptisé Claude Lanzmann dans son *Lièvre de Patagonie* – contre le séduisant Méditerranéen. Autant de raisons, après la lune de miel des semaines de la Libération, d'une difficile alchimie entre les deux tempéraments.

Mais au niveau de tels acteurs, ce sont néanmoins les idées qui font la différence, comme l'a montré avec sagacité Bernard-Henri Lévy dans son *Siècle de Sartre*. La divergence est d'abord philosophique. C'est là que se manifeste le plus nettement l'écart de formation. Sartre essaie d'entrer dans la catégorie de Husserl ou de Heidegger et même s'il n'y parvient pas, c'est un authentique philosophe. Camus pratique, lui, une philosophie d'autodidacte : son « absurde » n'a guère de densité conceptuelle ; c'est une pensée d'émotion, plus que de conception. L'éloignement est aussi littéraire : lorsque Sartre rend hommage en 1945 à « l'œuvre sombre et pure de Camus » dans laquelle il voit « les principaux traits des lettres françaises de l'avenir – elle nous offre la promesse d'une littérature classique sans illusions mais pleine de confiance en la grandeur de l'humanité », il ne se reconnaît pas, lui, dans ce néo-classicisme. Il faudra attendre *Les Mots*, publiés en 1964, pour qu'il cède à son tour aux plaisirs du style et s'inscrive dans le fil d'une littérature française qu'il a, jusqu'alors, snobée.

Le divorce n'est, à la fin des fins, ni d'ordre personnel, ni d'origine philosophique, ni de tempérament littéraire : il est politique. Rien n'est plus normal au cœur d'une intelligentsia écrasée, obsédée, mobilisée par la politique. Dès 1946 ont lieu les premières escarmouches. Elles opposent Camus non à Sartre mais à Merleau-Ponty, son associé philosophique du moment, le premier reprochant au second un texte publié dans *Les Temps modernes* – « le Yogi et le Commissaire » – prélude au futur *Humanisme et Terreur*, dans lequel il voit une apologie des procès. Tout est en germe dans cette algarade : les procès staliniens, la relation au communisme, la révolution confrontée à l'humanisme, les exigences de la politique contre les droits de l'homme, tous les ingrédients d'une grande querelle à laquelle Sartre et Camus s'identifieront et qui se poursuivra après la mort accidentelle du second en 1960 et celle du premier en 1980.

La publication de *L'Homme révolté*, en 1951 donne l'occasion d'une joute publique alors que jusqu'à présent, le désaccord demeurait une affaire interne à l'intelligentsia. Réuni en tribunal, le comité de rédaction des *Temps modernes* prononce la condamnation de Camus, tout en lui concédant un vrai talent de plume. Deux motivations vont être données au jugement. D'une part une leçon philosophique pleine de mépris normalien reproche à l'auteur son galimatias conceptuel, ses approximations théoriques, son inculture en un mot. D'autre part une connivence involontaire apparaît avec la droite, dès lors que *Le Figaro* et même

Aspects de la France, héritier proclamé de *L'Action française*, encensent l'ouvrage.

Pour l'exécution, Sartre choisit Francis Jeanson dont les brevets de résistance valent ceux de la victime. « Vous n'êtes pas à droite, Camus, vous êtes en l'air », exorde méprisante qui résume, à elle seule, le texte. Camus refuse par orgueil de répondre à l'exécuteur des basses œuvres. Il se tourne vers le commanditaire : « Monsieur le directeur... je commence à être un peu fatigué de me voir, et de voir surtout de vieux militants qui n'ont jamais rien refusé des luttes, recevoir sans trêve leur leçon d'efficacité de la part de censeurs qui n'ont jamais placé que leur fauteuil dans le sens de l'Histoire... » Les deux diables se connaissent bien et n'ignorent rien des défauts de la cuirasse de l'autre. Camus attaque Sartre là où il lui fait le plus mal : sa mollesse pendant la guerre.

Piqué au vif, Sartre rétorque avec une superbe de premier de classe : « Ah mon Dieu, Camus, que vous êtes sérieux et que, pour employer un de vos mots, vous êtes frivole ! Et si vous vous étiez trompé ? Et si votre livre témoignait simplement de votre incompétence philosophique ? S'il était fait de connaissances ramassées à la hâte, et de seconde main ? » Mais au-delà de ce mépris de « prof », le chef de file des existentialistes expose le motif politique de la rupture : « S'il faut appliquer vos principes, les Vietnamiens sont colonisés, donc esclaves, mais ils sont communistes, donc tyrans. Vous blâmez le prolétariat européen parce qu'il n'a pas publiquement marqué de réprobation aux Soviets, mais vous blâmez aussi les gouvernements de l'Europe parce qu'ils vont admettre l'Espagne à l'Unesco, dans ce cas, je ne vois qu'une solution pour vous : les îles Galápagos. C'est qu'il me semble à moi, au contraire, que la seule manière de venir en aide aux esclaves de là-bas, c'est de prendre le parti de ceux d'ici. »

Camus est une belle âme ; il ne sait, aux yeux du clan Sartre, ni hiérarchiser les sujets, ni trouver la bonne posture à l'égard du communisme, ni échapper aux canons de la « bien-pensance ». D'un côté un maître à penser, son double morganatique, ses fidèles et ses séides qui se croient dans l'Histoire ; de l'autre un homme seul, moins admiré à l'époque qu'aujourd'hui, sans coterie, sans parti intellectuel hormis Jean Daniel et quelques autres, sans armée.

Ce n'est plus un factotum qui tire, mais le roi lui-même, Sartre dans sa majesté intellectuelle, le Louis XIV de Saint-Germain-des-Prés. Il ne reste plus à Camus que le destin du Grand Condé : demeurer frondeur. Dans quel autre pays un quotidien populaire titrerait-il à la une : « La rupture Sartre-Camus est consommée » ? Incroyable osmose entre l'intelligentsia et ce qu'on baptisera, une génération plus tard, les « people » ! Mais à la différence du duo entre Louis XIV et son lointain cousin, Camus-Condé ne rendra pas les armes et ne reviendra pas à la cour du maître.

C'est celui-ci qui fera, à sa manière, acte de contrition lorsqu'il apprendra, tel un coup de tonnerre, l'accident mortel de Camus. Il y a de l'hypocrisie dans ce texte : « Nous étions brouillés, lui et moi, mais une brouille, ce n'est rien – doit-on ne jamais se revoir – tout juste une autre manière de vivre ensemble. » Sartre, depuis *L'Etranger*, n'a pas changé de regard sur son rival : « Il représentait en ce siècle, et contre l'Histoire, l'héritier actuel de cette longue lignée de moralistes dont les œuvres constituent peut-être ce qu'il y a de plus original dans les lettres françaises... Son humanisme têtu, étroit et pur, austère et sensuel, livrait un combat douteux contre les événements massifs et difformes de ce temps. Mais inversement, par l'opiniâtreté de ses refus, il réaffirmait, au cœur de notre époque, contre les machiavéliens, contre le veau d'or du réalisme, l'existence du fait moral. »

Le message d'adieu est clair : un regret humain, un hommage au talent de plume, une condamnation politique. Cette dernière est toujours la même : Camus n'a pas mené les bons combats car il ne sait pas « être dans l'Histoire ». De ce point de vue, les épigones du roi Sartre n'ont jamais laissé un moment de répit à Camus entre la rupture et l'accident de janvier 1960. C'est l'ambiguïté de ces années : pour Camus, la séparation avec Sartre est essentielle car il croit plus aux hommes qu'à l'Histoire ; pour Sartre qui, pendant cette période, pense l'inverse – priorité à l'Histoire –, ce n'est qu'un épisode. Encore ne faut-il pas que Camus-Condé écorne le territoire de Sartre-Louis XIV : de là l'inlassable vigilance des courtisans. Le premier ne cesse de ruminer sa tristesse : « Existentialisme. Quand ils – *i.e.* la bande de Sartre – s'expriment, on peut être sûr que c'est toujours pour accabler les autres » car ce sont « des juges pénitents ». Mais c'est dans ses *Carnets* et à des interventions de circonstance qu'il livre ses sentiments ; jamais en public.

Quant à ses adversaires des *Temps modernes*, ils ne lui pardonnent ni son absence de solidarité avec l'Union soviétique, ni son sens des nuances à propos de la question coloniale et en particulier de l'Algérie. Simone de Beauvoir lui accroche une nouvelle fois dans *Les Mandarins* le grelot de la « belle âme » : « Il veut se plaire à lui-même, et ça l'entraînera fatalement à droite parce qu'à gauche les belles figures ne trouvent pas beaucoup d'amateurs... » Jean Cau prête à Sartre un mot de la même veine lorsqu'il apprend, en 1957, que le Nobel est attribué à Camus : « Il ne l'a pas volé », véritable flèche du Parthe de la part de celui qui refusera, lui, le prix, sept ans plus tard.

Sartre a construit, pour une part, son magistère sur des ruptures. Episodiquement avec le parti communiste. Durablement avec Raymond Aron. Définitivement avec Camus. Accessoirement avec les Merleau-Ponty, Lefort, Castioriadis. L'excommunication est, pour lui, un moyen de régner ; le bannissement loin de son univers une manière, fût-elle inconsciente, de régénérer les fidélités ; la proscription intellectuelle une façon de magnifier son ascendant sur les autres.

Dans cette période où distribuer les bons et les mauvais points est une discipline, initiée par les communistes et imitée par tant d'autres, Sartre et Camus se situent une fois de plus aux antipodes l'un de l'autre. Le premier est un des plus ardents praticiens de ce jeu-là ; le second s'y refuse. Acculé, il répond mais sa manière d'être, son regard sur les autres, son moralisme lui interdisent de monter trop directement à l'assaut. La façon dont s'est déroulée, telle une pièce de théâtre, la relation entre les deux hommes en témoigne. La camaraderie, la séparation, la rupture, l'ignorance et la pseudo réconciliation *post mortem* : autant d'actes qui mettent en scène un Sartre inconsciemment autocrate et arrogant, et un Camus ombrageux et incertain.

CHAPITRE 42

Le rouleau compresseur stalinien

Les intellectuels sont paradoxalement fascinés par la force. De là le magnétisme exercé à la Libération par le communisme. Aucun mouvement politique n'a jusqu'alors accordé une telle importance à l'intelligentsia. Lors du premier congrès du PCF après la Libération, Thorez appelle à une « renaissance intellectuelle et morale » : « Il est également nécessaire d'aider et de coordonner la recherche scientifique et technique, d'encourager la création artistique, de permettre à tous les intellectuels de donner à leurs travaux une pleine efficacité pour le bien de la France. » Nul autre leader politique ne se veut aussi séducteur. Ce n'est ni à la SFIO, ni chez les radicaux, ni au MRP, ni *a fortiori* à droite, que fuseraient de tels mots, si doux aux oreilles des intellectuels.

Stalingrad efface le pacte germano-soviétique ; le « parti des fusillés » fait oublier les compromissions des années 1940 et 1941 ; l'URSS redevient la patrie de la Révolution et le PCF se drape dans l'héritage de la Révolution française et dans les plis du drapeau tricolore. Le Parti, en grand professionnel de la communication, met en valeur ses gloires. Picasso, Aragon, Eluard et Joliot-Curie forment un irrésistible quadrige : la peinture, le roman, la poésie, la science. Il suffit à alimenter l'idée que l'essentiel de l'intelligentsia fait bloc avec le « communisme ». C'est une illusion d'optique. Il existe certes, derrière ces « potiches d'honneur » – suivant le mot d'autodérision employé plus tard par Vercors – une pléiade de futurs talents, mais les Annie Kriegel, Edgar Morin, Claude Roy, François Furet, Emmanuel Le Roy Ladurie, plus quelques autres, ne sont à l'époque que de jeunes et brillants « travailleurs intellectuels ». Ils ne sont pas encore montés sur scène et ne s'agitent, pour l'instant, que dans les coulisses du théâtre intellectuel.

L'importance des intellectuels membres du PC est donc moins grande que l'Histoire ne le fera rétroactivement penser. Mais derrière « l'avant-garde » des vrais militants s'organise une immense cohorte de « compagnons de route », écrivains, universitaires, journalistes, qui suivent le PC au nom de l'héritage des Lumières et du passé révolutionnaire de la France qu'il a eu l'habileté de s'approprier. Ce n'est certes pas un phénomène nouveau : Breton et Gide avaient représenté avant-guerre l'archétype de ces intellectuels qui, sans être « encartés », ont décidé de faire route aux côtés de Maurice Thorez et des siens. Mais le mouvement est, après la Libération, d'une tout autre ampleur : il touche moins des figures emblématiques comme dans les années trente, que le tréfonds de l'intelligentsia. Au-delà même des « compagnons de route » existe un monde de sympathisants qui, bien que gardant leur liberté de jugement, se sentent néanmoins du même côté de la « barricade » que les communistes. Ainsi une enquête d'*Esprit* en 1946 sur « ceux qui en étaient, ceux qui n'en étaient pas » montre-t-elle que la plupart de « ceux qui n'en étaient pas » le sont néanmoins à moitié. Même si le communisme ne représente pas, pour ceux-là, « l'horizon indépassable » dans lequel Sartre se reconnaîtra si longtemps, il est néanmoins dans le sens de l'Histoire et du progrès. Militants célèbres, adhérents anonymes, compagnons de route, sympathisants, clercs influencés : c'est une lourde armée qui occupe le territoire intellectuel. Nul ne peut être indifférent au communisme. Il obsède ses ennemis et les oblige à se situer toujours par rapport à lui.

Mauriac est un des rares à pointer du doigt, dès 1945, les contradictions de ce « communisme national ». Même lui se sent néanmoins obligé de rendre hommage à « l'œuvre grandiose de l'URSS » avant de poser la question qui tue : « Vous avez beau dire : vous ne pouvez à la fois vous réclamer d'un régime totalitaire et vous poser en défenseur des principes de 1789. »

Dévotion pour les uns, obsession pour les autres : le communisme intellectuel triomphe. Il faudra maintes secousses pour l'ébranler, puis le disloquer. La traduction, en 1946, du *Zéro et l'Infini* d'Arthur Koestler ne trouble pas l'armée des fidèles. Les anticommunistes en font, certes, le meilleur usage mais un Merleau-Ponty est si peu affecté qu'il parvient à ne pas condamner les épurations staliniennes des années trente. Claude Morgan ose de son côté titrer, à la une des *Lettres françaises*, « Sans les procès de Moscou, la France serait-elle libre ? » et le brave Vercors critique Koestler au nom de l'espoir car il « faut » croire à l'Union soviétique.

Lorsque s'enchaînent la sortie des communistes du gouvernement tripartite en France, la création du Kominform, le début de l'affrontement bloc contre bloc, le coup de Prague et le blocus de Berlin, l'armée intellectuelle aux ordres du PC tient bon. Elle entonne le nouveau refrain antiaméricain sans le moindre état d'âme. Les *Lettres françaises* passent du culte de l'union nationale aux invectives anticapitalistes et à la haine des Etats-Unis, sans que nul n'y trouve à redire. Ainsi des propos, tels ceux de *France Nouvelle* – « L'implacable réquisitoire de l'Histoire contre Léon Blum qui, dès 1936, recherchait par anticommunisme, une entente avec Hitler », – ne choquent-ils personne. Ni critique, ni démission, ni état d'âme : hier saint national, aujourd'hui « salaud » – au sens sartrien du terme –, Léon Blum subit un traitement qui ne suscite aucune réaction négative. Les intellectuels appliquent l'injonction de Thorez : « Il n'y a qu'une attitude pour un intellectuel communiste, se placer entièrement, sans aucune réserve, sur les positions idéologiques et politiques de la classe ouvrière. » De là la nécessité d'excommunier tous ceux qui ne sont pas dans la ligne. Inaugurant sa fonction d'exécuteur des basses œuvres, Roger Garaudy s'en prend, en 1947, dans *Une littérature des fossoyeurs* à Sartre, Mauriac, Malraux, Koestler, sans faire la moindre distinction entre eux. Quand vient le temps des condamnations, les nuances n'ont plus lieu d'être. Pauvre Sartre qui veut se placer dans le même sens de l'Histoire que le PC et que celui-ci traite, en revanche, à l'instar d'un Malraux, désormais gourou du RPF et donc ennemi public !

Mais le bataillon des compagnons de route et des sympathisants ne se défait pas à la première escarmouche. Son credo demeure l'« antianticommunisme » : l'affrontement politique est mondial, ce qui interdit les états d'âme et les débordements affectifs. Il faudra beaucoup de découvertes macabres avant qu'à l'instar de Sartre, les réticences s'instillent dans des esprits manichéens : ceux-ci avaient décidé, une fois pour toutes, que le PC était l'expression du prolétariat et que le devoir de l'intellectuel était de ne jamais s'en éloigner.

Le rejet, en 1948, du titisme est plus perturbant. Il ne s'agit plus de vouer aux gémonies les Etats-Unis, cette Mecque du capitalisme, mais de valider la condamnation d'un régime communiste et de son chef, figure mythique de la résistance antinazi. Nombre se refusent à endosser, sans réticence, les antiennes staliniennes : ce sera même, par un effet de boomerang, la naissance d'un fantasme yougoslave qui obsédera certains intellectuels jusqu'aux années quatre-vingt. Le mythe loufoque de l'autogestion naît à ce moment-là, comme si existait un communisme plus libertaire que totalitaire, plus national qu'internationaliste, plus authentique que stalinien.

Il n'existe en fait que deux moyens d'ébranler le credo de l'intelligentsia communiste : un schisme et des atteintes trop marquées aux droits de l'homme. Les doutes nés de l'irrédentisme yougoslave se reproduiront en 1961, au moment du divorce sino-soviétique. Mais hormis les quelques tenants du modèle yougoslave, tel David Rousset, tous les autres avalent la pilule antititiste sans sourciller. Les plus sceptiques appliquent la recette que décrira plus tard Edgar Morin : « Tito est un petit Staline qui a pu tenir tête à Staline parce que sa police est aussi perfectionnée que celle de Staline. Pourquoi choisirions-nous le petit Staline plutôt que le grand ? »

Les Soviétiques veulent néanmoins éviter toute dissidence. Aussi convoquent-ils, en août 1948 un Congrès mondial pour la paix et la libre circulation des inventions et des découvertes (sic), anticipation du Mouvement de la Paix, afin de faire la revue des troupes. De Picasso à Vercors, d'Eluard à Irène Joliot-Curie, les « bons petits soldats » sont tous là. Il leur faut encaisser une diatribe de Jdanov, le grand prêtre de l'intelligentsia soviétique, contre Sartre, dont la finalité est de souligner que le communisme ne se confond pas avec le progressisme petit-bourgeois. Dans les innombrables allers-retours du directeur des *Temps modernes* vis-à-vis du PCF, 1948 est, en effet, un moment d'éloignement. Sartre se lance aux côtés de David Rousset dans un illusoire Rassemblement démocratique révolutionnaire en quête d'une troisième voie entre communisme et capitalisme. Cette approche est insupportable pour les staliniens : il n'y a rien entre le bien – eux – et le mal – les autres.

La secousse titiste à peine passée, en arrive une autre avec le procès Rajk à Budapest. Là aussi le manichéisme est de mise et l'armée intellectuelle communiste et « communisante » suit du même pas, avec même une ultime ignominie : la prise de position de Benda, – mais oui le même Benda de la *Trahison des clercs* ! – justifiant la condamnation de Rajk.

Il faut attendre une épuration de plus, le procès Kostov à Sofia, pour qu'enfin deux célèbres compagnons de route décident de rompre : Jean Cassou et surtout Vercors, figure que le PC a rendue mythique. Le système sort « les grandes orgues » contre Cassou : éditoriaux venimeux, invectives, injures, insinuations. Il essaie en revanche de ménager Vercors, lui laissant une chance de venir à résipiscence. Cassou, lui, est exclu des « Combattants de la Paix », comme tant d'intellectuels le seront plus tard du PC. C'est mal payer la fidélité. Quelques mois plus tôt Cassou avait écrit, au moment du procès Kravtchenko, un article dans *Les Lettres françaises* pour se porter garant de la pureté du journal et le défendre contre l'attaque en diffamation dont il était l'objet : il avait, pour ce faire, prétendu que l'ouvrage avait été rédigé par les services secrets américains. Quant aux vedettes, elles ne bougent pas. Ainsi Eluard qui, interpellé par Breton, ne cille pas : « J'ai trop à faire pour les innocents qui clament leur innocence pour m'occuper des coupables qui clament leur culpabilité. » Il n'a pas encore compris le mécanisme de *L'Aveu*, tel qu'Arthur London le décrira, ou il préfère l'ignorer.

De même tous ces grands esprits s'acharnent-ils à méconnaître l'existence des camps en Union soviétique. De ce point de vue, le procès Kravtchenko a pourtant été démonstratif : plusieurs témoins les ont pointés du doigt, en particulier Margaret Buber-Neumann, elle-même déportée en Sibérie avant d'être remise aux nazis, qui l'ont alors envoyée à Ravensbrück, d'où elle est revenue vivante. Ainsi, ayant assisté en partie au procès, Simone de Beauvoir écrit-elle dans son *Journal* : « Quels que fussent ses mensonges et sa vénalité – elle parle de Kravtchenko – et bien que la plupart de ses témoins fussent aussi suspects que lui, une vérité ressortait de leurs dépositions : l'existence des camps de travail. Logique, intelligent, confirmé d'ailleurs par de nombreux faits, le récit de Madame Buber-Neumann emportait la conviction. » Des membres du Parti, comme Dominique Desanti ou Edgar Morin, sont ébranlés, mais ils n'en sont pas encore au point de passer du doute à la révolte. Ainsi Morin se contentera-t-il de noter plus tard : « Je sentais pourtant bien à l'époque, quoique ignorant encore des pratiques d'extermination systématique, qu'il y avait un peu trop de victimes concentrationnaires pour que seuls les excès ou abus puissent les expliquer. » Que le doute demeure léger, même chez les plus lucides !

Il n'est plus désormais nécessaire de mener des enquêtes approfondies pour s'informer sur le phénomène concentrationnaire. Le procès Kravtchenko a en effet libéré la parole. De multiples ouvrages sont publiés qui, au talent de Soljenitsyne près, décrivent le Goulag vingt ans avant lui. Fort de la légitimité que lui vaut son *Univers concentrationnaire*, David Rousset lance une pétition afin de demander à Moscou de laisser une commission d'enquête se pencher sur « les camps de travail collectif ». Seul un déporté peut répondre à un autre déporté. Ainsi Pierre Daix qu'on connaîtra plus tard mieux inspiré publie-t-il : « Pierre Daix matricule 59807 à Mauthausen répond à David Rousset. » L'affrontement débouche sur un nouveau procès en diffamation. Rousset le gagne et Daix a dû lâcher du lest : « Je voudrais dire tranquillement qu'il existe en effet, en URSS, des camps de rééducation. Que l'URSS ne les a jamais cachés. Qu'elle considère à juste raison qu'ils constituent par leur réussite dans le relèvement des criminels un des plus beaux titres de gloire au régime soviétique. » Fort de sa victoire judiciaire, Rousset poursuit son combat avec le soutien de Germaine Tillion et de Louis Martin-Chauffier.

Ainsi tout est su ou peut l'être et néanmoins l'opinion ne s'en empare pas. La force du mythe soviétique est telle qu'elle écrase la conscience du phénomène concentrationnaire. Lorsque le rêve communiste semblera enfin illusoire, *L'Archipel du Goulag* pourra provoquer, un quart de siècle plus tard, une explosion. En 1950, même un Sartre et un Merleau-Ponty, fussent-ils voués aux gémonies par les émules de Jdanov, s'acharnent-ils encore à relativiser la réalité des camps : « Quelle que soit la nature de la présente société soviétique, l'URSS se trouve grosso modo située, dans l'équilibre des forces, du côté de celles qui luttent contre les formes d'exploitation de nous connues. La décadence du communisme russe ne fait pas que la lutte des classes soit un mythe, que la " libre entreprise " soit possible ou souhaitable, ni en général que la critique marxiste soit caduque. D'où ne concluons pas qu'il faut montrer de l'indulgence au communisme, mais qu'on ne peut en aucun cas pactiser avec ses adversaires. » Ce texte est, bien que jargonnant, limpide : l'ennemi principal est le capitalisme, les progressistes seront toujours du même côté que les communistes, même s'ils condamnent les dérapages du système. Ce n'était que répéter la position de principe définie par Merleau-Ponty dans *Humanisme et Terreur* : « La condamnation à mort de Socrate et l'affaire Dreyfus laissent intacte la réputation " humaniste " d'Athènes et de la France. Il n'y a pas de raison d'appliquer à l'URSS d'autres critères. » Etonnant argument... Cette ligne-là est autant celle d'*Esprit* que des *Temps modernes* : Mounier hiérarchise les priorités de la même manière que Sartre. En quête, lui aussi, d'une « troisième voie », il préfère encore, à défaut de trouver la solution, l'aspiration communiste au capitalisme.

C'est l'existence de l'ennemi capitaliste et donc des Etats-Unis, qui permet au rouleau compresseur stalinien d'empêcher toute dissidence intellectuelle. Incroyable renversement de perspective, nourri par la propagande communiste, qui fait de l'Amérique de Roosevelt et de Truman « l'empire du mal » et aide maints intellectuels à passer par pertes et profits les crimes du stalinisme. Peu échappent à cette logomachie. Aron est de ceux-là.

CHAPITRE 43

Aron le solitaire

Le « petit camarade » de Sartre rue d'Ulm n'a guère, lui, de camarades. C'est un solitaire. En Allemagne, dans les années trente, quand il comprend *de visu* la nature du nazisme. Au moment de la réoccupation de la Rhénanie, en 1936, dont il devine les conséquences et qui marque à ses yeux le début de la glissade des démocraties. A Londres où, ayant rejoint parmi les premiers, dès la fin juin 1940, les Forces françaises libres, il réussit à devenir le plus antigaulliste des gaullistes. Dans l'univers sartrien, puisqu'il quitte fin 1946 le comité de rédaction des *Temps modernes* à cause de l'attitude béate de la revue vis-à-vis de l'Union soviétique. Mais c'est avec la guerre froide qu'Aron s'installe, au prix d'une extrême solitude, dans une position sans équivalent sur la scène intellectuelle : le monstre de lucidité. Hormis ses illusions, dix ans plus tard, dans les *Dix-huit leçons sur la société industrielle* sur la convergence du capitalisme et du communisme sous la pression de la technologie, il ne s'est guère trompé.

Mais avoir presque toujours raison n'est pas une sinécure. Cela vous isole de vos pairs, surtout quand ils se vautrent avec arrogance dans l'erreur. Jusqu'alors philosophe puis journaliste, Aron devient en 1948 essayiste. *Le Grand Schisme* est le premier d'une longue série d'ouvrages qui vont à rebours du « politiquement correct » de l'instant, tel qu'il est pratiqué dans son milieu naturel. Aron est désormais « l'anti-intellectuel de gauche » aux yeux de l'intelligentsia dominante : celle-ci se refusera de reconnaître qu'il lui arrivera aussi de jouer « l'anti-intellectuel de droite », en particulier à propos de l'Algérie.

Aron est insaisissable : de Gaulle ne s'y trompera pas, se demandant plus tard s'il a affaire à un journaliste qui enseigne à la Sorbonne ou à un professeur qui écrit dans *Le Figaro*. Cet animal hybride sera au monde intellectuel ce que Mendès France représentera, pendant la même période, pour l'univers politique : une insupportable boussole, une intelligence arrogante, une inévitable référence, une fatigante supériorité.

Dès *Le Grand Schisme*, Aron apparaît en majesté : réfléchi, démonstratif, écrasant. Pour reprendre le mot qu'il reprochera tant plus tard à de Gaulle à propos des juifs, il est un homme « d'élite, sûr de lui et dominateur ». Fallait-il de la hauteur intellectuelle pour comprendre dès 1948 les ressorts de la guerre froide, telle qu'elle va se dérouler pendant quarante ans. Une « paix belliqueuse » entre deux camps que seul le risque nucléaire empêche de dégénérer ; la violence du combat idéologique, qu'à la différence d'une attaque militaire, Staline peut porter au cœur du camp ennemi ; le rôle de « cinquième colonne » potentielle joué, du moins en France et en Italie, par les partis communistes. La bataille contre l'impérialisme soviétique suppose en Europe occidentale la restauration du pouvoir d'Etat, le rétablissement des équilibres économiques et une lutte idéologique contre le communisme. C'est au nom de ces exigences qu'Aron s'enrôle sous la bannière de De Gaulle. Quel paradoxe ! Seules les nécessités du combat contre le stalinisme amènent l'auteur du *Grand Schisme* à reconnaître comme chef le moins séduisant de tous les de Gaulle, le patron du RPF, alors qu'il s'était méfié, quelques années plus tôt, du plus admirable des de Gaulle, l'inventeur de la France libre.

L'antistalinisme va, en effet, devenir le marqueur principal de la pensée d'Aron. Il trouvera son apogée le moment venu dans *L'Opium des intellectuels*, publié en 1955, pamphlet décisif contre l'intelligentsia de gauche. Le credo aronien est simple : le communisme est une religion séculière ; c'est donc une mystification. Son substrat, le marxisme léninisme, est une doctrine fausse et son bras armé, l'Union soviétique, une dictature violente. Comment, dès lors, des esprits supérieurs – il pense naturellement à Sartre – peuvent-ils se laisser berner par des mythes absurdes – la société sans classes par exemple – et une politique mensongère ? « La religion communiste n'a pas de rivale, elle est la dernière de ces religions séculières qui ont accumulé les ruines et répandu des flots de sang. Elle est la plus redoutable de toutes et peut-être est-elle promise à la victoire. » Raisonnable, Aron sait que les démocraties ne peuvent opposer une foi aussi intense à cette foi-là : « Nous n'avons pas de chanson pour endormir les enfants. L'humanité qui ne croit plus en Dieu, vivra-t-elle sans idoles ? »

Car si rien n'est pire que le communisme, le capitalisme ne rime pas avec le paradis. Aron n'est ni thatchérien, ni reaganien avant l'heure : le marché, comme la démocratie aux yeux de Churchill, est « le pire de tous les systèmes, à l'exception de tous les autres ». Que la philosophie aronienne soit monstrueuse aux yeux des communistes relève de l'évidence ! Mais elle l'est aussi pour les compagnons de route, Sartre le premier. Les plus lucides d'entre eux voient dans le stalinisme une déviation sur la route du paradis. Comment s'accommoderaient-ils d'un adversaire, aussi éminent qu'eux par le savoir et la culture, qui leur crie : ce que vous appelez paradis n'est que la manifestation de l'enfer sur terre ? Tous ceux qui, moins inféodés, quêtent une impossible troisième voie, sont pris de la même manière, à rebrousse-poil, puisqu'Aron les considère comme des naïfs dont les illusions finissent par renforcer le camp communiste.

Ce sont donc de véritables armées intellectuelles qu'il défie seul. On oublie trop, avec à l'esprit l'image du Aron des dernières années, gourou adulé, l'immense solitude à laquelle sa radicalité l'a condamné. Mais celle-ci n'entame ni sa conviction, ni son énergie : l'infatigable journaliste relaie l'intellectuel raisonnable. Ainsi utilise-t-il sa position d'éditorialiste au *Figaro* pour appeler les gouvernants à la fermeté, la droite et le centre voire la gauche non communiste à leurs devoirs et les intellectuels non « encartés » à ouvrir les yeux. Peu prophète en son pays, ennemi principal aux yeux de l'intelligentsia traditionnelle, c'est-à-dire de gauche, Aron devient, au fur et à mesure de son combat, un intellectuel emblématique pour le monde occidental entier. Si l'astre de Sartre brille, telle qu'est la France, davantage que le sien dans son propre pays, il ne connaît guère en revanche de rival dans l'univers anglo-saxon. Son message est limpide pour des oreilles américaines ou anglaises : « L'Occident n'a nulle intention d'hégémonie ou de croisade. C'est par sa faiblesse et non par sa force qu'il risque, comme les démocraties face à Hitler, de précipiter la catastrophe. Outré, passif, désarmé, l'Occident éveille la tentation du César rouge. Uni et résolu, il décourage toute velléité d'agression armée. » Aron ne veut connaître, sous une nouvelle forme, ni la remilitarisation de la Rhénanie, ni Munich ; il sait que la lâcheté menace les démocraties et que seule une tension de tous les instants peut leur permettre de résister à la tentation quotidienne du compromis.

Le théoricien de la guerre froide, l'apôtre de l'Occident, le croisé de l'anticommunisme aurait pu faire une croix sur les errements de l'intelligentsia de gauche. Révéré dans l'ensemble du monde occidental, il lui était facile de ne pas se préoccuper de Saint-Germain-des-Prés. Mais l'excommunication dont il est victime lui est insupportable. De même est-il porté par une rivalité mimétique avec Sartre dont le ressort est complexe : il sait que son « petit camarade » possède une pointe de génie dont il est dépourvu, mais il est convaincu du même mouvement que le génie pense faux, alors que lui pense juste. Il y a enfin un guerrier chez Aron qui considère dangereux d'abandonner un pouce de terrain à l'ennemi, fût-il idéologique.

Toutes ces raisons concourent à la rédaction, pendant plus de trois ans, de *L'Opium des intellectuels*, titre qui constitue à lui seul un manifeste par sa référence implicite et sarcastique, à « la religion, opium du peuple » chez Marx. C'est une attaque au vitriol : le réformisme face à l'illusion révolutionnaire, le réalisme contre la naïveté, la cohérence contre l'hypocrisie. Peut-être est-ce ce dernier travers qu'Aron pardonne le moins à ses anciens amis : « La fin sublime excuse les moyens horribles. Moraliste contre le présent, le révolutionnaire est cynique dans l'action, il s'indigne contre les brutalités policières, les cadences inhumaines de la production, la sévérité des tribunaux bourgeois, l'exécution de prévenus dont la culpabilité n'est pas démontrée, au point d'éliminer les doutes. Rien, en dehors d'une " humanisation " totale, n'apaisera sa faim de justice. Mais qu'il décide d'adhérer à un parti aussi impitoyable que lui-même contre le désordre établi, et le voici qui pardonnera, au nom de la Révolution, tout ce qu'il dénonçait infatigablement. Le mythe révolutionnaire jette un pont entre l'intransigeance morale et le terrorisme. »

Avec du style, Aron serait irrésistible, mais en France, la force des idées ne suffit pas : ce qui manque au père de l'aronisme n'est que le talent de plume. Sans celui-ci, Braudel n'aurait été que le meilleur des historiens... La mécanique intellectuelle d'Aron est néanmoins telle qu'elle fait mouche. La gauche ne s'y trompe pas qui tire à boulets rouges sur l'éditorialiste du *Figaro* : avoir tort avec Sartre plutôt que raison avec Aron demeure son credo. Camus aurait pu constituer un allié, mais Aron n'aime pas les belles âmes, même plus proches de ses idées ; il n'est pas prêt à la moindre indulgence à leur égard. Il a, vis-à-vis de l'auteur de *L'Etranger*, le même mépris de normalien que Sartre : l'un et l'autre ne voient en lui qu'un amateur talentueux et émotif. Cette incapacité d'Aron à « chasser en meute » le handicape dans son combat, car il ne dispose guère de réserves face à l'armée de ses ennemis : de rares collègues et quelques disciples.

Mais il va bousculer le jeu, deux ans plus tard, par un contre-pied qui doit davantage à l'honnêteté intellectuelle qu'à une stratégie personnelle. Qui aurait imaginé le paladin du combat en faveur de l'Occident en pourfendeur du colonialisme ? Pour les esprits simples, atlantisme et colonialisme doivent aller de pair. Or voilà Aron, en 1957, qui annonce, dans *Espoir et peur du siècle*, la fin de l'empire colonial : « Un empire, édifié par un pays qui se réclame de la démocratie est, à notre époque, déchiré par une contradiction à laquelle il ne résiste pas longtemps. » Telle est la loi de l'Histoire. Appliquée à l'affaire algérienne elle le conduit, quelques mois plus tard, dans la *Tragédie algérienne*, à prôner l'indépendance, non pour des motifs moraux mais par raisonnement. Idée iconoclaste à un moment où même ses ennemis de gauche n'en sont pas encore là ! Aron n'a jamais été aussi solitaire : en avance sur la gauche, il ne se réconcilie pas avec elle ; aux antipodes du conformisme de la droite, il désoriente ses propres troupes. C'est à l'occasion de cet épisode qu'Aron est, avec Mauriac, le plus grand.

Son combat principal contre le communisme ne le contraint à aucun tabou ; il ne calcule jamais ses positions. Ce sera le cas plus tard, lorsqu'il pourfendra Mai 1968, quitte à faire preuve de cécité, à l'instar de De Gaulle, devant ces événements inattendus ou quand il rompra avec lui à propos d'Israël. Derrière l'allure conformiste du personnage et son côté bourgeois étriqué, se dresse un esprit libre, un combattant inlassable, un intellectuel hors pair. Etrange alchimie entre un immense savoir académique, une ouverture au monde, pour l'époque peu banale, une pensée au scalpel et une capacité peu commune à sentir les mouvements profonds de l'Histoire.

Aron avait toutes les qualités, y compris le courage, et pourtant même si, à l'aune de la chute du communisme, il a triomphé de Sartre et de tant d'autres, il lui manquera ce surcroît d'être qui fait un mythe : le talent peine à triompher face au génie et l'intelligence pure à s'imposer face au talent.

CHAPITRE 44

Le couple royal

Simone de Beauvoir n'est ni la Montespan, ni Madame de Maintenon vis-à-vis du Louis XIV de l'intelligentsia qu'est devenu Sartre. Elle ne joue pas, non plus, à son égard, le rôle d'Elsa Triolet au côté d'Aragon : écrivain convenable mais surtout maîtresse d'école. C'est en effet un couple royal que forment Sartre et son « Castor ». Celle-ci sera certes le diariste de l'aventure, mais surtout la mère spirituelle de toutes celles qui se reconnaîtront dans *Le deuxième sexe*. Elle n'est ni Joinville, ni Saint-Simon, donc ni la chroniqueuse admirative des faits et gestes du grand homme, ni l'observatrice aigre de la coterie. *L'Invitée*, *Les Mandarins*, ses romans à clef, *La force de l'âge*, *La force des choses*, puis plus tard *La cérémonie des adieux*, mémoires subjectives : autant de jalons qui ont construit la légende du couple. Celle-ci est faite à la fois de la fascination de leur petit monde, d'un mélange bizarre d'intellectualisme de haut vol et d'une attitude qui, à force de se vouloir antisociale, devient la quintessence du snobisme. Sans l'indispensable témoignage de Beauvoir, à la fois acteur et observateur du système Sartre, celui-ci n'aurait jamais laissé la trace d'un magistère que seuls Voltaire et Hugo avaient occupé avant lui.

Car le Castor a l'intelligence de ne pas être seulement la planète la plus proche du soleil ; elle se met à son compte en occupant le sujet tombé en désuétude du féminisme. Rien ne l'y prédisposait : ni son enfance classique d'aristocrate, ni sa capacité à s'imposer parmi les normaliens de l'avant-guerre, ni sa relation dénuée de toute soumission à l'égard de son « amoureux nécessaire » Sartre, et de ses « amoureux contingents », les Nelson Algren, Lanzmann et autres. C'est donc un domaine plutôt étranger en apparence à elle-même que choisit Beauvoir. Sans doute pressent-elle qu'exister face à Sartre exige de se doter d'une autonomie intellectuelle. Impossible de se mesurer à lui dans l'ordre philosophique, dans le domaine théâtral ou dans l'espace littéraire. Libérée des contraintes traditionnelles de la femme – mari, enfants, foyer – elle est plus libre pour prendre une posture que les psychanalystes qualifieraient de « dedans-dehors ». Beauvoir a toujours été une bonne élève : elle joue donc, à partir de 1947, le « rat de bibliothèque », passant ses journées rue de Richelieu à arpenter les ouvrages d'Histoire, de physiologie et de psychologie relatifs aux femmes.

Le deuxième sexe fait scandale, pour de mauvaises et de bonnes raisons. Au titre des premières, le voyeurisme hypocrite des lecteurs devant le langage cru de Beauvoir et ses descriptions cliniques de la menstruation, de l'avortement ou du saphisme. Au titre des secondes, l'affirmation révolutionnaire que la féminité est un fait de culture et non de nature. C'est le mâle dominateur qui a fabriqué la condition féminine : « Se dévouer aux enfants, au mari, au foyer, au domaine, à la Patrie, à l'Eglise, c'est son lot, le lot que la bourgeoisie lui a toujours assigné ; l'homme donne son activité, la femme sa personne ; sanctifier cette hiérarchie, au nom de la volonté divine, ce n'est en rien la modifier mais au contraire la figer dans l'éternel. » Ce n'est pas un hasard si le propos vise Claudel.

A partir de tels présupposés, le principe de la liberté sexuelle va de soi, de même que le choix voulu de la maternité et le partage équitable des responsabilités matérielles au sein du couple. Banalisés en 2010, de tels propos sont bouleversants en 1950 ! L'étonnement viendra plus tard, lorsque seront publiées en 1997 les lettres de midinette que Beauvoir adresse à Nelson Algren, au moment où elle devient l'égérie du féminisme : « Je serai sage, je ferai la vaisselle, je balaierai, j'irai acheter moi-même des œufs et du gâteau au rhum, je ne toucherai pas vos cheveux sans votre autorisation ! »

Mais chacun ignore, à l'époque, qu'il existe deux Beauvoir, l'une révolutionnaire, l'autre soumise. Le succès de la première est prodigieux : le gros livre de huit cents pages est un triomphe et son auteur joue le rôle de l'écrivain médiatique, tel qu'il naîtra un quart de siècle plus tard. Couverture de *Paris Match*, entretiens provocateurs, propos sulfureux : le Castor ne rase pas les murs. De là un formidable clivage de l'opinion : héroïne pour les uns, monstre pour les autres, Beauvoir ne laisse personne indifférent. Elle réussit même à faire contre elle l'alliance du Vatican qui met le livre à l'Index et des *Lettres françaises* qui le clouent au pilori, de Mauriac qui trouve « atteintes les limites de l'abject » et de Camus trop « mâle traditionnel » pour accepter une telle affirmation féministe.

Vis-à-vis de Sartre, Beauvoir a réussi son coup. Ce que lui seul savait, l'égalité qui prévalait entre eux, devient une évidence aux yeux de tous. Le Castor existe et le Goncourt obtenu en 1954 pour *Les Mandarins*, si prestigieux soit-il, ne joue pas le même rôle que *Le deuxième sexe* dans cette émancipation. On peut paradoxalement se demander aujourd'hui si la trace de Beauvoir sur la société française n'aura pas été plus essentielle, grâce à l'essor qu'elle a donné au féminisme, que les arabesques politiques de Sartre.

C'est désormais en couple royal que Sartre et Beauvoir vont exercer leur influence sur les débats des années cinquante. Jamais de divergences publiques n'apparaîtront entre eux. Ils manœuvreront toujours du même pas, condamneront les uns de conserve, réhabiliteront les autres, réuniront leurs troupes, excommunieront, disserteront, proscriront, aimeront et détesteront comme un seul homme (ou une seule femme).

Le parcours du couple Sartre-Beauvoir est rythmé par les hauts et les bas de leur relation avec le communisme. C'est une tragédie en plusieurs actes. Après la lune de miel de la Libération et les tensions de 1948 – Sartre irréductiblement antianticommuniste, donc plutôt amical vis-à-vis de l'URSS et celle-ci viscéralement hostile à ce petit-bourgeois – s'ouvre une nouvelle période de concorde. Tout bascule en effet au moment de l'affaire Ridgway en 1952, c'est-à-dire de la manifestation violente contre « Ridgway la peste » – *i.e.* la nomination de ce général comme commandant en chef de l'OTAN. Un mot et un titre d'article résument le basculement de Sartre. Le mot : « Un anticommuniste est un chien, je ne sors pas de là, je n'en sortirai jamais. » L'article dans les *Temps modernes* : « L'Amérique a la rage. » Son auteur n'est pas dupe de lui-même, puisqu'il dira : « En langage d'Eglise, ce fut une conversion. »

A l'instar de ce genre de traumatisme, le retournement de Sartre ne connaît plus de bornes : « Comment pouvez-vous croire à la fois à la mission historique du Prolétariat – sic pour la majuscule ! – et à la trahison du Parti communiste si vous constatez que l'un vote pour l'autre ? » Trois articles successifs dans les *Temps modernes*, sous le titre évocateur « Les communistes et le parti » scandent la reddition. On y apprend que choisir le camp de la classe ouvrière, c'est défendre l'URSS, que celle-ci est pacifique et qu'à l'échelle nationale, le PC est le guide. Et chacun d'attacher à l'époque de l'importance à ces billevesées, comme si la logorrhée du directeur des *Temps modernes* avait définitivement fixé le cap. N'ayant jamais été marxiste, s'étant probablement dispensé de la lecture du *Capital* et des textes fondateurs, Sartre se vautre dans l'usage des concepts rituels – prolétariat, bourgeoisie, patronat, classe ouvrière, conscience de classe – mais ce philosophe qui essaie de se hisser à la hauteur de Heidegger tombe, comme adorateur du communisme, au niveau du professeur certifié amoureux de la « patrie » du socialisme et vendeur chaque semaine avec foi, de *L'Humanité Dimanche* sur les marchés.

Irréductiblement déférent à l'égard de son ancien « cothurne », Aron formule son anathème avec circonvolution. « L'invective à la bouche et la haine au cœur, il se réclame d'un idéal humanitaire pour mépriser les hommes vivants et ne se sauve du nihilisme que par l'attachement à un prolétariat mythique et la foi en une révolution irréalisable. » Le ralliement inconditionnel de Sartre provoque en effet une onde de choc. Le couple royal n'en a cure. Que les esprits troublés s'éloignent ! Ceux-ci manquent de lucidité ; il suffit donc de les bannir. La rupture avec Camus est, nous le savons, tonitruante. Mais plus discrets, moins grand public, les autres divorces sont peut-être plus essentiels.

Ainsi Sartre perd-il avec Merleau-Ponty le seul complice intellectuel qu'il estime de son niveau. Après s'être éloigné sans bruit, celui-ci publie en 1955 *Les aventures de la dialectique* et fustige l'incohérence de Sartre : le doute méthodologique du philosophe s'efface devant la foi – l'infaillibilité du communisme – et la théorie de l'engagement se mue en pratique de la contemplation, puisque Sartre refuse d'adhérer à un PCF auquel il reconnaît tous les droits. Venant de l'ancien directeur politique des *Temps modernes*, l'attaque risque de faire mal et de troubler le clan. Aussi Simone de Beauvoir monte-t-elle immédiatement au front avec des arguments dignes des « chiens de garde » du PC : « Merleau puise ses idées dans *L'Aurore* et a décidé de servir la bourgeoisie... » Quant à Sartre, il se comporte comme à l'égard de Camus, rejetant son contradicteur dans les ténèbres et l'ignorant afin de le disqualifier. Il ne résistera pas néanmoins – bizarre Bossuet – à sa passion des oraisons funèbres et là aussi appliquera le même traitement qu'à Camus, une réconciliation *post mortem* : « Il n'y a rien à conclure sinon que cette longue amitié ni faite, ni défaite, abolie quand elle allait renaître ou se briser reste en moi comme une blessure indéfiniment irritée. » Tristesse d'un roi qui en veut à un courtisan de l'avoir obligé à l'exiler !

D'autres connaissent une proscription moins aimable. Ainsi les fondateurs de *Socialisme ou Barbarie*, Lefort et Castoriadis, sont-ils rejetés dans les ténèbres, puisqu'ils refusent au PC le rôle d'avant-garde du prolétariat que Sartre a désormais fait sien sans sourciller. Quant à Etiemble, chroniqueur littéraire aux *Temps modernes*, il écrit, une fois banni, ce que beaucoup ressentent : « En rompant avec Camus, avec Lefort, avec moi, c'est Jean-Paul Sartre en personne que vous avez cru exiler, prince d'une jeunesse qui ne peut désormais que vous signifier sa méfiance, prince éloigné, prince lointain. » Mais Sartre n'en a cure, puisque convaincu de sa supériorité, il pense avoir toujours raison.

Pétri de certitudes, indifférent aux doutes de certains proches, il joue le compagnon de route du PC, sans état d'âme. Congrès, interventions, articles : rien ne manque à la panoplie de l'ami du PC et de l'Union soviétique. Que pense au fond de lui cet esprit supérieur quand on le balade, telle une icône, au Congrès des peuples pour la paix à Vienne et qu'il ose déclarer : « Ce que nous avons vu à Vienne, ce n'est pas seulement un Congrès, c'est la paix » ? Mais le paroxysme de la compromission est atteint en 1954, à l'occasion de son voyage en Union soviétique. L'idée qu'on lui montre des villages Potemkine d'un nouveau style ne l'effleure pas. Il donne à son retour six entretiens au *Libération* de D'Astier de la Vigerie, l'organe quasi officiel des compagnons de route, et explique sans barguigner que « la liberté de critique est totale en URSS » et que « vers 1960, avant 1965, si la France continue à stagner, le niveau de vie moyen en URSS sera de 30 à 40 % supérieur au nôtre » ! Ce Sartre-là est, à certains égards, plus coupable qu'Aragon. Pour un caractère faible comme celui de l'auteur d'*Aurélien*, le PC est un protecteur, un havre, voire une famille : aussi la rupture ne serait-elle pas seulement intellectuelle. Mais le chantre de la « liberté existentielle » n'est, lui, tenu par rien sauf par ses erreurs de raisonnement.

Il faut le choc de Budapest pour ouvrir les yeux du couple royal. Sartre fait en effet volte-face en janvier 1957 dans les *Temps modernes*, en dissertant sur le « fantôme de Staline ». Cet article signe la fin des quatre années de compagnonnage entamées en 1952 : « Nous essaierons d'aider à la destalinisation du Pacte français... Le temps est passé des vérités révélées, des paroles d'évangile : un parti communiste ne peut vivre en Occident que s'il acquiert le droit de libre examen. » Mais derrière ces affirmations ne se profilent ni autocritique, ni remords. Sartre est un roi : il change de point de vue comme Louis XIV d'alliance. Concerte-t-il avant de trancher ? Avec la reine, c'est une évidence : les Mémoires de celle-ci en témoignent, même si elle surévalue peut-être son influence. Avec le premier cercle, c'est-à-dire avec la bande des *Temps modernes*, Sartre se comporte, tel un souverain en son conseil : il écoute mais décide seul et une fois le dilemme tranché, les épigones ont le choix entre « se soumettre ou se démettre ».

Chasser en meute est toujours un avantage. Sartre sans Beauvoir et sans la cour n'aurait pas pu faire au moindre coût de tels allers-retours politiques. Ami du PC, adversaire, compagnon de route, à nouveau adversaire. Aucun autre intellectuel ne s'est dandiné idéologiquement à ce point. Certains, tel Malraux, sont passés de gauche à droite ; d'autres, comme Mauriac, de droite à gauche ; quelques-uns sont restés fidèles à une ligne originelle – Camus, Aron. Sartre, lui, donne le vertige et n'arrêtera pas de le faire pendant les décennies suivantes. Mais les rois ont droit à l'impunité, comme les papes à l'infaillibilité et le patron des *Temps modernes* en aura bénéficié à satiété.

CHAPITRE 45

Une longue abjuration

Une doctrine : « Aux intellectuels désorientés, égarés dans le dédale des interrogations, nous apportons des certitudes, des possibilités de développement illimité », déclare Thorez en 1947 au XIe Congrès du Parti. Un pape : Aragon, membre du Comité central, inspirateur des *Lettres françaises*, dont le PC cultive soigneusement la posture de grand poète national, momie intellectuelle dont les états d'âme attendront l'invasion de la Tchécoslovaquie, en 1968, pour se cristalliser. Une escouade d'évêques en mission : les Kanapa, Wurmser, Still, Daix en charge de chasser le renégat et l'hérétique. Un appareil de contrôle, niché au cœur du Parti, confié à des fidèles à la foi d'acier, tels Laurent Casanova ou François Billoux, destiné à materner, encadrer, surveiller l'engeance, par définition, indocile des intellectuels. Une atmosphère collective faite de familiarité et de dureté, de connivence et de discipline, de débats de bonne facture et d'instructions frustes et absurdes. Une discipline professionnelle qui oblige les romanciers à se soumettre aux canons du roman populaire – même Aragon essaie de s'y plier avec *Les Communistes* –, les scientifiques à accepter les pitreries de Lyssenko, les historiens à ahaner les principes du marxisme soviétique, les sociologues à jouer les fantassins de la lutte des classes, les psychologues à excommunier Freud.

On ne s'éloigne pas facilement d'une telle Eglise. Il faudra des chocs successifs de plus en plus violents pour rendre possible l'abjuration. Ni les procès de Prague, Budapest, Sofia, ni l'abracadabrantesque complot des « blouses blanches » n'ont troublé l'intelligentsia communiste. S'ils ont réussi à ébranler les compagnons de route les plus fragiles, ils n'ont pas touché les vrais propagandistes de la foi, à l'exception de quelques-uns, immédiatement rejetés dans les ténèbres. Ainsi d'Edgar Morin pour avoir accepté de faire un article dans *L'Observateur* dirigé alors par Claude Bourdet. Le procureur, en l'occurrence Annie Besse, future Annie Kriegel, se contente d'écrire : « Le directeur de *L'Observateur* est Claude Bourdet. Claude Bourdet, c'est bien connu, est l'agent patenté, officiel de l'Intelligence Service en France. » Devenue anticommuniste, Annie Kriegel conservera le même sens des nuances et la même finesse combative... Mais ces paroles absurdes suffisent à faire exclure Morin à l'unanimité par sa cellule. Celui-ci décrira plus tard, avec une sincérité rare, l'étourdissement que provoque un rejet par la grande famille communiste : « Stalinien tiède, j'étais devenu un non-stalinien tiède. Ce n'est que quand on a vécu dans la mystification totale que l'on en vient rapidement à la désintégration totale. Souvent au profit d'autres mythes, car l'esprit humain a horreur du vide. »

Mais à de très rares cas près, l'intelligentsia communiste est encore une armée en bon ordre au moment de la mort de Staline. Ses membres constituent, à cette occasion, un chœur de pleureuses sans égal. Lorsqu'un mois après le décès du « petit père des peuples », les « blouses blanches » – ces médecins d'origine juive accusés d'avoir voulu le faire assassiner – sont réhabilitées, les intellectuels communistes français emboîtent le pas à leurs alter ego soviétiques pour louer un régime capable de faire son autocritique et de reconnaître ses erreurs.

Lorsqu'en 1955 l'Union soviétique se réconcilie avec la Yougoslavie et que le « renégat » Tito devient un allié respecté et admiré, la « pilule » doit être encore plus dure à avaler, car c'est au nom du combat contre le titisme qu'avait été organisée la vague des procès dans les démocraties populaires. Mais les revirements stratégiques de l'Union soviétique trouvent les intellectuels communistes bon public : il suffit de se rappeler le pacte germano-soviétique. Il n'y a d'ailleurs pas, en 1955, l'équivalent du Nizan de 1940 pour crier à la mystification.

Une longue abjuration

Ce n'est en réalité qu'en 1956 que commence l'abjuration. Telle que fonctionne l'intelligentsia communiste, avec ses mécanismes destinés à transformer les sceptiques en « brebis galeuses » et les hésitants en « renégats », l'ébranlement ne peut venir que de « La Mecque », c'est-à-dire de Moscou. De là l'effet cathartique du rapport Khrouchtchev. Lorsque *Le Monde* publie le texte sous forme de feuilleton, la première tentation des épigones est de nier : ce sera l'étonnante saga des expressions « le soi-disant rapport », « le rapport attribué à », alors que les intellectuels officiels sont au fait de la réalité et savent parfaitement que le texte a été prononcé en session secrète devant le XXe Congrès. Il est difficile d'imaginer aujourd'hui l'intensité du choc.

Proclamer les crimes de Staline en 1956 dans une enceinte communiste ressemblerait à la décision d'un concile qui, réuni au Vatican, nierait la résurrection du Christ. Si la manœuvre était habile afin de permettre à la nouvelle équipe du Kremlin de faire table rase de ses rivaux liés au passé, elle a des effets dévastateurs sur le « clergé en mission » que représentent les intellectuels communistes au sein des pays capitalistes. Ceux-ci s'étaient battus bec et ongles, avec le soutien des compagnons de route, pour nier l'existence des camps en Union soviétique et justifier les campagnes d'épuration ; les voilà pris à contre-pied par leur nouveau chef, le Premier secrétaire du PCUS !

A peine le traumatisme passé explose l'affaire hongroise. La destalinisation en route à Moscou, le désir d'autonomie ne peut que gagner les marches de l'Empire, naturellement les plus rétives à l'ordre communiste. C'est du sein même des PC locaux qu'émergent les leaders libéraux : Gomulka en Pologne, Nagy en Hongrie. Si le premier parvient à naviguer entre la pression de son opinion et les ukases du « grand frère », le second est emporté, au-delà de ses intentions initiales, par une vague libertaire. Une première intervention des blindés soviétiques débouche sur un compromis avec Nagy, mais celui-ci déclenche la foudre en proclamant la neutralité de la Hongrie. La réaction de Moscou est à la mesure de la provocation : écrasement de l'insurrection, substitution par la force de Kadar à Nagy, répression. Le choc est terrible pour les communistes des pays occidentaux et surtout pour les militants intellectuels, plus sensibles, plus émotifs. Comment ne seraient-ils pas désorientés ? Ils doivent, la même année, apprendre officiellement les crimes de Staline qu'ils s'efforçaient de nier et valider une opération de police classiquement impérialiste.

Le PC français a beau proclamer la vulgate officielle – une insurrection fasciste fomentée avec le soutien américain –, le discours ne passe plus. Pour beaucoup de membres de l'intelligentsia, c'est le traumatisme de trop : ils n'ont cessé depuis 1947 d'avaler des couleuvres mais leurs lâches abandons passés se transforment soudainement en un refus. Ainsi de plusieurs écrivains – Claude Roy, Roger Vailland, Jacques-Francis Rolland et Claude Morgan. Eux qui s'étaient voulus, Morgan en particulier, les missionnaires au service des pires mensonges, se révoltent. La réponse de *L'Humanité* est policière : « Leur acte d'indiscipline, contraire non seulement aux principes du Parti, mais aux intérêts de la classe ouvrière et de la nation, sera jugé sévèrement par tous les travailleurs. » Ceci signifie, en langage stalinien, qu'ils ont le choix entre la démission et l'exclusion.

Le traumatisme est encore plus violent pour les compagnons de route. Pour un d'Astier de La Vigerie qui tempère sa condamnation de la répression par la crainte éculée de faire le jeu des anticommunistes, d'autres sont plus lucides. Pierre Emmanuel décrit sans ambages, dès 1956, la contradiction du progressiste : « Le progressiste est un homme qui a peur de faire front aux communistes et se donne à bon marché la double illusion d'être un révolutionnaire et un esprit libre. »

Mais Budapest fait sauter le tabou. Jean-Marie Domenach, Claude Bourdet, Gilles Martinet, Georges Suffert, Georges Montaron, Albert Béguin : autant d'intellectuels qui, dans les colonnes de *France Observateur*, de *Témoignage chrétien*, du *Monde*, avaient plus ou moins régulièrement pris le parti de Moscou. Leurs yeux s'ouvrent définitivement. Leur sympathie à l'égard du PC disparaît à jamais. Louis de Villefosse, émule d'Aragon, se lâche : « L'agression de Budapest imprime définitivement en moi la certitude que le régime soviétique ne représente pas davantage la démocratie que l'Eglise n'incarne l'idée chrétienne. » Vercors fustige dans *Pour prendre congé* son rôle de « potiche d'honneur » : « J'ai joué ce rôle pendant plus de douze ans... Mais arrive le jour où tout ébréchée, toute fêlée, la potiche n'est plus présentable. »

Surplombe enfin ce mouvement d'opinion, nous le savons, la condamnation de Sartre, figure tutélaire, depuis 1952, des compagnons de route, image symétrique à l'extérieur du Parti de celle, en son sein, d'Aragon. Il ne suffit plus de traiter ces anciens partenaires de petits-bourgeois inconscients pour éviter que leurs réactions embrayent sur celles des intellectuels membres du Parti. Pour beaucoup d'entre eux qui ne « rendent pas leur carte » – suivant la terminologie officielle –, le charme est néanmoins brisé. Les uns partiront au fil du temps sur la pointe des pieds, orphelins d'un engagement dont ils ne se remettront jamais. Les autres essaieront de s'accrocher à leurs illusions ou à leur confort, jusqu'au moment où de nouveaux chocs viendront à bout de leur résistance.

Ainsi, cinq ans plus tard, de la rupture sino-soviétique. Les membres du PC et en particulier les intellectuels, plus exposés et plus volubiles, doivent une fois de plus valider une volte-face stratégique de l'Union soviétique. Certains regimbent devant ce nouvel ukase et prennent le parti de Pékin : ils troquent une fidélité pour une autre qui chemine, tel un fleuve souterrain pendant les années soixante, avant d'atteindre son apogée dans le « maoïsme » de Saint-Germain-des-Prés !

Mais il faut attendre « le printemps de Prague » en 1968 pour porter un coup ultime au credo des intellectuels communistes. *Les Lettres françaises* pensaient avoir trouvé avec Dubček leur nouvel héros : l'incarnation d'un communisme à visage humain et la préfiguration, à travers la Tchécoslovaquie de 1968, de la régénérescence possible de l'Union soviétique. Si le camp socialiste finissait par inventer, de la sorte, sa voie démocratique, cela aurait validé *a posteriori* l'endurance des intellectuels qui ont accepté toutes les compromissions, au nom d'un communisme utopique, éloigné de la réalité quotidienne soviétique. C'était la résurrection de l'espoir que le soulèvement hongrois avait esquissé douze ans plus tôt.

Trêve d'illusions : les armées du Pacte de Varsovie envahissent la Tchécoslovaquie le 21 août 1968, afin de venir en aide à ce pays frère ! La révolte des intellectuels est, cette fois-ci, plus facile car le PCF – audace inouïe – proteste contre cette intervention. Libéré par la position officielle de son parti, Aragon peut se laisser aller et solder par sa fermeté nouvelle tant d'états d'âme et de doutes mis sous le boisseau. Ainsi écrit-il dans une préface pour *La Plaisanterie* de Milan Kundera : « Et voilà qu'une fin de nuit, au transistor, nous avons entendu la condamnation de nos illusions perpétuelles. Que disait-elle, cette voix d'ombre, derrière les rideaux encore fermés du 21 août, à l'aube ? Elle disait que l'avenir avait eu lieu, qu'il ne serait plus qu'un recommencement. Cette voix qui depuis ne se tait plus, qui impose d'appeler vertu le crime, qui appelle aide au peuple de Tchécoslovaquie l'intervention brutale par quoi le voilà plongé dans la servitude. Cette voix du mensonge qui prétend parler au nom de ce qui fut un demi-siècle d'espoir de l'humanité. Par les armes et le vocabulaire ? Ô mes amis, est-ce que tout est perdu ? »

Mais si Sartre est politiquement primesautier, Aragon, lui, est faible. Il ne va pas jusqu'au bout de la rupture et laisse ainsi étrangler son journal, *Les Lettres françaises*, qui meurt en 1972, non de la perte de ses lecteurs ou d'une décision délibérée, mais de la suppression des innombrables abonnements souscrits jusqu'alors par l'Union soviétique et ses satellites. Si Aragon se satisfait de la demi-liberté que lui octroie le PC, la coupe est pleine pour beaucoup. Ainsi de Pierre Daix, la cheville ouvrière des *Lettres françaises*, de Roger Garaudy, procureur stalinien s'il en fut, patron en titre des intellectuels, qui s'offre une rupture tonitruante, de Jorge Semprun, que le PC espagnol exclut de ses rangs, et de tant d'autres.

Si quelques intellectuels s'accrochent encore au PC après 1968, la notion même d'« intellectuel communiste » est désormais morte. Mais le mythe avait été tellement puissant qu'il laisse d'innombrables héritages. Il n'y aurait pas eu sans lui de gauchisme, de résurrection trotskiste, d'excitation maoïste. Ce sont ces avortons de l'intelligentsia communiste qui vont dominer les années soixante-dix. Ils le feront bien davantage que les anciens communistes devenus l'aile droite du *Figaro*, les Annie Kriegel ou Alain Besançon dont la violence anticommuniste relève soit de l'auto-flagellation, soit de réflexes staliniens tellement ancrés qu'ils se perpétuent sur l'autre rive.

CHAPITRE 46

La bataille anticolonialiste

Les intellectuels qui ne sont, en général, d'accord sur rien, le sont pour une fois. Les voilà, tous ou presque, anticolonialistes ! Mais ils vivent cet engagement, chacun à leur manière : Mauriac, militant et jubilatoire ; Camus, concentré et déchiré ; Aron, conceptuel et provocateur ; Sartre, décidé et autoritaire ; et à leur suite toute une cohorte qui oscille entre la condamnation platonique, l'action militante, voire le « port des valises ».

Emancipé de la droite depuis la guerre d'Espagne, honorable résistant pendant la guerre, Mauriac franchit un pas de plus avec l'anticolonialisme, ce qui l'éloigne davantage encore de ses origines bourgeoises et réactionnaires. Au lieu de se vautrer dans les honneurs, comme un conservateur banal, il en fait des armes dans ses combats. Ainsi, à peine revenu de Stockholm où il a reçu en novembre 1952 le prix Nobel de littérature, il crée avec des catholiques de gauche le Comité France-Maghreb, dont il prend la présidence. La bourgeoisie déteste les fils indignes. Aussi l'engagement du premier écrivain catholique français provoque-t-il des réactions violentes. Au maréchal Juin qui l'attaque de façon voilée, lors de sa réception à l'Académie, Mauriac réplique vertement dans *Le Figaro* sous un titre sarcastique, « Un coup de bâton étoilé » : « Avons-nous tort de croire, Monsieur le Maréchal, que la justice demeure en Afrique du Nord la seule politique ouverte à la France ?... La conscience chrétienne rejoint ici la sagesse politique qui n'ignore pas que ce que vous appelez, avec un sourire, la religion du cœur a plus de pouvoir sur les hommes que la religion de la force. »

La déposition du sultan Mohammed V en 1953 le hérisse et accentue son engagement, au grand dam des lecteurs du *Figaro* et de *La Table ronde* qui le vilipendent. Il tire les conséquences de ce divorce, abandonne ces feuilles paroissiales de la droite conservatrice et rejoint *L'Express*. Etonnant ralliement de ce vieil écrivain couvert d'honneurs, parangon de l'écriture bourgeoise à une aventure jeune et anticonformiste ! C'est, pour lui, un bain de jouvence : son style y gagne en fraîcheur, aux dépens de ses victimes. Ainsi inaugure-t-il son *Bloc-Notes* en exécutant Joseph Laniel, candidat à l'Elysée : « Ce président massif, on discerne du premier coup d'œil ce qu'il incarne : il y a du lingot dans cet homme-là. » Le ton est donné : ce sera celui d'un inlassable combat contre la colonisation et la réaction. Seule la présence au pouvoir de Pierre Mendès France et plus tard le retour du général de Gaulle l'amèneront à nuancer ses jugements et à y intégrer les contraintes du pouvoir exécutif.

Mais quand l'Etat est dirigé par des individus, tel Guy Mollet, qu'il méprise, le rédacteur du *Bloc-Notes* est de tous les combats, de toutes les pétitions, de tous les meetings. Avec, dans son esprit, une mission qu'il s'est assignée : sauver l'honneur d'une religion catholique trop souvent compromise avec la réaction. Il l'assure avec ostentation : « Bourdet, Barrat, Marrou, ce sont des noms de chrétiens. Qu'on soit ou non d'accord avec eux sur tel ou tel point, que dans le cas particulier on les condamne ou on les approuve, il reste que la vieille équivoque a été vaincue. Obscurément, et peut-être à l'insu même de l'Eglise, quelques chrétiens, en France, malgré tant de déceptions et d'échecs, sont en train de gagner une immense partie. »

Plus l'attaque vient de sa famille originelle, la droite classique, plus Mauriac frappe. Ainsi réplique-t-il à Philippe Barrès, le fil du grand Barrès, qui dénonce les « insulteurs de l'armée » : « Ah ! Philippe Barrès ! Philippe Barrès ! C'est toujours la même question posée aujourd'hui à la présence française qu'il y a soixante ans. Qui donc mettait en péril l'honneur de l'armée : le général Mercier ou le lieutenant-colonel Picquart ? Et aujourd'hui, est-ce le général de Bollardière ou les hommes qui pratiquent ces méthodes (la torture) ? » Ainsi le protégé de Maurice Barrès, le chef antidreyfusard, renvoie-t-il l'image de Picquart à son fils pour mieux le disqualifier ! Voilà en quelques lignes un raccourci de la vie de Mauriac, de la droite vers la gauche, du catholicisme ultramontain vers le catholicisme de gauche, de l'écriture classique vers une ironie littéraire que ne tempèrent ni la commisération ni la pitié chrétiennes.

D'aucuns chercheront dans cet itinéraire anticonformiste une part de coquetterie, tel André Maurois interpellant son collègue académicien d'un « Mais c'est parfait pour vous de vous occuper des indigènes ! ». Mauriac pousse lui-même la contrition jusqu'à se poser la même question. Mais le procès que lui fait Maurois est injuste. Alors que Malraux, par exemple, n'abandonne rien au profit de la biographie qu'il s'invente, Mauriac, lui, fait litière de sa gloire, de son environnement social, de ses racines. Si en dehors même de la force des convictions joue un ressort psychologique, c'est moins la coquetterie narcissique que l'amusement et le goût des « distractions » au sens où Pascal, qu'il révère, employait ce mot...

Rien de tel chez Albert Camus. L'anticolonialisme lui est, certes, naturel. Dès 1945, il avait pris parti dans *Combat*, au moment des massacres de Sétif et Constantine, appelant à plus de « justice » en Algérie et soutenant les revendications alors modérées de Ferhat Abbas. En janvier 1956, il lance un appel pour une « trêve civile » en Algérie. Justice, trêve : les mots du petit pied-noir d'Alger ne sont pas ceux des anticolonialistes traditionnels. Ce sont les crimes, les assassinats, les débordements qui le mobilisent davantage que l'autonomie, l'autodétermination ou l'indépendance. Interrogé à Stockholm en 1957, au moment où il reçoit le prix Nobel de littérature, il répond : « Je me suis tu depuis un an et huit mois, ce qui ne signifie pas que j'aie cessé d'agir. J'ai été et suis toujours partisan d'une Algérie juste, où les deux populations doivent vivre en paix et dans l'égalité. J'ai dit et répété qu'il fallait faire justice au peuple algérien et lui accorder un régime pleinement démocratique, jusqu'à ce que la haine de part et d'autre soit devenue telle qu'il n'appartenait plus à un intellectuel d'intervenir, ses déclarations risquant d'aggraver la terreur... J'ai toujours condamné la terreur. Je dois condamner aussi un terrorisme qui s'exerce aveuglément, dans les rues d'Alger par exemple, et qui un jour peut frapper ma mère ou ma famille. Je crois à la justice, mais je défendrai ma mère avant la justice. » Ces paroles colleront à l'image de Camus, sans que ses critiques aient essayé de les prendre au pied de la lettre.

Ainsi Sartre, dont *Les Mots* révèleront de façon éclatante la dimension « fils œdipien », aurait-il pu faire preuve d'un minimum de compréhension ! Il est plus commode pour tous les esprits qui n'ont aucun lien charnel avec l'Algérie et qui pour la plupart n'y ont jamais mis les pieds, de rire de la naïveté politique de l'écrivain « local ». Certes celui-ci fait un salmigondis entre son humanisme, son horreur de l'injustice et un colonialisme paternaliste. De là son incapacité à accepter l'idée même de l'indépendance algérienne et le besoin qu'il a, pour la réfuter, d'y voir une manœuvre impérialiste de l'Egypte et à travers elle, de l'Union soviétique. Mais ses collègues de l'intelligentsia auraient pu découvrir, à travers le cas Camus, la question des pieds-noirs, qui ne se posait pas en Indochine et à laquelle ils sont superbement indifférents. La mère de l'auteur de *L'Etranger* aurait pu être, à leurs yeux, le symbole d'une population européenne qu'il était abusif de confondre avec les Borgeaud et autres figures de l'oligarchie coloniale.

Cela aurait été certes contraire aux règles de base du manichéisme auxquelles la coterie Sartre, elle, sacrifie. Celle-ci est entraînée, au-delà d'un anticolonialisme rhétorique, par l'activisme de l'un des siens, Francis Jeanson. Dès 1955, celui-ci prend parti en faveur du FLN dans *L'Algérie hors la loi*. Mais à la différence de tant d'autres, il ne se contente pas d'un militantisme verbal et entre en 1957 dans la clandestinité afin de mettre en place un réseau de soutien aux insurgés algériens : ce sont les « porteurs de valise », cas unique, depuis la Résistance, d'intellectuels mettant en accord leurs actes et leurs paroles. C'est un choix qui suscite la polémique dans l'intelligentsia. Des deux « maisons » auxquelles Jeanson appartient, *Les Temps modernes* et *Esprit*, la première lui apporte, Sartre avant tout autre, un soutien indéfectible. La seconde est plus réticente, au nom de deux objections : la France, si graves soient ses méthodes répressives en Algérie, n'est pas tombée au point de justifier une rébellion contre elle ; rejoindre le FLN, c'est sanctifier celui-ci au-delà de ses mérites.

Le procès du réseau Jeanson va cristalliser fin 1960 les positions. Ouvert en l'absence du principal inculpé, réfugié en Suisse, il donne lieu à un soutien tonitruant de Sartre qui, alors au Brésil, fait lire un texte : « Il importe de dire très clairement que ces hommes et ces femmes ne sont pas seuls, que des centaines d'autres déjà ont pris le relais, que des millions sont prêts à le faire. Un sort contraire les a provisoirement séparés de nous, mais j'ose dire qu'ils sont dans le box comme nos délégués. Ce qu'ils représentent, c'est l'avenir de la France et le pouvoir éphémère qui s'apprête à les juger ne représente déjà plus rien. » Etrange analyse politique alors que le gaullisme avait engrangé des résultats électoraux sans précédent...

Sartre et Beauvoir sont évidemment les premiers signataires, au même moment, du « Manifeste des 121 » ou plus exactement de la « Déclaration sur le droit à l'insoumission dans la guerre d'Algérie ». C'est un appel à la désertion des jeunes conscrits et au soutien du FLN : « Nous respectons et jugeons justifiée la conduite des Français qui estiment de leur devoir d'apporter aide et protection aux Algériens opprimés au nom du peuple français. » Parmi les autres signataires, André Breton, Claude Roy, Robbe-Grillet, Vercors, Nathalie Sarraute, Françoise Sagan, Jérôme Lindon et tant d'autres. Manquent à l'appel Camus – c'est une évidence –, Mauriac désormais gaulliste et Aron peu porté à ce genre d'action. Le gouvernement réagit avec modération et, interrogé sur la suggestion d'arrêter Sartre, de Gaulle rétorque, royal : « On n'embastille pas Voltaire. »

Le combat anticolonialiste alimente le tiers-mondisme de « Sartre-Voltaire ». Fasciné par Frantz Fanon dont il préface *Les damnés de la terre*, il est emporté par le même zèle intempestif qu'à l'époque où il adulait l'Union soviétique : « Car, en ce premier temps de la révolte, il faut tuer : abattre un Européen, c'est faire d'une pierre deux coups, supprimer en même temps un oppresseur et un opprimé : restent un homme mort et un homme libre ; le survivant, pour la première fois, sent un sol national sous la plante de ses pieds. » Malgré la force du mythe Sartre, tant d'excès provoquent des réactions dans l'intelligentsia, en particulier du côté de *France Observateur* et d'*Esprit* : la démesure ne règne pas partout. Ainsi de Paul Ricœur expliquant, avec le sens de la nuance qui lui est propre, que ne pas condamner l'insoumission ne veut pas dire y appeler.

Autre opposant de taille aux « 121 » et à Sartre au premier chef : le parti communiste. Ne voulant pas se couper des masses au profit d'une action minoritaire et élitiste, celui-ci trouve enfin l'occasion de se venger du retournement, après Budapest, de son ancien compagnon de route. Ce sera une cause supplémentaire d'éloignement. La tiédeur du PC à soutenir les révolutionnaires algériens vient, après Budapest, alimenter la rancœur de tous ceux qui se reconnaîtront plus tard dans le gauchisme : les conflits de 1968 sont déjà là en germe. De la même manière, la violence du heurt entre la SFIO de Guy Mollet et l'intelligentsia de gauche non communiste préfigure elle aussi la bataille qui mobilisera plus tard ces deux forces politiques. L'anticolonialisme est devenu, dans la gauche et plus encore parmi ses intellectuels, un marqueur décisif, dessinant les contours des trois futurs joueurs : l'éternel PC, la gauche non communiste et intellectuelle, la mouvance gauchiste.

Mais parmi tous les intellectuels anticolonialistes, le plus efficace est sans doute un homme de droite. Raymond Aron avait désarçonné les élites au pouvoir avec sa *Tragédie algérienne.* Poursuivant son inlassable et rationnelle plaidoirie, une fois de Gaulle revenu aux affaires, il exerce, malgré les grognements du Général contre lui, une influence certaine. Nulle arrière-pensée politique, nul combat militant ne le mènent. Cet homme de raison est convaincu de l'inanité du rêve colonial et du désordre qu'il engendre. C'est un cheminement semblable que va suivre, avec les zigzags inhérents à l'exercice du pouvoir, le Général. Quelle part a pris Aron dans l'évolution de De Gaulle et de ses fidèles ? Mystère mais l'Histoire a voulu, par une ruse telle qu'elle les aime, que l'anticolonialisme ait été de gauche et le grand décolonisateur de droite.

CHAPITRE 47

Une bouffée d'air frais

Le monde intellectuel est, au début des années cinquante, pris en étau entre les tensions récurrentes qui opposent les communistes et leurs compagnons de route et une intelligentsia de droite en train de reconstituer ses forces.

Ce n'est pas pour cette dernière chose aisée, tant l'ombre portée de Vichy est présente. Pour ses membres qui avaient trop aimé le Maréchal, il n'y a de résurrection que par la littérature pure : les Maulnier, Jouhandeau, Montherlant, Chardonne peuvent faire une nouvelle fois la preuve de leur talent ; la décence et la prudence leur interdisent de jouer les intellectuels. C'est à une nouvelle génération, non compromise, que revient ce rôle. Bernard Frank lui donne, dans les *Temps modernes*, son nom de baptême : « les hussards ». Roger Nimier, Jacques Laurent, Antoine Blondin, Michel Déon... Ils sont les fantassins de l'anticommunisme et leur nature idéologique apparaît au grand jour, au moment de la guerre d'Algérie, qui les verra tous basculer du côté des « ultras ».

Mais les vrais adversaires du communisme et de ses alliés s'appellent Aron – nous le savons – et Malraux. Nous avions abandonné ce dernier dans les années quarante, lorsqu'il accordait plus d'importance aux affres de sa vie personnelle qu'aux exigences de la Résistance. Le sens de l'Histoire aidant, ou plutôt la certitude sur sa direction, le combattant de 1936 en Espagne rejoint au printemps 1944 les maquis de Corrèze, crée dans la foulée la brigade Alsace-Lorraine, se transfigure en « colonel Berger » et par un tour de bonneteau militaire, réussit à entrer à la tête de ses troupes dans Strasbourg. Et voilà Malraux compagnon de la Libération, aux côtés de héros ayant rejoint Londres à l'été 1940 ! Prodigieuse débrouillardise de l'auteur de *La Condition humaine* ou habileté cynique de De Gaulle désireux d'accrocher cette conquête si symbolique ?

Doublure du Général au sein de l'intelligentsia, Malraux vire à droite en même temps que son héros. Délégué à la propagande – étrange intitulé – du RPF, il n'a qu'une circonscription à conquérir : le monde intellectuel. Il s'adresse à lui à maintes reprises, inventant un anticommunisme baroque, fait de références aux « échanges » médiévaux, aux mannes de la patrie et au souffle de la civilisation. La cohabitation de cette idéologie bigarrée et du rationalisme glacé d'Aron n'est pas aisée au sein du RPF : c'est ce dernier qui cède et s'éloigne. Tel est donc le paysage de départ.

Il existe néanmoins, dès cette époque, des espaces de liberté, des revues plus ouvertes, des hebdomadaires peu enrégimentés. On retrouve un peu de fraîcheur chez *Esprit* où, même si Mounier joue les compagnons de route du PC, la revue n'est pas monolithique et se veut poreuse aux idées nouvelles. De même *Le Monde* de Beuve-Méry et *L'Observateur* de Claude Bourdet et Gilles Martinet n'ouvrent-ils pas leurs colonnes aux seuls auteurs qui partagent leur croisade en quête d'une troisième voie et d'un illusoire neutralisme entre l'Est et l'Ouest : le vent de l'originalité peut y souffler. Mais ce sont des organes conformistes, au regard du coup de tonnerre que va représenter *L'Express*.

L'Express, Mauriac, Mendès France : une trinité qui va rimer avec jeunesse, audace, originalité. C'est la bouffée d'air frais dont avait besoin la société française, et au premier chef son intelligentsia. Chacun connaît l'alchimie qui a présidé à la création de *L'Express*. Un mégalomane doté d'une pointe de génie et d'un charisme de chef scout, Jean-Jacques Servan-Schreiber. Une journaliste dont l'énergie et la capacité de travail n'ont d'égales que le talent de plume, Françoise Giroud. Une myriade de journalistes hors pair, Viansson-Ponté, Jean Daniel, Philippe Grumbach. La cagnotte bien garnie de la famille Servan-Schreiber. Une cible marketing : les nouvelles classes moyennes nées des

« Trente Glorieuses ». Un héros : Pierre Mendès France. Une caution propre à rassurer le lectorat bourgeois : Mauriac. Et un magnétisme susceptible d'attirer toutes les autres grandes signatures, de Camus à Sartre.

Dans ce combat collectif, Mauriac n'est pas le moins tonique. Il n'hésite pas à manier l'ironie la plus violente contre son ancienne famille, le MRP catholique, dont l'attitude cauteleuse lui est insupportable et prend le mors aux dents au moment de la chute de Mendès : « Michelet rappelait cette adjuration d'Anarchis Cloots près de monter à l'échafaud : " France, guéris des individus. " Ce n'est pas des individus que doit guérir la France grégaire incarnée dans l'Assemblée d'aujourd'hui, mais de l'envie haineuse que lui inspire tout individu supérieur, même si elle a eu recours à lui au lendemain d'un désastre, même si tant bien que mal il a renfloué la barque et l'a remise à la mer. » Inachevée avec Mendès, cette quête de l'individu supérieur s'accomplira, le moment venu, dans l'indéfectible soutien de Mauriac à de Gaulle.

Mais le renversement du gouvernement Mendès ne démobilise pas *L'Express*. Les revers stimulent plutôt J.J.S.S. De là son pari de transformer son hebdomadaire en quotidien, à l'automne 1955, avec comme coup d'éclat l'arrivée officielle de Camus comme chroniqueur. Ce n'est pas une mince performance de faire cohabiter dans les mêmes colonnes le prix Nobel de littérature 1952 et le futur prix 1957. Il n'y a aucun atome crochu entre le dévot catholique qui aime châtier par la plume et le moraliste laïc qui déteste faire du mal, entre le notable couvert d'honneurs qui trahit la bourgeoisie et le fils de la femme de ménage d'Alger incapable de se désolidariser des pieds-noirs, entre le maître du sarcasme et le chantre de l'absurde, entre le vieillard à la sexualité compliquée et le Don Juan philosophe.

Le miracle de *L'Express* et du mythe Mendès France est justement de susciter des rapprochements contre nature. Tous se lancent à corps perdu dans la campagne électorale de décembre 1955 en faveur du Front républicain et donc de Mendès France, son chef. Celle-ci provoque un nouvel affrontement entre le catholicisme officiel incarné par le MRP et celui qui est désormais à ses yeux un relaps : Mauriac. L'auteur du *Bloc-Notes* triomphe sans difficulté, grâce à son sens de la formule. Ainsi répond-il à un contradicteur issu des rangs de *La Croix* qui l'avait traité de sophiste : « Je serais un sophiste, je vous l'accorde, et qui plus est un nigaud, si j'avais prétendu, comme vous m'en accusez, que la Vérité et la Justice règnent par définition à gauche et sont ignorées de la droite. Descendez, je vous en prie, mon Père, de l'empyrée où règnent les idées à majuscules. Mais je vous avertis qu'il va falloir retrousser votre soutane, car là où nous allons, le sang ne manque pas, ni la boue. »

La démission de Camus, en désaccord sur l'Algérie avec la ligne du journal, n'affaiblit pas le mordant de l'équipe et Mauriac témoigne d'une énergie à revendre. Frustré en effet de voir Guy Mollet nommé chef du gouvernement à la place de Mendès France, hérissé par la politique algérienne du pouvoir, excédé par ce qu'on appellera le « molletisme », c'est-à-dire une pratique politique inverse du discours idéologique qui la fonde, stimulé par le rappel de J.J.S.S. en Algérie comme lieutenant, *L'Express* fait flèche de tous bois.

Ce n'est plus, au fil des mois, Mendès le signe de ralliement, surtout après sa démission du gouvernement Mollet, mais *L'Express* lui-même. Il est rare de voir un journal faire corps à ce point avec le mouvement de la société. Il s'identifie aux bénéficiaires de la croissance économique. Par sa modernité vis-à-vis des questions économiques. Par sa fascination pour le progrès technique. Par son admiration assumée pour le modèle américain. Par son réformisme, libéral en macro-économie, social-démocrate en termes de redistribution. Par son consumérisme et son goût de la nouveauté. Par son féminisme, moins doctrinaire que celui de Simone de Beauvoir et plus sociétal – Françoise Giroud en est à la fois l'incarnation et l'artisan. Par son attention à toutes les nouveautés culturelles de sorte que nul, même parmi les adversaires du journal, ne refuse l'honneur d'y écrire.

L'Express ne se résume en effet ni au combat anticolonialiste, ni à l'analyse politique, même si celle-ci cristallise l'image du journal. C'est à un « ensemble vide » – au sens mathématique du terme – que ressemble en apparence l'espace politique de l'hebdomadaire : anticommuniste, antimolletiste, antigauche radicale à l'ancienne, antiMRP suppôt des bénitiers, antidroite gaulliste, antidroite non gaulliste, antipoujadiste naturellement. Si la Chambre des députés représente l'arc-en-ciel de la politique française, peu de ses membres se retrouvent pleinement sur la ligne de *L'Express* : quelques socialistes épouvantés par les psalmodies coloniales de la SFIO, quelques radicaux fidèles à Mendès France, désireux de ressusciter la « vieille maison », quelques membres, tel Mitterrand, de groupes charnières plus libéraux d'esprit que leur comportement parlementaire ne le montre, deux ou trois francs-tireurs de droite. Mais c'est néanmoins dans ce pot-là que va s'élaborer, en partie, la modernité française.

Lorsque le journal deviendra un simple instrument au service de l'ubris de J.J.S.S., nombre de ses meilleurs journalistes iront rejoindre *Le Nouvel Observateur*, créé en 1964, auquel ses fondateurs assignent de récupérer le flambeau de l'audace dans une version plus à gauche que *L'Express*. Que le premier numéro de « *L'Obs* » paraisse sous le double parrainage de Sartre et de Mendès France en est la meilleure illustration ! Alors que l'hebdomadaire de J.J.S.S. avait ouvert un compas qui allait de Mauriac à Mendès, il n'est pas anodin que son successeur en originalité substitue Sartre à l'auteur de *Thérèse Desqueyroux*. Mais autant *Le Nouvel Observateur* deviendra le lieu de rencontre de la nouvelle intelligentsia des sciences humaines, c'est-à-dire de ce que le monde intellectuel français va produire de plus neuf, autant il ne réussira pas à reprendre l'intégralité du rôle sociétal assumé, à ses débuts, par *L'Express*. Il le fera, certes, sur des enjeux de mœurs – la contraception, l'avortement – mais se refusera à tenir ce rôle en matière de consommation, de mode, de style de vie, sujets trop frivoles pour un hebdomadaire sensible, Michel Bosquet aidant, aux premières vibrations de l'âme gauchiste et de l'anticonsumérisme.

Ce sont d'autres enfants de *L'Express* – les Simon Nora, Suffert, Chevrillon – qui seront les fondateurs du Club Jean-Moulin. Ils se voudront les propagandistes d'une vision technocratique de la politique et de l'économie dont Mendès avait été le préfigurateur, J.J.S.S. le porte-parole fugitif et *L'Express* le point de ralliement.

L'avènement du gaullisme mettra fin à la martingale qui a fait le succès de *L'Express* et lui a permis, un temps, d'apporter une bouffée d'air frais dans une société française trop corsetée et un monde intellectuel trop momifié. Divorces, séparations, déchirures vont en effet accompagner l'instauration de la Ve République.

CHAPITRE 48

L'intelligentsia face à l'« ovni » de Gaulle

La comète Mendès France avait perturbé les relations des intellectuels et du pouvoir; l'irruption de l'« ovni » de Gaulle va les bouleverser. La SFIO disqualifiée, le PCF empêtré dans un refus mal assumé de la guerre d'Algérie, Mendès marginalisé, le régime épuisé, les gouvernements ridiculisés, les militaires arrogants : tout citoyen informé et *a fortiori* tout intellectuel est conscient de la dégénérescence des institutions politiques. Mais l'irruption du libérateur de 1944, au prétexte d'un pronunciamiento d'opérette à Alger, ne peut que donner le vertige à l'intelligentsia. Pour les intellectuels de gauche comme pour Mendès France et Mitterrand, les circonstances du retour du Général valent, au-delà de sa personne, une condamnation. Mais quelques voix s'élèvent et préfèrent oublier la manière au profit du fond, et se félicitent donc de la présence au pouvoir de De Gaulle, seul à même à leurs yeux de régler l'affaire algérienne.

C'est le point de vue de Mauriac qui, à rebours de la quasi-unanimité de l'équipe de *L'Express*, manifeste son espoir : « Je ne suis pas de ceux qui disent : " Périsse un peuple plutôt qu'un principe. " Quel hypocrite je serais si je feignais de ne pas sentir en moi battre les ailes de cette immense espérance : que le sang ne coule pas, que les soldats français rentrent en France, que les pauvres gens des mechtas ne connaissent plus d'autre misère que celle d'être pauvres et démunis de tout, qu'il ne soit plus question de la Question... » La « Question », c'est-à-dire la torture.

Autre voix écoutée des intellectuels, Hubert Beuve-Méry signe dans *Le Monde* un « Oui quand même » en réponse à Claude Bourdet qui, bien que grand résistant, avait jeté « Non jamais » au visage de son ancien chef. De là de révélateurs chassés-croisés, Claude Estier quittant *Le Monde* de Beuve pour *L'Observateur* de Bourdet et Roger Stéphane faisant le trajet inverse. Les bataillons de l'intelligentsia donnent de la voix. *Les Temps modernes* refusent, à la suite de Sartre, à de Gaulle la possibilité de « devenir le chef d'un Etat républicain ». *Esprit* va encore plus loin, regrettant que la gauche n'ose pas aller jusqu'à l'affrontement : « On pouvait convoquer le peuple devant les mairies, opposer à la menace de la dictature parachutiste la masse résolue des républicains. C'était risquer la guerre civile, mais en cédant au chantage de guerre civile, venu d'un seul côté, on livrait la République à la discrétion des militaires de coup d'Etat. »

D'autres sont plus nuancés. A gauche, avec Jean Daniel qui voit dans le discours de Conakry où le Général annonce le principe de la Communauté française, les prémices d'une indépendance de l'Algérie. A droite, avec Raymond Aron que son antigaullisme rend circonspect : il pense que le Général a toutes les cartes en main, mais il ne sait comment il les jouera et surtout déteste la place prise par les partisans de l'Algérie française, tels Debré et Soustelle, à ses côtés. La présence de Malraux dans les bagages du Général ne suffit pas à rassurer l'intelligentsia, tant son crédit a été entamé par la désastreuse équipée du RPF. Et le ralliement à de Gaulle de certains intellectuels vichystes ne peut qu'alimenter la méfiance d'une tribu qui, à l'instar de Mendès France, pense que le passé glorieux du chef de la France libre n'est pas un blanc-seing pour son action présente.

Le référendum du 28 septembre 1958 accentue le clivage entre ceux qui voient dans la Constitution de la Ve République une réponse à l'impuissance politique et leurs adversaires qui devinent dans la République consulaire un faux nez du fascisme. C'est évidemment Sartre le plus violent. Il écrit dans *L'Express,* sous le titre évocateur « Les grenouilles qui demandent un roi » : « Ne l'oubliez pas ; toute l'ambiguïté vient de là ; de Gaulle n'est pas fasciste, c'est un monarque constitutionnel ; mais personne ne peut plus voter pour de Gaulle aujourd'hui : votre Oui ne peut s'adresser qu'au fascisme. » La posture de Mendès France, icône d'une partie importante de l'intelligentsia, a été décisive. Pour lui, le régime sera toujours entaché d'un vice constitutif, car né d'un quasi-coup d'Etat. De là le florilège de comparaisons avec le 2 décembre 1851 et l'assimilation récurrente de De Gaulle à Napoléon III. Il faudra toutes les péripéties du drame algérien pour que, bardée de préventions, cette intelligentsia accepte de faire un temps route commune avec le Général.

C'est évidemment le discours du 16 septembre 1959 qui attire l'attention des intellectuels à l'ouïe fine. Car il y a, dans les trois options ouvertes par de Gaulle, le droit d'indépendance. Même les *Temps modernes* notent « une équivoque préférable à la clarté de naguère, l'absence de perspectives sûres [valant] mieux que la seule perspective de la pacification à outrance ». J.J.S.S. ayant transformé l'antigaullisme en croisade monomaniaque, *L'Express* est paradoxalement le journal le plus réticent à reconnaître le fait, ce qui rend inévitable le départ de Mauriac.

Celui-ci revient au bercail, en l'occurrence au *Figaro Littéraire*, y perdant le parfum sulfureux que lui avaient donné, aux yeux de la bourgeoisie, ses longues fiançailles avec la gauche. Mais quoique redevenu plus classique politiquement parlant, il ne renonce en rien à son militantisme et à son interventionnisme en faveur des condamnés et des victimes du conflit, avec comme relais une grande conscience, elle aussi catholique, Edmond Michelet, dont le Général n'a pas fait par hasard son Garde des Sceaux.

Le dénouement de la guerre d'Algérie et la lutte contre l'OAS crée une fugitive union sacrée des intellectuels, hormis ceux d'extrême droite, autour de De Gaulle. Mais ceux-ci n'y sacrifient que du bout des lèvres. Comment accepter de s'être trompé ? De Gaulle homme de la paix en Algérie et inspirateur d'un régime qui échappe aux démons de la dictature : deux erreurs de leur part qui accentuent leur rancœur à son endroit.

Entre Malraux, Mauriac et Clavel, coryphées du gaullisme d'un côté, et Sartre, Bourdet *et alii* de l'autre, l'espace est réduit pour les esprits plus nuancés tels Jean Daniel, Jacques Julliard ou Jean Lacouture. Une fois la page algérienne tournée, chacun revient sur ses positions originales. Mais c'est néanmoins le temps de la démobilisation, un peu comme aux lendemains de l'affaire Dreyfus.

La posture du Général à propos de la guerre du Vietnam, sa prise de distance grandissante avec les Etats-Unis, la sortie de la France de l'OTAN recréent, un bref instant, un embryon de la complicité qui s'était manifestée lors des derniers épisodes du conflit algérien. Mais les intellectuels de gauche cherchent dans les enjeux économiques, sociaux et institutionnels des raisons de reprendre leur guerre contre « le pouvoir personnel » et d'y voir l'instrument de la droite et du capitalisme. Dans l'entretien qu'il donne dans le premier numéro du *Nouvel Observateur*, Sartre reconnaît l'évolution de la société : « Il y a, tout de même, en France, une diminution de l'urgence du besoin... » Mais il ne désarme pas : « Au contraire, la lutte est en train de prendre une dimension nouvelle, plus vraie, plus humaine, dans la mesure où l'on commence à se battre pour un contrôle réel de l'entreprise par ceux qui y travaillent. »

En fait, le malentendu entre les intellectuels de gauche et de Gaulle est paradoxal. Eux qui se sont mobilisés derrière Mendès France auraient pu voir en de Gaulle un Mendès plus efficace. Jamais ce transfert ne s'est produit. Est-ce l'allure du régime avec son style de monarchie paternaliste ? Sans doute en partie. Son péché originel, le pseudo-coup d'Etat d'Alger ? Un peu, mais le dénouement de la guerre d'Algérie aurait dû l'effacer. Un certain style culturel, à rebours de l'effervescence des idées dont *L'Observateur* est le porte-parole ? Très probablement, car le gaullisme apparaît plus bourgeois et plus conformiste qu'il n'est.

Mais l'indifférence de De Gaulle à l'égard de ce monde-là a joué aussi un rôle majeur. Les intellectuels adorent être courtisés, pour garder en particulier le bonheur de se refuser. Or de Gaulle, qui s'était prêté à ce jeu en 1944 et 1945, s'y est dérobé. En témoigne la manière ostensible dont il a tenu à distance Hubert Beuve-Méry qu'il avait sacré en 1944 comme directeur du *Monde* ou *a fortiori* Raymond Aron, pourtant compagnon de route, un temps, du RPF.

Il est vrai que l'antiaméricanisme croissant du Général ne cesse de provoquer l'ire de l'éditorialiste du *Figaro*, avant qu'une rupture complète intervienne au moment du conflit israélo-arabe de 1967. De Gaulle qualifie en effet, au lendemain du conflit, les juifs de « peuple d'élite sûr de lui et dominateur ». Le sang d'Aron, à maints égards si peu juif, ne fait qu'un tour à l'endroit du Général, lui si peu antisémite. De là un pamphlet *De Gaulle, Israël et les juifs* où Aron ne se contrôle pas : « Les juifs de France, ou pour mieux dire du monde entier, ont immédiatement saisi la portée historique des quelques mots prononcés le 27 novembre 1967 par le président de la République française : les antisémites (et Monsieur Xavier Vallat n'a pas eu un instant d'hésitation) recevaient du chef de l'Etat l'autorisation solennelle de reprendre la parole et d'user du même langage qu'avant le grand massacre... Je dirai que le général de Gaulle a sciemment, volontairement, ouvert une nouvelle période de l'histoire juive et peut-être de l'antisémitisme. » Voilà Aron, le calme, le mesuré, le pondéré, lancé dans une diatribe disproportionnée ! Soudain émoi d'un juif blessé ? Ou volonté inconsciente de s'éloigner de ce de Gaulle qu'il n'aimait déjà pas à Londres, dont la pratique du pouvoir le hérisse et dont la politique étrangère lui semble mal venue, car trop antioccidentale ?

Ce n'est pas chez les intellectuels classiques de droite que de Gaulle peut trouver des renforts. Si ceux-ci ont cru voir le Général se rallier à leurs vues en 1958, ils ont été amèrement déçus et leur hostilité, ombre portée de Vichy, a été réanimée par le quiproquo algérien. Le refus du Général de bénir l'élection de Paul Morand à l'Académie française constitue une parfaite illustration de la haine qui l'oppose à ce milieu. De Gaulle n'a donc comme soutiens principaux que Malraux, Mauriac et Clavel. Ministre, le premier est disqualifié aux yeux de l'intelligentsia. Adorateur, le second est brocardé par ces mêmes milieux. Illuminé, le troisième est toléré. Mais sans doute ce grand lecteur, cet écrivain honorable, cet homme de culture qu'est le Général, applique-t-il au fond de lui-même aux intellectuels la même question que Staline à propos du pape : « Combien de divisions ? »

CHAPITRE 49

Enfin 68 vint !

Les intellectuels adorent les révolutions de rue et les barricades. Ils s'en croient les instigateurs ; ils en sont en réalité les bénéficiaires. Les pavés vont de pair avec le ministère de la parole ; les rêves des manifestants leur donnent prétexte pour exercer une autorité morale ; les débats manichéens font d'eux des héros. Qui aurait imaginé la France des « Trente Glorieuses », une société modelée par les nouvelles classes moyennes, un système politique dominé par une figure paternelle incontestée, être balayés par les mêmes vents qu'en 1830 la monarchie de Charles X et en 1848 le pouvoir orléaniste ? Tels sont la mauvaise surprise pour les uns, le miracle pour les autres, le mystère pour tous, de 1968. Pierre Viansson-Ponté a eu beau écrire deux mois avant Mai : « La France s'ennuie » à la une du *Monde*, il n'a pas plus prévu l'événement que quiconque. Ni Sartre, ni Aragon, ni Aron, tous grands acteurs du théâtre soixante-huitard, ne s'attendaient à ce que, philosophes portés les années suivantes par l'esprit de 68, Deleuze et Guattari appelleront « un événement pur, libre de toute causalité normale ou normative ».

Lorsque les étudiants sont dans la rue, les intellectuels montent plus facilement sur la scène que lors de mouvements ouvriers : ils trouvent naturellement leur place, alors qu'à l'occasion des grèves générales, ils ne sont que des alliés plus ou moins utiles. Intellectuel en chef, Sartre assume son rôle et dès le 10 mai, prend la tête d'une pétition de soutien au mouvement étudiant qui « vient brusquement d'ébranler la société dite de bien-être parfaitement incarnée dans le monde français ». Parlant aux intellectuels en patron et aux étudiants en admirateur : tel est Sartre version Mai 68. Ainsi dialogue-t-il d'égal à égal avec Daniel Cohn-Bendit dans les colonnes du *Nouvel Observateur* : « Quelque chose est sorti de vous, qui étonne, qui bouscule, qui renie tout ce qui a fait de notre société ce qu'elle est aujourd'hui. C'est ce que j'appellerai l'extension du champ des possibles. N'y renoncez pas. » Face à l'alternative « révolution ou monôme », le directeur des *Temps modernes* choisit la première.

Il n'est pas le seul. Ainsi, interpellé en public par un Cohn-Bendit moins respectueux qu'il l'a été avec Sartre, Aragon s'avoue-t-il fasciné par le mouvement. Il ose se différencier de son chef Georges Marchais pour lequel « Dany » n'est qu'« un anarchiste allemand ». Se protégeant derrière l'anonymat, l'auteur d'*Aurélien* écrit dans ses chères *Lettres françaises* : « Ce mai de Paris ouvre une ère nouvelle où nul ne peut douter que le peuple français une fois de plus ne sache reconnaître les siens. » « L'imagination au pouvoir » : ce slogan des rues devient le manifeste d'intellectuels fascinés mais incapables de toute explication. Les uns se raccrochent à de vieux concepts marxistes, tels Lefort et Castoriadis, d'autres comme Morin à une prospective sociologique, voire, comme Clavel, au Saint-Esprit.

Si les étudiants rêvent, leurs maîtres divaguent. Ce n'est pas le cas de Raymond Aron : là où son « petit camarade » s'émerveille devant une révolution, lui ronchonne en face d'un monôme. Il ménage certes au début les étudiants : « Le déchaînement actuel porte en lui, sur le plan de l'Histoire, plus de périls que d'espérance, mais les acteurs du drame, refusant les mots d'ordre conventionnels, étrangers aux vieux partis, offrent, malgré tout, la chance d'une totale disponibilité. » Mais il se rallie rapidement au jugement de son ami Kojève, le meilleur hégélien français : « Un ruissellement de connerie. » Et inquiet de la déliquescence des pouvoirs établis – politiques, universitaires, médiatiques –, Aron se lance pour la seule fois de sa vie dans l'action concrète : « J'invite tous ceux qui me liront et qui trouveront dans mes propos l'écho de leur inquiétude à m'écrire. Peut-être le moment est-il venu, contre la conjuration de la lâcheté et du terrorisme, de se regrouper en dehors de tous les syndicats en un vaste comité de défense et de rénovation de l'université française. »

Se rangent alors derrière la bannière d'Aron d'anciens communistes – Emmanuel Le Roy Ladurie, Alain Besançon, Annie Kriegel – passés avec armes et bagages dans l'autre camp, des libéraux – Raymond Boudon, François Bourricaud – et des réformistes modérés tel Michel Crozier, l'auteur de la *Société bloquée*.

Voilà une nouvelle fois Sartre et Aron face à face. C'est le premier qui perd ses nerfs et, embarqué dans sa démagogie pro-étudiante, se laisse aller jusqu'à l'injure dans *Le Nouvel Observateur* : « Raymond Aron ne s'est jamais contesté et c'est, pour cela, qu'il est, à mes yeux, indigne d'être professeur. Cela suppose surtout que chaque enseignant accepte d'être jugé et contesté par ceux auxquels il enseigne, qu'il se dise : " Ils me voient tout nu… " Il faut, maintenant que la France entière a vu de Gaulle tout nu, que les étudiants puissent regarder Raymond Aron tout nu. On ne lui rendra ses vêtements que s'il accepte la contestation. » Dans le climat de l'époque, le ridicule ne tue pas. Les paroles de Sartre, si grotesques soient-elles, sont prises au sérieux. C'est donc par une protestation réfléchie et respectueuse que réagissent Grosser, Hassner, Pierre Nora, à ce qui n'aurait mérité qu'un haussement d'épaules.

Sartre, en revanche, est plus perspicace sur la signification politique du phénomène. Il entrevoit une brèche entre les acteurs classiques de la gauche, PCF et gauche non communiste, qui permettrait à une dynamique politique de se créer en relation avec les conflits sociaux et les mouvements de la société : ce sera l'espace, plus tard, du gauchisme auquel il apportera inlassablement sa caution. Quant à Aron, lui aussi se radicalise à sa manière. Oublieux de son divorce avec le gaullisme, il se joint à la grande manifestation du 30 mai et se réjouit de la fin de ce que de Gaulle avait appelé « la chienlit ». Encore meurtri par la bouffée d'irrationalité à laquelle il assimile les événements, il publie dès juillet un opuscule au titre évocateur, *La Révolution introuvable*. Sa plume n'épargne ni le fonctionnement, ni les maladresses du pouvoir gaulliste sans lesquels la révolte n'aurait pas dégénéré. Il n'existe qu'un seul point sur lequel Aron et Sartre sont d'accord : l'un et l'autre mettent en exergue la stratégie menée par un PCF débordé, qui a préféré conforter le pouvoir en place plutôt que d'essayer de le renverser au profit d'un Mendès France ou d'un Mitterrand dont il a toujours attendu le pire.

Au-delà de la démarche politique du PCF, c'est l'ascendant même du marxisme qui est remis en cause. 68 n'entre ni dans ses canons théoriques, ni dans sa vision des forces sociales. Sartre l'affirme haut et clair, ce qui balaie d'un coup ses illusions d'ancien compagnon de route. Mais il n'est pas le seul. Ainsi de Maurice Clavel qui proclame dans son style inimitable : « Ma théorie, ce n'est pas que le marxisme est dépassé intellectuellement – ce qui ne voudrait rien dire – mais dépassé par l'Histoire, brûlé comme une gare par un train trop rapide. Rien n'a jamais été exactement marxiste et ne le sera plus. Il faut s'y résigner... Ce serait le sens profond du graffiti anarchiste qui m'a pour le moins amusé : " Le marxisme est l'opium du peuple ". »

Une fois le calme revenu, « la Chambre introuvable » en place, l'ordre gaulliste rétabli, 68 ne va pas disparaître du champ intellectuel. Née dans les universités, donc plus familière pour l'intelligentsia qu'un mouvement ouvrier, la révolution avortée de Mai va occuper de façon obsessionnelle le débat public. C'est d'abord une quête inlassable des causes. Pourquoi un mouvement qui balaie le monde étudiant de San Francisco à Francfort, de Chicago à Paris ? Pourquoi les enfants de la société de consommation se retournent-ils contre elle ? Pourquoi la révolte disqualifie-t-elle les instruments politiques classiques ? Pourquoi les rejetons d'un Occident prospère commencent-ils à céder à l'utopie chinoise, le rêve soviétique ayant désormais du plomb dans l'aile ? Pourquoi une rébellion contre l'ordre, concomitante de l'apparition des « théories de la destruction » ? Pourquoi, plus prosaïquement, l'avènement de l'enseignement de masse crée-t-il des frustrations inattendues ? Pourquoi une société de plus en plus areligieuse provoque-t-elle un besoin inattendu de spiritualité ? Les intellectuels ne cessent de disserter sur un événement qui les a à ce point surpris et désemparés, mais nul n'apporte évidemment de réponse et chacun de projeter sa grille d'analyse sur la « Révolution introuvable », comme une preuve irréfutable de la justesse de ses théories.

Si 68 n'a pas d'origine claire, il a en revanche une descendance politique dans laquelle le monde intellectuel va jouer un rôle essentiel. Le gauchisme est en effet une aventure menée par des intellectuels, pour des intellectuels, commentée par des intellectuels. Son pape est évidemment Sartre. Celui-ci accorde en effet sa caution, sans discuter ou contester. Les étudiants doivent continuer le combat et sont légitimes à recourir, s'il le faut, à la violence. Quel est, à ses yeux, le choix des étudiants : « Se pendre – par horreur de la société que nous leur avons faite –, se vendre – cela veut dire se foutre de tout et qui sait? en venir à se pendre dans quelques années – ou s'unir, conserver leur pouvoir négatif, mener une guerre d'escarmouches contre les vieux qui gouvernent, rallier, dès qu'ils pourront, le gros des travailleurs, force principale de la révolution et foutre le régime en l'air. » Sartre pousse, sans le vouloir, la démagogie jusqu'à oublier les règles du français et se vautre dans l'argot, sans doute afin de « faire jeune », comme d'autres autrefois voulaient « faire peuple ».

Le clergé de l'Eglise gauchiste est multiforme; il s'exprime dans une myriade de revues, de feuilles clandestines ou non, de journaux éphémères. Les tables de loi ont pour auteurs Marcuse – son *Homme unidimensionnel* est un best-seller –, ou Mao lui-même avec son inénarrable *Petit livre rouge* que les meilleurs esprits ahanent avec componction. Quant aux « jésuites » du gauchisme, les meilleurs militants et les plus illuminés sont réunis au sein de la Gauche prolétarienne. C'est le plus structuré des groupes maoïstes. Les deux dirigeants de son journal *La cause du peuple*, Le Dantec et Le Bris, ayant été arrêtés, Sartre prend la direction de la publication et met le pouvoir au défi de l'écrouer. Mais Georges Pompidou ne veut pas davantage que le général de Gaulle en 1961 « embastiller Voltaire ».

Si la Gauche prolétarienne – la GP – ne fait pas la révolution, elle offre en revanche une propédeutique pour préparer les intellectuels aux « lendemains qui chantent ». Sans elle, les Pierre Victor (Benny Lévy), Serge July, Olivier Rolin auraient-ils émergé? Même si Philippe Sollers n'est pas membre de la GP, il en est un allié quotidien, ayant affermi sa revue *Tel quel* au maoïsme, tout en ayant l'habileté d'y accueillir des contributeurs plus éloignés, tous futurs maîtres de l'intelligentsia à venir – Foucault, Barthes, Derrida...

Ainsi, après avoir défendu le communisme le plus classique, jusqu'à avoir approuvé l'invasion de la Tchécoslovaquie, *Tel quel* fait un virage bord sur bord et apporte au mouvement maoïste ses lettres de noblesse intellectuelle. Si l'écriture est raffinée, le style éblouissant, les contre-pied nombreux, la pensée *Tel quel* apparaît, avec le recul, grotesque. Comment un esprit supérieur comme Sollers a-t-il validé en 1971 une « Déclaration sur l'hégémonie idéologique bourgeoisie/révisionnisme », pleine d'affirmations sophistiquées : « A bas la bourgeoisie corrompue ! A bas le révisionnisme pourri ! A bas leur binarisme de superpuissance ! Vive *De la Chine*[1] ! Vive la Chine révolutionnaire ! Vive la pensée Mao Tsé-toung. » Tel Gide accomplissant son voyage en URSS, Sollers part pour la Chine en 1974 mais en revient, sans un « Retour de Chine ». Tout est parfait. Le subterfuge des « villages Potemkine » fonctionne toujours avec les intellectuels... De la même manière que seule la déstabilisation menée par Moscou avait ouvert les yeux des zélotes français, c'est, une fois Mao disparu et la « bande des quatre » arrêtée, que Sollers et les siens retrouveront la raison. Mais la force de l'engagement maoïste est telle que certains intellectuels ne se contentent pas de mots. Ils abandonnent la quiétude du Quartier latin pour s'enrôler comme ouvriers, tel Robert Linhart qui tirera de son passage en usine un livre admirable sur la condition ouvrière, *L'Etabli*.

Si le gauchisme politique va se trouver dans une impasse, le gauchisme sociétal va être, lui, un instrument de transformation du pays. Ce sont, à nouveau, des intellectuels qui mènent la manœuvre. En particulier au service du combat féministe. Créé en 1970, le Mouvement de libération des femmes réunit la « haute » et la « basse » intelligentsia féminine, les plus grands noms et des agrégées anonymes. Le 5 avril 1971, 343 « salopes » publient un manifeste dans *Le Nouvel Observateur* en faveur de l'avortement et surtout avouent y avoir recouru. En haut de la liste des signataires, Simone de Beauvoir. Rien de plus naturel : *Le deuxième sexe* a été la bible de toutes les pétitionnaires, de Duras à Gisèle Halimi, de Colette Audry à Dominique Desanti. C'est la génération de la guerre d'Algérie qui mène la danse : les 343 ne font que reprendre dans une France apaisée ce que les 121 firent dans un climat de quasi-guerre civile. Encore trois ans avant que Simone Veil fasse voter la loi emblématique qui porte son nom, avec le soutien indéfectible de Valéry Giscard d'Estaing.

---

1. Titre du livre de Maria-Antonietta Macciocchi.

Enfin 68 vint !

Le gauchisme sociétal n'a pas connu d'autres succès aussi fulgurants. Mais il a semé maintes graines : les rêves autogestionnaires qui détermineront l'idéologie de la CFDT ; les premières utopies écologistes d'André Gorz ; les rêves pédagogiques d'Ivan Illitch ; l'action en faveur des prisonniers à l'initiative de Michel Foucault ; toutes les batailles en faveur de la liberté des mœurs. Que de terrains occupés à l'origine par des intellectuels, relayés ensuite par des journaux, *Libération* et *Le Nouvel Observateur*, devenus l'un et l'autre les feuilles paroissiales de l'intelligentsia et débouchant enfin sur des décisions, au moins partielles, d'un pouvoir politique peu désireux d'affronter le monde de l'esprit ! Le mouvement de la société s'est substitué à la politique comme champ du militantisme et, avec lui, ce sont de nouvelles figures, Michel Foucault au premier chef, qui remplacent le parrainage paternaliste d'un Sartre usé à force d'avoir trop servi.

Spécificité majeure du gauchisme français, il n'a jamais dérapé – sauf l'exception ultérieure d'Action directe – dans le terrorisme et l'assassinat, à la différence de la Fraction armée rouge en Allemagne. D'où est venu ce sursaut moral ? Aujourd'hui retraités, maints gauchistes donnent souvent comme explication que nombre d'entre eux étaient juifs et que les enfants de la Shoah ne pouvaient pas se transformer en assassins. C'est évident. Mais le fait que la plupart d'entre eux aient été des intellectuels, souvent des philosophes, à la différence de leurs congénères allemands, a sans doute joué un rôle. Un intellectuel assassin est en général un oxymore : cela semble avoir été le cas pour les militants de 68, devenus les figures de proue du gauchisme des années soixante-dix.

Pourquoi l'intelligentsia est-elle, avec le recul, si indulgente pour le gauchisme post-soixante-huitard qui, dans sa version politique, a été d'une débilité abyssale ? Parce qu'elle était elle-même, pour une fois, à la manœuvre et qu'elle garde le souvenir ému d'une période où, pour parler le langage hégélien, elle s'est crue le sujet de l'Histoire et non plus, comme à l'accoutumée, son commentateur, c'est-à-dire son objet.

CHAPITRE 50

Les nouveaux maîtres

Les années soixante-dix sont révolutionnaires au sein de l'univers confiné de l'intelligentsia. Le pouvoir change de mains. Depuis 1715 les intellectuels étaient des romanciers, des philosophes, accessoirement des historiens, tous lancés dans le débat public. L'ascendant passe brutalement aux sciences humaines. Ce sont désormais aux yeux du monde entier Michel Foucault, Fernand Braudel, Claude Lévi-Strauss et dans une moindre mesure Roland Barthes, Jacques Derrida, Gilles Deleuze, qui font rayonner l'esprit français.

Imagine-t-on plus différent de Sartre, Camus, Aragon, Mauriac, Malraux ? Moins romantique, moins idéaliste, plus rationnel, plus méthodique, plus appliqué. Même quand ils substituent l'intérêt pour la chose publique à leurs travaux académiques, ils agissent différemment. Encore la tribu des nouveaux maîtres se divise-t-elle. D'un côté, les Lévi-Strauss, Braudel, qui se mêlent peu aux affaires de la cité, alors que leurs pensées se prêtent à des lectures hautement politiques. De l'autre, les Foucault, Derrida et autres dont les travaux doivent peu à la politique et dont il leur faut, au nom de leurs pulsions militantes, tordre la signification afin d'en faire des instruments de combat.

Dans la confusion si particulière de cette époque, le plus paradoxal est le traitement réservé à l'œuvre de Lévi-Strauss. Ancienne – *Les structures élémentaires de la parenté* sont vieilles de plus de vingt ans, *L'Anthropologie structurale* date de 1958, *La Pensée sauvage* de 1962 –, reconnue académiquement de longue date, elle devient la référence des années soixante-huitardes. Elle constitue la base du culte soudain pour le structuralisme : le primat des structures sur les individus, des systèmes de relations sur les idéologies, des normes sur l'Histoire, des irrédentismes sur le mouvement. C'est une philosophie immobiliste, conservatrice, aux antipodes de l'effervescence, de l'apogée de l'individualisme, du désir fou de mouvement auxquels s'assimile 68. Lévi-Strauss est plus un savant qu'un intellectuel, au sens français du terme : il n'intervient guère dans le jeu politique ou social, sauf exceptions rarissimes et sur des enjeux qui relèvent de l'humanisme le plus banal.

Voilà pourtant le structuralisme devenu la pensée emblématique de 68. C'est un contresens sans égal, mais Lévi-Strauss en tire une gloire dont il refuse de faire le moindre usage politique. Il faudra attendre les années récentes, les discussions sans fin sur le multiculturalisme, les interrogations sur l'équivalence des civilisations pour que la pensée de l'auteur de *Tristes tropiques* s'inscrive, cette fois-ci à bon droit, au centre du débat public. Mais lui-même sera toujours réticent à se laisser attirer sur le terrain. C'est vraiment l'anti-Sartre. Aussi scientifique que l'autre est littéraire. Aussi retenu qu'il est exubérant. Aussi méthodique qu'il est approximatif. Aussi sceptique qu'il est enthousiaste. Aussi solitaire qu'il se veut chef de bande. Aussi cohérent qu'il est instable. Aussi rigide qu'il est impulsif. Mais Lévi-Strauss n'est qu'un emblème en creux des années post-1968, alors que Sartre demeurera toujours le porte-étendard de l'après-guerre.

Avec Braudel le paradoxe n'est pas moins grand. Son nom n'apparaît pas une fois dans l'admirable *Siècle des intellectuels* de Michel Winock[1], preuve s'il en est que l'auteur de la *Méditerranée au temps de Philippe II* n'a jamais voulu utiliser à d'autres fins son exceptionnel statut académique. Sa trilogie sur le capitalisme, *Civilisation matérielle et capitalisme*, est pourtant une parfaite boîte à outils pour comprendre l'économie contemporaine. Il n'a pas souhaité se livrer à cet exercice de transcription mais il

---

1. Auteur auquel je dois tant, comme je l'explique en ouverture de la bibliographie.

se réjouissait qu'on le fît. Ainsi, souvenir personnel, m'avait-il donné *a posteriori* son blanc-seing, après un livre *L'après-crise est commencé* publié en 1982 où, tel un artisan, j'utilisais un à un les concepts implicites de sa trilogie pour expliquer la dynamique de l'économie.

Il n'y a pas plus politique que la pensée de Braudel : son ouvrage inachevé sur *L'Identité de la France* pourrait surplomber utilement aujourd'hui les discussions sur l'identité nationale. Mais comme il s'est abstenu d'entrer lui-même dans l'arène publique, seuls des braconniers ont essayé de l'y entraîner. A la différence de Lévi-Strauss, Braudel n'est, lui, victime d'aucun contresens. La pensée post-soixante-huitarde l'ignore, au moment même où le monde académique américain le révère.

C'est aussi le cas de maints autres historiens – Le Goff, Duby – mais leurs travaux ne se prêtent à aucune lecture politique, à la différence de celle du père de la VIe section de l'Ecole pratique des hautes études. La situation est donc moins paradoxale pour eux. De cette génération d'historiens, seul Emmanuel Le Roy Ladurie a tenu le rôle de l'intellectuel traditionnel. Rien de plus naturel : un ancien communiste ne s'abstrait jamais du champ politique ; il se contente d'inverser les pôles de sa boussole idéologique.

Que Lévi-Strauss et Braudel aient accepté d'être élus à l'Académie française est révélateur ! Ce n'est pas, au vingtième siècle, un antre pour les intellectuels traditionnels. Mauriac ne constitue pas de ce point de vue un contre-exemple, puisqu'il était devenu académicien avant que la guerre d'Espagne fasse de lui un intellectuel. Ainsi apparaît, après 68, une configuration inattendue : deux des plus importants penseurs français ne se comportent pas, à la différence de tous leurs devanciers, suivant les canons traditionnels de l'intellectuel.

Cette distance prise par ces deux « grands » n'est pas inhérente à l'essor des sciences humaines puisque, dans le quarteron des Français les plus admirés dans les universités américaines, figurent des personnalités qui se sont lovées, elles, avec bonheur dans la silhouette classique de l'intellectuel, Michel Foucault le premier. Le « foucaldisme » est devenu, lui aussi, une pensée emblématique de ces années-là, alors qu'il en est la contradiction. Quel est, en effet, le projet à moitié avoué que développent

Les Mots et les choses ? La liquidation de l'Histoire. Or qu'est-ce que 68 ? La résurgence la plus classique de l'Histoire, jouée par de nouveaux acteurs. Sartre a naturellement détesté cette approche. Aussi a-t-il essayé d'excommunier Foucault, ce « dernier barrage que la bourgeoisie puisse encore dresser contre Marx », mais les temps ont changé. Etre cloué au pilori dans les colonnes des *Temps modernes* n'a plus guère d'importance même si les termes mêmes de la proscription n'étaient pas tendres : « Foucault apporte aux gens ce dont ils avaient le plus besoin : une synthèse éclectique où Robbe-Grillet, le structuralisme, Lacan, *Tel quel* sont utilisés tour à tour pour démontrer l'impossibilité d'une réflexion historique. » C'est transformer en publicitaire de la pensée un intellectuel dont *L'Archéologie du savoir* va assurer la réputation mondiale.

Foucault est, il est vrai, plus gênant pour Sartre que Lévi-Strauss car il s'engage. Il le fait, de surcroît, d'une manière plus adaptée au mouvement de la société, et surtout sur des enjeux proches de ses travaux. Ainsi, dès lors que l'analyse du « panoptique » de la prison est au cœur de sa réflexion dans *Surveiller et punir*, son militantisme se porte-t-il vers les droits des prisonniers. Il crée dans cet esprit en 1971 le Groupe d'information sur les prisons (GIP). Son projet ne relève pas d'une version moderne de l'action de charité. Il se veut politique : « Nul de nous n'est sûr d'échapper à la prison. Aujourd'hui moins que jamais. Sur notre vie de tous les jours le quadrillage policier se resserre : dans la rue et sur les routes ; autour des étrangers et des jeunes ; le délit d'opinion est réapparu ; les mesures antidrogue multiplient l'arbitraire. Nous sommes sous le signe de la " garde à vue ". On nous dit que la justice est débordée. Nous le voyons bien. Mais si c'était la police qui l'avait débordée ? » La vision philosophique de la prison, chez Foucault, se superpose avec l'action militante. De même, auteur d'une *Histoire de la folie*, se bat-il pour les droits des internés psychiatriques.

Mais derrière ces combats en apparence spécifiques, se glisse une vision unitaire : « Il est intéressant de voir que c'est bien un peu dans le même mouvement que les malades dans les hôpitaux psychiatriques, les écoliers dans les lycées, les prisonniers dans leurs maisons de détention mènent actuellement la révolte. Ils mènent en un sens la même révolte, puisque c'est bien contre le même type de pouvoir qu'ils se révoltent. » Il aurait pu ajouter dans cet énoncé les « homosexuels », puisque homosexuel lui-même, il dévoilera plus tard ce même pouvoir en action dans l'ordre sexuel, en écrivant *La volonté de savoir*.

Mais lorsque Foucault ne se contente pas de s'en prendre à un « pouvoir » à la fois évanescent et hyperprésent et décide d'entrer dans le pur champ politique, sa capacité à déraper vaut bien celle de Sartre. Ainsi proclame-t-il en 1971 la légitimité de la justice de classe : « Quand le prolétariat prendra le pouvoir, il se peut qu'il exerce à l'égard des classes dont il vient de triompher un pouvoir violent, dictatorial et même sanglant. Je ne vois quelle objection on peut faire à cela. » Il justifie, dans le même esprit, un peu plus tard les massacres de septembre 1792 : « Les exécutions de septembre étaient à la fois un acte de guerre contre les ennemis intérieurs, un acte politique contre les manœuvres des gens au pouvoir et un acte de vengeance contre les classes oppressives. » Il y a chez ce Foucault-là du Saint-Just, avec la quête d'une pureté dont on sait où elle mène. C'est ce même culte d'un pouvoir pur qui pousse l'auteur de *Surveiller et punir* à s'emballer pour la révolution iranienne de 1979 et à trouver à l'ayatollah Khomeyni les mêmes vertus surhumaines qu'Aragon prêtait à Staline. Une fois de plus, le goût de l'absolu est pour un intellectuel le moteur du dérapage. Intellectuel à l'ancienne, Foucault est insignifiant, voire ridicule. Intellectuel d'un nouveau style, déplaçant le terrain du combat et s'emparant d'enjeux jusqu'alors méprisés, il est en phase avec une époque qui voit la société civile prendre son essor aux dépens de la sphère politique.

Il est, de ce point de vue, le plus emblématique d'une cohorte qui comporte aussi Deleuze et Guattari, auréolés par leur *AntiŒdipe*, ainsi que Derrida. Celui-ci expliquera plus tard comment l'onde de choc de 68 a influencé sa pratique : « Je ne saurais le nommer, une secousse sismique venue de loin et portant très loin. Dans la culture et dans l'université, ces ondes de choc ne se sont pas encore stabilisées. J'y ai été plus sensible après coup, au spectacle du ressentiment et de la reprise en main par les forces les plus conservatrices, voire rétrogrades, notamment dans l'université. C'est dans cet après-coup, que j'ai commencé à donner une forme plus visible, disons militante, à mon travail d'enseignant. » La formation du GREPH – Groupe de recherche sur l'enseignement de la philosophie – date de ces années-là. Mais à la différence de Foucault qui parvient à établir un pont entre ses terrains de recherche et son action militante, Derrida ne peut guère trouver de débouché à sa philosophie de la « déconstruction ». Aussi est-ce sur la pratique même de son métier d'enseignant qu'il doit se rabattre pour militer.

Les nouveaux maîtres ne sont pas tous bâtis soit sur le mode Lévi-Strauss/Braudel, soit sur l'approche Foucault/Derrida. Certains perpétuent des modèles à l'ancienne. Ainsi Louis Althusser est-il un héritier lointain de Lucien Herr. Même si son œuvre, et en particulier son *Pour Marx*, ont joué un rôle symbolique majeur dans les débats internes au monde communiste, avec sa « coupure épistémologique » entre le jeune Marx idéaliste et le vieux Marx devenu enfin marxiste, c'est par le magnétisme exercé sur une génération de normaliens, de Pierre Victor à Bernard-Henri Lévy qui en parle comme de son « maître », qu'il a pesé sur le cours des choses et la vie de l'intelligentsia. Les enfants d'Althusser occupent encore la scène intellectuelle. Mais lui, à la différence de Lucien Herr, n'a pas eu d'affaire Dreyfus et n'a pas cherché de cause, même mineure, à défendre.

Autre profil classique d'intellectuel, l'esthète qui accepte de façon incidente de se mobiliser et de rejoindre, presque par hasard, une cohorte de pétitionnaires : tel est Lacan. Habile à cultiver son mythe, à économiser ses apparitions, à distiller sa parole, à mêler dans une même troupe admirateurs, élèves et patients, il fascine d'autant plus les intellectuels que nombre d'eux s'imaginent entrer, un jour, en cure avec lui. Il se garde en revanche soigneusement à distance des batailles et des affrontements : il est vrai qu'il est, de ce point de vue-là, suffisamment servi avec les guerres picrocholines entre coteries psychanalytiques.

Quant à Bourdieu, il occupe une place originale, ayant fabriqué sa gloire sur une critique de l'intelligentsia et terminant sa vie en intellectuel d'intervention du style le plus traditionnel. Ses *Actes de la recherche en sciences sociales* décryptent le fonctionnement de l'intelligentsia à l'aide des critères « bourdivins » et en particulier de l'usage que ses membres font du « capital culturel », cet authentique apport conceptuel de Bourdieu. La gloire que lui a procurée la publication, avant Mai 1968, des *Héritiers*, en collaboration avec Jean-Claude Passeron, et le rôle de bréviaire tenu par cet ouvrage pendant les événements, ont constitué pour Bourdieu un actif qu'il a fait soigneusement prospérer. Aussi habile à manier le pouvoir universitaire qu'à débusquer le pouvoir social, il a su se créer un réseau d'influence sans pareil. Elèves fidèles, enseignants redevables d'un soutien, éditeurs ensorcelés, technocrates fascinés, journalistes médusés : autant de relais pour Bourdieu, afin d'asseoir son rôle historique. Lequel ? Non celui d'un intellectuel isolé qui vient se mêler aux luttes ouvrières, mais au contraire celui d'un chef, appuyé par des bataillons d'universitaires et des contingents de fidèles, qui passe une alliance en bonne et due forme avec les responsables du mouvement social : les grèves de 1995 seront, à ses yeux, un champ d'expérimentation idéal. A la fois théoricien et praticien, Bourdieu incarne le fantasme de l'intellectuel-acteur politique dont beaucoup, dans les générations précédentes, avaient rêvé. Il a su se protéger de grandes erreurs à la Sartre et à la Foucault et son discours a toujours été suffisamment rationnel pour faire oublier la part d'excès et souvent la pointe de ressentiment qu'il comportait. Bourdieu a fait émerger une variante inattendue de l'intellectuel : le professionnel, aussi rusé qu'un politique, aussi autoritaire qu'un patron, aussi manipulateur qu'un journaliste. Alain Badiou essaie aujourd'hui d'occuper cet espace mais il n'en a guère les moyens : ni une œuvre aussi puissante que celle de Bourdieu, ni une machine aussi efficace. L'imprécation et la violence verbale sont des instruments fugitifs.

Ainsi, autant de maîtres, autant de postures : dans une société, comme disait Derrida, « déconstruite », le moule est cassé.

CHAPITRE 51

Le jeu s'ouvre

Les intellectuels étaient, depuis des décennies, fascinés par le communisme. Fascination-passion ; fascination-répulsion. Fascination complice ; fascination agressive. Toutes les nuances ont existé de comportements qui doivent autant à l'affect qu'à la raison. L'engloutissement progressif du communisme et de tout ce qui l'accompagne, de la conception marxiste de la Révolution française au mépris pour la social-démocratie, va être une libération pour l'intelligentsia. S'ouvre alors une période des « cent fleurs » : des pensées interdites renaissent ; des traditions idéologiques ressurgissent ; des percées conceptuelles se produisent.

L'irruption, dans les années soixante-dix, des dissidents est le signal de l'agonie intellectuelle du communisme. *L'Archipel du goulag* n'apprend rien à ceux qui voulaient savoir, mais ceux qui refusaient de voir sont soudainement obligés de reconnaître la réalité. Celle-ci se cristallise comme l'amour chez Stendhal : de manière subreptice et définitive... Soljenitsyne avait frappé plus fort, quelques années auparavant, avec *Une journée d'Ivan Denissovitch*, mais c'est *L'Archipel* qui va sonner le glas, en Occident, du communisme intellectuel. Face à la stratégie de type « Fort Chabrol » que mène le PCF contre Soljenitsyne, c'est *Le Nouvel Observateur*, Jean Daniel en tête, qui conduit l'assaut, suivi de tous les intellectuels issus de la gauche non communiste. Se déroule dès lors l'ultime bataille entre les intellectuels communistes et les derniers compagnons de route d'un côté, le reste de l'intelligentsia de l'autre.

Alain Decaux et Max-Pol Fouchet s'émeuvent des risques d'antisoviétisme, alors que Maurice Clavel et André Glucksmann, qui fait à cette occasion sa première apparition, se portent en défense de Soljenitsyne. Glucksmann enfonce le clou en 1975 avec *La cuisinière et le mangeur d'hommes*. Ancien communiste, ancien maoïste et – paradoxe – ancien aronien, jouant d'un bizarre registre philosophique mêlant l'idéalisme et des réflexions à la Clausewitz, porté par un style lyrique et désarticulé, Glucksmann ouvre une brèche. L'anticommunisme était jusqu'alors l'apanage soit de la droite, soit d'une vieille gauche de type SFIO, soit d'un gauchisme frétillant. Avec Glucksmann, c'est un nouveau type d'intellectuel qui entre en scène : de gauche mais inclassable, marxiste de formation mais libéral d'esprit, mi-philosophe, mi-historien, mi-stratège, mi-humaniste. Il s'identifiera aux « nouveaux philosophes », portés en 1977 par le triomphe des *Maîtres penseurs*, toujours de Glucksmann, et surtout de *La Barbarie à visage humain* de Bernard-Henri Lévy. Profitant du retournement des médias, désireux de faire oublier leur indulgence à l'égard du communisme, ceux-ci s'installent en force dans le paysage.

BHL est le premier intellectuel à manier la télévision, avec la même efficacité que l'avait fait, dans le monde politique, Valéry Giscard d'Estaing. De plain-pied avec l'instrument, il en découvre intuitivement les ressorts. Après lui, comme après Giscard, ni les intellectuels, ni les politiques, ne pourront communiquer à l'ancienne. Installé au centre du théâtre intellectuel depuis *La Barbarie*, BHL ne quittera plus cette position d'influence. L'homme est, chacun le sait, protéiforme. Philosophe, il s'impose de devenir romancier ; essayiste, il s'amuse à tâter du théâtre et du cinéma ; viscéralement de gauche, il ne répugne pas à de fugitifs compagnonnages avec la droite ; élève d'Althusser, il se veut aussi l'enfant d'Emmanuel Levinas ; enthousiaste, il demeure toujours rationnel ; réfléchi, il aime à s'enflammer. La provocation ne le rebute pas, mais il n'en fait pas profession. Lorsqu'il piste, dans *L'Idéologie française,* la filiation pétainiste, il horrifie les pouvoirs intellectuels en place : trente ans plus tard, ceux-ci ne lui rendront-ils pas secrètement les armes ?

Pour BHL, il n'y a pas de causes philosophiques d'un côté, politiques, voire stratégiques de l'autre ; il n'existe que de bonnes causes. Et pour elles, le grand bourgeois se mue en randonneur des *Guerres oubliées* ; la diva en compagnon des résistants afghans et des combattants bosniaques ; l'habitué des « grands » en chroniqueur, au long des routes américaines, de la vie des « petits ». Ce dilettante d'allure est un laborieux ; cet orateur en apparence facile, un travailleur acharné ; ce rhéteur spontané, un rat de bibliothèque. Sans doute le plus prolifique des intellectuels de la fin du vingtième siècle, ayant noirci des milliers de pages de livres et d'articles, ayant chevauché des causes innombrables, les unes méconnues, les autres évidentes, les dernières rocambolesques, il aurait pu déraper d'innombrables fois. Il ne l'a quasiment jamais fait. Doté d'une étonnante boussole intérieure, il trouve toujours le bon pôle, celui de la morale et de la raison. Quelle différence avec Sartre, qu'il s'est acharné à défendre sur des centaines de pages et même avec Malraux qu'on l'accuse à tort de singer, alors qu'il a témoigné d'une continuité intellectuelle et politique bien éloignée des zigzags de l'auteur de *La Condition humaine* !

Que valent, à cette aune-là, les reproches d'une intelligentsia jalouse ? Il existe en effet un système BHL, une toile d'araignée dont il est le centre, où se meuvent de vrais fidèles en réciprocité de sa propre fidélité, des alliés traditionnels, des partenaires fugitifs et une dose normale d'inutiles et de quémandeurs. Mais ce système, à la différence de la machine Bourdieu, n'a jamais écrasé, piétiné, humilié : adapté au fonctionnement de la société telle qu'elle est, il a, pour l'essentiel, été toujours « du bon côté de la barricade ».

Avec les débris du communisme, c'est aussi une conception manichéenne de la politique qui commence à s'évaporer. Qui aurait imaginé possible, dans les années cinquante, Sartre s'appuyant en 1979 sur le bras d'Aron, afin d'aller plaider avec lui auprès du président de la République la cause des « boat people » vietnamiens ? Scène quasi surréaliste qui balaie, par sa seule force, les batailles idéologiques d'hier. Le temps du camp du bien et du camp du mal est désormais passé ; le triomphe des causes humanistes est le résultat naturel du relativisme en train de s'imposer. Car le droit d'ingérence, porté par Bernard Kouchner et maints intellectuels, ne se compare pas avec, par exemple, l'intervention en Espagne. En 1936 l'engagement est idéologique; à partir de 1975 il s'identifie à la défense des droits de l'homme les plus élémentaires. Sartre fait un geste, qu'il aurait qualifié vingt ans plus tôt « d'émotion petite-bourgeoise », et Aron reconnaît qu'on peut, pour des motifs simples, abandonner son quant-à-soi.

Dans cet air purifié de l'obsession communiste, le libéralisme relève la tête. Il avait connu une longue éclipse entre Tocqueville et Aron et encore ce dernier était-il pendant un quart de siècle une anomalie dans le paysage intellectuel. L'intelligentsia communiste ou communisante avait certes toujours trouvé en face d'elle une armée intellectuelle ennemie. Mais celle-ci avait été avant-guerre d'extrême droite, après la Libération vichyste fût-ce sur le mode clandestin, pendant les années du RPF nationaliste sous couvert de gaullisme. Elle ne s'était jamais incarnée dans le libéralisme.

C'est un libéralisme qui ne doit guère à l'étude d'Adam Smith ou de Jean-Baptiste Say, mais qui résulte chez ses figures emblématiques d'un itinéraire personnel et d'un éloignement du communisme qui se transforment peu à peu en réappropriation des réflexes et des ancêtres libéraux. Ainsi de Jean-François Revel qui publie en 1975 *La Tentation totalitaire* où il n'hésite pas, presque par autoflagellation, à mettre en accusation les intellectuels : « La proportion des irresponsables et des fanatiques parmi les intellectuels est approximativement la même qu'au sein des autres groupes socioprofessionnels et, au demeurant, la folie s'y distribue également entre tous les bords politiques. » Falstaff de l'intelligentsia, Revel va poursuivre, des années durant, sa croisade. Contre l'Union soviétique et le communisme, quitte à céder dans *Comment les démocraties finissent* à un pessimisme que va balayer 1989. Contre toute forme d'étatisme, au risque d'accuser la gauche de 1981 de maux qu'elle n'aurait ni voulu, ni pu commettre. Contre la moindre manifestation d'interventionnisme économique et de keynésianisme, au prix d'une naïveté quasi reaganienne. Peu économe de raccourcis et de jugements à l'emporte-pièce, il se transforme en un héraut du libéralisme, fût-il peu libéral de comportement à l'égard d'autrui. Mais son succès et son influence sont révélateurs de l'air du temps. Seule l'appartenance à la gauche bon teint assurait autrefois les ventes maximales ; ce n'est plus le cas.

Figure plus essentielle de ce libéralisme en gestation : François Furet. C'est dans son travail d'historien de la Révolution française que cet ancien communiste prend ses distances avec la toute-puissance de la pensée marxiste. Dans son *Histoire de la Révolution française*, en collaboration avec Jacques Ozouf, puis surtout dans *Penser la Révolution*, il jette aux orties l'historiographie des Soboul et Mathiez, avec leur culte des forces sociales et leur déterminisme si commode pour jeter un voile sur la Terreur. Réhabilitant Edgar Quinet et quelques libéraux de moindre envergure, Furet s'attache à mettre en exergue la dynamique purement politique de la Révolution, donc l'absence de fatalité et la part d'aléas au cœur d'événements que les marxistes estimaient prédéterminés. Sans jamais se présenter comme libéral – il est trop politique pour se coller une étiquette encombrante – Furet développera, lui aussi, une pensée centrée sur le totalitarisme, défendant même *Dans le passé d'une illusion* une thèse aussi contestable que choquante sur la gémellité du communisme et du nazisme, l'un et l'autre sous-produits de la haine des bourgeois. Mais l'influence de Furet ne résulte pas de la seule trace de ses ouvrages. Longtemps président de l'Ecole des hautes études en sciences sociales, co-président de la Fondation Saint-Simon, planète majeure dans la cosmographie du *Nouvel Observateur*, il a tissé un réseau d'élèves, de fidèles, de complices pour lesquels il est « la » référence. Aurait-il voulu jouer, sans une mort prématurée, un rôle à la Aron, batifolant sur des terrains politiques, économiques, stratégiques, éloignés de ses bases originelles, mais labourés à force de curiosité personnelle ? On ne le saura jamais.

Dans cette ouverture de l'intelligentsia, un homme joue un rôle particulier : Pierre Nora. Moins par son œuvre écrite que par sa capacité d'entraînement dont témoignent les incroyables *Lieux de mémoire*. Moins par des prises de position au scalpel que par son rôle de Pygmalion, à travers sa *Bibliothèque des sciences humaines*, où se sont retrouvés tous les grands noms des années soixante. Dans un monde intellectuel désormais moins structuré par les affiliations idéologiques, s'établissent des « affinités électives » : Pierre Nora les a multipliées autour de lui et sa revue *Le Débat* lui a permis, avec l'aide de Marcel Gauchet, de nouer des liens entre la haute intelligentsia de la *Bibliothèque* et la moyenne intelligentsia des lecteurs et contributaires du *Débat*.

Etonnant couple que Nora et Gauchet. L'un en finesse, l'autre en force. L'un en allusions, l'autre en démonstration. L'un raffiné, l'autre rugueux. L'œuvre de Gauchet est aussi personnelle et atypique que celle de Nora est collective et consensuelle. Gauchet est en effet irréductible à un courant : venu de ces endroits bizarres où se croisaient extrême gauche et extrême droite, nationaliste de réflexe mais européen d'analyse, étatiste de tempérament mais libéral de conviction. Il applique, avec la même énergie, sa rigueur intellectuelle peu commune, aussi bien à des réflexions philosophiques sur le sacré qu'à l'évolution de la carte électorale. Gauchet est unanimement respecté mais il n'a pas l'influence que devrait lui valoir sa puissance intellectuelle. Pourquoi ? Parce qu'il est inclassable et surtout imprévisible. Un franc-tireur intéresse ; un loup solitaire interpelle ; mais ni l'un, ni l'autre n'exercent de magistère vis-à-vis de la politique, de l'économie ou des mouvements de la société.

Nombre de ces figures occupent le devant de la scène intellectuelle depuis plus de trente ans et nul ne conteste leur ascendant. Le jeu s'est ouvert à leur profit dans les années post-soixante-huitardes mais depuis, il semble s'être refermé. Quel jeune intellectuel s'est récemment imposé par le même coup d'éclat que BHL en 1977 ? Est-ce une pénurie de talents ? Ou la fonction qui a changé de nature avec la chute du communisme, la toute-puissance de l'économie et l'irruption d'Internet ?

CHAPITRE 52

L'e-intellectuel

Le diagnostic est irréfutable : la société française ne fabrique plus d'intellectuels à l'ancienne, c'est-à-dire d'hommes de lettres – philosophes, romanciers, historiens – qui utilisent leur notoriété pour peser sur les grands enjeux politiques. BHL est sans doute le « dernier des Mohicans ». Les grandes périodes manichéennes étaient propices à l'engagement. Le bien, le mal, la société sans classes, le rejet du colonialisme, l'utopie révolutionnaire : autant d'enjeux qui n'appelaient pas la nuance et qui interdisaient à des esprits passionnés de demeurer sur l'Aventin.

Le monde ne se lit plus en blanc ou noir, mais suivant les nuances du gris. La lutte contre le terrorisme relève certes du manichéisme mais c'est un combat moral commode : qui, même le plus fou des intellectuels occidentaux, prendrait le parti d'Al-Qaïda ? Pour le reste, l'adhésion de la Turquie à l'Union européenne, la régulation du capitalisme, les avantages et les problèmes de la mondialisation ne peuvent susciter le manichéisme que d'illuminés. Il n'y a plus, depuis la fin du communisme, d'utopie capable de mobiliser zélotes et ennemis. La protection de l'environnement est une bataille, les droits de l'homme en Chine un vœu, la démocratisation de l'Iran une ambition, l'aide aux pays les plus pauvres une exigence, le refus de l'exclusion une nécessité, mais aucun de ces sujets ne structure la vie collective autant que le combat pour les libertés au dix-huitième siècle, l'aspiration démocratique au dix-neuvième, la lutte contre les totalitarismes au vingtième.

A enjeux dispersés, combattants eux aussi dispersés. Les passionnés d'une cause ne sont pas automatiquement les défenseurs d'une autre cause, dès lors qu'il n'existe plus d'idéologie unificatrice pour rendre cohérents tous les terrains de lutte. Un fou d'écologie peut être indifférent à la nucléarisation de l'Iran ou à la multiplication des SDF, un militant des pays les plus pauvres ne voir dans les débats sur le capitalisme qu'un luxe de riches, un défenseur du Tibet ignorer les discussions sur la bioéthique.

A savoirs multiples, intellectuels de diverse nature. De la même manière que, par exemple dans la sphère économique, l'ascendant s'est déplacé des théoriciens, tel Keynes, en quête d'une analyse globale vers les spécialistes de l'épargne financière, les analystes de la consommation ou les professionnels du retournement de cycles, l'époque ne se prête plus aux intellectuels tout terrain. La présence de la science est écrasante, mais un Bourdieu était incapable de s'y intéresser. Le génie génétique devient un « horizon indépassable » mais Umberto Eco – pour citer cette fois-ci un « intellectuel à l'ancienne » non français – n'a guère de chance d'en parler avec intelligence. L'avenir appartient désormais aux spécialistes et ceux-ci hésitent de plus en plus à envahir des terres inconnues : les découvreurs du virus du sida ne se mêlent heureusement pas de la crise financière et les universitaires compétents sur les civilisations asiatiques du conflit du Proche-Orient. Il existe, certes, de temps à autre, des frontaliers mais si leur vie intellectuelle est pleine d'agréments, elle ne leur offre aucun crédit académique, de l'un ou l'autre côté d'une frontière qu'ils s'acharnent à franchir. De même le sort des touche-à-tout est enviable mais leur influence est tellement diffractée qu'elle en devient marginale.

Dans un monde dominé par le marché, le pouvoir aurait dû passer aux mains des économistes et ceux-ci auraient pu jouer les intellectuels, à l'instar des philosophes d'autrefois. Mais le constat est limpide : il n'existe aucune figure dominante dans la sphère économique et les plus notoires se gardent d'incarner de grandes causes. Joseph Stiglitz n'est pas Keynes, mais surtout il évite de batifoler sur des enjeux moraux, politiques ou stratégiques. Entendons-nous bien. Nous ne sommes pas menacés par une pénurie de grands esprits : les derniers lauréats de la médaille

Fields ont certainement un talent équivalent à celui de Laurent Schwartz. Mais celui-ci a davantage gagné sa parcelle d'éternité comme infatigable militant que comme mathématicien hors pair. Les actuels prix Nobel de médecine ne sont pas moins inventifs que Jacques Monod, mais celui-ci a laissé une trace morale qui dépasse de beaucoup son apport à la science. Umberto Eco est certainement un linguiste au moins aussi aigu que Noam Chomsky, mais ce dernier s'est inscrit dans l'histoire contemporaine des Etats-Unis par son radicalisme politique.

Ce ne sont ni le brio, ni le savoir, ni le génie qui font défaut, mais le désir d'en faire un levier politique. Faut-il s'en lamenter, au nom du vieux principe réactionnaire que tout était mieux hier ? Ce serait décider d'un trait de plume que le rôle des intellectuels d'autrefois a toujours été salutaire. Brillant à coup sûr, mais bienvenu ? La tentation est grande de faire un bilan quasi comptable avec Zola ou Mauriac à l'actif, Brasillach ou Aragon au passif et Sartre dans les deux colonnes. C'est un exercice sans intérêt.

La question est autre mais elle est rétrospective : pourquoi tant d'esprits supérieurs ont-ils accumulé tant d'erreurs ? Sartre est un génie prométhéen, à l'instar de Picasso. Mais comment expliquer que, lancé sur une orbite politique, il se trompe presque toujours : sur le communisme, sur le sens de l'Histoire, sur le gaullisme, sur le gauchisme, sur les Etats-Unis, sur le marché ? On peut certes passer par pertes et profits ces dérapages, tels les petits côtés du grand homme. Mais, compte tenu de l'importance que lui-même a donnée à la politique, l'indulgence amnésique est une forme d'injure. Avec, à l'esprit, cette aptitude prodigieuse de l'intelligentsia à penser faux, faut-il regretter l'effacement de ce type d'intellectuel ? Par esthétisme culturel, oui ; par réalisme politique, non. L'alibi n'est pas très solide, qui donne à la fonction d'éveiller un droit imprescriptible à l'erreur. Mais ce débat-là n'est plus que rétrospectif, puisque sans intellectuel à l'ancienne, il n'existe plus, par définition, ni de dérapage, ni de droit à l'erreur.

Ce basculement, cet effacement de l'intelligentsia traditionnelle se sont produits avant le coup de tonnerre du Web. Celui-ci change-t-il la donne ? Va-t-il accoucher d'un e-intellectuel ? De même que Gutenberg a métamorphosé le rôle de l'écrivain, le Net bouleversera évidemment le fonctionnement de la sphère intellectuelle. Il en sera du pouvoir intellectuel comme du pouvoir dans la théorie de Michel Foucault : partout et nulle part. Le Net ne signifie pas, contrairement à ce que croient les idéalistes de la technologie, l'abolition de la rente du savoir. Celle-ci risque même de se renforcer, glissant des faits aux méthodes, des connaissances aux systèmes, des références lacunaires aux concepts. Tout est disponible mais rien n'est acquis. Tout est accessible mais rien n'est cohérent. Tout est offert mais rien n'est exhaustif. Les « sachants » n'ont donc pas lieu de s'inquiéter : la plupart des individus connaîtront bien davantage de choses, mais les détenteurs du vrai savoir garderont leur ascendant.

En revanche – c'est un paradoxe imprévu –, l'envie peut leur revenir d'un rôle social à l'ancienne. Le Net crée trop de tentations d'expression pour y résister. Son incroyable fébrilité mêle tout à tout. Il n'existe plus de monopole de l'information, plus de hiérarchie, plus de circuits privilégiés. Au royaume du « buzz », chacun se mêle des affaires d'autrui. Pourquoi les « sachants » seraient-ils les seuls à résister à la lame de fond ? Aussi deviendront-ils des e-intellectuels, désireux de participer à cette nouvelle agora qu'est le Web et le feront-ils avec l'énergie de leurs prédécesseurs.

Ils se heurteront rapidement à une difficulté. Dans cet univers vibrionnant, il n'existe plus de prime à la parole célèbre, plus de canal vertical de diffusion, plus d'autorité implicite. Le Net est un champ de bataille sur lequel les combattants commencent à égalité. Impossible d'imaginer sur le Web la secte Maurras, le clan Sartre, le système BHL. Dans un univers ouvert, ni les coteries, ni les mécanismes d'influence, ni les jeux traditionnels de pouvoir n'ont leur place. C'est le paradoxe d'un monde, au niveau des individus, sans privilège. Il faut y fabriquer chaque jour sa légitimité.

L'e-intellectuel ne sera donc pas un rentier mais un franc-tireur, non pas un bourgeois établi mais un braconnier, non pas un sage arrogant mais un adepte de la bataille de rue. Les signatures établies seront à parité avec des bloggeurs jaillis de nulle part, les potentats académiques avec des « snippers ». Quelle formidable fragilité pour les situations acquises ! Les intellectuels traditionnels vont enfin échapper à l'endogamie. Ils connaîtront, *horresco referens*, la concurrence et, signe suprême, leurs compétiteurs leur seront souvent inconnus. Certains d'entre eux deviendront des e-intellectuels mais beaucoup des e-intellectuels n'auront rien de commun avec l'intelligentsia classique. Cette partie-là sera excitante. Aucune situation acquise : quel bonheur ! Un zeste d'anarchie dans le monde clos des grands penseurs : quelle radieuse perspective !

BIBLIOGRAPHIE

Ma méthode de travail a été la suivante. D'une part un recours permanent à quelques ouvrages dits généraux qui m'ont servi, telle une rampe à laquelle s'accrocher, de supports de base. Je dois un hommage particulier à ce titre aux deux magnifiques livres de Michel Winock. Ils m'ont aidé à faire mes propres choix, souvent différents des siens, et à aller directement aux propos les plus illustratifs tenus par les personnages auxquels je m'intéressais. D'autre part l'utilisation d'extraits d'ouvrages qui m'ont été préparés avec minutie et intelligence par un jeune normalien, Gabriel Zucman, auquel va ma reconnaissance.

I. OUVRAGES GÉNÉRAUX

XVIIIe SIÈCLE

BADINTER Elisabeth, *Les passions intellectuelles*, Fayard, 2002-2007, 3 tomes : t. 1 : Le désir de gloire, t. 2 : L'exigence de dignité, t. 3 : La volonté de pouvoir.
CRAVERI Benedetta, *L'âge de la conversation*, Gallimard, 2002, rééd. coll. « Tel », 2005, 680 p.

XIXe SIÈCLE

WINOCK Michel, *Les voix de la liberté*, Seuil, 2001, rééd. coll. « Points », 2002, 832 p.

XXe SIÈCLE

JULLIARD Jacques et WINOCK Michel (dir.), *Dictionnaire des intellectuels français*, Seuil, 1996, rééd. 2009, 1530 p.
WINOCK Michel, *Le siècle des intellectuels*, Seuil, 1997, rééd. coll. « Points », 1999, 886 p.

II. AUTRES OUVRAGES, EXTRAITS D'OUVRAGES ET ARTICLES

XVIIIe SIÈCLE

BACZKO Bronislaw, *Politiques de la Révolution française*, Folio, 2008, 777 p. (Chapitre 6.)
BERETTA Marco, « Chemists in the storm : Lavoisier, Priestley and the French Revolution », Nuncius, 1993, vol. 8, n° 1, p. 75-104.
BETZ Albrecht, « Goethe et Voltaire », *Revue des deux mondes*, avril 1994.
BOISSY D'ANGLAS, *Essai sur la vie, les écrits et les opinions de M. de Malesherbes*, 1819.
CAZALS Rémy, « Trois poètes guillotinés pendant la Révolution : André Chénier, Fabre d'Eglantine et Venance Dougados », 1994.
CHARTIER Roger, *Les origines culturelles de la Révolution française*, Seuil, 1990, rééd. coll. « Points », 2000, 304 p.
CHAUSSINAND-NOGARET Guy, *Le citoyen des Lumières*, Complexe, 1994, 220 p. (Chapitre 4.)
COTTRET Monique et COTTRET Bernard, *Jean-Jacques Rousseau en son temps*, Perrin, 2005, 911 p. (Chapitres 7-8, 10-13, 15-17, 20 et 28.)
COUTEL Charles, *Lumières de l'Europe : Voltaire, Condorcet, Diderot*, Ellipses, coll. « Polis », 1997, 143 p.
ELLIS Joseph J., *Founding Brothers*, Vintage Books, 2000, 288 p. (Chapitre 3.)
FERRONE Vincenzo et ROCHE Daniel (dir.), *Le monde des Lumières*, Fayard, 1999, 637 p.
FUMAROLI Marc, *Quand l'Europe parlait français*, Le Livre de Poche, 2003, 638 p. (Chapitres 22 et 25.)
FURET François et OZOUF Mona (dir.), *Dictionnaire critique de la Révolution française*, tome « Auteurs », Champs-Flammarion, 1992. (Articles « Barnave », « Condorcet », « Mirabeau », « Necker ».)
FURET François et OZOUF Mona (dir.), *Dictionnaire critique de la Révolution française*, tome « Interprètes et historiens », Champs-Flammarion, 1992. (Articles « Edgar Quinet », « Benjamin Constant ».)
JULIN Malou, *Thomas Paine, un intellectuel d'une Révolution à l'autre (1737-1809)*, Complexe, 2004, 190 p. (Partie 3.)
KELLY George, « The political thought of Lamoigon de Malesherbes », *Political Theory*, 1979, vol. 7, n° 4, p. 485-508.
LEPAPE Pierre, *Diderot*, Champs-Flammarion, 1994, 441 p. (Chapitres 6-7 et 13.)
LEPAPE Pierre, *Voltaire le conquérant : naissance des intellectuels au siècle des Lumières*, Seuil, 1994, 387 p. (Chapitres 5-7, 9, 14 et 16.)
LEVER Maurice, *Beaumarchais*, Fayard, 1999, tome 2 : « Le citoyen d'Amérique ». (Chapitres 4 et 5.)
MASSEAU Didier, *L'invention de l'intellectuel dans l'Europe du XVIIIe siècle*, PUF, 1994, 172 p. (Chapitres 1 et 3.)
MILZA Pierre, *Voltaire*, Perrin, 2008, 909 p. (Chapitres 4, 7, 10, 19 et 23.)
POULOT Dominique, *Les Lumières*, PUF, coll. « Premier Cycle », 2000, 416 p. (Chapitre 3.)
ROBESPIERRE Maximilien, « Rapport sur les idées religieuses et morales », discours prononcé à la tribune de la Convention le 7 mai 1794.
SGARD Jean (dir.), *L'écrivain devant la Révolution, 1780-1800*, Université Stendhal de Grenoble, 1990, 327 p.

SKLOWER Sigismond, *Entrevue de Napoléon Ier et de Goethe*, 1853.
STERNHELL Zeev, *Les anti-Lumières*, Fayard, 2006, 590 p. (Chapitres 1 et 6.)

XIXe SIÈCLE

AGULHON Maurice, *Les Quarante-huitards*, Gallimard, 1975, rééd. coll. « Folio », 1992, 263 p. (Partie 1, chapitre 4 et partie 3, chapitre 3.)
BARRY Joseph, *George Sand ou le scandale de la liberté*, Seuil, 1982, 432 p. (Chapitres 31 et 32.)
CHARLE Christophe, *Les intellectuels en Europe au XIXe siècle*, Seuil, 1998, rééd. coll. « Points histoire », 2001, 452 p. (Chapitres 2 et 6.)
CHAUVIN Charles, *Renan*, Desclée de Brouwer, 2000, 257 p. (Parties 1-3.)
COLLINI Stefan, *Public Moralists : Political Thought and Intellectual Life in Britain, 1850-1930*, Oxford, Clarendon Press, 1991.
DELEUZE Gilles, *Nietzsche*, PUF, 1965, 101 p. (Chapitre 1.)
DIESBACH Ghislain, *Chateaubriand*, Perrin, 1995, rééd. coll. « Tempus », 2004, 595 p.
DROZ Jacques, *Histoire générale du socialisme, t. 1 : des origines à 1875*, Gallimard, PUF coll. « Quadrige », 1972, 645 p. (Partie 2, chapitres 1-3, partie 3, chapitre 1-2.)
GOETZMANN William H., *Beyond the Revolution : A history of American Thought from Paine to Pragmatism*, Basic Books, 2009.
GOOCH George P., *Germany and the French Revolution*, Classic Books, 1920, 543 p. (Chapitres 7-9, 11-12.)
GRANGER Marcel, *Henry David Thoreau*, Belin, 1998, 125 p.
GUILLEMIN Henri, *Benjamin Constant muscadin*, Gallimard, 1958.
GUILLEMIN Henri, *Lamartine*, Seuil, 1987, 187 p. (Chapitre 3.)
GUILLEMIN Henri, *L'homme des Mémoires d'outre-tombe*, Gallimard, 1965.
GUILLEMIN Henri, *Madame de Staël et Napoléon*, Seuil, 1987. (Chapitres 3 et 7.)
GUILLEMIN Henri, *M. de Vigny, homme d'ordre et poète*, Gallimard, 1955.
GUILLEMIN Henri, *Victor Hugo*, Seuil, 1951.
GUILLEMIN Henri, *Zola, légende et vérité*, Julliard, 1960.
HOFSTADTER Richard, *Anti-Intellectualism in American Life*, Vintage Books, 1962, 464 p. (Chapitres 6-9.)
HÖHN Gerhard, *Heinrich Heine, un intellectuel moderne*, PUF, 1994. (Chapitres 1 et 5.)
JASPERS Karl, *Nietzsche – introduction à sa philosophie*, Gallimard, 1978, 474 p. (Chapitre 1.)
JAUME Lucien, *Tocqueville*, 2008, Fayard, 473 p. (Partie 5, section 1.)
JOHNSON Paul, *Intellectuals*, Harper Perennial, 1988, 416 p. (Chapitres 3 et 6.)
MAUROIS André, *Don Juan ou la vie de Byron*, Grasset, 2006, 500 p. (Chapitres 34 et 35.)
MONOD Gabriel, *Renan, Taine, Michelet, les maîtres de l'Histoire*, 1894.
PROCACCI Giuliano, *Histoire des Italiens*, Fayard, 2002, 473 p. (Partie 2, chapitres 1 et 4-6.)
ROSANVALLON Pierre, *Le moment Guizot*, Gallimard, 1985, 414 p.
THEIS Laurent, *François Guizot*, Fayard, 2008, 701 p. (Chapitre 1.)
TROYAT Henri, *Emile Zola*, Flammarion, 1992. (Chapitres 23 et 24.)
VALANCE Georges, *Thiers, bourgeois et révolutionnaire*, Flammarion, 2007, 440 p. (Chapitres 3-4, et 12.)
VIALLANEIX Pierre, *Michelet, les travaux et les jours*, Gallimard, 1998, 591 p.
WILSON Andrew N., *The Victorians*, Arrow Books Ltd, 2003, 738 p. (Chapitres 1, 5, 10, 13, 22, 25-26, 34 et 40.)
WINOCK Michel, *Victor Hugo dans l'arène politique*, Bayard, 2005, 132 p.

XXᵉ SIÈCLE

Aschheim Steven E., *The Nietzsche Legacy in Germany 1890-1990*, University of California Press – Berkeley, 1992, 337 p. (Chapitres 2 et 8.)
Assouline Pierre, *L'Epuration des intellectuels*, Complexe, 1985, rééd. 1996, 175 p.
Attal Frédéric, « Les intellectuels en politique », *in* Lazard Marc (dir.), *L'Italie contemporaine, de 1945 à nos jours*, Fayard, 2009, 533 p.
Audier Serge, *La pensée anti-68*, La Découverte, 2008, 384 p. (Chapitres 9-11.)
Azouvi François, *La gloire de Bergson – Essai sur le magistère philosophique*, Gallimard, 2007, 391 p. (Chapitre 1.)
Benda Julien, *La trahison des clercs*, Grasset, 1927, rééd. 2003, 330 p.
Bloch Marc, *L'étrange défaite*, 1946, rééd. Gallimard, coll. « Folio Histoire », 1990, 326 p.
Bouaniche Arnaud, *Gilles Deleuze – une introduction*, Agora, coll. « Pocket – La Découverte », 2007, 320 p. (Chapitre 5.)
Bourel Dominique, « L'intellectuel, inconcevable et indésirable », *in* Le Gloannec Anne-Marie (dir.), *Allemagne, peuple et culture*, La Découverte, 2005, 223 p.
Caute David, *Les compagnons de route, 1917-1968*, Robert Laffont, 1979, 488 p.
Chabel d'Apollonia Ariane, *Histoire politique des intellectuels en France 1944-1954*, Complexe, 1991, 2 vol.
Cohen-Solal Annie, *Sartre*, Gallimard, 1985, rééd. coll. « Folio », 1999, 960 p.
Collini Stefan, *Absent Minds : Intellectuals In Britain*, Oxford University Press, 2006, 536 p. (Chapitres 3 et 9.)
Cusset François, *French Theory – Foucault, Derrida, Deleuze et cie. et la mutation de la vie intellectuelle aux Etats-Unis*, La Découverte, 2005, 373 p. (Chapitres 2, 3, 5 et 7.)
Daix Pierre, *Braudel*, Flammarion, 1995, 567 p. (Chapitres 8 et 9.)
Dosse François, « Paysage intellectuel, changement de repères », *Le Débat*, n° 110, mai-août 2000, p. 67.
Garin Eugenio, *Intellettuali italiani del 20 secolo*, Editori Riuniti, 1974.
Goldschmidt Marc, *Derrida, une introduction*, Pocket, coll. « Agora », 2003, 254 p.
Guillemin Henri, *Charles Péguy*, Seuil, 1981.
Granjon Marie-Christine, Racine Nicole et Trebitsch Michel (dir.), *Histoire comparée des intellectuels*, Paris, Institut d'histoire du temps présent/CNRS, 1997.
Granjon Marie-Christine et Trebitsch Michel (dir.), *Pour une Histoire comparée des intellectuels*, Complexe, coll. « Histoire du temps présent », 1998, 176 p.
Gunnemann Karin V., « Heinrich Mann and the struggle for democracy », *in* Leydecker Karl (dir.), *German Novelists of the Weimar Republic*, Camdem House, 2006, 295 p.
Hourmant François, *Le désenchantement des clercs : les figures de l'intellectuel dans l'après-mai 68*, Presses universitaires de Rennes, 1997, 260 p. (Chapitres 3 et 5.)
Johnson Paul, *Intellectuals*, Harper Perennial, 1988, 416 p. (Chapitres 7-8, et 13.)
Judt Tony, *Un passé imparfait. Les intellectuels en France, 1944-1956*, Fayard, 1992, 404 p.
Kagarlitsky Boris, *Les intellectuels et l'Etat soviétique de 1917 à nos jours*, Paris, PUF, 1993.
Lescourret Marie-Anne, *Bourdieu*, Flammarion, coll. « Grandes biographies », 2008, 544 p. (Chapitres 7 et 8.)
Lévy Bernard-Henri, *Le siècle de Sartre – Enquête philosophique*, Grasset, rééd. Le Livre de Poche, 2002, 768 p. (Chapitres 1 et 2.)
Leys Simon, *Orwell ou l'horreur de la politique*, Plon, 2006, 116 p.
Lindenberg Daniel, *Les Années souterraines 1937-1947*, La Découverte, 1990, 416 p.
Lottman Herbert R., *La Rive gauche, du Front populaire à la guerre froide*, Seuil, 1981, rééd. coll. « Points », 1984, 560 p. (Chapitres 1-3.)

Bibliographie 373

LOUBET DEL BAYLE Jean-Louis, *Les Non-conformistes des années 1930*, Seuil, 1969, 496 p.
MANN Thomas, *Appel aux Allemands*, L'Herne, coll. « Confidences », 1997, 86 p.
MOSES Dirk A., *German Intellectuals and the Nazi Past*, Cambridge University Press, 2007, 304 p.
MOUTOUH Hugues, *Ernest Psichari, l'aventure et la grâce*, Editions du Rocher, 2007, 345 p. (Chapitres 1, 7-8, 10-13, 18 et 20.)
NOIRIEL Gérard, *Les fils maudits de la République*, Fayard, 2005, 329 p. (Chapitres 2 et 5.)
ORY Pascal, *Les Collaborateurs*, Seuil, 1977, rééd. coll. « Points », 1980, 331 p. (chapitre 10.)
ORY Pascal et SIRINELLI Jean-François, *Les intellectuels en France de l'affaire Dreyfus à nos jours*, Armand Collin, 1987, rééd. Perrin, coll. « Tempus », 2004, 435 p. (Chapitres 1-3.)
PROCHASSON Christophe, *Les années électriques 1880-1910*, La Découverte, 1991, 492 p.
PROCHASSON Christophe, *Les intellectuels, le socialisme et la guerre*, Seuil, 1993, 354 p. (Chapitres 1 et 10.)
REYNAUD Philippe, « Sartre, Foucault, Bourdieu – Métamorphoses de l'intellectuel critique », *Le Débat*, n° 110, mai-août 2000, p. 53.
REYNAUD Philippe, *L'extrême gauche plurielle : entre démocratie radicale et révolution*, Autrement, coll. « Cevipof-autrement », 2006, 199 p.
RIOUX Jean-Pierre et SIRINELLI Jean-François (dir.), *La Guerre d'Algérie et les intellectuels français*, Complexe, 1999, 405 p.
SAPIRO Gisèle, *La Guerre des écrivains, 1940-1953*, Fayard, 1999, 807 p.
SERRA Maurizio, *Les frères séparés – Drieu la Rochelle, Aragon, Malraux face à l'Histoire*, La Table Ronde, 2008, 319 p. (Chapitre 2.)
SERRY Hervé, *Naissance de l'intellectuel catholique*, La Découverte, 2004, 370 p. (Chapitre 1.)
SIRINELLI Jean-François, « Impressions, soleil couchant ? », *Le Débat*, n° 110, mai-août 2000, p. 45.
SIRINELLI Jean-François, *Intellectuels et passions françaises. Manifestes et pétitions au XXe siècle*, Fayard, 1990, rééd. Gallimard coll. « Folio », 1996, 141 p.
SIRINELLI Jean-François, *Génération intellectuelle. Khâgneux et normaliens dans l'entre-deux-guerres*, Fayard, 1988, rééd. PUF, coll. « Quadrige », 1994, 720 p.
SIRINELLI Jean-François, *Sartre et Aron, deux intellectuels dans le siècle*, Hachette Littératures, 1995, rééd. coll. « Pluriel », 1999, 399 p. (Chapitres 1 et 3.)
STERNHELL Zeev, *Maurice Barrès et le nationalisme français*, 1972, rééd. Complexe, 1985, 395 p.
TEYSSIER Arnaud, *Charles Péguy, une humanité française*, Perrin, 2008. (Chapitres 5, 7-8).
VERDÈS-LEROUX Jeannine, *Au service du Parti. Le communisme, les intellectuels et la culture (1944-1956)*, Fayard, 1983, 585 p.
VEYNE Paul, *Foucault : sa pensée, sa personne*, Fayard, 2008, 214 p. (Chapitres 1-2 et 10-11.)
WINOCK Michel, « A quoi servent (encore) les intellectuels ? », *Le Débat*, n° 110, mai-août 2000, p. 39.
WINOCK Michel, *Histoire politique de la revue « Esprit », 1930-1950*, Seuil, 1975, 448 p.
WINOCK Michel, « L'âge d'or des intellectuels », *L'Histoire*, n° 82, novembre 1985, p. 20-34.

III. RÉFÉRENCES COMPLÉMENTAIRES

Aron Raymond, *L'opium des intellectuels*, Calmann-Lévy, 1955, rééd. Hachette Littérature, coll. « Pluriel », 2002, 337 p.
Blanchot Maurice, *Les intellectuels en question*, Fourbis, 1996, rééd. Farrago, 2001, 72 p.
Bodin Louis, *Les intellectuels existent-ils ?*, Bayard, 1997, 202 p.
Bourdieu Pierre, *Homo academicus*, Editions de Minuit, coll. « Le sens commun », 1984, 302 p.
Debray Régis, *Le pouvoir intellectuel en France*, Ramsay, 1979, rééd. Gallimard, coll. « Folio », 1986, 346 p.
Denis Benoît, *Littérature et engagement – De Pascal à Sartre*, Seuil, coll. « Points essais », 2000, 316 p.
Dosse François, *La marche des idées : Histoire des intellectuels – Histoire intellectuelle*, La Découverte, 2003, 360 p.
Foucault Michel, *Dits et écrits*, « La Fonction politique de l'intellectuel », n° 184, 1976, p. 109.
Furet François, *Le Passé d'une illusion*, Robert Laffont/Calmann-Lévy, 1995, rééd. Le Livre de Poche, 2003, 824 p.
Gramsci Antonio, *Cahiers de prison*, tome 3, Gallimard, 1978, 550 p.
Leymarie Michel, *Les intellectuels et la politique en France*, PUF, coll. « Que sais-je ? », 2001, 128 p.
Leymarie Michel et Sirinelli Jean-François (dir.), *L'Histoire des intellectuels aujourd'hui*, PUF, 2003, 487 p.
Sartre Jean-Paul, *Plaidoyer pour les intellectuels*, Gallimard, 1972, 127 p.
Slama Alain-Gérard, *Les Chasseurs d'absolu*, Grasset, 1980, rééd. Hachette, coll. « Pluriel », 1994, 404 p.

CHRONOLOGIE

Evénements politiques
* *Evénements sociaux et culturels*

1715
* Janvier : mort de Fénelon.
Septembre : mort de Louis XIV et début de la Régence de Philippe d'Orléans, qui s'impose face au duc du Maine.
Octobre : libération des jansénistes par Philippe d'Orléans et transfert de la cour de Versailles à Paris.

1716
Mai : création de la Banque générale par John Law, qui reçoit le privilège d'émission des billets de banque.

1717
* Mai : Voltaire emprisonné à la Bastille pour ses pamphlets contre le régent.
Juillet : Philippe d'Orléans retire aux bâtards de Louis XIV le droit de succéder à la couronne.
* Novembre : naissance de Jean le Rond, le futur d'Alembert, fils de Madame de Tencin.

1718
Mai : spéculation autour du système de Law. Inflation des actions et des billets de banque.
Juin : révolte des parlementaires contre le système de Law.
Décembre : la Banque générale de Law devient banque royale, dotée du pouvoir de rembourser les billets en numéraire.
Décembre : conspiration de Cellamare ; arrestation du duc du Maine.

1719
* Première tragédie de Voltaire, *Œdipe*.
Janvier : début de la guerre opposant la Quadruple-Alliance (France, Provinces-Unies, Royaume-Uni et Saint Empire) à l'Espagne.

1720
Janvier : Law nommé contrôleur général des Finances.
Février : paix de La Haye : fin de la guerre de la Quadruple-Alliance. Philippe V renonce définitivement au trône de France.
Février-octobre : crise du système de Law ; effondrement des actions et des réserves ; cessation de paiement de la Banque générale.
Août : répression du jansénisme par le Régent en application de la bulle *Unigenitus* (1713).
Décembre : exil de John Law.

1721
* Avril : Montesquieu, *Les Lettres persanes*.

1722
Août *:* début du ministère Dubois.
Octobre : Louis xv sacré roi de France. Transfert de la cour du Palais-Royal à Versailles.

1723
Février : Louis XV déclaré majeur.
Août : mort de Dubois.
Décembre : décès de Philippe d'Orléans. Le duc de Bourbon gouverne.
* Voltaire, *La Ligue* (rebaptisée *La Henriade* dans l'édition de 1728).

1724
Septembre : fondation de la Bourse de Paris.
* Benjamin Franklin, *De la liberté et de la nécessité du plaisir et de la peine*.

1725
* Mars : Marivaux, *L'Ile des esclaves*.
Septembre : mariage de Louis XV avec Marie Leszczynska, fille du roi de Pologne.
Décembre : disgrâce du duc de Bourbon.

1726
* Janvier : altercation entre Voltaire et le chevalier de Rohan. Voltaire embastillé.
Juin : début du ministère Fleury.
* Mai : exil de Voltaire à Londres.

1727
Mars : mort de Newton.

1729
Mars : mort de John Law.
* Jacques-Bernard Chauvelin nommé directeur de la Librairie. Introduction du système de la « permission tacite », légalisant *de facto* certaines éditions clandestines.

1730
* Janvier : Marivaux, *Le Jeu de l'amour et du hasard*.
Mars : Scandale de la spéculation sur les actions de la Compagnie des Indes ; renvoi du contrôleur général des Finances.

1731
* Abbé Prévost, *Manon Lescaut*.
* Marivaux, *La Vie de Marianne*.

1732
Août : le roi interdit au Parlement la réitération des remontrances. Limitation des compétences parlementaires dans le domaine religieux.
* *Zaïre* de Voltaire à la Comédie-Française.

1733
* Juillet : mort de la marquise de Lambert.
Octobre : Auguste III élu roi de Pologne : début de la guerre de succession de Pologne entre la France, l'Espagne, la Sardaigne et la Bavière d'une part, et la Russie, la Saxe et l'Autriche de l'autre dit *infra*.

1734
* Voltaire, *Lettres philosophiques*. Exil à Cirey chez Madame du Châtelet.

Chronologie

1735
Janvier : déclaration d'indépendance de la Corse et première constitution.
* Avril : expédition de La Condamine au Pérou, à l'instigation de Maurepas, pour vérifier l'hypothèse de Newton postulant l'aplatissement de la Terre aux pôles.

1736
* Décembre : création par Benjamin Franklin de la première compagnie de pompiers volontaires en Amérique.
* Crébillon (fils), *Les égarements du cœur et de l'esprit*.

1737
Février : cession du duché de Lorraine à Stanislas Leszczynski.

1738
Octobre : Helvétius nommé fermier général.
Novembre : fin de la guerre de succession de Pologne. Stanislas Leszczynski renonce à la couronne polonaise au profit d'Auguste III de Pologne.

1739
* D'Alembert, *Mémoire sur le calcul intégral*.
* David Hume, *Traité sur la nature humaine*.

1740
Octobre : début de la guerre de succession d'Autriche entre la France, l'Espagne, la Saxe, la Bavière et la Prusse d'une part, et la Grande-Bretagne et les Pays-Bas de l'autre, suite à la mort de Charles VI sans héritier mâle.
* Frédéric II, *Anti-Machiavel*.

1742
Janvier : Dupleix directeur général des comptoirs français aux Indes à Pondichéry.
* Avril : Crébillon (fils), *Le Sopha, conte moral*, qui contraint son auteur à l'exil pendant cinq ans.
* Marivaux à l'Académie française grâce à l'appui de Madame de Tencin.
* Rousseau à Paris.

1743
Janvier : mort de Fleury. Domination du parti belliciste (Tencin, Noailles, Argenson) jusqu'en 1756.

1744
Mars : déclaration de guerre à la Grande-Bretagne et à l'Autriche dans le cadre de la guerre de succession d'Autriche.

1745
Mai : victoire de l'armée française à Fontenoy sous le commandement du maréchal de Saxe.
Juillet : Madame de Pompadour, maîtresse officielle du roi. Voltaire nommé historiographe du roi grâce à son appui.

1746
* Avril : élection de Voltaire à l'Académie française.

1747
Janvier : disgrâce du marquis d'Argenson.
* Benjamin Franklin découvre le principe du paratonnerre.

* Début de la *Correspondance littéraire, philosophique et critique* de Melchior Grimm (jusqu'en 1793).
* Voltaire, *Zadig*.

1748
Août-octobre : conflits franco-britanniques en Inde. Traité d'Aix-la-Chapelle le 18 octobre mettant fin à la guerre de succession d'Autriche. Louis XV renonce à ses conquêtes (Pays-Bas, Savoie, Nice).
* Décembre : Montesquieu, *De l'esprit des lois*.
* François-Vincent Toussaint, *Les Mœurs*.

1749
Avril : disgrâce de Maurepas.
* Juillet : Diderot emprisonné à Vincennes pour ses *Pensées philosophiques* et sa *Lettre sur les aveugles*.
* Septembre : mort d'Emilie du Châtelet. Voltaire en Prusse à l'invitation de Frédéric II (jusqu'en 1753).
* Décembre : décès de Madame de Tencin.
* Parution des premiers tomes de *L'histoire naturelle générale et particulière* de Buffon.

1750
Mai : émeutes pour protester contre le vingtième, impôt direct de 5 % des revenus touchant l'ensemble de la population.
* Juillet : le *Discours sur les sciences et les arts* de Jean-Jacques Rousseau couronné par l'Académie de Dijon.
Malesherbes directeur de la Librairie (1750-1771) et président de la Cour des Aides.

1751
* Juillet : publication du premier volume de l'*Encyclopédie*, précédée du *Discours préliminaire* de d'Alembert.
Décembre : Louis XV suspend la levée du vingtième sur les biens ecclésiastiques.
* David Hume, *Enquête sur les principes de la morale*.

1752
* Février : arrêt du Conseil du roi ordonnant la suppression de l'*Encyclopédie*.
* Voltaire, *Micromégas*.

1753
Avril : remontrances du Parlement de Paris à Louis XV. Le Parlement s'exile à Pontoise le 8 mai et revient à Paris le 8 octobre.

1754
Mai-Juillet : début de la dernière *French and Indian War*.
* Novembre : élection de d'Alembert à l'Académie française.
* Voltaire s'installe à Ferney.

1755
* Février : mort de Montesquieu et de Saint-Simon.
Mars : conflit entre le Parlement et le roi au sujet de la bulle *Unigenitus*.
Novembre : tremblement de terre de Lisbonne (100 000 morts).
* Rousseau, *Discours sur l'origine et les fondements de l'inégalité parmi les hommes*.

1756
* Janvier : création du *Journal encyclopédique ou universel* par Rousseau de Toulouse.

Mai : début de la guerre de Sept Ans, entre la France, l'Autriche, la Russie, la Saxe, la Suède et l'Espagne d'une part, et la Grande-Bretagne, la Prusse et le Hanovre de l'autre.
* Brouille entre Diderot et Jean-Jacques Rousseau.
* Voltaire, *Poème sur le désastre de Lisbonne* et *Le Siècle de Louis XIV.*

1757
* Janvier : mort de Fontenelle.
Janvier : Attentant de Damiens contre Louis XV.
Février : disgrâce du compte d'Argenson.
Mars : Damiens écartelé.
* Burke, *Origins of Our Ideas of the Sublime.*

1758
Décembre : début du ministère Choiseul.
* Quesnay, *Tableau économique.*
* Rousseau, *Lettre à d'Alembert sur les spectacles.*

1759
* Mars : seconde condamnation de l'*Encyclopédie.*
* Juillet : mort de Maupertuis.
* Voltaire, *Candide.*

1761
Novembre : procès de Jean Calas.
* D'Holbach, *Le Christianisme dévoilé.*
* Rousseau, *La Nouvelle Héloïse.*

1762
Mars : exécution de Jean Calas.
Août : Dissolution de la Compagnie de Jésus en France.
* Rousseau, *Du contrat social* et *Emile.*

1763
* Février : mort de Marivaux.
Février : Traité de Paris : le Canada, les vallées de l'Ohio, du Mississippi, la Floride et Tobago sont cédés à la Grande-Bretagne.
* Voltaire, *Traité sur la tolérance.*

1764
Juin : cassation du jugement de Calas par le Conseil du roi.
* Cesare Beccaria, *Traité des délits et des peines.*
* Voltaire, *Dictionnaire philosophique.*

1765
Mars : réhabilitation de Calas.
* Juillet : fin de la rédaction de l'*Encyclopédie.*

1766
Juillet : exécution du chevalier de La Barre.

1767
* Décembre : Marmontel, *Bélisaire*, censuré par la Sorbonne.

1769
* Diderot, *Le rêve de d'Alembert.*
* Voltaire, *Histoire du Parlement de Paris.*

1770
Décembre : disgrâce de Choiseul ; début du ministère Aiguillon-Terray-Maupeou.

1771
Janvier : remontrance de la Cour des Aides rédigées par Malesherbes, contre la levée de nouveaux impôts et les abus du pouvoir royal.
Avril : exil de Malesherbes.
Novembre : réhabilitation de Pierre-Paul Sirven grâce à l'intervention de Voltaire.
* Décembre : mort d'Helvétius.

1772
* Diderot, *Supplément au voyage de Bougainville*.

1773
* D'Holbach, *La politique naturelle*.
* Octobre : Diderot à la cour de Catherine II.

1774
Mai : Mort de Louis XV. Début du règne de Louis XVI.
Août : disgrâce de Maupeou. Turgot contrôleur général des Finances : libéralisation du commerce des grains.
* Goethe, *Les Souffrances du jeune Werther*.

1775
* Necker, *Essai sur la législation et le commerce de grains*.
* Février : Beaumarchais, *Le Barbier de Séville*.
Avril-Mai : « guerre des farines » contre les réformes de Turgot.

1776
* Janvier : Thomas Paine, *Common Sense*.
* Mars : Adam Smith, *The Wealth of Nations*.
Mai : démission de Turgot devant les protestations suscitées par ses décrets réformateurs.
Juillet : déclaration d'indépendance des Etats-Unis d'Amérique.
Novembre : Necker nommé directeur général du Trésor royal : début du premier ministère Necker.
* D'Holbach, *Le Gouvernement fondé sur la morale*.

1777
Décembre : Louis XVI reconnaît l'indépendance des Etats-Unis.

1778
Février : traité d'alliance défensive et de commerce franco-américain.
* Mai : mort de Voltaire.
* Juillet : mort de Rousseau.

1780
* Août : mort de Condillac.
* Septembre : décès de Madame du Deffand.
* Mirabeau, *Essai sur les lettres de cachet et sur les prisons d'Etat*.

1781
* Février : Necker, *Compte rendu au roi* sur l'état des finances publiques.
* Mars : mort de Turgot.
Mai : démission de Necker.

Novembre : début du ministère Vergennes après la mort de Maurepas.
* Emmanuel Kant, *Critique de la raison pure*.

1782
* Janvier : Schiller, *Les Brigands*.
* Mars : Choderlos de Laclos, *Les Liaisons dangereuses*.
* Rousseau, les *Confessions*.

1783
Septembre : traité de Paris mettant fin à la guerre d'indépendance américaine.
* Novembre : Marmontel secrétaire perpétuel de l'Académie française.
* Octobre : mort de d'Alembert.
* Début de l'édition des œuvres complètes de Voltaire par Beaumarchais.

1784
* Avril : Beaumarchais, *Le Mariage de Figaro*.
* Juillet : mort de Diderot.
Août : début de l'affaire du collier de la reine.
* Kant, *Qu'est-ce que les Lumières ?* et *Idée d'une histoire universelle d'un point de vue cosmopolitique*.
* Thomas Paine à Paris (jusqu'en 1791).

1785
* Condorcet, *Essai sur l'application de l'analyse à la probabilité des décisions rendues à la pluralité des voix*.

1786
Août : réformes administratives et fiscales de Calonne inspirées de Turgot.
* Ouverture du salon de Madame de Staël à Paris.

1787
Avril : démission de Calonne.
Juillet-septembre : conflit entre le roi et le Parlement au sujet de l'impôt sur le timbre. Emeutes à Paris pour soutenir le Parlement.
Septembre : adoption de la Constitution des Etats-Unis.

1788
* Avril : mort de Buffon.
Juillet : décision de convoquer les Etats généraux.
Août : Necker nommé ministre d'Etat : début du deuxième ministère Necker.
* Malesherbes, *Mémoire sur la liberté de la presse*.
* Sieyès, *Qu'est-ce que le tiers état ?*

1789
Mai : ouverture des Etats généraux à Versailles.
17 juin : le tiers état se proclame Assemblée nationale. 20 juin : serment du Jeu de Paume.
11 juillet : Necker congédié. 14 juillet : prise de la Bastille. 16 juillet : Louis XVI rappelle Necker, nommé « Premier ministre des finances ».
4 août : abolition des privilèges et du système féodal. 26 août : Déclaration des droits de l'homme et du citoyen.
* Septembre 1789 : publication par Marat du premier numéro de l'*Ami du peuple*.

1790
* Avril : mort de Benjamin Franklin.
14 juillet : fête de la Fédération.

* Burke, *Réflexions sur la Révolution française.*
* André Chénier, *Avis au peuple français sur ses véritables ennemis.*

1791
Juin : fuite de Louis XVI et arrestation à Varennes.
* Juillet : Voltaire au Panthéon.
Septembre : proclamation de la Constitution, approuvée par Louis XVI.
Octobre : ouverture de l'Assemblée législative.
* William Blake, *La Révolution française.*
* Thomas Paine, *Les droits de l'homme.*

1792
Avril : déclaration de guerre de la France à l'Autriche.
Juillet : proclamation de la patrie en danger par l'Assemblée législative.
10 août : prise des Tuileries par le peuple de Paris.
20 septembre : victoire française à Valmy. 21 septembre : début de la Convention, abolition de la monarchie.
* Germaine de Staël quitte Paris pour la Suisse (Coppet).
* Necker, *Du pouvoir exécutif dans les grands Etats.*

1793
21 janvier : exécution de Louis XVI.
Février : la France déclare la guerre à la Grande-Bretagne et à la Hollande. Début de la première coalition (Grande-Bretagne, Autriche, Prusse, Russie, Espagne, Piémont-Sardaigne, Deux-Siciles).
Mars : début des guerres de Vendée. Création du Tribunal révolutionnaire.
Juillet : Assassinat de Marat.
Août : décret d'abolition de l'esclavage. Thomas Paine emprisonné.
Septembre : la Terreur mise à l'ordre du jour.
* Germaine de Staël, *Réflexions sur le procès de la reine.*

1794
Février : Saint-Just préside la Convention ; début de la grande Terreur.
* Mars : mort de Condorcet.
* Avril : Fabre d'Eglantine, Danton, Desmoulins, Malesherbes guillotinés.
* Mai : Lavoisier guillotiné.
Juillet : Thermidor. Robespierre et Saint-Just guillotinés.
* Octobre : Rousseau au Panthéon.

1795
Mai : journées des 1, 2 et 3 Prairial an III. Suppression du Tribunal révolutionnaire.
Octobre : dissolution de la Convention, début du Directoire.
* Octobre : création de l'Institut.
* Condorcet, *Esquisse d'un tableau historique des progrès de l'esprit humain.*
* Germaine de Staël, *Réflexions sur la paix adressées à M. Pitt et aux Français.*
* Kant, *Projet de paix perpétuelle.*

1796
Avril : début de la campagne d'Italie.
Mai : échec de la conjuration des égaux (Babeuf, Buonarroti, Darthé, Maréchal).
Juin : fin de la guerre de Vendée.
* Necker, *De la Révolution française.*
* Benjamin Constant, *De la force du gouvernement actuel de la France et de la nécessité de s'y rallier.*

Chronologie

1797
Mai : exécution de Babeuf.
Septembre : coup d'Etat de Fructidor marquant le début du Second Directoire. Renforcement du pouvoir exécutif.
* Benjamin Constant, *Des effets de la terreur.*
* Chateaubriand, *Essai sur les Révolutions.*
* Joseph de Maistre, *Considérations sur la France.*

1798
Début de la deuxième coalition contre la France (Grande-Bretagne, Autriche, Russie, Turquie, Deux-Siciles).
Juillet : début de la campagne d'Egypte.
* Malthus, *Essai sur le principe de population.*
* Kant, *Anthropologie d'un point de vue pragmatique.*

1799
* Mai : mort de Beaumarchais.
Juin : coup d'Etat du 30 Prairial.
Août : Bonaparte quitte l'Egypte (arrivée à Paris en octobre).
Novembre : coup d'Etat du 18 Brumaire ; fin du Directoire et début du Consulat.
Décembre : Constitution de l'an VIII.
* Germaine de Staël, *De la littérature dans ses rapports avec les institutions sociales.*

1800
* Janvier : dénonciation du Consulat par Constant au Tribunat.
Février : création de la Banque de France. Lois réorganisant l'administration et le système judiciaire.
Juin : bataille de Marengo.

1801
Juillet : Concordat entre la France et Pie VII.
* Chateaubriand, *Atala.*

1802
Janvier : épuration du Tribunat.
Mars : paix d'Amiens avec le Royaume-Uni ; fin de la deuxième coalition.
Mai : création de la Légion d'honneur.
Août : Bonaparte plébiscité pour devenir Consul à vie. Constitution de l'An X.
* Chateaubriand, *Le Génie du Christianisme.*
* Necker, *Dernières vues de politique et de finance.*

1803
Mars : création du franc germinal.
Mai : vente de la Louisiane aux Etats-Unis.
* Louis de Bonald, *La législation primitive considérée dans les derniers temps par les seules lumières de la raison.*

1804
Mars : exécution du duc d'Enghien. Promulgation du Code civil.
Mai : Napoléon Bonaparte proclamé Empereur des Français.
Juillet : Fouché au ministère de la Police, Talleyrand grand chambellan.
Décembre : sacre de Napoléon à Notre-Dame par Pie VII.
* Germaine de Staël, *Du caractère de M. Necker et de sa vie privée.*

1805
Mars : Napoléon roi d'Italie.
Août : alliance austro-russo-britannique (troisième coalition).
Décembre : bataille d'Austerlitz.

1806
Octobre : bataille d'Iéna. Début de la quatrième coalition (Prusse, Russie, Royaume-Uni, Suède).
Novembre : début du blocus continental contre le Royaume-Uni.

1807
Février : bataille d'Eylau.
Juin : victoire de Napoléon contre l'armée russe à Friedland. Entrevue de Napoléon et d'Alexandre Ier à Tilsit.
Juillet : paix entre la France, la Russie et la Prusse. Fin de la quatrième coalition.
Août : suppression du Tribunat.
* Fichte, *Les adresses à la Nation allemande.*
* Hegel, *Phénoménologie de l'Esprit.*

1808
Mai : insurrection et début de la guerre d'Espagne.
Juin : Joseph Bonaparte roi d'Espagne ; Murat roi de Naples.
* Fourier, *Théorie des Quatre Mouvements.*

1809
Avril : début de la cinquième coalition (Royaume-Uni, Espagne, Portugal, Autriche).
Juin : excommunication de Napoléon à la suite de l'annexion des Etats pontificaux.
Juillet : victoire de Napoléon à Wagram.
Octobre : paix de Schönbrunn.

1810
Février : rétablissement de la censure et des prisons d'Etat. Publication du Code pénal.
* Germaine de Staël, *De l'Allemagne*, ouvrage interdit et dont les épreuves sont saisies.

1811
* Chateaubriand, *Itinéraire de Paris à Jérusalem.*
* Election de Chateaubriand à l'Académie française.

1812
Juin : début de la campagne de Russie.
Septembre : entrée de la Grande Armée dans Moscou.
Octobre : début de la retraite de Russie.
Novembre : passage de la Bérézina.
* Byron, *Le chevalier Harold.*

1813
Juin : fin de la guerre d'Espagne (bataille de Vitoria) ; les Français quittent l'Espagne.
Août : début de la sixième coalition (Royaume-Uni, Autriche, Prusse, Russie, Suède).
Octobre : bataille de Leipzig. Les Français abandonnent l'Allemagne.
Novembre : les Français perdent la Hollande.

1814
Janvier-mars : campagne de France.
Avril : abdication de Napoléon à Fontainebleau. Début de la Restauration ; Louis XVIII sur le trône.

Chronologie

Mai : Napoléon à l'île d'Elbe. Traité de Paris rétablissant les frontières de 1760.
Juin : Charte octroyée par Louis XVIII.
Septembre : ouverture du Congrès de Vienne.
* Benjamin Constant, *De l'esprit de conquête et d'usurpation dans leurs rapports avec la civilisation actuelle.*
* Chateaubriand, *De Bonaparte et des Bourbons ; Réflexions politiques.*

1815
Mars : Débarquement de Napoléon à Golfe-Juan.
Juin : Fin du Congrès de Vienne. Défaite de Waterloo. Seconde abdication de Napoléon.
Juillet : Retour de Louis XVIII à Paris.
Août : formation de la « Chambre introuvable ».
Septembre : ministère Richelieu.
* Constant, *Principes de politique applicables à tous les gouvernements représentatifs.*

1816
Septembre : dissolution de la « Chambre introuvable ».
Décembre : exécution du maréchal Ney.
* Constant, *Adolphe.*
* Chateaubriand, *De la monarchie selon la Charte.*
* Guizot, *Du gouvernement représentatif et de l'état actuel de la France.*
* Paul-Louis Courier, *Pétition aux deux Chambres.*

1817
* Juillet : Mort de Madame de Staël.
* David Ricardo, *Principes d'économie politique.*
* Lamennais, *Essai sur l'indifférence en matière de religion.*

1818
Octobre : Congrès d'Aix-La-Chapelle ; accord sur le retrait des troupes étrangères.
Décembre : ministère Decazes.
* Fondation du journal *Le Conservateur.*

1819
Mars : lois libéralisant la presse.
* Mars : Constant élu député de la Sarthe. Discours « de la liberté des anciens comparée à celle des modernes ».
* Parabole de Saint-Simon (extraite de *L'Organisateur*).

1820
Février : assassinat du duc de Berry. Second ministère Richelieu.
Mars : restrictions de la liberté de la presse.
* Lamartine, *Méditations poétiques.*
* Guizot, *Du gouvernement de la France depuis la Restauration et du ministère actuel.*

1821
Mai : mort de Napoléon.
Novembre : complots de la Charbonnerie.
Décembre : ministère Villèle.
* Saint-Simon, *Le système industriel.*
* De Maistre, *Les soirées de Saint-Pétersbourg* (posthume).

1822
Mars : lois sur la presse rétablissant l'autorisation préalable.
* Octobre : suspension du cours de Guizot.

Décembre : Chateaubriand ministre des Affaires étrangères.
* Saint-Simon, *Du système industriel.*
* Victor Hugo, *Odes.*
* Fourier, *Traité de l'Association domestique agricole.*

1823
Avril : intervention française en Espagne.
Juillet : Byron embarque pour soutenir l'insurrection grecque.
* Lamartine, *Nouvelles Méditations poétiques.*

1824
Juin : Renvoi de Chateaubriand du ministère des Affaires étrangères.
Septembre : mort de Louis XVIII.
* Saint-Simon, *Le catéchisme industriel.*
* Création de l'*Arsenal* et du *Globe.*

1825
Avril : Loi du « milliard » des émigrés. Loi sur le sacrilège.
* Avril : assassinat de Paul-Louis Courier.
Mai : sacre de Charles X.
* Mai : Mort de Saint-Simon.
* Lamennais, *De la religion considérée dans ses rapports avec l'ordre politique et civil.*
* Saint-Simon, *Le nouveau christianisme.*

1826
* Création du *Figaro.*

1827
Juin : rétablissement de la censure.
* Hugo, préface de *Cromwell.*
Louis de Bonald nommé président du Conseil supérieur de la presse.

1828
Janvier : ministère Martignac.
* Guizot, *Histoire de la civilisation européenne.*

1829
Août : ministère Polignac.
* Charles Fourier, *Le Nouveau monde industriel et sociétaire.*
* Hugo, *Le Dernier Jour d'un condamné.*
* Création de la *Revue des deux mondes.*

1830
Mars : Adresse de défiance des 221 députés de la majorité libérale à l'attention de Charles X.
* Mars : création par Lamennais du journal *L'Avenir.*
Juillet : révolution des « Trois glorieuses » (les 27, 28 et 29).
Août : abdication de Charles X. Louis-Philippe roi des Français.
Novembre : ministère Laffitte.
* Décembre : mort de Benjamin Constant.
* Début de la publication du *Cours de philosophie positive* de Comte.
* Stendhal, *Le Rouge et le Noir.*
* Lamartine, *Harmonies poétiques et religieuses.*

1831
Mars : ministère Casimir-Perier.
Avril : loi électorale abaissant le cens.
Novembre : révolte des canuts lyonnais.
* Michelet, *Introduction à l'histoire universelle.*
* Delacroix, *La Liberté guidant le peuple.*
* Lamartine, *Sur la politique rationnelle.*
* Balzac, *La peau de chagrin.*

1832
* Août : encyclique *Mirari vos* condamnant les écrits de Lamennais.
Octobre : Thiers ministre de l'Intérieur, Guizot ministre de l'Instruction publique (ministère Soult).
* Création du *Phalanstère* par les fouriéristes.
* Premier numéro de *Charivari.*

1833
Juin : loi Guizot sur l'instruction publique.
* Michelet, premier tome de *L'Histoire de France.*

1834
Février : grève des ouvriers mutuellistes à Lyon.
Juin : défaite des républicains aux élections législatives.
* « L'avenir du monde », article de Chateaubriand dans la *Revue des deux mondes*, prophétisant l'avènement des républiques.
* Lamennais, *Paroles d'un croyant.*

1835
Juillet : attentat de Fieschi contre Louis-Philippe.
Septembre : lois restreignant la liberté de la presse.
* Tocqueville, *De la démocratie en Amérique*, tome 1, et *Mémoire sur le paupérisme.*

1836
Février : ministère Thiers.
Septembre : ministère Molé.
Octobre : échec de la tentative de soulèvement de Louis-Napoléon Bonaparte à Strasbourg.
* Musset, *Confessions d'un enfant du siècle.*
* Guizot élu à l'Académie française.
* Lamartine, *Jocelyn.*

1837
Avril : deuxième ministère Molé, sans Guizot.
Octobre : prise de Constantine par les Français.
* Carlyle, *French Revolution.*

1838
* Proudhon, *Premier Mémoire sur la propriété.*

1839
Mars : dissolution de la Chambre ; démission de Molé.
Mai : ministère Soult. Tocqueville député.
* Stendhal, *La Chartreuse de Parme.*
* Louis Blanc, *De l'organisation du travail.*

1840
Mars : ministère Thiers.
Août : échec de la tentative de soulèvement de Louis-Napoléon Bonaparte à Boulogne.
Octobre : ministère Soult-Guizot.
Décembre : retour des cendres de Napoléon.
* Tocqueville, *De la démocratie en Amérique,* tome 2.
* Condamnation de Lamennais pour ses *Paroles d'un croyant.*
* Création de la *Revue parisienne* par Balzac.

1841
Janvier : Hugo à l'Académie française.
Mars : loi sur le travail des enfants.
* George Sand, *Le Compagnon du Tour de France*, et création de la *Revue indépendante* avec Pierre Leroux.

1842
* Mars : mort de Stendhal.
Juin : loi sur les chemins de fer.

1843
* Balzac, *Illusions perdues.*
* Fondation de *La Réforme* par Louis Blanc et Alexandre Ledru-Rollin.
* Louis Veuillot rédacteur en chef de l'*Univers.*
* Michelet et Quinet, *Des jésuites.*

1844
* Chateaubriand, *Vie de Rancé.*
* Septembre : création de *L'Eclaireur de l'Indre* par George Sand.

1845
Juillet : expulsion des jésuites.
* Michelet : *Du prêtre, de la femme, de la famille.*
* Suspension des cours de Mickiewicz et Quinet au Collège de France.

1846
* Michelet, *Le Peuple.*
* Proudhon, *Philosophie de la misère.*

1847
Septembre : Guizot officiellement nommé président du Conseil.
Octobre : fin de la conquête de l'Algérie.
* Louis Blanc, *Histoire de la Révolution française.*
* Lamartine, *Histoire des Girondins.*
* Michelet, *Histoire de la Révolution française* (deux premiers tomes).
* Marx, *Misère de la philosophie.*

1848
Février : abdication de Louis-Philippe. Formation du gouvernement provisoire. Création des ateliers nationaux.
Mars : liberté de la presse et suffrage universel masculin.
Avril : abolition de l'esclavage.
Juin : émeutes ouvrières après la dissolution des ateliers nationaux.
Juillet : Cavaignac chef du gouvernement.
Novembre : promulgation de la Constitution.
Décembre : Louis-Napoléon Bonaparte élu président de la République. Tocqueville ministre des Affaires étrangères.

* Chateaubriand, *Mémoires d'outre-tombe.*
* Engels et Marx, *Manifeste du parti communiste.*
* Proudhon, *Les Confessions d'un révolutionnaire.*

1849
Mai : victoire du parti de l'ordre aux élections législatives.
* Guizot, *De la démocratie en France.*
* Proudhon lance *La voix du peuple.*

1850
Mars : loi Falloux.
Mai : loi électorale restreignant le suffrage universel.
* Mort de Balzac.

1851
Décembre : coup d'Etat de Louis-Napoléon Bonaparte. Exil de Victor Hugo.
* Début de la publication du *Système de politique positive* de Comte.
* Proudhon, *L'idée générale de la Révolution au XIXe siècle.*

1852
Janvier : promulgation de la nouvelle Constitution.
Novembre : plébiscite sur le rétablissement de l'Empire.
* Expédition de Victor Considerant au Texas.
* Hugo, *Napoléon le petit.*
* Comte, *Catéchisme positiviste.*
* Marx, *Le 18 Brumaire de Louis Bonaparte.*

1853
Juin : Envoi de la flotte française dans les Dardanelles.
Octobre : l'empire Ottoman attaque la Russie ; début de la guerre de Crimée.
* Hugo, *Les Châtiments.*

1854
Mars : déclaration de guerre de la France à la Russie.
Septembre : victoire française de l'Alma.
Novembre : Morny président du Corps législatif.
* Quinet, *Philosophie de l'histoire de France.*

1855
Septembre : victoire de Sébastopol.
* Renan, *Histoire générale et systèmes comparés des langues sémitiques.*

1856
Mars : traité de Paris mettant fin à la guerre de Crimée.
* Tocqueville, *L'Ancien Régime et la Révolution.*
* Veuillot, *L'illusion libérale.*
* Hugo, *Les contemplations.*

1857
Avril : dissolution du Corps législatif.
* Flaubert et Baudelaire devant les tribunaux pour *Madame Bovary* et *Les Fleurs du mal.*
* Mort d'Auguste Comte.

1858
Janvier : attentat d'Orsini visant Napoléon III et Eugénie.
Février : loi de sûreté générale.

* Parution du premier tome des *Mémoires pour servir à l'histoire de mon temps* de Guizot.
* Mort de Tocqueville.
* Proudhon, *De la justice dans la Révolution et dans l'Eglise*.

1859
Avril : début des travaux du canal de Suez.
Mai : déclaration de guerre à l'Autriche.
Juin : batailles de Magenta et de Solférino.
* Hugo, *La légende des siècles*.

1860
* Interdiction de l'*Univers* de Louis Veuillot.
Novembre : début de l'Empire libéral (droit d'adresse accordé aux Chambres).

1861
Octobre : début de la guerre du Mexique.
Décembre : extension des pouvoirs du Corps législatif.
* Proudhon, *Théorie de l'impôt*.
* Fondation du quotidien *Le Temps*.

1862
Juin : acquisition de la Cochinchine par la France.
* Renan nommé professeur au Collège de France.
* Hugo, *Les Misérables*.

1863
Juin : Duruy ministre de l'Instruction publique.
* Lamartine, *Mémoires politiques*.
* Proudhon, *Du principe fédératif*.
* Renan, *Vie de Jésus*.

1864
Mai : loi reconnaissant le droit de grève.
Septembre : fondation à Londres de la première Internationale des travailleurs.
Décembre : publication de l'encyclique *Quanta cura* et de son *Syllabus*.
* Suppression du cours de Renan au Collège de France.

1865
* Mort de Proudhon.
* Edgar Quinet, *La Révolution*.

1866
Juillet : bataille de Sadowa.
Décembre : départ des troupes françaises de Rome.
* Hugo, *Les travailleurs de la mer*.

1867
Janvier : le droit d'interpellation remplace le droit d'adresse.
Août : loi sur l'école primaire.
Octobre : loi instaurant un enseignement secondaire pour les jeunes filles.
* Zola, *Thérèse Raquin*.
* Marx, *Le Capital*, livre 1.

1868
Mai : lois libéralisant la presse.
Juin : suppression de l'autorisation préalable pour les réunions publiques.

Chronologie 391

* Mai : création de *La Lanterne* par Henri Rochefort ; Rochefort condamné en août.
* Prévost-Paradol, *La France nouvelle*.

1869
* Février : mort de Lamartine.
Septembre : élargissement des pouvoirs du Corps législatif.
* Décembre : premier numéro de *La Marseillaise*, nouveau journal d'Henri Rochefort.
Décembre : Emile Ollivier chef du gouvernement.
* Flaubert, *L'Education sentimentale*.

1870
Mai : plébiscite en faveur des réformes libérales de l'Empire.
Juillet : début de la guerre entre la France et la Prusse.
Septembre : défaite de la France à Sedan. Napoléon III prisonnier. Chute de l'Empire et proclamation de la République.
* Taine, *De l'intelligence*.

1871
Février : élection de l'Assemblée nationale qui siège à Bordeaux. Thiers chef du gouvernement.
* Février : création par Jules Vallès du *Cri du peuple*. Hugo élu à l'Assemblée nationale.
Mars : le gouvernement se réfugie à Versailles. Proclamation de la Commune.
Mai : Traité de Francfort. Semaine sanglante ; fin de la Commune de Paris.
Août : Thiers président de la République.
* Renan, *Réforme intellectuelle et morale de la France*.
* Zola, *La fortune des Rougon* ; *La Curée*.

1872
* Hugo, *Quatre-vingt-treize*.

1873
Janvier : mort de Napoléon III.
Septembre : démission de Thiers, à qui succède Mac-Mahon (« l'ordre moral »). Ministère de Broglie.
Mai-octobre : échec de la restauration légitimiste.
Septembre : départ des dernières troupes allemandes du territoire français.
Novembre : adoption du septennat.
* Louise Michel déportée en Nouvelle-Calédonie.

1874
Mai : loi interdisant le travail des enfants avant 12 ans et limitant la journée de travail à 12 heures pour les moins de 16 ans.
* Barbey d'Aurevilly, *Les Diaboliques*.

1875
Février-juillet : lois constitutionnelles de la IIIe République.
Mars : ministère Buffet.
* Début de la publication des *Origines de la France contemporaine* de Taine.

1876
Janvier : élections sénatoriales ; majorité monarchiste.
Mars : élections législatives ; majorité républicaine.
* Juin : Mort de George Sand.
Décembre : ministère Jules Simon.
* Fondation du *Petit Parisien*.

1877
Mai : rupture entre les républicains et Mac-Mahon. Ministère de Broglie.
Juin : dissolution de l'Assemblée nationale.
Septembre : mort de Thiers.
Octobre : victoire des républicains aux élections législatives.
Novembre : de Broglie démissionne. Ministère Dufaure.
* Zola, *L'Assommoir*.
* Flaubert, *Trois Contes*.

1878
* Renan élu à l'Académie française.

1879
Janvier : démission de Mac-Mahon après la victoire des républicains aux élections sénatoriales. Jules Grévy président de la République ; Gambetta, président de la Chambre des députés.
Février : Jules Ferry, ministre de l'Instruction publique.
* Jules Vallès, *L'Enfant*.
* Zola, *Nana*.

1880
Juillet : amnistie des condamnés de la Commune. Loi Ferry sur l'enseignement supérieur.
Septembre : ministère Ferry.
Décembre : enseignement secondaire public et laïc pour les jeunes filles.
* Maupassant, *Boule de suif*.
* Mort de Flaubert.

1881
Juin : loi sur la gratuité de l'enseignement primaire.
Juillet : loi sur la liberté de la presse.
Novembre : ministère Gambetta.
* Flaubert, *Bouvard et Pécuchet* (posthume).

1882
Janvier : faillite de l'Union générale des banques.
Mars : loi sur l'obligation et la laïcité de l'école primaire.
* Mars : conférence « Qu'est-ce qu'une Nation ? » prononcée par Renan à la Sorbonne.
Mai : Fondation de la Ligue des patriotes par Paul Déroulède.
Décembre : mort de Gambetta.

1883
Février : Ferry président du Conseil et ministre des Affaires étrangères.
* Maupassant, *Une Vie*.
* Renan, *Souvenirs d'enfance et de jeunesse*.

1884
Avril : loi sur les syndicats.
Juillet : loi Naquet autorisant le divorce.
* Huysmans, *A rebours*.

1885
* Février : mort de Vallès.
Mars : démission de Jules Ferry après l'échec de Lang Son.
* Mai : mort d'Hugo ; funérailles nationales en juin.

Décembre : Grévy réélu président de la République.
* Maupassant, *Bel-Ami*.

1886
Janvier : le général Boulanger ministre de la Guerre. Grève de Decazeville.
* Conversion de Claudel au catholicisme.
* Drumont, *La France juive*.
* Rimbaud, *Illuminations*.

1887
Avril : démission de Boulanger. Tensions franco-allemandes à la suite de l'affaire Schnaebelé.
Mai : gouvernement Maurice Rouvier.
Octobre : début du scandale des décorations.

1888
Mars : Boulanger mis à la retraite.
Août : victoire de Boulanger aux législatives partielles à Paris.
* Bergson, *Essai sur les données immédiates de la conscience*.
* Barrès, *Sous l'œil des barbares*, premier volume de la trilogie du « Culte du moi ».
* Maupassant, *Pierre et Jean*.

1889
Février : liquidation de la Compagnie du canal de Panamá.
Avril : Boulanger s'enfuit en Belgique.
Juillet : fondation de la IIe Internationale à Paris.
* Barrès élu député (fin de mandat en 1893).

1890
Mars : Bismarck démis de ses fonctions de chancelier. En France, début du gouvernement Freycinet.
Novembre : ralliement des catholiques à la République après le « toast d'Alger » du cardinal Lavigerie.
* Renan, *L'avenir de la science*.
* Zola, *La Bête humaine*.
* Claudel, *Tête d'Or*.

1891
Mai : 9 morts lors des manifestations du Premier mai à Fourmies. Encyclique *Rerum Novarum* du pape Léon XIII : début du catholicisme social.
Septembre : suicide du général Boulanger.
* Maurice Barrès, *Le Jardin de Bérénice*.
* Oscar Wilde, *Le portrait de Dorian Gray*.
* Mort de Rimbaud.

1892
Janvier : tarif protectionniste Méline. Gouvernement Loubet.
Février : encyclique *Inter sollicitudines* du pape Léon XIII.
* Octobre : mort de Renan.
Novembre : scandale de Panamá.
Décembre : gouvernement Ribot.
* Drumont fonde *La libre parole*.

1893
Mars : procès des parlementaires impliqués dans le scandale de Panama.
Avril : gouvernement Charles Dupuy.

Décembre : attentat de l'anarchiste Ravachol à l'Assemblée nationale.
* Durkheim, *De la division du travail social.*
* Mort de Maupassant et de Taine.

1894
Juin : assassinat du président Sadi Carnot. Election de Casimir-Perier.
Décembre : premier procès du capitaine Dreyfus.
* Durkheim, *Règles de la méthode sociologique.*

1895
Janvier : Démission de Casimir-Perier et élection de Félix Faure à la présidence de la République. Dégradation solennelle de Dreyfus dans le cour de l'Ecole militaire.
Septembre : création de la CGT à Limoges.
Novembre : début du gouvernement Léon Bourgeois.

1896
Avril : ministère Méline.
Juillet : le lieutenant-colonel Picquart fait part à ses supérieurs de ses doutes sur la culpabilité de Dreyfus.
* Novembre : Bernard Lazare, « Une erreur judiciaire : la vérité sur l'affaire Dreyfus ».
Décembre : non-lieu en faveur d'Esterhazy.
* Fondation de la première université populaire en France par Georges Deherme.

1897
Décembre : second non-lieu en faveur d'Esterhazy : « Il n'y a pas d'affaire Dreyfus » (Méline).
* Barrès, *Les Déracinés*, premier tome du « Roman de l'énergie nationale ».
* Gide, *Les Nourritures terrestres.*

1898
Janvier : Zola, « J'accuse ».
Février : procès de Zola.
Juin : fondation de la Ligue française des droits de l'homme.
Août : suicide du colonel Henry.
Octobre : tensions franco-anglaises à Fachoda.
Décembre : fondation de la Ligue de la patrie française.
* Péguy fonde la librairie Bellais rue Cujas à Paris.

1899
Janvier : mort de Félix Faure ; tentative de coup d'Etat de Déroulède. Loubet élu président de la République.
Juin : ministère Waldeck-Rousseau.
Juillet : fondation de l'Action française.
Septembre : Dreyfus condamné lors de son second procès à Rennes, mais gracié par le président de la République.
* Manifeste du Sillon de Marc Sangnier.
* Charles Maurras, *Trois idées politiques.*
* Barrès, *L'appel au soldat.*

1900
Septembre : loi Millerand limitant la durée du travail à 60 heures par semaine.
* Début de la publication des *Cahiers de la quinzaine* de Péguy.
* Début de la publication de l'*Histoire de France* d'Ernest Lavisse.
* Maurras, *Enquête sur la monarchie.*

Chronologie 395

1901
Juin : fondation du parti radical-socialiste.
Juillet : loi sur les associations.

1902
Mars : fondation du parti socialiste.
Mai : victoire du « bloc des gauches » aux élections législatives ; ministère Combes.
Juin : fermeture des congrégations non autorisées.
* Septembre : mort d'Emile Zola.
* Barrès, *Scènes et doctrines du nationalisme*.

1903

1904
Mars : révision du procès Dreyfus.
Avril : entente cordiale entre la France et l'Angleterre.
Juillet : loi interdisant l'enseignement aux congrégations ; affaire des « fiches ».
* Fondation de *L'Humanité* par Jean Jaurès.

1905
Janvier : démission de Combes.
Mars : discours de Guillaume II à Tanger affirmant le droit du Maroc à la liberté.
Avril : fondation de la SFIO.
Décembre : loi de séparation de l'Eglise et de l'Etat.
* Mort de Louise Michel.
* Maurras, *L'avenir de l'intelligence*.
* Fondation de la Ligue d'action française.

1906
Janvier : Fallières élu président de la République.
Février : affaire des « inventaires » des biens ecclésiastiques.
Avril : conférence d'Algésiras.
Juillet : Dreyfus réhabilité.
Octobre : charte d'Amiens de la CGT ; ministère Clemenceau.
* Barrès à l'Académie française et réélu député (fin de mandat en 1923).
* Claudel, *Partage de midi*.

1907
Juin : révolte des vignerons du Languedoc.
Août : conclusion de la Triple-Entente (France, Grande-Bretagne, Russie).
Décembre : grève des postiers réprimée par Clemenceau.

1908
Août : Clemenceau fait arrêter les dirigeants de la CGT après les grèves de Draveil.
* Fondation de la *Nouvelle revue française*.
* Emile Zola au Panthéon.
* Léon Blum, *Du mariage*.
* Fondation du quotidien *L'action française* ; création des Camelots du roi.

1909
Février : accord franco-allemand sur le Maroc.
Juillet : ministère Briand.
* Barrès, *Colette Baudoche*.
* Gide, *La Porte étroite*.
* Georges Sorel, *La révolution dreyfusienne*.

1910
Avril : loi sur les retraites ouvrières et paysannes.
* Péguy, *Le Mystère de la charité de Jeanne d'Arc* ; *Notre jeunesse*.

1911
Juin : ministère Caillaux.
Juillet : tensions franco-allemandes à Agadir.
* Fondation des éditions de la NRF.
* Jaurès, *L'Armée nouvelle*.

1912
Janvier : ministère Poincaré.
Mars : traité établissant un protectorat sur le Maroc.
Novembre : Congrès international socialiste de Bâle.
* Durkheim, *Les Formes élémentaires de la vie religieuse*.
* Claudel, *L'Annonce faite à Marie*.

1913
Janvier : Poincaré élu président de la République.
Mars : ministère Barthou.
Août : loi portant le service militaire à 3 ans.
Décembre : ministère Doumergue.
* Ernest Psichari, *L'appel des armes* ; *Le Voyage du centurion*.
* Proust, *Du côté de chez Swann*.
* Roger Martin du Gard, *Jean Barois*.

1914
Mars : le directeur du *Figaro*, Calmette, est assassiné par Henriette Caillaux, épouse de Joseph Caillaux.
Juin : ministère Viviani. Assassinat de l'archiduc François-Ferdinand à Sarajevo.
Juillet : vote de l'impôt sur le revenu. Jean Jaurès est assassiné par Raoul Villain.
Août : déclaration de guerre de l'Allemagne à la France. Les socialistes se rallient à l'Union sacrée.
Septembre : le gouvernement quitte Paris pour Bordeaux. Batailles de la Marne et de la Somme.
* Mort de Péguy au front.
* Gide, *Les caves du Vatican*.
* Albert Mathiez, *La victoire en l'an II*.

1915
Février : offensive de l'armée française en Champagne.
Mai : Albert Thomas sous-secrétaire d'Etat de l'Artillerie et des Munitions.
* Romain Rolland, *Au-dessus de la mêlée*. Rolland reçoit le prix Nobel de littérature.
* Pierre Loti, *Le Grande Barbarie*.
* Henri Massis, *Romain Rolland contre la France*.

1916
Février-décembre : bataille de Verdun.
Juillet-novembre : bataille de la Somme.
* Maurice Barrès, *L'Ame française et la Guerre : l'amitié des tranchées*.
* Fondation du *Canard enchaîné*.
* Henri Barbusse, *Le Feu* (prix Goncourt).

1917
Janvier : grèves des couturières parisiennes.
Février : début de la révolution russe.

Avril : offensive Nivelle du Chemin des Dames. Entrée en guerre des Etats-Unis aux côtés des Alliés.
Mai : début des mutineries dans l'armée. Pétain à la tête des armées françaises à la place de Nivelle.
Septembre : gouvernement Painlevé sans les socialistes : rupture de l'Union sacrée.
Novembre : Clemenceau à la tête du gouvernement.
* Paul Valéry, *La Jeune Parque.*

1918
Mars : traité de Brest-Litovsk : fin des combats sur le front Est.
Mars-juillet : grande bataille de France. Paris bombardé par la Grosse Bertha.
Avril : Foch commandant en chef des armées alliées.
Mai : offensive allemande du Chemin des Dames.
Juillet : seconde bataille de la Marne.
Octobre : début de l'épidémie de grippe espagnole.
* Mort de Guillaume Apollinaire.
Novembre : signature de l'armistice à Rethondes.
Décembre : l'Alsace-Lorraine restituée à la France.
* Paul Bourget, *Némésis.*
* Georges Duhamel, *Civilisation* (prix Goncourt).
* Paul Eluard, *Poèmes pour la paix.*
* Tristan Tzara, *Manifeste Dada.*

1919
Janvier : ouverture de la conférence de la paix à Paris.
Avril : pacte de la Société des nations.
Juin : signature du traité de Versailles entre la France, ses alliés et l'Allemagne : fin de la Première Guerre mondiale.
Septembre : traité de Saint-Germain-en-Laye avec l'Autriche : démembrement de l'empire austro-hongrois.
Novembre : fondation de la CFTC. Victoire du bloc national aux élections législatives.
* Keynes, *Les conséquences économiques de la paix.*
* « Déclaration d'indépendance de l'esprit » (Romain Rolland) dans l'*Humanité.*
* « Manifeste du parti de l'intelligence » (Henri Massis) dans le *Figaro.*
* Gide, *La Symphonie pastorale.*
* Création de la revue *Littérature,* préfigurant le mouvement surréaliste.
* Proust, *A l'ombre des jeunes filles en fleurs* (prix Goncourt).
* Reparution de la NRF, suspendue pendant la guerre ; les éditions de la NRF deviennent la librairie Gallimard.
* Fondation de la revue *Clarté* (Henri Barbusse).

1920
Janvier : Paul Deschanel élu président de la République. Démission de Clemenceau et début du ministère Millerand.
Septembre : démission de Deschanel et élection d'Alexandre Millerand. Georges Leygues président du Conseil.
Décembre : au congrès de Tours, scission entre la SFIO et le parti communiste (SFIC).
* Alain, *Propos.*
* Léon Bourgeois prix Nobel de la paix.
* Jacques Bainville, *Les conséquences politiques de la paix.*
* Fondation de *La Revue universelle* (Henri Massis).

1921
Janvier : ministère Briand.
Février : conférence de Londres sur les réparations allemandes aux Alliés.

Mai : naissance de la CGTU par scission de la CGT.
* Barbusse, *Le couteau entre les dents*.
* Alain, *Mars ou la guerre jugée*.
* Anatole France prix Nobel de littérature.

1922
Janvier : ministère Poincaré.
* Barrès, *Un jardin sur l'Oronte*.
* Roger Martin du Gard, premier tome des *Thibault*.
* Paul Valéry, *Charmes*.
* Mort de Proust.

1923
Janvier : occupation de la Ruhr par la France.
Avril : loi ramenant la service militaire à 18 mois.
* Radiguet, *Le Diable au corps*.
* Mort de Barrès.
* Création de la revue *Europe* par Romain Rolland.

1924
Février : vote du double décime.
Mars : Poincaré redresse le franc.
Avril : plan Dawes prévoyant un étalement des réparations allemandes.
Mai : victoire du cartel des gauches (radicaux et socialistes) aux élections législatives.
Juin : démission de Millerand ; Gaston Doumergue élu président de la République. Ministère Herriot.
Novembre : Jaurès au Panthéon.
* André Breton, *Manifeste du surréalisme*. Fondation de la revue *La révolution surréaliste*.
* Gide, *Corydon*.
* Marc Bloch, *Les rois thaumaturges*.
* Paul Valéry, *Variété I*.
* Mort d'Anatole France.
* Fondation de l'hebdomadaire d'extrême droite *Candide*.

1925
Avril : chute du cartel des gauches. Révolte d'Abd el-Krim au Maroc.
Octobre : pacte de Locarno.
Novembre : fondation du Faisceau par Georges Valois.
* Paulhan succède à Rivière comme rédacteur en chef de la NRF.
* Alain, *Propos sur le bonheur* ; *Eléments d'une doctrine radicale*.
* Drieu la Rochelle, *L'homme couvert de femmes*.
* André Gide, *Les Faux-Monnayeurs*.

1926
Juin : ministère Briand-Caillaux.
Juillet : chute du ministère Briand-Caillaux. Gouvernement d'union nationale Poincaré.
Septembre : rencontre Briand-Stresemann.
* Le pape met à l'index le quotidien *L'Action française*.
* Briand prix Nobel de la paix.
* André Malraux, *La Tentation de l'Occident*.
* Georges Bernanos, *Sous le soleil de Satan*.
* Gide, *Si le grain ne meurt*.

1927
Mars : évacuation de la Sarre par les troupes françaises.
Octobre : Daladier président du parti radical.

Chronologie 399

Novembre : fondation de la ligue des Croix de Feu (Maurice d'Hartoy).
* Julien Benda, *La trahison des clercs*.
* Gide, *Voyage au Congo*.
* Mauriac, *Thérèse Desqueyroux*.
* Gide, *Voyage au Congo*.
* Bergson prix Nobel de littérature.

1928
Janvier : le PCF adopte la tactique « classe contre classe » ; arrestation de députés communistes.
Avril : victoire de l'union nationale emmenée par Poincaré aux législatives.
Juin : stabilisation officielle du franc.
Juillet : loi Loucheur créant les habitations à bon marché.
Août : pacte Briand-Kellogg.
Novembre : les radicaux quittent l'union nationale.
* Malraux, *Les conquérants*.
* Breton, *Nadja*.
* Création de l'hebdomadaire d'extrême droite *Gringoire*.

1929
Mai : adoption du plan Young (révision du plan Dawes).
Juillet : démission de Poincaré, ministère Briand.
Novembre : mort de Clemenceau.
* Fondation du journal d'extrême droite *Je suis partout* (Pierre Gaxotte).
* Emmanuel Berl, *Mort de la pensée bourgeoise*.
* Claudel, *Le soulier de satin*.
* Cocteau, *Les enfants terribles*.
* Premier numéro des *Annales d'histoire économique et sociale* (Marc Bloch et Lucien Febvre).

1930
Février : chute de Tardieu.
Mars : Approbation du plan Young.
Juillet : Maurice Thorez secrétaire général du PCF.
* *Le surréalisme au service de la révolution* succède à *La révolution surréaliste*.

1931
Mai : Paul Doumer élu président de la République.
Juin : moratoire Hoover.
* Robert Aron et Arnaud Dandieu, *Le Cancer américain*.

1932
Mars : loi sur les allocations familiales pour tous les salariés.
Mai : assassinat de Paul Doumer par Gorgoulov. Albert Lebrun lui succède.
Juin : conférence de Lausanne.
* Louis-Ferdinand Céline, *Voyage au bout de la nuit*.
* Création du journal *Marianne* (Emmanuel Berl).
* Création du comité Amsterdam-Pleyel ; appel Rolland-Barbusse.
* Création de la revue *Esprit* par Emmanuel Mounier et Georges Izard.
* André Breton, « l'affaire Aragon ».

1933
Janvier : Hitler chancelier.
Février : incendie du Reichstag.
Septembre : fondation du mouvement franciste par Marcel Bucard.

Décembre : révélation de l'affaire Stavisky.
* André Malraux, *La condition humaine* (prix Goncourt).
* Avril : Stefan Zweig et Bertolt Brecht interdits de publication et de diffusion en Allemagne.
* Paul Nizan, *Antoine Bloyé*.

1934
Février : manifestations antiparlementaires des ligues d'extrême droite.
Octobre : appel de Maurice Thorez ; front antifasciste des partis de gauche.
* Mars : création du Comité de vigilance des intellectuels antifascistes (CVIA).
* Henri Bergson, *La pensée et le mouvant*.
* Gaston Bachelard, *Le nouvel esprit scientifique*.
* Drieu la Rochelle, « Mesure de l'Allemagne ».
* Mounier, « Lettre ouverte sur la démocratie », dans *L'Aube*.
* Création de la revue *Vendredi* (André Chamson).
* Paul Rivet, président du CVIA, élu aux municipales de Paris.
* Bertrand de Jouvenel fonde la revue *La lutte des jeunes*.

1935
Avril : conférence de Stresa.
Juillet : grand défilé unitaire du Front populaire aux mots d'ordre « pain, paix, liberté ».
* Giraudoux, *La guerre de Troie n'aura pas lieu*.
* Création de *Vendredi*.
* Paul Nizan, *Le cheval de Troie*.

1936
Mars : Réunification de la CGT et de la CGTU.
Avril : Discours de Maurice Thorez sur les « 200 familles ».
Mai : victoire électorale du Front populaire aux législatives.
Mai-Juin : Grèves générales.
Août : loi portant à 14 ans l'âge de la scolarité obligatoire.
Juin : création du parti populaire français de Jacques Doriot.
* Voyage de Gide en URSS ; publication du *Retour d'URSS*.
* Louis-Ferdinand Céline, *Mort à crédit*.
* Bernanos, *Journal d'un curé de campagne*.

1937
Septembre : attentats de la Cagoule à Paris.
Juin : chute du ministère Blum.
Décembre : arrestation des membres de la Cagoule.
* Roger Martin du Gard, prix Nobel de littérature.
* Jean Giraudoux, *Electre*.
* Gide, *Retouches à mon voyage d'URSS*.
* Gallimard arrête la publication de *Marianne*.
* Malraux, *L'Espoir*.

1938
Mars : annexion de l'Autriche par l'Allemagne.
Juin : fondation du parti socialiste ouvrier et paysan (PSOP) par Marceau Pivert.
Septembre : accords de Munich.
Octobre : fin du Front populaire.
* Albert Camus, *Caligula*.
* Bernanos, *Les grands cimetières sous la lune*.
* Paul Nizan, *La Conspiration*.
* Georges Friedmann, « De la sainte Russie à l'URSS ».
* Henri de Montherlant, *L'équinoxe de septembre*.

Chronologie 401

1939
Avril : réélection d'Albert Lebrun à la présidence de la République.
Mai : pacte d'assistance mutuelle entre Londres et Paris.
Août : pacte germano-soviétique.
Septembre : invasion de la Pologne par l'Allemagne et l'URSS. Début de la « drôle de guerre ».
* Marc Bloch, *La société féodale*.
* Louis-Ferdinand Céline condamné pour diffamation après la publication de *L'Ecole des cadavres*.
* Jean Giroudoux, *Ondine*.
* Jean-Paul Sartre, *Le Mur*.
* Pie XII lève l'interdiction de *L'Action française*.
* Robert Brasillach, *Sept couleurs*.
* Drieu la Rochelle, *Gilles*.

1940
Mai : invasion de la France par les Allemands ; percée de Sedan des troupes allemandes.
Juin : appel du 18 juin de Charles de Gaulle ; signature de l'armistice à Rethondes.
Juillet : bombardement par les Britanniques de la flotte française à Mers el-Kébir. Les pleins pouvoirs au maréchal Pétain votés par le Parlement.
Octobre : inculpation de Léon Blum, Paul Reynaud et Georges Mandel par la cour de Riom ; entrevue de Montoire.
* Marc Bloch, *L'étrange défaite*.
* Création de *Liberté* par François de Menthon, premier journal résistant français.
* Parution de *La Gerbe*, journal dirigé par Alphonse de Châteaubriant.

1941
Mars : création du Commissariat général aux questions juives.
Mai : port obligatoire de l'étoile jaune en zone occupée.
Juin : opération Barbarossa.
Juillet : création de la Légion des volontaires français (LVF).
* Reparution de *Je suis partout*, suspendu en 1940.
* Parution clandestine du journal *Combat*.
* Henri de Montherlant, *Solstice de juin*.
* Brasillach, *Notre avant-guerre*.
* Création des *Lettres françaises* par Jacques Decour et Jean Paulhan.

1942
Février : ouverture du procès de Riom.
Juillet : rafle du Vélodrome d'Hiver.
Novembre : occupation de la zone libre par les Allemands.
* Albert Camus, *Le mythe de Sisyphe* ; *L'Etranger*.
* Vercors, *Le silence de la mer*. Naissance des éditions de Minuit.

1943
Février : création du service du travail obligatoire (STO).
Juillet : mort de Jean Moulin.
Octobre : Charles de Gaulle seul président du Comité français de libération nationale formé à Alger.
* Jean-Paul Sartre, *L'Etre et le néant* ; *Les Mouches*.
* Antoine de Saint-Exupéry, *Le Petit Prince*.
* Bertolt Brecht, *La vie de Galilée*.

1944
Janvier : création des Forces françaises de l'intérieur. Conférence de Brazzaville.
Avril : gouvernement provisoire de la République française présidé par le général de Gaulle.

Juin : débarquement des Alliés en Normandie. Massacre d'Oradour-sur-Glane.
Juillet : accords de Bretton-Woods.
* Création du journal *Le Monde* (Hubert Beuve-Méry).
* Louis Aragon, *Aurélien*.
* Jean Anouilh, *Antigone*.
* Création de la revue *L'Arche* (André Gide).

1945
Mai : reddition de l'Allemagne sans condition à Reims. Massacres de Constantine.
Octobre : ordonnances sur la Sécurité sociale.
* Création du quotidien *La Croix*.
* Création de la revue *Les Temps modernes* par Jean-Paul Sartre.
* Jean-Paul Sartre, *L'existentialisme est un humanisme*.

1946
Janvier : charte du tripartisme (PCF, SFIO, MRP).
Octobre : naissance de la IVe république.
Décembre : début de la guerre d'Indochine.
* Publication en français du *Zéro et l'infini* d'Arthur Koestler.
* David Rousset, *L'univers concentrationnaire*.

1947
Janvier : Vincent Auriol élu président de la République.
Avril : création du Rassemblement du peuple français (RPF).
Mai : les ministres communistes sont renvoyés du gouvernement. Fin du tripartisme et création de la Troisième force.
Juin : vagues de grèves. Plan Marshall.
Septembre : création du Kominform.
* Primo Levi, *Si c'est un homme*.
* Albert Camus, *La Peste*.
* André Gide prix Nobel de littérature.
* Roger Garaudy, *Une littérature de fossoyeurs*.
* Kravtchenko, *J'ai choisi la liberté*.

1948
Février : création du Rassemblement démocratique révolutionnaire (RDR) par David Rousset et Jean-Paul Sartre. Coup de Prague.
Avril : congrès constitutif de la CGT-FO.
Juin : début du blocus de Berlin (jusqu'en mai 1949). Schisme yougoslave.
Octobre : grèves des mineurs en France.
* Jean-Paul Sartre, *Situations II*.
* Raymond Aron, *Le Grand Schisme*.

1949
Janvier : création du Conseil de l'Europe. Procès Kravtchenko.
Avril : traité de l'Atlantique Nord.
Septembre : procès Rajk en Hongrie.
Décembre : procès Kostov à Sofia.
* Albert Camus, *Les Justes*.
* Simone de Beauvoir, *Le deuxième sexe*.
* Claude Lévi-Strauss, *Structures élémentaires de la parenté*.

1950
Février : adoption du salaire minimum interprofessionnel garanti (SMIG).
Août : envoi d'un bataillon français en Corée.

Octobre : défaite française de Cao Bang en Indochine. Augmentation de la durée du service militaire à 18 mois.
* Lancement de l'hebdomadaire *L'observateur*.
* Camus, *Les Justes* ; *Actuelles I*.

1951
Avril : création de la Communauté européenne du charbon et de l'acier (CECA).
Mai : loi sur les apparentements des partis politiques.
Juin : majorité de droite (MRP, RPF et modérés) aux législatives.
Juillet : mort de Pétain à l'île d'Yeu.
* Mort de Gide.
* Création de l'hebdomadaire *Rivarol*.
* Camus, *L'homme révolté*.
* Malraux, *Les voix du silence*.

1952
Mars : gouvernement Pinay.
Mai : lancement de l'emprunt Pinay. Signature du traité de la Communauté européenne de défense (CED). Manifestations communistes contre « Ridgway la peste ».
Novembre : début des procès de Prague.
Décembre : démission du gouvernement Pinay.
* Sartre, *Saint Genet, comédien et martyr*.
* Les œuvres de Gide sont mises à l'Index par le pape.
* Mauriac prix Nobel de littérature.
* Mort de Maurras.

1953
Mars : mort de Staline.
* Création de l'*Express* par Jean-Jacques Servan-Schreiber et Françoise Giroud.
Octobre : fondation de l'Union de défense des artisans et des commerçants de Pierre Poujade.
Novembre : débat sur la CED.
Décembre : élection de René Coty à la présidence de la République.
* Roland Barthes, *Le degré zéro de l'écriture*.

1954
Février : appel de l'abbé Pierre après la vague de froid.
Mars : création des Compagnons d'Emmaüs.
* Mai : naissance du mensuel *Le monde diplomatique*.
Mai : capitulation française à Diên Biên Phu en Indochine.
Juin : Pierre Mendès France chef du gouvernement.
Juillet : accords de paix de Genève mettant fin à la guerre d'Indochine. Discours de Mendès France à Carthage sur l'autonomie de la Tunisie.
Août : l'Assemblée refuse de ratifier la CED.
Novembre : Toussaint rouge : début de la guerre d'Algérie.
* Simone de Beauvoir, *Les mandarins* (prix Goncourt).
* Deleuze, *Empirisme et subjectivité*.

1955
Février : chute du gouvernement Mendès France.
Avril : loi sur l'état de siège en Algérie.
Mai : pacte de Varsovie.
Juin : autonomie interne de la Tunisie.
Décembre : dissolution de l'Assemblée nationale. Constitution du Front républicain (SFIO, radicaux).

* Aron, *L'opium des intellectuels*.
* Claude Lévi-Strauss, *Tristes tropiques*.
* Francis Jeanson, *L'Algérie hors la loi*.

1956
Janvier : victoire du Front républicain aux élections législatives.
Février : gouvernement Guy Mollet. En URSS, communication du rapport Khrouchtchev.
Mars : indépendance du Maroc et de la Tunisie ; loi-cadre Deferre.
Octobre : insurrection hongroise, réprimée par les chars soviétiques.
Novembre : raid franco-anglais sur le canal de Suez.
* Camus, *La Chute*.
* Rupture de Sartre avec le PCF.

1957
Janvier : pleins pouvoirs confiés à l'armée à Alger.
Mars : traité de Rome.
Mai : chute du gouvernement Guy Mollet.
* Barthes, *Mythologies*.
* Malraux, *La Métamorphose des dieux*.
* Camus prix Nobel de littérature.
* Aron, *Espoir et peur du siècle*.

1958
Mai : Massu crée le comité de salut public à Alger ; l'immeuble du gouvernement général est envahi par les manifestants ; René Coty appelle de Gaulle à former un gouvernement.
Juin : pleins pouvoirs à de Gaulle ; discours d'Alger : « Je vous ai compris. »
Septembre : Constitution de la Ve République approuvée par référendum.
Novembre : élections législatives.
Décembre : de Gaulle élu président de la République. Dévaluation et création du nouveau franc.
* Simone de Beauvoir, *Mémoires d'une jeune fille rangée*.
* Création de *L'internationale situationniste*.
* Lévi-Strauss, *Anthropologie structurale*.

1959
Janvier : Michel Debré Premier ministre ; Malraux ministre des Affaires culturelles.
Septembre : discours de De Gaulle sur la politique d'autodétermination en Algérie.
* Aragon, *Elsa*.

1960
Janvier : semaine des barricades à Alger.
Février : explosion de la première bombe atomique française.
Avril : fondation du PSU.
Août : indépendance du Bénin, du Niger, du Burkina Faso, de la Côte d'Ivoire, du Tchad, de la République centrafricaine et du Congo.
* Septembre : manifeste des 121 (dont Sartre) en faveur du droit à l'insoumission en Algérie.
* Sartre, *Critique de la raison dialectique*.

1961
Janvier : référendum sur l'autodétermination en Algérie.
Avril : putsch des généraux algériens.
Décembre : rupture des relations entre l'URSS et l'Albanie ; schisme sino-soviétique.

* Mauriac, *Bloc-notes*.
* Michel Foucault, *Histoire de la folie à l'âge classique*.

1962
Janvier : attentats de l'OAS en France.
Février : manifestations anti-OAS ; 8 morts au métro Charonne.
Mars : accords d'Evian.
Avril : référendum sur les accords d'Evian ; fin de la guerre d'Algérie ; Pompidou Premier ministre.
Août : attentat du Petit-Clamart contre de Gaulle.
Octobre : dissolution de l'Assemblée nationale. Référendum sur l'élection du président au suffrage universel. Crise des missiles de Cuba.
* Aron, *Dix-huit leçons sur la société industrielle*.
* Lévi-Strauss, *La pensée sauvage*.
* Soljenitsyne, *Une journée d'Ivan Denissovitch*.

1963
Janvier : de Gaulle refuse la candidature de la Grande-Bretagne au Marché commun.
Mars : grève des mineurs.
* Simone de Beauvoir, *La force des choses*.
* Emmanuel Levinas, *Totalité et infini*.
* Alain Robbe-Grillet, *Pour un nouveau roman*.

1964
Janvier : la France reconnaît la Chine communiste.
Juillet : mort de Thorez.
Novembre : naissance de la CFDT à partir de la CFTC.
* Sartre prix Nobel de littérature (refusé).
* *France Observateur* devient *Le Nouvel Observateur* (Jean Daniel).
* Pierre Bourdieu et Jean-Claude Passeron, *Les Héritiers*.
* Marcuse, *L'Homme unidimensionnel*.

1965
Juillet : politique de la chaise vide de la France à Bruxelles.
Septembre : formation par Mitterrand de la Fédération de la gauche démocrate et socialiste (FGDS, fusion des socialistes et du Rassemblement démocratique).
Octobre : enlèvement de Ben Barka.
Décembre : de Gaulle élu président de la République au suffrage universel.
* Aron, *Essai sur les libertés*.
* Louis Althusser, *Pour Marx*.
* Gilles Deleuze, *Nietzsche*.
* Jean-Paul Vernant, *Mythe et pensée chez les Grecs*.

1966
Mars : la France quitte le commandement intégré de l'OTAN.
Décembre : accord PC-FGDS de désistement réciproque.
* Foucault, *Les Mots et les choses*.
* Jacques Lacan, *Ecrits*.

1967
Mars : victoire de la droite aux législatives.
Avril : plan Calcul.
Juillet : de Gaulle à Montréal : « Vive le Québec libre ! »
* Jacques Derrida, *L'écriture et la différence*.
* Guy Debord, *La société du spectacle*.

* Malraux, tome 1 des *Antimémoires*.
* Servan-Schreiber, *Le défi américain*.
* Régis Debray emprisonné en Bolivie pour son engagement auprès des révolutionnaires.

1968
Janvier : premiers incidents à la faculté de Nanterre. Début du « printemps de Prague ».
Mai : mouvements de révolte étudiants et grèves généralisées ; accords de Grenelle ; meeting de la gauche au stade Charléty ; défilé des partisans de De Gaulle sur les Champs-Elysées.
Juin : victoire de la droite aux élections législatives.
Juillet : Couve de Murville Premier ministre.
Août : invasion de la Tchécoslovaquie par les armées du pacte de Varsovie.
* Maurin, Lefort et Castoriadis, *Mai-68 : la brèche*.
* André Glucksmann, *Le discours de la guerre*.
* Aron, *De Gaulle, Israël et les Juifs*.

1969
Avril : non au référendum sur la régionalisation et la réforme du Sénat. Démission du général de Gaulle.
Juin : élection de Georges Pompidou à la présidence de la République. Jacques Chaban-Delmas Premier ministre.
Juillet : fondation du parti socialiste au congrès d'Issy-les-Moulineaux.
* Braudel, *Ecrits sur l'histoire*.
* Foucault, *L'archéologie du savoir*.
* Aron, *D'une sainte famille à l'autre*.

1970
Mai : dissolution de la Gauche prolétarienne et interdiction de *La Cause du peuple*.
Octobre : voyage de Pompidou en URSS. Novembre : mort du général de Gaulle.
* Barthes, *L'Empire des signes*.
* De Gaulle, *Mémoires d'espoir*.
* Sartre directeur de *La Cause du peuple*.

1971
Juin : congrès d'Epinay. Mitterrand élu premier secrétaire du parti socialiste.
Octobre : Servan-Schreiber président du parti radical.
Novembre : fondation du mouvement réformateur (Lecanuet et Servan-Schreiber).
* Malraux, *Les chênes qu'on abat*.
* Sartre directeur de *Révolution*.
* Manifeste des « 343 salopes » du *Nouvel Observateur*.

1972
Janvier : programme socialiste « Changer la vie ».
Juillet : programme commun PS-PC. Pierre Messmer Premier ministre.
Décembre : Georges Marchais secrétaire général du PCF.
* Simone de Beauvoir, *Tous comptes faits*.
* Althusser, *Lénine et la philosophie*.
* Gilles Deleuze et Félix Guattari, *L'anti-Œdipe*.
* Création de l'hebdomadaire *Le Point*.

1973
Mars : victoire de la droite aux législatives.
Septembre : visite de Pompidou en Chine.
* Lacan, *Les quatre concepts fondamentaux de la psychanalyse*.

* Soljenitsyne, *L'archipel du Goulag*.
* Création du quotidien *Libération* par Sartre.

1974
Avril : mort de Pompidou.
Mai : Valéry Giscard d'Estaing président de la République ; Jacques Chirac Premier ministre.
Décembre : loi sur l'avortement (Simone Veil).
* Alain Peyrefitte, *Quand la Chine s'éveillera*.
* Malraux, *Le miroir des limbes*.
* Dernier numéro de *Combat*.
* Eclatement de l'ORTF.

1975
Novembre : accord sur la stabilisation des changes à Rambouillet. Début du génocide cambodgien.
* Desanti, *Les Staliniens*.
* Gluscksmann, *La cuisinière et le mangeur d'homme*.
* Foucault, *Surveiller et punir*.

1976
Août : démission de Chirac ; Raymond Barre Premier ministre.
Septembre : plan Barre contre l'inflation.
Décembre : création du Rassemblement pour la République.
* Jean-François Revel, *La tentation totalitaire*.
* Emmanuel Todd, *La chute finale*.
* Edgar Maurin, *L'homme et la mort*.
* Mort d'André Malraux.

1977
Mars : victoire de la gauche aux élections municipales. Chirac élu maire de Paris.
Septembre : rupture de l'Union de la gauche.
* Barthes, *Fragments d'un discours amoureux*.
* Bernard-Henri Lévy, *La barbarie à visage humain*.
* Glucksmann, *Les maîtres penseurs*.

1978
Février : création de l'Union pour la démocratie française (UDF).
Mars : victoire de la droite aux élections législatives.
Décembre : appel de Cochin de Chirac condamnant la politique européenne de Giscard d'Estaing.
* François Furet, *Penser la révolution française*.
* Robert Linhart, *L'Etabli*.

1979
Mars : création du système monétaire européen et de l'ECU.
Juin : Sartre et Aron soutiennent la cause des « boat people » à l'Elysée.
* Régis Debray, *Le pouvoir intellectuel en France*.
* Jean-François Lyotard, *La condition post-moderne*.
* Pierre Bourdieu, *La Distinction*.
* Jean Fourastié, *Les Trente Glorieuses*.

1980
Octobre : attentat de la rue Copernic à Paris.
* Marguerite Yourcenar, première femme à l'Académie française.
* Mort de Sartre et de Barthes.

1981
Mai : Mitterrand élu président de la République. Pierre Mauroy Premier ministre.
Juin : victoire des socialistes à l'Assemblée nationale.
Septembre : abolition de la peine de mort.
Octobre : dévaluation du franc.
Décembre : vote des nationalisations à l'Assemblée nationale.
* Philippe Sollers, *Paradis*.
* Pierre Bourdieu, *Questions de sociologie*.
* Pierre Rosanvallon, *La crise de l'Etat-providence*.
* Bernard-Henri Lévy, *L'idéologie française*.

1982
Février : loi sur la cinquième semaine de congés payés, la semaine de 39 heures et la retraite à 60 ans.
Juin : guerre entre Israël et le Liban.
Août : attentat de la rue des Rosiers.
Décembre : lois Auroux.
* Mort d'Aragon.
* Simone de Beauvoir, *La Cérémonie des adieux*.

1983
Mars : début du « tournant de la rigueur ». Lancement de l'initiative de défense stratégique de Reagan (« guerre des étoiles »).
* Mort d'Aron ; publication de ses *Mémoires*.
* Edgar Morin, *De la nature de l'URSS*.

1984
Juin : grande manifestation des partisans de l'école libre contre la loi Savary.
Juillet : retrait de la loi Savary et démission de Pierre Mauroy. Laurent Fabius Premier ministre. Refus du PC de participer au gouvernement.
* Pierre Nora, premier tome des *Lieux de mémoire*.
* Jean-François Lyotard, *Le Différend*.
* Mort de Foucault, publication des deux derniers tomes de *L'histoire de la sexualité*.

1985
Janvier : Jacques Delors président de la Commission européenne.
Février : signature de l'Acte unique européen.
Juillet : sabotage du chalutier de Greenpeace *Rainbow Warrior*.
Août : loi sur le statut de la Nouvelle-Calédonie.
* Luc Ferry et Alain Renaut, *La Pensée 68*.
* Alain Badiou, *Peut-on penser la politique ?*
* Marcel Gauchet, *Le désenchantement du monde*.

1986
Mars : victoire du RPR et de l'UDF aux élections législatives. Début de la première cohabitation (Jacques Chirac Premier ministre).
Juillet : loi sur les privatisations.
Novembre : adoption de l'Acte unique européen par les députés.
* Claude Lefort, *Essai sur le politique*.
* Mort de Simone de Beauvoir.
* Fernand Braudel, *L'identité de la France* (tome 1).
* Edgar Maurin, *La méthode*.

1987
Janvier : ordonnance sur la liberté des prix et la concurrence.
Juin : Etats généraux de la Sécurité sociale.

Octobre : krach boursier.
Novembre : adoption du nouveau statut de la Nouvelle-Calédonie.
* Alain Besançon, *Une génération.*
* Pierre Vidal-Naquet, *Les Assassins de la mémoire.*
* Alain Finkielkraut, *La Défaite de la pensée.*
* Bernard-Henri Lévy, *Eloge des intellectuels.*

1988
Mai : réélection de Mitterrand à la présidence de la République. Michel Rocard Premier ministre. Dissolution de l'Assemblée nationale. Politique d'ouverture.
Juin : majorité relative du PS à l'Assemblée.
Novembre : création du revenu minimum d'insertion.
* Julia Kristeva, *Etrangers à nous-mêmes.*
* Henri Mendras, *La seconde révolution française.*
* François Furet, Jacques Julliard et Pierre Rosanvallon, *La République du centre.*

1989
Juin : répression sanglante du printemps de Pékin.
Novembre : chute du mur de Berlin.
Décembre : révolution en Roumanie ; exécution de Ceaucescu.
* Marcel Gauchet, *La révolution des droits de l'homme.*
* Mort de Hubert Beuve-Méry.

1990
Février : libération de Nelson Mandela.
Octobre : émeutes de Vaulx-en-Velin.
Août : envahissement du Koweït par l'armée irakienne.
* Mort de Louis Althusser.
* Michel Serres, *Le Contrat naturel.*

1991
Janvier : début de l'offensive anti-irakienne « Tempête du désert ». Démission du ministre de la Défense Jean-Pierre Chevènement.
Février : dissolution du pacte de Varsovie. Fin de la guerre du Golfe.
Mai : démission de Michel Rocard ; Edith Cresson Premier ministre.
Juin : élection de Boris Eltsine à la présidence de la Russie.
Octobre : début de l'affaire du sang contaminé.

1992
Février : signature du traité de Maastricht par les ministres des Affaires étrangères de la CEE.
Avril : Pierre Bérégovoy Premier ministre.
Septembre : victoire du « oui » (51 %) au référendum sur le traité de Maastricht en France.
* Régis Debray, *Vie et mort de l'image.*
* Alain Touraine, *Critique de la modernité.*
* Luc Ferry, *Le nouvel ordre écologique.*
* Pierre Bourdieu, *Les règles de l'art.*

1993
Janvier : entrée en vigueur du marché unique européen.
Mars : victoire de la droite aux élections législatives ; Edouard Balladur Premier ministre.
Septembre : accords d'Oslo entre Israël et les Palestiniens.
* Pierre Bourdieu, *La Misère du monde.*
* Jacques Attali, *Verbatim I.*

1994
Février : début de l'intervention de l'OTAN en Bosnie-Herzégovine.
Mars : manifestations contre le contrat d'insertion professionnelle et retrait du projet.
Juin : début de l'intervention française au Rwanda.
* Dominique Schnapper, *La Communauté des citoyens.*
* Pierre Péan, *Une jeunesse française.*

1995
Février : crise économique mexicaine.
Mai : Jacques Chirac élu président de la République, Alain Juppé Premier ministre.
Juin : annonce de la reprise des essais nucléaires français.
Juillet : attentats à Paris.
Novembre : accords de paix de Dayton sur la Bosnie-Herzégovine.
Novembre-décembre : vague de grèves contre le plan Juppé de réforme de la Sécurité sociale.
* André Glucksmann, *De Gaulle où es-tu ?*
* Pierre Rosanvallon, *La nouvelle question sociale.*
* Jean-François Kahn, *La Pensée unique.*

1996
Janvier : mort de François Mitterrand.
Septembre : adoption du Pacte de stabilité européenne pour les pays adoptant l'euro.
Février : professionnalisation des armées.
* Olivier Todd, *Camus.*
* Luc Ferry, *L'Homme-Dieu ou le Sens de la vie.*
* Mort de François Furet.

1997
Avril : dissolution de l'Assemblée nationale.
Juin : victoire de la gauche aux législatives ; Lionel Jospin Premier ministre. Traité d'Amsterdam.
Juillet : crise économique asiatique.
* Bourdieu, *Sur la télévision* ; *Méditations pascaliennes.*
* Paul Ricœur, *L'idéologie et l'Utopie.*
* Olivier Mongin, *La violence des images ou comment s'en débarrasser.*
* Jean-François Revel, *Mémoires.*

1998
Janvier : crise économique russe.
Février : assassinat du préfet Claude Erignac.
Juin : adoption de la loi sur les 35 heures.
Juillet : prêt du FMI à la Russie ; plan de rigueur.
* Pierre-André Taguieff, *La Couleur et le Sang. Doctrines racistes à la française.*
* Jean Daniel, *Avec le temps. Carnets 1970-1998.*
* Michel Houellebecq, *Les particules élémentaires.*

1999
Janvier : manifestations contre le projet de loi sur le Pacte civil de solidarité (PACS).
Mars : l'OTAN déclare la guerre à la Serbie ; début des bombardements.
Novembre : adoption du PACS.
Décembre : échec de la conférence de l'OMC à Seattle.
* Nicolas Baverez, *Les Orphelins de la liberté.*
* Edgar Morin, *La Tête bien faite. Repenser la réforme. Réformer la pensée.*
* Jean-François Revel, *Fin du siècle des ombres. Chroniques politiques et littéraires.*

Chronologie 411

2000
Mai : loi sur la parité aux élections.
Septembre : référendum sur le quinquennat.
Novembre : élections présidentielles aux Etats-Unis.
Décembre : sommet européen de Nice. Al Gore concède sa défaite face à George Bush.
* Jean-Marie Domenach, *Beaucoup de gueule et peu d'or. Journal d'un réfractaire (1944-1977).*
* Jean Daniel, *Soleils d'hiver. Carnets 1998-2000.*
* Jean Sévilla, *Le terrorisme intellectuel de 1945 à nos jours.*

2001
Septembre : attentats aériens contre les tours du World Trade Center à New York et le Pentagone.
Octobre : début de la guerre en Afghanistan.

2002
Janvier : début de l'euro comme monnaie officielle.
Avril : Lionel Jospin éliminé au premier tour de l'élection présidentielle ; Jean-Marie Le Pen accède au deuxième tour. Manifestations contre le Front national.
Mai : Jacques Chirac réélu président de la République. Jean-Pierre Raffarin Premier ministre.
Juin : victoire de la droite aux élections législatives.
* Joseph Stiglitz, *La grande désillusion.*
* Jean-François Revel, *L'obsession antiaméricaine.*

2003
Janvier : opposition de Jacques Chirac et du chancelier allemand Gerhard Schröder à une guerre préventive des Etats-Unis contre l'Irak.
Août : canicule. Loi « Fillon » sur les retraites.
* Bernard-Henri Lévy, *Qui a tué Daniel Pearl ?*

2004
Février : manifestations contre la guerre d'Irak.
* Marcel Gauchet et Luc Ferry, *Le religieux après la religion.*

2005
Février : entrée en vigueur du protocole de Kyoto.
Mai : 55 % des Français votent « non » au référendum sur le projet de Constitution européenne. Dominique de Villepin Premier ministre.
Novembre : émeutes en banlieues.
* Marcel Gauchet, *La condition politique.*

2006
Mars : mobilisation contre le contrat première embauche.
* André Glucksmann, *Une rage d'enfant.*
* Bernard-Henri Lévy, *American Vertigo.*

2007
Mai : élection de Nicolas Sarkozy à la présidence de la République.
* Marcel Gauchet, *L'avènement de la démocratie.*
* Bernard-Henri Lévy, *Ce grand cadavre à la renverse.*

TABLE

Introduction 7

1 – Au commencement était le Verbe 9
2 – Le premier parti de France 16
3 – Le contre-roi 25
4 – A l'origine des espèces intellectuelles 33
5 – Quand la politique est la plus forte… 43
6 – Le premier grand couple 50
7 – Les fantasmes du vicomte 58
8 – Une exception : un vrai intellectuel au pouvoir 68
9 – La Restauration ou les « cent fleurs » intellectuelles 76
10 – Un Américain à Paris 84
11 – Des poètes dans la mêlée.. 92
12 – La naissance du socialisme à la française 102
13 – Des romanciers dans la bagarre 110
14 – L'Histoire comme arme de combat 118
15 – La guerre des deux religions...................................... 126
16 – Le mystère Renan 133
17 – Journalistes et/ou intellectuels 140
18 – Le monument Hugo 147
19 – Seules les femmes sont de vrais révolutionnaires 154
20 – « Les Messieurs Jourdain de l'insurrection » 160
21 – Et ailleurs ? 166
22 – Enfin l'intellectuel naquit… 176
23 – Le roi Barrès 184
24 – Une nouvelle engeance : l'intellectuel d'extrême droite.... 190
25 – Le météorite Péguy.. 196
26 – De l'Affaire au « Feu » : les intellectuels de gauche 202
27 – La prise du pouvoir par les « littérateurs » 208
28 – La tentation communiste et l'échappée surréaliste..... 214
29 – Les clercs ont-ils trahi ?... 222

30 – Gide d'une rive à l'autre 228
31 – La séduction fasciste.. 235
32 – Le « marais » humaniste 241
33 – Le moteur de l'antifascisme 247
34 – Malraux ou la résurrection réussie de Chateaubriand......... 254
35 – Les ravages du « lâche soulagement » 260
36 – Du pacte à la défaite 267
37 – Militants de « la divine surprise » et « collabos » 273
38 – La plume à défaut du revolver 279
39 – Un héros trop méconnu : Marc Bloch............................... 285
40 – Le décor de l'après-guerre est planté 291
41 – Sartre-Louis XIV et Camus-le Grand Condé.................... 298
42 – Le rouleau compresseur stalinien...................................... 304
43 – Aron le solitaire.. 311
44 – Le couple royal 317
45 – Une lente abjuration 323
46 – La bataille anticolonialiste.. 329
47 – Une bouffée d'air frais 335
48 – L'intelligentsia face à l'« ovni » de Gaulle 340
49 – Enfin 68 vint ! 345
50 – Les nouveaux maîtres 352
51 – Le jeu s'ouvre 359
52 – L'e-intellectuel... 365

Bibliographie 369
Chronologie 375

Cet ouvrage a été composé et imprimé
en août 2010 par

FIRMIN-DIDOT

27650 Mesnil-sur-l'Estrée
N° d'édition : 16311
N° d'impression : 100085
Dépôt légal : septembre 2010

Imprimé en France

www.ingramcontent.com/pod-product-compliance
Lightning Source LLC
Chambersburg PA
CBHW050610300426
44112CB00012B/1439